रघुवीर सहाय संचयिता

महात्मा गांधी अन्तरराष्ट्रीय हिन्दी विश्वविद्यालय
के लिए प्रकाशित

महात्मा गांधी अन्तरराष्ट्रीय हिन्दी विश्वविद्यालय

रघुवीर सहाय संचयिता

संपादक
कृष्ण कुमार

राजकमल प्रकाशन
नयी दिल्ली पटना

मूल्य : रु. 300.00

पहला संस्करण : 2003
पहली आवृत्ति : 2010

प्रकाशक : राजकमल प्रकाशन प्रा. लि.
1-बी, नेताजी सुभाष मार्ग
नई दिल्ली-110 002

शाखाएँ : अशोक राजपथ, साइंस कॉलेज के सामने, पटना-800 006
पहली मंजिल, दरबारी बिल्डिंग, महात्मा गांधी मार्ग, इलाहाबाद-211 001

वेबसाइट : www.rajkamalprakashan.com
ई-मेल : info@rajkamalprakashan.com

आवरण-संकल्पना : पार्थिव शाह

मुद्रक : बी.के. ऑफसेट
नवीन शाहदरा दिल्ली-110 032

RAGHUVIR SAHAY SANCHAYITA
Edited by Krishna Kumar

ISBN : 978-81-267-0661-7

विश्वविद्यालय का वक्तव्य

आमतौर पर यह धारणा है कि विश्वविद्यालय स्तर पर हिन्दी साहित्य, भाषा और संस्कृति का जो अध्ययन-अध्यापन होता है वह अधिकतर रूढ़िग्रस्त और उबाऊ हो गया है। महात्मा गांधी अन्तरराष्ट्रीय हिन्दी विश्वविद्यालय के प्राथमिक सरोकारों में से एक यह है कि पाठ्यक्रम, पाठ्यचर्या और पाठ्यसामग्री को एक नई शताब्दी की नई चुनौतियों और प्रश्नाकुलता के अनुरूप ताजातरीन करते हुए इस क्षेत्र में नए विकल्पों को खोजा, विकसित और विन्यस्त किया जाए। तभी यह विश्वविद्यालय हिन्दी अध्ययन-अध्यापन और अनुसन्धान के क्षेत्रों में कुछ ठोस, प्रासंगिक और कारगर विकल्प प्रस्तुत कर सकता है।

हमारे विश्वविद्यालय ने देश और विदेश के श्रेष्ठ विशेषज्ञों से विचार-विनिमय कर इस दिशा में कुछ प्रयत्न करना शुरू किया है। हमारा लक्ष्य हिन्दी साहित्य, भाषा और संस्कृति को उसकी समग्रता, जटिलता और बहुलता में आलोकित करते हुए उनकी नए प्रश्नों, चिन्ताओं और उत्सुकताओं से दो-चार होने की अपार क्षमता और उसकी वर्तमान अनेक दिशाओं को इंगित करना भी है।

चूँकि नए किस्म के पाठ्यक्रम और पाठ्यचर्या के लिए नए किस्म की पाठ्य-सामग्री अनिवार्य है, इस विश्वविद्यालय ने एक अपेक्षाकृत महत्त्वाकांक्षी प्रकाशन-योजना हाथ में ली है। यह पुस्तक उसी योजना का एक हिस्सा है।

इस प्रकाशन योजना में हिन्दी के प्रमुख लेखकों के प्रतिनिधि संचयनों, विविध विषयों पर आधारित संकलनों, यथा—प्रेम, प्रकृति, अध्यात्म, मृत्यु और अनुपस्थिति, समाज, नदी, ऋतु-विषयक कविताओं के संकलनों के साथ-साथ ऐसे लेखकों के चयन भी प्रकाशित करने की योजना है जो साहित्य की तथाकथित मुख्यधारा में कतिपय कारणों से विशेष उल्लेख न पा सके किन्तु जिनकी रचनात्मकता से परिचित होने पर हिन्दी साहित्य की समझ समृद्ध ही होगी।

इनके साथ ही अनेक विशिष्ट प्रकाशनों की योजना है। बीसवीं सदी के उत्तरार्ध की हिन्दी-कुल की भाषाओं (भोजपुरी, अवधी, बुन्देलखंडी, मालवी आदि) की कविताओं का संचयन, हिन्दी के आरम्भिक गद्य का संचयन,

मध्यकालीन काव्य का संचयन, सूफी-काव्य का संचयन, बीसवीं सदी के उत्तरार्ध की हिन्दी कथा, कविता, आलोचना आदि के चयन, महत्त्वपूर्ण लेखकों और कृतियों के द्विभाषी संस्करण (हिन्दी-उर्दू, हिन्दी-अंग्रेजी, हिन्दी-पोलिश आदि) तैयार किए जा रहे हैं।

इस प्रकाशन योजना की एक विशेषता यह है कि इसके निर्माण में लोकतान्त्रिक और पारदर्शी प्रक्रिया अपनाई गई है। अपने-अपने क्षेत्र के विशेषज्ञों की समितियों ने प्रकाशन योग्य सामग्री के साथ-साथ सम्पादकों का चुनाव भी किया है। निश्चय ही पुस्तकों में उनकी अपनी दृष्टि तो झलकती है, उसके साथ ही वे एक सामूहिक विवेकसम्मत प्रक्रिया का परिणाम भी हैं। इन्हें तैयार करते समय इस बात का ध्यान तो रखा ही गया है कि इस सामग्री का उपयोग भारत के बाहर उन केन्द्रों में भी किया जाना है जहाँ हिन्दी पढ़ाई जा रही है। यदि ये पुस्तकें सामान्य पाठकों के अतिरिक्त हिन्दी के छात्रों और शिक्षकों के लिए उपयोगी सिद्ध हुईं तो हमें सन्तोष होगा।

आभार

रघुवीर सहाय की एक 'रीडर' बनाने की इच्छा उनके जीवित रहते मेरे मन में उपजी थी, पर इस बात को किसी से कहना व्यर्थ ही था क्योंकि हिन्दी में ऐसे काम का चलन नहीं था। उसकी कोई हैसियत शायद अब भी नहीं है, यद्यपि महात्मा गांधी अन्तर्राष्ट्रीय हिन्दी विश्वविद्यालय ने कोई बड़े कवियों की रीडर तैयार करवाने का असाधारण निर्णय लेकर उस पर अमल भी शुरू कर दिया है। मेरे लिए यह एक बड़े सुखद आश्चर्य और सन्तोष की बात थी कि इस विश्वविद्यालय ने रघुवीर सहाय की संचयिता बनाने का जिम्मा मुझे सौंपा। मैं साहित्य का पेशेवर आलोचक नहीं हूँ, सिर्फ पाठक हूँ; इस कारण यह जिम्मेदारी मेरे लिए बहुत ही बड़ी चीज थी। मुझमें इतना भरोसा करने के लिए और पिछले दो वर्षों का यह सुखद श्रम देने के लिए मैं श्री अशोक वाजपेयी के प्रति, जो महात्मा गांधी विश्वविद्यालय के कुलपति हैं, गहरा आभार व्यक्त करता हूँ।

दिल्ली विश्वविद्यालय
15 अक्टूबर, 2002

कृष्ण कुमार

रघुवीर सहाय : एक परिचय

कृष्ण कुमार

रघुवीर सहाय (1929-90) का एक रूप आधुनिक मिजाज के प्रतिनिधि का है, दूसरा आधुनिकता के समीक्षक का। उनके रचनाजगत को इन दोनों रूपों में देखना और इन रूपों के बीच एक अँधेरा-सा छोड़ देना आसान भी है, उचित भी। आसान इस कारण है कि आधुनिक मिजाज और उसकी अभिव्यक्ति के पर्याय समझे जानेवाले लक्षण रघुवीर सहाय के जीवन-वृत्त में उतनी ही सुविधा से पहचाने जा सकते हैं जितनी सुविधा से हम इन पर्यायों की कठोर नैतिक जाँच रघुवीर सहाय के लेखन—कविता और गद्य दोनों—में ढूँढ़ सकते हैं। उचित इसलिए है क्योंकि निरे तार्किक विश्लेषण और उसके आधार पर फैसला ले लेने या सुना देने की प्रवृत्ति से सचेत होकर बचने की चिन्ता रघुवीर सहाय की रचनाओं में गहरे बैठी दिखाई देती है। विश्वास के साथ दुविधा और भय रघुवीर सहाय का प्रतिनिधि स्वभाव है। इसीलिए उन्हें आधुनिकता का प्रतिनिधि और समीक्षक दोनों कहना सही है।

प्रसार माध्यम उनकी रोजी और चेतना दोनों के केन्द्र में जीवनपर्यन्त रहे। रेडियो और टेलीविजन का राज्य के तहत संचालन रघुवीर सहाय ने व्यक्तिगत अनुभव के सहारे परखा। सम्प्रभु राज्य और लोकतन्त्र—आधुनिकता की इन दो सबसे विराट संरचनाओं को रघुवीर सहाय ने प्रसार माध्यमों के जरिए ही सबसे ज्यादा जाना। इन संरचनाओं के चरित्र और बल से आकार लेते हुए सामाजिक इतिहास में रघुवीर सहाय की अपनी हिस्सेदारी मुख्यतः पत्रकारिता के माध्यम से सम्पन्न हुई। 'दिनमान' साप्ताहिक को एक प्रसार-माध्यम से ज्यादा संवाद-माध्यम बनाना निश्चय ही उनके पेशेवर जीवन का सबसे बड़ा संघर्ष था। रघुवीर सहाय के काव्य का एक बड़ा और महत्त्वपूर्ण हिस्सा इस संघर्ष की पृष्ठभूमि में समझे जाने पर ही खुलता है। उनकी कई मशहूर कविताओं को पढ़ते हुए यह सवाल हमारे मन में उपजता है कि एक नवोदित, स्वतन्त्र देश की निर्धन जनता के लिए आधुनिकता के सन्देशों और जोखिमों के बीच रघुवीर सहाय ने कैसा पुल बनाया ? उत्तर यदि सवाल के बिम्ब में ही खोजा जाना हो तो हम कह सकते हैं कि रघुवीर सहाय ने एक कच्चा पुल बनाना ही उचित समझा—एक ऐसा पुल जो बाढ़ में बह जाने की सम्भावना जानते हुए तभी तक काम में लेने के लिए है जब तक बाढ़ आ

न जाए।

इसे हम रघुवीर सहाय का टोना कह सकते हैं। किसी-न-किसी जादू या टोने में यकीन किए बगैर कवि या लेखक बने रहना शायद ही सम्भव होता हो। आधुनिक प्रसार माध्यमों की विकराल शक्ति और भारत जैसे समाज में लोकतन्त्र की जोखिम भरी प्रयोगशीलता को शब्द के जादू से बाँध देने की उनकी जादुई आकांक्षा का एक सामाजिक सन्दर्भ भी है। हिन्दी क्षेत्र, खासकर पूर्वी उत्तर प्रदेश, में पिछले सौ-डेढ़ सौ बरसों के दौरान सार्वजनिक चेतना का निर्माण मुख्यतः राजनीति पर निर्भर रहा नजर आता है। सांस्कृतिक प्रक्रियाएँ और संस्थाएँ जनचेतना की अभिव्यक्ति से ज्यादा राजनीतिक पक्षनिर्माण में लगी दिखाई देती रहीं। आर्थिक बदलाव की रफ्तार बहुत धीमी रही और शिक्षा के अवसर सवर्ण जातियों और शहरी इलाकों में सिमटे रहे। इस कारण मुद्रण की मशीनरी और पत्रकारिता के विकास का विचारों या विचारशीलता के सामाजिक संचरण पर गहरा असर नहीं पड़ा। सामन्ती व्यवस्था के पतन और औपनिवेशिक प्रशासन के दायरे में उभरती विसंगतियों का आईना—भले वह 1857 के बाद से लगातार धुँधला और जरूरत को देखते हुए छोटा रहा हो—मुख्यतः राजनीति ही बन सकी। कोई आश्चर्य नहीं कि औपनिवेशिक प्रशासन के तहत शुरू हुई लोकतान्त्रिक प्रक्रियाएँ अपने शैशव से ही भयंकर अन्तर्विरोधों और विकृतियों का शिकार हो गईं। नए संचार-माध्यमों और शिक्षा की संस्थाओं से जुड़े कई बड़े हिन्दी रचनाकार पूर्वी उत्तर प्रदेश में हुए और किसी-न-किसी रूप में राजनीति की रचनाशक्ति से मोहित या फिर उसकी विकृतियों को सुधारने के लिए प्रेरित हुए। इनमें कवियों की तादाद लगातार अधिक रही, पर वे जिन्होंने कविता के साथ-साथ गद्य की साधना की, एक विशिष्ट अर्थ में परिवर्तनकामी राजनीति के चिन्ताकार बने।

यह क्षेत्रीय पृष्ठभूमि, रघुवीर सहाय के जीवन को, उसके दायरे और संघर्ष दोनों के नजरिए से, समझने में हमारी मदद करती है। वे एक शिक्षक के बेटे थे और लखनऊ में पैदा हुए थे। आजादी के समय उनकी उम्र अट्ठारह वर्ष थी, और जैसा कि कुछ टिप्पणियों (जैसे 'होली का दिन') में उन्होंने लिखा भी है, आजादी के राजनीतिक संघर्ष से उपजे सांस्कृतिक बदलाव के सपनों की सदस्यता उनके लिए बड़ी भावनात्मक और नैतिक पूँजी थी। यह एक ऐतिहासिक सच्चाई थी कि इन सपनों को घर में या सड़क पर उतार लाने के साधन हिन्दी समाज के पास बंगाल या दक्षिण की तुलना में बहुत कम मात्रा में थे। औपनिवेशिक व्यवस्था में देर से शामिल होने और बड़ी आबादी जैसे मिले-जुले कारणों से जो एक साधन हिन्दी क्षेत्र को राष्ट्रीय हैसियत देने में कामयाब हुआ था, प्रतिनिधित्व की राजनीति का था। रघुवीर सहाय के लिए यह साधन एक बड़ा सृजन-सन्दर्भ बना, साथ ही उसे साधना—यानी समझकर इस्तेमाल करना—एक पेशागत जरूरत बना। पत्रकार और सम्पादक की भूमिकाओं में रघुवीर सहाय ने राजनीति को एक तरह की शैक्षिक चुनौती बना लिया जिससे निपटने का मुख्य औजार बनी भाषा। हिन्दी की राजनीति से उन्हें लगातार कोफ्त रही, पर शब्द की राजनीति को उन्होंने

असाधारण गम्भीरता से लिया।

पत्रकारिता से रघुवीर सहाय का आजीवन जुड़ाव अपने आप में कोई विशिष्ट ऐतिहासिक तथ्य नहीं है—हम ऐसा जुड़ाव कई नेताओं और साहित्यिकों के जीवन में पाते हैं—पर उनके रचनाजगत् पर उसकी छाप आश्चर्यजनक रूप से गहरी, और छाप का स्वरूप अप्रत्याशित है। छाप की गहराई इसलिए ध्यान खींचती है क्योंकि बड़ी और छोटी सभी तरह की घटनाओं को 'खबर' के रूप में चेतना का अंश बना लेने की इच्छा और कोशिश रघुवीर सहाय में उनके समकालीनों से कहीं तीव्रतर दिखती है। यह इच्छा स्वयं एक राजनीतिक ऊर्जास्रोत बन जाती है जिसकी शायद सबसे बड़ी उपलब्धि चकित करनेवाले व्यापक जिज्ञासालोक की रचना है। दुनिया में रघुवीर सहाय की अथक दिलचस्पी उनकी कविता को एक अलग पहचान देने के अलावा उन्हें एक लोकप्रिय लौकिक चिन्तक भी बनाती है। इन उपलब्धियों की तह में यह प्रश्न पहचाना जा सकता है जो रघुवीर सहाय का प्रिय प्रश्न था : निरन्तर आ रही सूचनाओं में खबर किसे बनाया जा रहा है और जो बात खबर नहीं मानी गई है तो क्यों नहीं मानी गई है ? यह सवाल उन सभी संस्थाओं की सेहत और उन तमाम लक्षणों की जाँच का जरिया बन जाता है जिन्हें हम आधुनिकता के आधार-विषय मान सकते हैं। इन संस्थाओं और लक्षणों की 'खबर' रघुवीर सहाय कविता, कहानी या निबन्ध के ऐसे प्रत्येक उत्प्रेरण में ढूँढ रहे होते हैं जो अन्ततः एक टिकाऊ रचना बनेगा।

आधिकारिक कृति

शायद हरेक कवि या लेखक की कोई एक पुस्तक उसकी आधिकारिक कृति होती है। उसे 'प्रतिनिधि कृति' कहना ठीक नहीं होगा क्योंकि यह जरूरी नहीं कि आधिकारिक कृति की विशेषताएँ एक-न-एक हद तक अथवा अलग-अलग रूपों में अन्य कृतियों में दिखाई दें। 'आधिकारिक' कहना ज्यादा उचित इसीलिए है कि ऐसी कृति कवि या लेखक की जिन्दगी के उस दौर में लिखी गई होती है जब वह अपने समय की सबसे गहरी और साफ-सुथरी छाप ग्रहण करने की स्थिति में होता है। यह छाप उस कृति में मुकम्मिल अभिव्यक्ति पाकर कवि को ऐतिहासिक हैसियत और उसके समय को एक निश्चित जुबान देती है। आजाद भारत के इतिहास पर नजर डालें तो 1960 का दशक एक दिलचस्प और कई मायनों में निर्णायक दौर ठहरता है। पूर्वार्ध के वर्षों में अकाल और राजनीतिक परिदृश्य में एक महानायक की मृत्यु से उपजा शून्य इस दशक की बड़ी घटनाएँ थीं जिनके गिर्द सामाजिक और आर्थिक जीवन के कई बदलावों ने पहचानी जा सकनेवाली आकृति पाई। इतिहास की, विशेषकर सामाजिक इतिहास-लेखन की, रोशनी 1960 के दशक पर जब पड़ेगी, तब पड़ेगी; फिलहाल हम *आत्महत्या के विरुद्ध* को इस महत्त्वपूर्ण कालखंड को जुबान देनेवाली, रघुवीर सहाय की आधिकारिक पुस्तक के बतौर पढ़ सकते हैं। सम्भव है, भविष्य में जब इतिहास और आलोचना के अनुशासन 1960 के दशक का अध्ययन करने के औजार जुटा लें, उस समय 'आत्महत्या के विरुद्ध' एक

कसौटी का काम करे जिसकी मदद से यह जाँचा जा सके कि अन्य स्रोतों से प्राप्त समझ में कितनी संश्लिष्टता है।

उसे रघुवीर सहाय की आधिकारिक कृति क्यों माना जाए, इस प्रश्न पर शायद ही कोई विवाद हो, फिर भी यह जानना उपयोगी है कि विवाद की सम्भावना क्यों कम है। *आत्महत्या के विरुद्ध* का 1967 में पहली बार प्रकाशन के समय हुआ स्वागत आज महत्त्वपूर्ण नहीं है, पर शिल्प की जिन तत्कालीन दुविधाओं को इस पुस्तक में शामिल कविताओं ने संकलित रूप में पार किया, वे अभी तक महत्त्वपूर्ण बनी हुई हैं और जितना भविष्य हम आज देख सकते हैं, उसमें भी महत्त्वपूर्ण बने रहने की सम्भावना है। बीसवीं सदी के बीचवाले हिस्से—मोटे तौर पर 1920 से 1970—की हिन्दी कविता दो बड़ी दुविधाओं के सबूत देती है : एक, सरोकारों की, और दूसरी, स्वरूप की। कविता को यदि समाज का सबसे संवेदित विमर्श मानें तो पहली दुविधा यह तय करने को लेकर थी कि कविता किस-किस बारे में हो सकती है अथवा उसमें क्या कहा जा सकता है, क्या नहीं। निश्चय ही निराला ने एक मजदूर औरत की तस्वीर बनाकर एक ऐसा शीर्षक—तोड़ती पत्थर—रच दिया था जिसे हम साहित्य की सबसे महत्त्वपूर्ण विधा के तौर पर कविता के सामने उपस्थित चुनौती और जिम्मेदारी के साथ-साथ उसकी आगामी सामर्थ्य का निर्देश भी कह सकते हैं। कविता के स्वरूप को लेकर भी निराला ने विजयी आत्मविश्वास की अभिधा में 'छन्दों के बन्धन की छोटी राह' छोड़ने की क्रान्तिकारी घोषणा की थी। पर सरोकारों और स्वरूप की दुविधाएँ निराला की कला के ओज के बावजूद बनी रहीं।

आगे चलकर मुक्तिबोध और अज्ञेय, व किसी-न-किसी हद तक 'नई कविता' रचनेवाले सभी कवियों ने इन दुविधाओं से ऊपर उठने के संकेत दिए। आजादी के आन्दोलन और उसके बाद की स्थिति का कविता के विमर्श पर व्यापक असर दिखाई देता है और शायद यह उसी असर का अंग है कि उपर्युक्त दोनों दुविधाओं से साहसपूर्वक निपटते हुए बड़े कवि कभी अतिरंजना के लोभ से लड़ते दिखाई देते हैं, कभी व्यंजना के अभाव से। 'आत्महत्या के विरुद्ध' में रघुवीर सहाय हैरत में डाल देनेवाली सफाई और एकाग्रता के साथ इन दुविधाओं के पार दिखाई दिए, यह बात अवश्य इस पुस्तक के स्वागत—जिसमें कुछ खीझ भरी आलोचना के स्वर भी शामिल थे—की नाटकीयता का कारण रही होगी। आखिर स्वयं रघुवीर सहाय इस पुस्तक के बाद आनेवाले अपने संग्रहों में उन दुविधाओं के पार लगातार निवास नहीं कर पाए। यह बात 'आधिकारिक' और 'प्रतिनिधि' को लेकर ऊपर सुझाए गए फर्क को रेखांकित करती है। वैसे भी एक कृति किसी भाषा और उसके साहित्य के इतिहास में क्या कर पाती है, यह बात इस प्रश्न से ज्यादा बड़ी है कि स्वयं कृतिकार अपनी उपलब्धि से लाभान्वित और उसे सँजोने या आगे बढ़ाने में कितना समर्थ हो पाता है।

आत्महत्या के विरुद्ध के शुरू में छपे गद्य (जिसमें पहले संस्करण के लिए लिखा गया वक्तव्य और अगले दो संस्करणों की भूमिकाएँ शामिल हैं) से गुजर जाएँ तो

कविताओं के पहले एक ही पृष्ठ और रह जाता है जिस पर शीर्षकों की सूची दी गई है। अन्ततः हम उस पृष्ठ पर पहुँचते हैं जहाँ पहली कविता 'चढ़ती स्त्री' दी गई है। कागज की सफेदी के विस्तार के बीच छपी चार पंक्तियों में से पहली तीन एक किफायती बिम्ब बनाती हैं और चौथी उस बिम्ब को सायास पोंछते हुए हमें कवि की उपस्थिति का भान कराती है। ध्यान रखना चाहिए कि कविता में कथावाचक नहीं होता, सिर्फ कवि होता है और अक्सर वह भी नहीं होता; न उसका होना जरूरी है। 'चढ़ती स्त्री' में यदि चौथी पंक्ति न होती तो शेष कविता एक हाइकू होती : एक सम्पूर्ण, गुजरती हुई तस्वीर जिसमें एक भी शब्द जाया नहीं हुआ—न लय की खातिर, न कुछ और दिखाने के लालच में। रघुवीर सहाय ने ऐसी कविताएँ लिखी भी हैं—*आत्महत्या के विरुद्ध* के प्रकाशन से पहले भी (जैसे 'आओ, जल भरे बर्तन में') बाद में भी (जैसे 'कस्बे में साँझ') मगर 'चढ़ती स्त्री' अपनी चौथी पंक्ति के कारण ही उनसे अलग है। यह पंक्ति *आत्महत्या के विरुद्ध* की केन्द्रीय भूमि कही जा सकती है और समूचे संग्रह को उस 'कुछ' का विवरण माना जा सकता है जो चलती बस में, बच्चा गोद में लिए चढ़ती स्त्री को देखकर, दूर तक घिसटता चला जाता है।

काव्य में उपस्थित विवरण को पाठक स्वयं पहचानेंगे, यहाँ इस संचयिता के सन्दर्भ में वह, घिसटनेवाला 'कुछ' हमें सौन्दर्यशास्त्रीय और समाजशास्त्रीय दोनों तरह की विवेचना करने का आमन्त्रण देता है। किसी भी कविता को समझने का आशय स्वयं रघुवीर सहाय ने पाठक की भागीदारी बताया है। आधुनिक साहित्य और सौन्दर्यशास्त्र के सन्दर्भ में यह कोई नई बात नहीं है, पर रघुवीर सहाय ने यदि उसे इतने आग्रह के साथ रखा तो शायद इस कारण कि कवि द्वारा 'दिए' हुए अर्थ को सर्वोपरि मानने की परम्परा ने हिन्दी जगत में पाठकीय लोकतन्त्र को पनपने नहीं दिया है।

इस आग्रह को मान लेनेवाला पाठक 'चढ़ती स्त्री' में क्या भरे, यह सवाल विवेचन के कई फलक खोलता है। इनमें से कुछ का सम्बन्ध रघुवीर सहाय के कृतिजगत से है, कुछ का सौन्दर्यशास्त्र के सामान्य प्रश्नों से। यदि 'चढ़ती स्त्री' में वर्णित दृश्य को एक वृहत्तर व्यंजित संसार और इतिहास का संकेत बनाना है तो बतौर पाठक के हमारे पास दो रास्ते हैं, और दोनों पर चलना जरूरी है। पहला है 'चढ़ती स्त्री' को रघुवीर सहाय के काव्यजगत में अक्सर आनेवाले परिवहन, विशेषकर सड़क, के बिम्बों के बीच रखना। दूसरा रास्ता है इस कविता को उत्तर भारत के उस शहरी सांस्कृतिक परिवेश की पृष्ठभूमि में रखना जो साठ के दशक में एक निश्चित आकृति ग्रहण कर रहा था।

पहले रास्ते पर चलें तो जल्दी ही हम अपने को रिक्शों, हथठेलों, बसों, सड़क पार करते लोगों, रेलगाड़ी के दृश्यों और भगदड़ का अन्देशा जगाती भीड़ से घिरा पाते हैं। सड़क रघुवीर सहाय के साहित्य का शायद सबसे चैतन्य जगत है—जिस तरह उनके समकालीनों के लिए प्रकृति, गाँव या कुछ प्राचीन कथानक थे। व्यस्त सड़क पर जिन्दगी के ढाँचे सामान्य स्वीकृतियों अथवा वैधता की परतों से थोड़ा मुक्त दिखाई देते हैं। चलता हुआ मनुष्य अरक्षित होता है; उसे देखकर समाज के सुरक्षा-कवच में झाँकना सम्भव है।

हर वाहन का अपना अलग समाजशास्त्र होता है, पर साइकिल रिक्शा में रघुवीर सहाय की विशेष रुचि रही जिसका उल्लेख मैं थोड़ी देर में करूँगा। सड़क के तमाम दृश्यों के बीच दुर्घटना का रघुवीर सहाय के काव्य और गद्य दोनों में विशेष स्थान है और उनकी पत्रकारिता में तो था ही। ('दिनमान' की विशिष्ट हैसियत और प्रकृति के निर्माण में दुर्घटनाओं की रपटों का विशेष योगदान था। रघुवीर सहाय उन अंकों, खासकर चित्रों और मुखपृष्ठ, पर कितना ध्यान देते थे जिनमें किसी बड़ी दुर्घटना का विवरण रहता था, यह बात उनकी रचनावली से नहीं जानी जा सकती। यही बात प्राकृतिक आपदाओं के बारे में कही जा सकती है।) दुर्घटना हो जाने पर सामाजिक वर्गों और संस्थाओं के परस्पर सम्बन्ध अचानक पारदर्शी हो उठते हैं। उनकी दैनिक यान्त्रिकता देखनेवाले की नजर को एक अस्थायी स्वतन्त्रता दे देती है, इस कारण हमें सम्बन्धों की मानवीयता का आपात् परीक्षण करने का मौका मिल जाता है। रघुवीर सहाय के रचना संसार में अस्पताल, नौकरशाही, संसद और प्रसार माध्यमों की खोज-खबर अक्सर दुर्घटना के जरिए मिलती है। बस उलट जाने पर टीवी के समाचारों में क्या दिखाया जाता है, क्या नहीं, इस पर रघुवीर सहाय की टिप्पणी—'खाली बस दिखला दी खाली दिखा नहीं कोई चेहरा'—उतनी ही व्यग्रता से भरी है जितनी 'दुर्घटना भारत की झाँकी' शीर्षक लेख में संसद में हुई बहस का विश्लेषण है (यद्यपि वह दुर्घटना सड़क नहीं, सीढ़ियों पर हुई थी)।

सड़क के नजारों को कविता के काम में लाने की परम्परा जैसी कोई चीज नहीं है, यद्यपि नजीर में हम इन नजारों का भरपूर इस्तेमाल देखते हैं। 'रीछ का बच्चा' जैसी कविताओं में नजीर बिम्ब और दृश्यांकन को नाटक का स्पर्श देते-देते दर्शन के स्तर तक ले आते हैं। दो शताब्दियों के अन्तराल के बाद ऐसी ही उपलब्धि हम 'साइकिल रिक्शा' शीर्षक कविता में पाते हैं जहाँ रघुवीर सहाय सवारी और चालक के सम्बन्ध-संवाद को आधुनिकता के आख्यान में तब्दील कर देते हैं। इस आख्यान में कवि के सम्बोधन का श्रोता भविष्य का इंजीनियर है जो आधुनिकता की अधूरी, विकृत रचनाशीलता की मरम्मत करेगा। इस सम्बोधन को हम एक टीका मानें या असहायता का हलफ़नामा ? यह कविता रघुवीर सहाय के रचना-जीवन के उत्तरार्ध की कृति है, इस कारण यह तय करना आसान नहीं है कि उसमें निहित सम्बोधन व्यंग्य और जारी विरोध की तरह पढ़ा जाए अथवा समय के तकाजे की मंजूरी की तरह। *आत्महत्या के विरुद्ध* का स्वर इस दुविधा से अछूता है, पर बिम्ब और चरित्र का विधान उसमें भी 'साइकिल रिक्शा' जैसा ही है। टेक्नॉलाजी के ढाँचे पर काबिज चरित्र वहाँ मुसद्दीलाल है जो नेहरू युग की सामाजिक इंजीनियरी को भीतर से तोड़ चुका है (मुसद्दीलाल का थोड़ा-बहुत खुलासा *आत्महत्या के विरुद्ध* के लगभग दो दशक बाद छपे लेख 'होली का दिन' में हुआ, जो इस संचयिता में संकलित है।)

रिक्शे में रघुवीर सहाय की रुचि उस चैतन्य निराशा का अंग है जिसे साठ के दशक में लोहिया की राजनीति और शैली ने मुखरता दी। लेकिन साथ ही यह देखना मुश्किल नहीं है कि रिक्शा रघुवीर सहाय के अपने काव्यशास्त्र की जरूरत की पूर्ति भी करता

रहा। रिक्शे में वे एक सम्पूर्ण सभ्यता का संक्षेप पाते हैं। इस सभ्यता की कहानी मनुष्य को हर दूसरे मनुष्य से एक बुनियादी बराबरी दिलाने के वायदे से शुरू होती है और साइकिल रिक्शा पर आकर बैठ जाती है। इस अवरुद्ध सभ्यता का नाम है लोकतन्त्र जिसने हमें 'इंसान की शानदार जिन्दगी और कुत्ते की मौत के बीच चाँप लिया है *(आत्महत्या के विरुद्ध* का 'वक्तव्य')। 'साइकिल रिक्शा' में सम्बोधित इंजीनियर यद्यपि भविष्य का है, पर उसकी हैसियत की परीक्षा उन्हीं आधारों पर ली जा रही है जिनका उपयोग रघुवीर सहाय के काव्य और गद्य दोनों में महाबली नेताओं, राष्ट्रों, युद्धों और फैसलों के परीक्षण के वास्ते लगातार हुआ।

महानता के आख्यान को छितराने की प्रवृत्ति को आजकल उत्तर-आधुनिकता से जोड़ा जाता है और इस प्रकार एक नई बात के रूप में स्थापित किया जाता है। बहुत आसानी से इस लाक्षणिक आधार पर यह कह देने का लालच हो आता है कि रघुवीर सहाय में उत्तर-आधुनिकता का पुट है, पर ऐसा कहकर हम रघुवीर सहाय की दुविधामयी चेतना से अन्याय ही करेंगे। उनकी कृतियों का तनाव और विशेषकर उनके गद्य में प्रांजलता का अभाव आधुनिकता के घेरे में ही पहचाना और सराहा जा सकता है, उसे फाँदकर नहीं, और उसे फाँदना अनैतिहासिक भी होगा। साधारण आदमी की जिन्दगी और छोटी-छोटी चीजों को बारीकी और लगन से देखने की प्रवृत्ति को लोग अपने-अपने ढंग से जाँचें, यह अस्वाभाविक कतई नहीं है, पर उसमें अज्ञेय का असर या निरालेपन की चाह वही लोग सूँघ सकते हैं जो रघुवीर सहाय के काव्य को उनकी पत्रकारिता और राजनीति से जोड़कर पढ़ने में आज तक समर्थ नहीं हो सके हैं। मामूली आदमी की महिमा साठ के दशक में एक नारा बन चुकी थी—खासकर कहानी में, और कविता में प्रगतिवाद का आन्दोलन काफी पहले से सक्रिय था। रघुवीर सहाय भी मार्क्स से गहरे प्रभावित हुए थे, पर प्रगतिशील कविता या कहानी से उनकी दूरी उस सौन्दर्यशास्त्रीय नीति का परिणाम मानी जानी चाहिए जो उन्होंने साठ के दशक के उत्तरार्ध में—यानी नेहरू-युग की समाप्ति और लोहिया की मृत्यु पर—अपने लिए बनाई और *आत्महत्या के विरुद्ध* में शामिल 'वक्तव्य' के इन शब्दों में व्यक्त की :

> "...सबसे आसान यह पड़ता है कि व्यक्ति-स्वातन्त्र्य की अभी तक बची सुविधा का फायदा उठाकर मैं अपने लिए बचे रहने की निजी, बिल्कुल अहस्तान्तरणीय रियायत ले लूँ। उससे कुछ मुश्किल यह है कि मैं यह रियायत अस्वीकार करूँ और उनके आसरे जिन्दा रहूँ जो इंसान के लिए दूसरे हथियारों से लड़ते हैं—साहित्येतर हथियारों से ! सबसे मुश्किल और एक ही सही रास्ता है कि मैं सब सेनाओं में लड़ूँ—किसी में ढाल सहित किसी में निष्कवच होकर—मगर अपने को अन्त में मरने सिर्फ अपने मोर्चे पर दूँ—अपने भाषा के, शिल्प के और उस दोतरफा जिम्मेदारी के मोर्चे पर जिसे साहित्य कहते हैं।"

'नेहरू युग' रघुवीर सहाय की रचनाओं में जहाँ भी जिक्र पाता है, एक लम्बे इतिहास-दौर के बारे में आत्मीयों को लिखने लायक चिट्ठी की जगह भेजे गए तार की तरह पाता है। व्यवस्था में निरन्तर गहराते संकट और लोकतन्त्री सत्ता द्वारा उसकी अनदेखी का सन्देश इस तार में सबसे ऊपर है। इसके बाद संकट के स्वरूप की झलक है, उसकी अवहेलना से उत्पन्न घुटन का कष्टमय सम्प्रेषण है, और शायद सबसे आखिर में संकट के कारणों और अवयवों की सूची है। इन भावनाओं को नेहरू-युग के संकट के सन्दर्भ में सबसे स्पष्टता से हम *दिल्ली मेरा परदेस* की भूमिका में देख सकते हैं। वहाँ 1957 से 1967 के दस सालों को वे एक विश्वास के बार-बार झकझोरे जाने का दौर बताते हैं। यह दौर रघुवीर सहाय के अनुसार 1947 से 1957 के उस दशक का उत्तराधिकारी था जिसे उन्होंने 'उत्साह के वर्ष' कहा है। उत्साह था राष्ट्रनिर्माण का। पदों पर आसीनों के राष्ट्रनिर्माण के नारे से अलग एक प्रयोगशील राष्ट्रनिर्माण की भी गुंजाइश थी जिसमें 'हर किस्म के दकियानूसीपन की आलोचना' प्रमुख थी। पर एक युवा पत्रकार के रूप में रघुवीर सहाय की हिस्सेदारी इस प्रयोगशील राष्ट्रनिर्माण में ही नहीं, दूसरेवाले यानी राज्य के तहत हो रहे राष्ट्रनिर्माण में भी थी। टीवी पर पहली बार दिखाई गई गणतन्त्र दिवस परेड और रानी एलिजाबेथ के आगमन के सीधे प्रसारण के उद्घोषक वे ही थे। इस किस्म की हिस्सेदारियाँ उस नैराश्य पर प्रकाश डालती हैं जो 1975 में होनेवाली आपात्काल की घोषणा के काफी पहले उनकी रचनाओं में व्यक्त होने लगा था। *हँसो हँसो जल्दी हँसो* के दूसरे संस्करण (1979) की भूमिका में उन्होंने यह स्पष्टीकरण दिया है कि इस संग्रह की कविताएँ *आत्महत्या के विरुद्ध* के 1967 में प्रकाशन से लेकर 1974 के दौरान लिखी गई थीं—

> "1975 में प्रकाशित होने के संयोग से यदि किसी को भ्रम हो कि इस संग्रह की कविताएँ आपात्कालीन स्थिति के दौरान लिखी गई थीं तो वह दूर हो जाना चाहिए। अपाद्कालीन् स्थिति घोषित होने से पूर्व ही जो लोग एक लम्बे दौर में लोकतन्त्र के क्षय के प्रमाण और आनेवाले संकट को पहचानते रहे थे, उनमें से यह कवि भी एक था...।"

'नेहरू युग' की इबारत को इस तरह खोलकर यदि हम लोहिया की असामयिक मृत्य—जो नेहरू की मृत्यु के तीन वर्ष बाद 1967 में हुई—से उपजी उदासी पर गौर करें तो हम इसी वर्ष प्रकाशित *आत्महत्या के विरुद्ध* में दिए गए 'वक्तव्य' का अर्थ समझने की अपनी तैयारी को पूरा मान सकते हैं। लोहिया का महत्त्व हिन्दी क्षेत्र के ऐसे प्रखर राजनीतिक चिन्तक और नेता के नाते तो था ही जो हिन्दी के अलावा कई अन्य भाषाएँ जानता था। समाजवादी विचारधारा में देशज दलीलों और आधारों का योगदान देनेवाले लोहिया रघुवीर सहाय की पीढ़ी के लिए एक बेहद आकर्षक व्यक्तित्व भी थे। हिन्दू समाज की रूढ़ियों पर उनके प्रहार लोकतन्त्र के निर्माण को एक रोमांचक सांस्कृतिक आयाम देने में समर्थ थे। इस आयाम का अभाव नेहरू की राजनीति की एक बड़ी कमी के रूप में पहचाना जा सकता था और वामपन्थी संगठनों की विश्लेषण पद्धति की सीमा

के रूप में भी। नेहरू के आभिजात्य को चुनौती देनेवाली लोहिया की नाटकीय प्रखरता मध्यपन्थ के उस विचार को अप्रत्याशित धार देती थी जिसे लोहिया स्वयं एक प्रतीक की तरह व्यक्त करते थे। 'स्थायी सिविल नाफरमानी' सरीखे उनके दिए हुए कुछ विचार गांधी की याद दिलाते हुए उनके दर्शन में, विशेषकर युवाओं को खटकनेवाली, उग्रता की कमी को पूरा करते थे। वर्ण और योनि के घेरे जैसे रूपक रचनेवाले लोहिया निश्चय ही हिन्दी क्षेत्र के सबसे कल्पनाशील नेता थे और हिन्दी के सबसे सशक्त पक्षधर भी। 1967 के शरद में उनकी अचानक मृत्यु हो जाने पर उस निराशा और संकटाभास की वापसी स्वाभाविक थी जिसे रघुवीर सहाय ने नेहरू युग के 'उत्साह के वर्ष' बीत जाने पर कई बार महसूस किया होगा।

आज की परिस्थिति में इस संचयिता के सहारे रघुवीर सहाय से परिचय पानेवाले युवा पाठक के लिए 'नेहरू युग' से उनकी परेशानी की तमाम परतें समझना कुछ मुश्किल पड़ सकता है। इस मुश्किल को थोड़ा आसान बनाने के वास्ते हमें रघुवीर सहाय के चिन्ताजगत के तीन प्रमुख सन्दर्भों को याद कर लेना चाहिए—भाषा, जाति और स्त्री। ये तीनों लोहिया की राजनीति के प्रमुख मुद्दे थे, यद्यपि तीनों की बराबर पड़ताल और उनके कल्पनाशील राजनीतिक उपयोग के प्रमाण लोहिया की जीवनी में नहीं मिलते। इनमें से पहले मुद्दे का सम्बन्ध आजादी के पहले से चली आई राष्ट्रनिर्माण जैसी आधारभूत अवधारणा से था, और शेष दो का सम्बन्ध हिन्दू समाज में लम्बे समय से होते आ रहे आन्तरिक संघर्ष से था। भाषा के सवाल पर 1967 का वर्ष नाटकीय रूप से निराश करनेवाली राजनीतिक घटना—राजभाषा संशोधन विधेयक की मंजूरी—लेकर आया था। पीछे मुड़कर देखने की मुद्रा में यह कहना कतई अतिरंजित नहीं होगा—बल्कि आज के हिन्दीभाषी युवाओं के लिए नाकाफी ही ठहरेगा—कि राजभाषा संशोधन विधेयक एक विराट और सुखद सपने का अन्त था जो रघुवीर सहाय के लिए राष्ट्रीय आत्महत्या सरीखा रहा होगा। इस 'अन्त' से जूझना, यानी हिन्दी की लड़ाई जारी रखना, उसे फैलाना, रघुवीर सहाय के पत्रकारीय जीवन की एक बड़ी अभिप्रेरणा बना, जिसकी यथेष्ट बानगी देने के इरादे से इस संचयिता में हिन्दी पर रघुवीर सहाय की दोनों प्रसिद्ध कविताएँ शामिल की गई हैं। इनके लिखे जाने के बीच का लगभग दो-ढाई दशक का फासला भाषायी राष्ट्रवाद के ऐतिहासिक बिखराव और पतन का दौर माना जा सकता है। बिखराव और पतन की पहचान सिर्फ अंग्रेजी के विस्तार से नहीं, हिन्दी की राजनीति के खोखलेपन से भी की जाना जरूरी है। हिन्दी की महत्त्वहीनता देखकर आज के हिन्दी माध्यम विद्यार्थी जिस तरह की मासूम हैरानी और खीझ व्यक्त करते हैं, उसका सम्यक्, सुन्दर जवाब—जो शायद कुछ युवा पाठकों को इतिहास की तफसील में जाने का धीरज दे—रघुवीर सहाय के इस वाक्य में मिलता है : 'मुझे स्वाभिमान है कि मैंने मातृभाषा और राष्ट्रभाषा की न सेवा की, और न पूजा की, मैंने उसे बरता।'

भाषा का सवाल राष्ट्रीयता की पुट अवश्य लिए है, पर उसकी तह में हर जगह समाज की वर्गीय और जातीय विषमता दिखाई देती है। रघुवीर सहाय के लिए हिन्दी

का संघर्ष मूलतः एक सामाजिक संघर्ष था, और इस कारण हिन्दी की हार–'अच्छे सैनिक / अपनी हार पहचान'–एक ज्यादा बड़ी हार का लक्षण थी। भाषा की तरह जाति भी रघुवीर सहाय के लेखन में एक सन्दर्भ की तरह इस्तेमाल होनेवाली अवधारणा है। कहीं वह प्रगतिशीलता और आधुनिकता की असलियत जाँचने का पैमाना है, कहीं राष्ट्रवाद की थाह लेने का। जाति विरुद्ध संघर्ष भेदभाव से ऊपर उठने का गांधीवादी कार्यक्रम नहीं, जाति पर टिकी समाज व्यवस्था को तोड़ने का सपना बनता है। सरोकारों की गहराई परखने का मौका जातीय अस्मिता देती है–

बाम्हन बाम्हन रहे, कायथ कायथ रहे
पर जब कविता लिखे तो
आधुनिक हो जाए। खीसें बा दे जब कहो तब गा दे।

'सीमा के पार का आदमी' के अन्त में जाति राष्ट्रवाद की दीवार में छेद करती है। जाति से जुड़ी पोशाक, मुद्राएँ, चेष्टाएँ रघुवीर सहाय के पत्रकारीय गद्य से जगह-जगह झाँकती हैं और कहीं कटाक्ष, तो कहीं नैराश्य का विषय बनती हैं। उत्पीड़न, बेरोजगारी और धार्मिक अलगाववाद पर उनकी टिप्पणियाँ कई बार जाति व्यवस्था के बने रहने के क्षोभ पर लौटती हैं। राजनीति के विश्लेषण की धुरी तो जाति थी ही, यद्यपि रघुवीर सहाय के सम्पादन में 'दिनमान' लगातार वर्ग-विश्लेषण का औजार भी इस्तेमाल करता रहा। हिन्दू पुनरुत्थानवाद की समीक्षा के लिए भी उसमें जगह रही, पर रघुवीर सहाय के अपने लेखन में यह समीक्षा प्रायः गैरकांग्रेसवाद की परिधि में सिमटी रही।

राजनीति और साहित्य के रिश्ते की पड़ताल के लिए यह निश्चय ही बहुत उपयुक्त विषय है। आखिर कोई वजह है कि आपात्काल के अधिनायकवादी शासन की आहट हम रघुवीर सहाय के काव्य और गद्य दोनों में 1975 से वर्षों पहले सुन लेते हैं, पर हिन्दुत्ववाद के विकराल उभार की आहट 1989 की टिप्पणियों में भी संकेतों को पढ़ने के संकोच से घिरी हुई पाते हैं। लगता है कांग्रेस का विकल्प खोजती हुई राजनीति के संवादों और समझौतों से रघुवीर सहाय की आत्मीय निकटता ने उनकी संवेदना के साथ-साथ उनकी विश्लेषण-सामर्थ्य और वैचारिक कल्पना को प्रभावित किया। आपात्काल की समाप्ति के बाद आए गठबन्धन-राजनीति के पावस में यह प्रभाव कुछ ज्यादा ही सघन हुआ, और पावस के गुजर जाने से उपजी घुटन के असह्य सिद्ध होने का कारण भी यही था। रामजन्मभूमि आन्दोलन और रामायण व महाभारत के सीरियलों पर अस्सी के दशक के अन्त में लिखी गई उनकी टिप्पणी एक चहुँमुखी घिराव के बीच कुछ थोड़ी सी बातें जिन्दा रखने की कोशिश भर नजर आती है। आखिरी वर्षों के दौरान लिखी गई कविताओं का जो संग्रह रघुवीर सहाय की मृत्यु के बाद प्रकाशित हुआ (इस संग्रह की अधिकांश कविताएँ उन्होंने स्वयं प्रकाशित नहीं कराई थीं, यह तथ्य याद रखा जाना चाहिए), उस दौर का दर्पण भर है जिसमें कवि अपनी शर्तों पर जीने और लिखने की सम्भावना से वंचित कर दिया गया था।

अन्तिम दौर की कविताएँ यदि इस संचयिता में नहीं हैं तो इसीलिए कि यह एक

प्रतिनिधि संकलन नहीं है (वैसा संकलन पहले से उपलब्ध है), प्रवेशिका है। रघुवीर सहाय के आखिरी सात-आठ वर्षों को किसी व्यक्तिगत विकासक्रम में न रखकर ऐतिहासिक परिप्रेक्ष्य में रखकर देखे जाने की जरूरत है। अस्सी के दशक के गद्य और पद्य दोनों में वे एक ऐसे कृतिकार की मिसाल बनते हैं जो वैचारिक विकल्पों की परख के सहारे जीता था और इस पाथेय की टोह में मध्यपन्थ की रचना करते-करते भ्रष्ट राजनीति के दुर्गम बीहड़ में आ पहुँचा था। दुनिया के साहित्य में ऐसे कई कवि और लेखक हुए हैं जिनकी वैचारिक खोजें राजनीतिक इतिहास के तीखे विक्षेपों में खो गईं। पहले और दूसरे विश्वयुद्धों से गुजरनेवाली कई कलात्मक और वैचारिक जीवनियाँ व्यापक चर्चा का विषय और कला चेतना की समझ के लिए चुनौती बनीं। बीसवीं सदी के मध्य की एक बड़ी और विविध रचनाशील प्रतिभा होने के नाते रघुवीर सहाय ऐसी ऐतिहासिक पड़ताल के विषय बनेंगे, ऐसी आशा की जानी चाहिए।

भाषा और जाति की तरह स्त्री भी रघुवीर सहाय के रचना-संसार में इतिहास की गवाह है जिसकी गवाही सुनना हमें समाज और सभ्यता की खबर देता है। साठ और सत्तर के दशक की अनेक कविताओं में स्त्री समाज का भविष्य पढ़ने का जरिया बनती है। 'बड़ी हो रही है लड़की' में एक क्रूरतर, एकीकृत व्यवस्था की पदचाप सुनाई देती है। लोकतन्त्र की आधी-अधूरी रचना के दौरान आरक्षित छोड़ दिए गए कोनों में सबसे ज्यादा अरक्षित कोना स्त्री के लिए है जहाँ संस्कृति के बर्बर स्थापत्य का किला है। उसकी कैद का विवरण 'रास्ता इधर से है' की कहानियों में कई जगह आता है। लेखों और टिप्पणियों में स्त्री के साथ घटी वृहत्तर सामाजिक और राजनीतिक नियति का पाठ और भी विस्तृत विवरणों के साथ आता है। ऐसा एक पाठ 'माया त्यागी को भूल जाओ' शीर्षक लेख, जिसे रघुवीर सहाय की कलम ने अस्सी के दशक के आरम्भ का इतिहास बनाया था, इस संकलन में शामिल किया गया है।

शिल्प की चिन्ता

'दिनमान' से 1983 में जबरन अलग किए जाने की घटना रघुवीर सहाय के लिए एक असह्य व्यक्तिगत अनुभव थी। आमतौर पर यह घटना 'अलग होने' जैसे सभ्य शब्दों में बताई जाती है। इस तरह का बयान पूरे प्रसंग की नाटकीय अभद्रता को तो छिपाता ही है, वह उसे भाषा, पत्रकारिता और राजनीति के इतिहास-चक्र से काटता भी है। स्वयं रघुवीर सहाय की रचनाओं में इस घटना की अनुकृतियाँ पहले भी दर्ज हुई थीं, बाद में भी हुईं, यह देखकर हम यह अन्दाजा लगा सकते हैं कि उनके अन्तर्जगत में इस अनुभव का क्या स्थान था। मनुष्य को बचाने में निरन्तर अधिकाधिक असमर्थ होते समाज की सबसे परिपक्व अनुकृति रघुवीर सहाय के साहित्य में निश्चय ही 'रामदास' शीर्षक कविता है जो 1974 में—यानी आपातूकाल के एक वर्ष पूर्व लिखी गई थी। हत्या की संस्कृति या हिंसा पर रघुवीर सहाय ने अनेक बार लिखा, और नृशंसता का दृश्यांकन अलग-अलग विधाओं में किया, पर 'रामदास' की कलात्मक हैसियत अलग है क्योंकि

वह सिर्फ हत्या का दृश्यांकन नहीं है। यह कविता उनकी काव्यकला का उतना ही संश्लिष्ट उदाहरण मानी जा सकती है जितना कहानी की विधा में 'सीमा के पार का आदमी' है। कविता और कहानी में रघुवीर सहाय के शिल्पाग्रहों पर विचार करने के लिए इन दो से बेहतर उदाहरण नहीं हो सकते। 'रामदास' में कविता की वाचिक परम्परा का आकर्षण छन्द की कसी हुई सरलता में प्रकट होता है। 'सुकवि की मुश्किल' शीर्षक 1986 के लेख में रघुवीर सहाय ने छन्द में अपनी बात कह सकने के साहस का जिक्र किया है जो साहस इसलिए है क्योंकि वह छन्द के साथ चली आ रही भाषा और भाव की विरासत को जानकर दिखाया जाता है। सोलह मात्राओं की चौपाई में राम से जुड़ा महाकाव्य लोकमंगल की स्थापित विरासत लिए रहा है। उसी छन्द में एक नृशंस हत्या का आख्यान महाकाव्यात्मक बेचैनी पैदा करता है। छन्द के इस्तेमाल में जितनी व्यंजना और वीरता है, उतनी ही बिम्बों की किफायत और निरपेक्षता। रामदास की पूर्वघोषित हत्या का नजारा दैनिक जीवन की साधारणता लिए रहे, इस उद्देश्य की पूर्ति जिन दो-चार सूचनाओं से होती है, वे एक बड़े, लगभग प्राकृतिक दृश्य में टंकित हो रहती हैं। चौड़ी सड़क, पतली गली और दिन का समय, घनी बदली जैसे नन्हें संकेतों को ऐतिहासिक प्रतीक माना जाए तो और न माना जाए तो भी, रामदास के मरने की संक्षिप्त कथा अखबार में पढ़ी गई खबर नहीं बन जाने से बची रह जाती है और एक मर्मान्तक निजी घटना बने रहने का आग्रह करती है। अवश्य ही यह कविता रघुवीर सहाय की कला-सामर्थ्य का समग्र सँजोए है।

ठीक यही बात हम कहानी के सन्दर्भ में 'सीमा के पार का आदमी' के बारे में कह सकते हैं यद्यपि रघुवीर सहाय को हिन्दी कहानी के स्वीकृत समीक्षावृत्त में अभी तक नहीं रखा गया है। इस कहानी में भारत-पाक युद्ध से पैदा हुई परिस्थिति का परिचित ज्ञान पाठकीय पृष्ठभूमि की तरह इस्तेमाल होता है। व्यंग्य का सधा हुआ स्वर शुरू से मौजूद है जिसका प्रभाव राष्ट्रीयता और सीमाओं की रक्षा जैसे उद्घोषों को हास्य में तब्दील करनेवाली कतरनी जैसा है। पत्रकार कथावाचक की अपनी परेशानी भी शुरू में ही स्पष्ट हो जाती है। पाठक एक मुआयने पर निकल पड़ता है जिसके दौरान झुलसी हुई ईंटों और लाशों के बीच सूखी पत्तियों से ढँकी हुई ज़मीन और एक छोटे पैर के लायक गुलाबी प्लास्टिक की चप्पल आँखों के सामने एक तेज रफ्तार झाँकी बनकर आती हैं। वातावरण स्वयं एक चरित्र बन जाता है और जो चरित्र वास्तव में हैं, जैसे मन्त्री, अफसर और संवाददाता, वे नाचीज भूमिकाभोगी रह जाते हैं। सीमा पार के आदमी की जाति इसी प्रक्रिया के तहत एक चौंकानेवाले अन्त की तरह, निहायत सामान्य बात का ही प्रमाण लिए आती है। कहानी समाचार उद्योग की क्रूरता राष्ट्रवादी मशीनरी के पुर्जे अलग करती हुई खत्म हो जाती है और कहानी में वर्णित मुआयने से फारिग होकर पाठक स्वयं कथावाचक बन जाता है जो विशिष्ट अतिथियों के साथ 'दबंग युवती' को देखने नहीं जाना चाहता। उनका पाशविक पौरुष कहानी के आखिरी कटाक्ष का विषय बनता है और अन्तिम पंक्ति नसीमन की चप्पल पर लौटती है।

'रामदास' और 'सीमा के पार का आदमी' की यह संक्षिप्त समीक्षा यह इंगित करने के लिए काफी होनी चाहिए कि शिल्प के प्रति निष्ठा और रचना को जगत का पुनर्योजन करने का औजार बनाने की चिन्ता रघुवीर सहाय के लिए कितना महत्त्वपूर्ण थीं। साहित्य को वे किन चीजों को 'बचाने' का साधन मानते थे, यह प्रश्न 'पूर्वग्रह' (1976) में प्रकाशित इंटरव्यू में सीधे-सीधे पूछा गया था (यह पूरा इंटरव्यू इस संकलन में शामिल है)। इस प्रश्न का उत्तर देते-देते रघुवीर सहाय ने कवि की नैतिक सामर्थ्य का जिक्र किया था जो उनके सम्पूर्ण कृतित्व में रमी हुई प्रेरणा है। भाषा के रास्ते वे हमारी सोच को, भावनाओं को नए साँचों में ढालते हैं तो इस खातिर कि हम कवि के साथ मिलकर या मिलने के बाद कुछेक बुनियादी बातों पर लौट सकें। यह चाह कोई नैतिक नियोजन नहीं है, बल्कि एक नियोजनप्रिय युग में नीति के इतने विकेन्द्रित आयोजन की इच्छा है कि हर व्यक्ति आजादी महसूस कर सके—कम-से-कम कुछ देर के लिए उस पर से रूढ़ि, रुतबे और राज्य की सत्ता हटे। इस अन्तराल में वह समता और न्याय की एक क्षणिक, प्रेरक कल्पना से गुज़र पाता है, यही कविता की, और साहित्य की अन्य विधाओं में लिखी गई रचनाओं की, उपलब्धि है। समता, न्याय और अन्याय जैसे शब्दों का बार-बार प्रयोग रघुवीर सहाय के कई प्रेमियों को उबाता है। उन्हें यह याद रखना परेशानी देता है कि रघुवीर सहाय की शिल्पी प्रयोगशीलता एक व्यापक राजनीतिक लड़ाई के सन्दर्भ में पल्लवित हुई। उस लड़ाई को उभरते और दबते देखनेवाले कवि का जीवन और रचनाक्रम हमारे लिए तभी तक बोधगम्य रहेगा जब तक हम उस लड़ाई के मुद्दों को महत्त्व देते रहेंगे। हमारी यह कोशिश कठिनतर, यानी और अधिक प्रयोगशीलता की मोहताज, होती जा रही है यह बात *वे और नहीं होंगे जो मारे जाएँगे* की भूमिका में इस तरह बताई गई है :

> "जो टूट गया है वह टूटकर खत्म नहीं हो चुका है : वह उसमें मिलकर के कि जो बचा है, टूटकर एक और रूप बन गया है। अब फिर से नया कुछ बनाने के लिए इसी बचे हुए के नए रूप में से पहले की अपेक्षा बहुत ज्यादा ताकत हासिल करनी पड़ेगी। यदि हम इतिहास निर्माण का हौसला नहीं रखते तो हर बार टूटने पर हम कहेंगे कि जो बचा है वह दूषित हो गया है और रक्षणीय नहीं रह गया है। क्या हमें उन धूर्त बहसों की याद नहीं जो अतीत में अक्सर यह कहकर उठाई जाती रही हैं कि लोकतंत्र या समाजवाद विफल रहा है इसलिए हमारे लिए उपयुक्त नहीं ?"

जो बचा है, उसकी रक्षणीयता सिद्ध करने के नजरिए से देखें तो अस्सी के दशक में प्रकाशित रघुवीर सहाय के दोनों संग्रह, *लोग भूल गए हैं* और *कुछ पते कुछ चिट्ठियाँ,* उनकी प्रयोगधर्मिता के पैमाने माने जा सकते हैं। इनमें *आत्महत्या के विरुद्ध* की चैतन्य राजनीति और *हँसो हँसो जल्दी हँसो* की दहशत नहीं है। जाति और भाषा की लड़ाइयों के प्रत्यक्ष तेवर भी कम हैं—जहाँ हैं, इस बात की आश्वस्त समझ लेकर हैं कि इन मोर्चों को फिर जीतने के लिए कोई वृहत्तर संघर्ष छिड़ेगा। सबसे प्रकट

है *सीढ़ियों पर धूप में* सरीखी विविधता और सृजनशील मन की विपुलता। छन्द के साथ अनेकों प्रयोग हैं, गद्य की आन्तरिक लय को पकड़ने का आनन्द है, और एक खोए हुए ऐश्वर्य को दोबारा हासिल करने का हौसला है। 'आज की कविता' (1983) में की गई शिकायत इसी पुनर्सृष्टिभाव के तहत देखी जानी चाहिए–

मैं पूछ रहा हूँ इसीलिए यह बारबार
वह दर्द कहाँ मर गया रोज जो होता था
...
आतंक कहाँ जा छिपा भागकर जीवन से
जो कविता की पीड़ा में अब दिख नहीं रहा ?
हत्यारों के क्या लेखक साझीदार हुए
जो कविता हम सबको लाचार बनाती है ?

इन दोनों संग्रहों के प्रयोग-वैभव का जायजा लें तो रघुवीर सहाय की मृत्यु के कई वर्ष बाद प्रकाशित *एक समय था* संग्रह गैर-जरूरी दिखने लगता है। उसे हम ज्यादा-से-ज्यादा एक तरह की डायरी मान सकते हैं जो कवि के जीवनीकार की रुचि की भले हो, सामान्य पाठक के महत्त्व की नहीं है और सहृदय आलोचक के मतलब की भी नहीं होनी चाहिए। अपनी कविता का संसार सँजोने की रघुवीर सहाय की आखिरी, आत्मविश्वासी कोशिश *कुछ पते कुछ चिट्ठियाँ* ही है जिसकी भूमिका में उन्होंने 1989 में लिखा था कि 'रचना जो पाठक या श्रोता के मन में पतन का विकल्प जाग्रत नहीं करती, न तो साहित्य की उपलब्धि होती है न समाज की।'

इस आधार-भूमि पर खड़े होकर हम रघुवीर सहाय के लेखन की दो-तीन बड़ी उपलब्धियों का आकलन कर सकते हैं। *आत्महत्या के विरुद्ध* की दूसरी कविता, 'स्वाधीन व्यक्ति', में ये पंक्तियाँ उनके कवि-जीवन का स्थायी भाव कही जा सकती हैं, उनके आत्मसंघर्ष की बानगी तो वे देती ही हैं :

कुछ भी लिखने से पहले हँसता और निराश
होता हूँ मैं
कि जो मैं लिखूँगा
वैसा नहीं दिखूँगा
दिखूँगा या तो
रिरियाता हुआ
या गरजता हुआ
किसी को पुचकारता
किसी को गरजता हुआ
अपने में अलग सिरजता हुआ कुछ अनाथ
मूल्यों को
नहीं मैं दिखूँगा

इस कविता के अन्त में और बड़ी आशंका और दुविधा अपने योगदान को लेकर इस तरह व्यक्त की गई थी :

हो सकता है
हो सकता है कि कल जब अँधेरे में दिखे
मेरा कवि बन्धु मुझे
वह न मुझे पहचाने, मैं न उसे पहचानूँ।
हो सकता है कि यही मेरा योगदान हो कि
भाषा का मेरा फल जो चाहे मेरी हथेली से खुशी से चुग ले।
अन्याय तो भी खाता रहे मेरे प्यारे देश की देह।

भाषा की केन्द्रीयता, लेखक के जीवन में उसकी तमाम और जिम्मेदारियों और हिस्सेदारियों के बावजूद भाषा के प्रति जवाबदेही हर अन्य मूल्य से ऊपर ठहरती है; न्याय से भी ऊपर क्योंकि आजादी की तरह न्याय पाने का साधन अन्ततः भाषा को ही बनना है। यदि भाषा का बचाव, नए कामों के लिए उसका संवर्धन साहित्य का उद्देश्य मान लिया जाए तो विधाओं की विशिष्ट चुनौतियाँ 'एकदम निरर्थक नहीं तो अनावश्यक' अवश्य हो जाती हैं और ऐसा रघुवीर सहाय ने *रास्ता इधर से है* की भूमिका में स्पष्टतः लिखा भी। इसी भूमिका में 'राज्य और व्यक्ति के सम्बन्ध को, अधिकाधिक समझना आधुनिक संवेदना की शर्त' बताई गई है। इस शर्त के साए में रघुवीर सहाय की विशिष्टता, जो उनके कई समकालीनों को प्रगल्भता लगती थी और आज तक लगती है, को देख सकना कठिन नहीं है। न उस नफरत की कद्र करना कठिन है जो उन्हें हर तरह के टुच्चेपन से महसूस होती थी और जो उन्हें पढ़ते हुए कई बार कई जगह साहित्यिक अभिजनत्व की भनक पैदा करती है। वैसे भी, शब्दों की फिजूलखर्ची को लेकर इतनी ज्यादा सावधानी, अपने को वादों व खेमों से अलग रखने की फिक्र, और हमेशा एक वृहत्तर दुनिया बनाते चले जाने की कोशिश उनके व्यक्तित्व व लेखन को निराला बनाती थी।

रघुवीर सहाय द्वारा सम्पादित 'दिनमान' के बारे में भी यही कुछ कहा जा सकता है और उसका योगदान आँकने में भी हमें उसके समय की पत्रकारिता—राजनीतिक व साहित्यिक दोनों—का वृहत्तर परिप्रेक्ष्य ध्यान में रखना होगा। 'दिनमान' के सम्पादन का प्रभार अज्ञेय से पाने के बाद रघुवीर सहाय ने बहुत तेजी से उसे अपनी प्राथमिकताओं के अनुसार ढाला। सार्वजनिक बहसों को अन्वेषी सौजन्य के साथ संचालित करते हुए 'दिनमान' ने यात्रा और रिपोर्ताज, विश्व-घटनाओं के अलावा विदेशों के विचार-जगत और साहित्य की समीक्षा और पाठकों के बीच संवाद सरीखे रचना-क्षेत्रों को पहचाना और सँवारा। इस उपक्रम में रघुवीर सहाय सम्पादक के अलावा कई बार लेखक के रूप में शरीक हुए। समाचार साप्ताहिक रहते हुए 'दिनमान' एक तरह का पत्राचार विश्वविद्यालय बना जिसका ध्येय हिन्दी के चिन्ताजगत की हदों को फैलाना और छोटी-से-छोटी बस्ती में रहनेवाले पाठक को एक बड़ी दुनिया में हिस्सेदार बनाना था।

यह ध्येय महत्त्वाकांक्षी था और कोई आश्चर्य नहीं कि उसे पाने के संघर्ष में रघुवीर सहाय अपने कई समकालीनों—जिनमें से कुछ स्वयं सम्पादक थे—से कट से गए। एक फैले हुए वैचारिक समुदाय की रचना करते-करते वे हिन्दी के शहरी वैचारिक जगत के बने-बनाएपन से दूर होते गए। इस दूरी का लाभ हिन्दी पत्रकारिता को तो मिला ही, कविता को भी मिला। जो हैसियत 'दिनमान' ने पाई, वह हिन्दी के इतिहास में अनूठी थी। उसका सम्पादन करते हुए लिखी गई कविताएँ—जो *हँसो हँसो जल्दी हँसो* और *लोग भूल गए हैं* में संग्रहीत हैं—रघुवीर सहाय की अन्वेषी कल्पना का प्रायोगिक संस्करण कही जा सकती हैं। *आत्महत्या के विरुद्ध* की आधिकारिकता के समक्ष इस प्रायोगिकता का सम्मान इसलिए जरूरी है क्योंकि बाद के इन संग्रहों से ही हम साहित्य को बिखराव का विकल्प बनाने के संघर्ष का मायना जान पाते हैं।

यह संचयिता

अन्त में इस संकलन के बारे में एक-दो बातें स्पष्ट करना उचित रहेगा। विकासक्रम जैसी किसी अवधारणा के प्रति पर्याप्त सन्देह मैं ऊपर व्यक्त कर चुका हूँ। यह संकलन बनाते समय मैंने रचनाओं के कालक्रम पर स्वयं तो काफी विचार किया, पर जो रचनाएँ मैंने अन्ततः चुनीं, उन्हें कालक्रम के अनुसार रखना मुझे गैरजरूरी के अलावा गलत भी लगा। संचयिता का उद्देश्य आखिर यह नहीं है कि पाठक को कवि के जीवन की धारा के साथ-साथ चलाया जाए। ऐसा करने के लिए किसी संचयिता या उसके सम्पादक का साथ जरूरी नहीं है। इस संकलन की आन्तरिक योजना का मकसद रघुवीर सहाय की साहित्य-कला पर एक विहंगम दृष्टि की सुविधा और इस तरह की दृष्टि से मिलनेवाला सुख देना है। सुविधा और सुख की परिधि-रेखा खींचते हुए यह क्यों याद दिलाया जाए कि 'आज शाम को जो देखा' युवावस्था की रचना है और 'घिसी पेंसिल' बहुत बाद की ? रघुवीर सहाय जैसे धीर शिल्पी के लिए रचना की परिपक्वता युवा दिनों में उतनी ही बड़ी चुनौती थी जितनी वृद्धावस्था के यकायक आने के संक्षिप्त दौर में बनी होगी। *सीढ़ियों पर धूप* में उन्होंने लिखा भी—

दिन यदि चले गए वैभव के
तृष्णा के तो नहीं गए
साधन सुख के गए हमारे
रचना के तो नहीं गए।

कालक्रम की अवहेलना के साथ-साथ विधा-विभाजन की तरकीब भी मुझे अनुचित जान पड़ी। साहित्य ही नहीं, कला की मूलभूत अखंडता रघुवीर सहाय के लिए एक बड़ा मूल्य थी। साहित्य और पत्रकारिता के बीच का फर्क भी रघुवीर सहाय ने न स्वीकारा, न बरता। *आत्महत्या के विरुद्ध* के तीसरे संस्करण (1985) की भूमिका में उन्होंने लिखा भी है कि 'अखबार में लिखना या अखबारनवीसी करना मैंने 1947 से ही अपनी मातृभाषा में उतना ही रचनात्मक माना है जितना कविता करना।' इसी प्रकार कविता,

कहानी या नाटक, गद्य और पद्य, यात्रा-वृत्तान्त और रिपोर्ताज रघुवीर सहाय के लिए रचना करने या सृजनशील रहने के अलग-अलग बहाने भर हैं, और रचना करते रहना लोकतन्त्र में जीने की शर्त है। विधाओं के अन्तर और उसे आधार बनाकर की जानेवाली राजनीति के प्रति रघुवीर सहाय की हिकारत को देखते हुए यही उचित था कि उनकी रचनाओं को विषयों और चिन्ताओं के सूत्र में पिरोकर रखा जाए, विधाओं के सूत्रों में नहीं। संचयिता के पाठकों को इस व्यवस्था से न केवल रघुवीर सहाय के व्यक्तित्व और चिन्ताजगत का अन्दाजा लगाने में मदद मिलेगी, साथ में यह सुविधा भी रहेगी कि वे अभिव्यक्ति के विधागत रूपों की तुलनात्मक सुन्दरता और कसावट के बीच रघुवीर सहाय की दृष्टि का आनन्द ले सकें।

अनुक्रम

रामदास

चौड़ी सड़क गली पतली थी
दिन का समय घनी बदली थी
रामदास उस दिन उदास था
अन्त समय आ गया पास था
उसे बता यह दिया गया था उसकी हत्या होगी

धीरे-धीरे चला अकेले
सोचा साथ किसी को ले ले
फिर रह गया, सड़क पर सब थे
सभी मौन थे सभी निहत्थे
सभी जानते थे यह उस दिन उसकी हत्या होगी

खड़ा हुआ वह बीच सड़क पर
दोनों हाथ पेट पर रख कर
सधे कदम रख करके आए
लोग सिमट कर आँख गड़ाए
लगे देखने उसको जिसकी तय था हत्या होगी

निकल गली से तब हत्यारा
आया उसने नाम पुकारा
हाथ तौलकर चाकू मारा
छूटा लोहू का फव्वारा
कहा नहीं था उसने आखिर उसकी हत्या होगी

(हँसो हँसो जल्दी हँसो)

तोड़ो

तोड़ो तोड़ो तोड़ो
ये पत्थर ये चट्टानें
ये झूठे बन्धन टूटें
तो धरती को हम जानें
सुनते हैं मिट्टी में रस है जिससे उगती दूब है
अपने मन के मैदानों पर व्यापी कैसी ऊब है
आधे आधे गाने

तोड़ो तोड़ो तोड़ो
ये ऊसर बंजर तोड़ो
ये चरती परती तोड़ो
सब खेत बनाकर छोड़ो
मिट्टी में रस होगा ही जब वह पोसेगी बीज को
हम इसको क्या कर डालें इस अपने मन की खीज को ?
गोड़ो गोड़ो गोड़ो

(सीढ़ियों पर धूप में)

आत्महत्या के विरुद्ध

समय आ गया है जब तब कहता है सम्पादकीय
हर बार दस बरस पहले मैं कह चुका होता हूँ कि समय आ गया है।

एक गरीबी, ऊबी, पीली, रोशनी, बीवी
रोशनी, धुन्ध, जाला, यमन, हरमुनियम अदृश्य
डब्बाबन्द शोर
गाती गला भींच आकाशवाणी
अन्त में टड़ंग।

अकादमी क़ी महापरिषद की अनन्त बैठक
अदबदाकर निश्चित कर देती है जब कुछ और नहीं पाती
तो ऊब का स्तर
एक सीली उँगली का निशान डाल दस्तख़त कर
तले हुए नाश्ते की तेलौस मेज पर।
नगरनिगम ने त्योहार जो मनाया तो जनसभा की
मन्थर मटकता मन्त्री मुसद्दीलाल महन्त मंच पर चढ़ा
छाती पर जनता की
वसन्ती रंग जानते थे न पंसारी न मुसद्दीलाल
दोनों ने राय दी
कन्धे से कन्धा भिड़ा ले चलो
पालकी।

कल से ज्यादा लोग पास मँडराते हैं
जरूरत से ज़्यादा आसपास जरूरत से ज्यादा नीरोग
शक से कि व्यर्थ है जो मैं कर रहा हूँ
क्योंकि जो कह रहा हूँ उसमें अर्थ है।

कल मैंने उसे देखा लाख चेहरों में एक वह चेहरा
कुढ़ता हुआ और उलझा हुआ वह उदास कितना बोदा
वही था नाटक का मुख्य पात्र
पर उसकी ठस पीठ पर मैं हाथ रख न सका
वह बहुत चिकनी थी।

लौट आओ फिर उसी खाते-पीते स्वर्ग में
पिटे हुए नेता, पिटे अनुचर बुलाते हैं
मार फड़फड़ाते हैं पंख साल दो साल गले बँधी घंटियाँ
पढ़ी-लिखी गर्दनें बजाती हैं फिर उड़ जाता है विचार
हम रह जाते हैं अधेड़
कुछ होगा कुछ होगा अगर मैं बोलूँगा
न टूटे न टूटे तिलिस्म सत्ता का मेरे अन्दर एक कायर टूटेगा टूट
मेरे मन टूट एक बार सही तरह

अच्छी तरह टूट मत झूठमूठ ऊब मत रूठ
मत डूब सिर्फ टूट जैसे कि परसों के बाद
वह आया बैठ गया आदतन एक बहस छेड़कर
गया एकाएक बाहर जोरों से एक नकली दरवाजा
भेड़कर
दर्द दर्द मैंने कहा क्या अब नहीं होगा
हर दिन मनुष्य से एक दर्जा नीचे रहने का दर्द
गरजा मुस्टंडा विचारक—समय आ गया है
कि रामलाल कुचला हुआ पाँव जो घसीटकर
चलता है अर्थहीन हो जाए।

छुओ
मेरे बच्चे का मुँह
गाल नहीं जैसा विज्ञापन में छपा
ओंठ नहीं
मुँह
कुछ पता चला जान का शोर डर कोई लगा
नहीं—बोला मेरा भाई मुझे पाँव-तले
रौंदकर, अंग्रेजी।

कितना आसान है पागल हो जाना
और भी जब उस पर इनाम मिलता है
नकली दरवाजे पीटते हैं जवान हाथों को
काम सर को आराम मिलता है : दूर
राजधानी से कोई कस्बा दोपहर बाद छटपटाता है
एक फटा कोट एक हिलती चौकी एक लालटेन
दोनों, बाप मिस्तरी, और बीस बरस का नरेन
दोनों पहले से जानते हैं पेंच की मरी हुई चूड़ियाँ
नेहरू-युग के औजारों को मुसद्दीलाल की सबसे बड़ी देन

अस्पताल में मरीज छोड़कर आ नहीं सकता तीमारदार
दूसरे दिन कौन बताएगा कि वह कहाँ गया

निष्कासित होते हुए मैंने उसे देखा था
जयपुर-अधिवेशन जब समेटा जा रहा था
जो मजूर लगे हुए थे कुर्सी ढोने में
उन्होंने देखा एक कोने में बैठा है
अजय अपमानित
वह उसे छोड़ गए
कुर्सी को
सन्नाटा छा गया

कितना आसान है नाम लिखा लेना
मरते मनुष्य के बारे में क्या करूँ क्या करूँ मरते मनुष्य का
अन्तरंग परिषद से पूछकर तय करना कितना
आसान है कितनी दिलचस्प है नेहरू की
आशंसा पाटिल की भर्त्सना की कथा
कितनी घुटन के अन्दर घुटन के
अन्दर घुटन से कितनी सहज मुक्ति

कितना आसान है रख लेना अपने पास अपना वोट
क्योंकि प्रतिद्वन्द्वी अयोग्य है
अत्याचारी हत्या किए जाय जब तक कि स्वर्णधूलि
स्वर्णशिखर से आकर आत्मा के स्वर्णखंड
किए जाय
गोल शब्दकोश में अमोल बोल तुतलाते
भीमकाय भाषाविद हाँफते डकारते हँकाते
अँगरेजी की अवध्य गाय
घंटा घनघनाते पुजारी जयजयकार
सरकार से करार जारी हजार शब्द रोज
कैद
रोज रोज एक और दर्द एक क्रोध एक बोध
और नापैद

कल पैदा करना होगा भूखी पीढ़ी को

आज जो अनाज पेट भरता है
लो हम चले यह रक्खे हैं उर्वरक सम्बन्धी
कुछ विचार
मुन्न से बोले विनोबा से जैनेन्द्र दिल्ली में बहुत बड़ी लपसी
पकाई गई युद्ध से बदहवास
जनता के लिए लड़ो या न लड़ो
भारत पाकिस्तान अलग-अलग करो
फिर मरो कढ़िल कर
भूल जाओ
राजनीति
अध्यापक याद करो किसके आदमी हो तुम
याद करो विद्यार्थी तुम्हें आदमी से
एक दर्जा नीचे
किसका आदमी बनना है—दर्द ?
दर्द, खैराती अस्पताल में डॉक्टर ने कहा वह मेरा काम नहीं
वह मुसद्दी का है
वही भेजता है मुझे लिखकर इसे अच्छा करो
जो तुम बीमार हो तुमने उसे खुश नहीं किया होगा
अब तुम बीमार हो तो उसे खुश करो
कुछ करो
उसने कहा लोहिया से लोहिया ने कहा
कुछ करो
खुश हुआ वह चला गया अस्पताल में भीड़
भौचक भीड़ धाँय धाँय
सौ हजार लाख दर्द आठ-दस क्रोध
तीन चार बन्द बाजार भय भगदड़ गर्द
लाल
छाँह धूप छाँह, नहीं घोड़े बन्दूक
धुआँ खून खत्म चीख
कर हम जानतें नहीं
हम क्या बनाते हैं
जब हम दफनाते हैं

एक हताश लड़के की लाश बार-बार
एक बेबसी
थोड़ी-सी मिटती है
फिर करने लगती है भाँय-भाँय
समय जो गया है उसके सन्नाटे में राष्ट्रपति
प्रकटे देते हुए सीख समाचारपत्र में छपी
दुधमुँही बच्ची खाती हुई भीख
खिसियाते कुलपति
मुसद्दीलाल
घिघियाते उपकुलपति
एक शब्द कहीं नहीं कि वह लड़का कौन था
क्या उसके बहनें थीं
क्या उसने रक्खे थे टीन के बक्से में अपने अजूबे
वह कौन कौन से पकवान
खाता था
एक शब्द कहीं नहीं एक वह शब्द जो वह खोज
रहा था जब वह मारा गया।

सन्नाटा छा गया
चिट्ठी लिखते-लिखते छुटकी ने पूछा
'क्या दो बार लिख सकते हैं कि याद
आती है ?'
'एक बार मामी की एक बार मामा की ?'
'नहीं, दोनों बार मामी की'
'लिख सकती हो जरूर बेटी,' मैंने कहा
समय आ गया है
दस बरस बाद फिर पदारूढ़ होते ही
नेतराम, पदमुक्त होते ही न्यायाधीश
कहता है—समय आ गया है—
मौका अच्छा देखकर प्रधानमन्त्री
पिटा हुआ दलपति अखबारों से

सुन्दर नौजवानों से कहता है गाता बजाता
हारा हुआ देश।
समय जो गया है
मेरे तलुवे से छनकर पाताल में
वह जानता हूँ मैं।

(आत्महत्या के विरुद्ध)

होली का दिन

बसन्ती रंग जानते थे न पंसारी न मुसद्दीलाल
दोनों ने राय दी कन्धे से कन्धा मिला ले चलो पालकी।

ये पंक्तियाँ *आत्महत्या के विरुद्ध* में बीस वर्ष पहले लिखी गई थीं। बसन्ती रंग न जानने का अर्थ क्या है भाई ? बसन्ती क्या कोई ऐसा रंग है जिसे न जानना कविता में बताने लायक मानवीय भूल हो ? न जानना कोई बड़ी भूल नहीं है। पीले और बसन्ती के बीच फर्क न कर पाना एक तरह की आलोचना है, जो पीला रंग बसन्ती कहकर बेचनेवाले पंसारियों ने हमारे ऊपर थोप दी है। यह बात उतनी ही अशोभनीय है, जितनी तिरंगे झंडे में केसरिया के स्थान पर नारंगी रंग का इस्तेमाल करना। पर आजकल हजारों छोटे-मोटे झंडे ऐसे ही बनते हैं और इससे संविधान का दंडनीय अपमान नहीं होता। ठीक भी है, अगर रंग की समझ संविधान में लिख दी गई होती तो पूरी भारत सरकार को भरती के इम्तहान में एक वर्ण-निर्णय की जाँच का पर्चा भी रखना पड़ता जिससे शायद लालफीताशाही ही बढ़ती, बसन्ती की परख नहीं। मगर बसन्त में ठीक बसन्ती रंग को न परख पाने से किसी का कुछ बिगड़ नहीं गया है। विद्यानिवास मिश्र भी शुद्ध दही, दूध, मक्खन न मिलने पर काम चला ही लेते होंगे, जैसे सभी संस्कृतिप्रेमी चला लेते हैं, फिर बसन्ती रंग में अब धोती-कुर्ता रँगाता ही कौन है। धोबी ही कहाँ है और कुर्ता भी कहाँ है, जो है वही काली पतलून के साथ पहनने के वास्ते बना-बनाया मिलता है।

हाँ, धोती एक रईस के यहाँ देखी थी। किसी साहित्यिक आयोजन में जब गोष्ठी आधी चल चुकी थी और अतिथि काफी जमा थे, आतिथेय के दो बेटे जिन्हें पहले कभी घर से बाहर अंग्रेजी पोशाक के सिवाय कोई पोशाक पहने देखा नहीं गया था, धोती-कुर्ता पहनकर सभा में आए। धोती की चुन्नट देखने लायक थी। बल्कि आदमी समेत पूरी पोशाक में वही एक देखने लायक चीज थी। और उसी को सब देखने लगे। कुछ देर बाद जब माता-पिता को सन्तोष हो गया कि उनकी सांस्कृतिक भारतीयता सिद्ध हो गई है तो उन्होंने बेटों को इशारा किया और वे अपनी चुन्नट सँभालते हुए घर में लौट गए। यह भी कोई नई बात नहीं हुई। जैसे जाने कितने हिन्दीप्रेमी हिन्दी का प्रदर्शन करते हैं, वैसे ही इस आधुनिक परिवार ने अपनी भारतीय चुन्नट का प्रदर्शन कर दिया। फर्क इतना ही था हिन्दी का प्रदर्शन वहीं किया जाता है जहाँ समतुल्य समाज में इस भ्रम

में पड़ जानेवालों के मौजूद होने की आशंका न हो कि यह व्यक्ति अंग्रेजी नहीं बोल पाता इसलिए हिन्दी बोलता है। जबकि धोती के प्रदर्शन में अंग्रेजी का सर्टिफिकेट नत्थी करना जरूरी नहीं, मुँह में पाइप दबा रखने से काम चल जाएगा।

बहरहाल यह तो आप जानते हैं कि यह लेख लिखने का प्रयोजन बसन्ती रंग तो नहीं है। यह लिखा भी ऐसे वक्त जा रहा है कि जब बसन्ती रंग का कहीं पता भी नहीं रहनेवाला है। काला, बैंगनी, नीला और कीचड़, डामर, वार्निश वगैरह दिखाई देने के दिन होली में आते हैं। पहले भी एक जमाने में रंग और रोगन होली में चला करते थे, मगर तब यह आमतौर पर माना जाता था कि ये हथियार जाहिल गँवारों के हैं। होली में एक खास बात यह है कि वह घटियापन और नफासत के बीच एक सीमा बनाना सिखाती है। मूलतः वह फगुनाहट का त्योहार है, जिसकी शोभा इसी में है कि वह उजड्डपन से बचकर चले। फोश और रसियापन के बीच इसी तरह होली पर पर्दा बनती है, जिसमें कानून की वातानुकूलित दीवार नहीं होती। दोनों पक्षों की पत्थर पर्दादारी होती है। रस इसी में है और रस होना भी चाहिए। किसी समय होली का त्योहार शुरू करने के लिए आर्य समाज जैसी सभाओं ने आन्दोलन किया था। इसका कार्यक्रम होली जलाने के दिन से शुरू होता था और होली खेलने से गुजरता हुआ कम-से-कम तीन दिन तक चलता ही था। आठ दिन तक चलाने पर कैद न थी। आन्दोलन शालीनता और शिष्टता के साथ मिलन का था। होली जलने के समय घरों में गोबर के बल्ले, नया गन्ना, हरे चने का चूट, खोए की गुझिया और अबीर-गुलाल लेकर लोग चौराहे पर आते थे और होली जलाते समय ही मिलन और भुने होरे का आदान-प्रदान होता था। अबीर-गुलाल और किसी-किसी विशिष्ट रुचिसम्पन्न के यहाँ चन्दन बाँटा जाता था। रंग के दिन भी पलाश के फूलों का रंग ही असली रंग कहलाता था। बाकी कामचलाऊ रंग थे।

पर रंग का इन्तजाम न कोई धार्मिक संस्था करती थी, न कोई होली मिलन समिति। वह हर परिवार की सांस्कृतिक चेतना ही करती थी जिसके बनाने में बड़ा हाथ हर परिवार की राजनीतिक चेतना का भी था। राजनीतिक चेतना, सांस्कृतिक चेतना का अंश हमारे सभी समाजों के लगभग पूरे दौर में यही है, जिसमें स्वाधीनता संग्राम चला है। होली की यह याद मेरे लिए उसी दौर के रास्ते में पड़े मिले अवशेषों की याद है। 18-20 बरस के लड़के—अवश्य उनमें लड़कियाँ शामिल न होतीं—अबीर-गुलाल झोली में लेकर सड़क पर गाते हुए निकलते। गाने में अंग्रेजी शासन के विरुद्ध ललकारनेवाले गाने नहीं पर गानेवाले प्रायः सब पराधीनता के विरुद्ध थे। राजनीतिक चेतना स्वाधीनता के मूल्य को यदि जागृत न करती तो होली के त्योहार के सामूहिक रूप को परिष्कार न मिलता। गुलामी की पूजा करनेवाले समाज से कुत्सा और हिंसा में ही मनोरंजन प्रसारित किया जाता है। उसमें परिहास और उपहास के बीच एक पारदर्शी दीवार तक नहीं होती, दोनों के पीछे से एक को दूसरे के बहाने चलाने की हिंसक संस्कृति होती है।

आज की होली में, जैसी हम सिनेमा, दिल्ली और अखबार में देख पाते हैं, किसी

को होली सुधारती-बदलती नहीं। कभी-कभी पुलिस पहरा जरूर देती दिखाई देती है कि हुड़दंग न हो। हुड़दंग और दंगे के बीच एक फर्क लोग सीखें, यह सम्भव नहीं मानती है—पुलिस या वह नगरपालिका जो कानूनी विज्ञप्ति छापकर अपना काम खत्म समझ लेती है कि जो न चाहे उस पर रंग न डालिए, जुर्म माना जाएगा।

फिर भी गनीमत है कि अभी तक यह विज्ञप्ति नहीं छपी है कि रंग का डलवाना न चाहना जुर्म नहीं घोषित किया गया है। वह जाने कैसे लोगों की समझ पर निर्भर रहने दिया गया है। अच्छा ही है, कोई रंग न डलवाना चाहता तो पुलिस चाहे यही समझे कोई धार्मिक कारण होगा, मगर उदाहरण के लिए मेरा कारण तो यह भी हो सकता है कि जो रंग होलीवाले के हाथ में है, वह बेहूदा है।

(जनसत्ता, 15 मार्च, 1987)

स्वाधीन व्यक्ति

इस अँधेरे में कभी-कभी
दीख जाती है किसी की कविता
चौंध में दिखता है एक और कोई कवि
हम तीन कम-से-कम हैं, साथ हैं।

आज हम
बात कम काम ज्यादा करना चाहते हैं[1]
इसी क्षण
मारना या मरना चाहते हैं
और एक बहुत बड़ी आकांक्षा से डरना चाहते हैं
जिलाधीशों से नहीं।

कुछ भी लिखने से पहले हँसता और निराश
होता हूँ मैं
कि जो मैं लिखूँगा वैसा नहीं दिखूँगा
दिखूँगा या तो
रिरियाता हुआ
या गरजता हुआ
किसी को पुचकारता
किसी को बरजता हुआ
अपने में अलग सिरजता हुआ कुछ अनाथ
मूल्यों को
नहीं मैं दिखूँगा।

---

1. यह संयोग ही है कि 1975 में घोषित आपातूकाल का एक नारा यह भी था : बातें कम, काम ज्यादा। वर्षों पहले लिखी गई यह पंक्ति अधिनायकवाद के उभरते संकेतों को सटीक कल्पना के जरिए पहचानने का उदाहरण मानी जा सकती है।

खंडन लोग चाहते हैं या कि मंडन[1]
या फिर केवल अनुवाद लिसलिसाता भक्ति से
स्वाधीन इस देश में चौंकते हैं लोग
एक स्वाधीन व्यक्ति से

बहुत दिन हुए तब मैंने कहा था लिखूँगा नहीं
किसी के आदेश से
आज भी कहता हूँ
किन्तु आज पहले से कुछ और अधिक बार
बिना कहे रहता हूँ
क्योंकि आज भाषा ही मेरी एक मुश्किल नहीं रही

एक मेरी मुश्किल है जनता
जिससे मुझे नफरत है सच्ची और निस्संग
जिस पर कि मेरा क्रोध बार-बार न्योछावर होता है

हो सकता है कि कोई मेरी कविता आखिरी कविता हो जाए
मैं मुक्त हो जाऊँ
ढोंग के ढोल जो डुंड बजाते हैं उस हाहाकार में
यह मेरा अट्टहास ज्यादा देर तक गूँजे खो जाने के पहले
मेरे सो जाने के पहले।
उलझन समाज की वैसी ही बनी रहे

हो सकता है कि लोग लोग मार तमाम लोग
जिनसे मुझे नफरत है मिल जाएँ, अहंकारी
शासन को बदलने के बदले अपने को
बदलने लगें और मेरी कविता की नकलें
अकविता जाएँ। बनिया बनिया रहे
बाम्हन बाम्हन और कायथ कायथ रहे

---

1. इस पंक्ति को पढ़ते हुए यह ध्यान में रखना उपयोगी हो सकता है कि अपनी अनेक राजनीतिक टिप्पणियों में रघुवीर सहाय मध्यपन्थ की तलाश करते दिखाई देते हैं। इस तलाश के पीछे शक्तिकेन्द्रों से अलग रहकर जनसाधारण की शक्ति को सुरक्षित रखने का विचार तो है ही, एक साहित्यकार की इस आजादी का आग्रह भी है कि वह विवादों में प्रासंगिक बने रहने की जरूरत की खातिर पक्ष लेता दिखने के लिए लाचार न हो जाए।

पर जब कविता लिखे तो आधुनिक
हो जाए। खीसें बा दे जब कहो तब गा दे।

हो सकता है कि उन कवियों में मेरा सम्मान न हो
जिनके व्याख्यानों से सम्राज्ञी सहमत हैं
घूर पर फुदकते हुए सम्पादक गद्‌गद हैं

हो सकता है
हो सकता है कि कल जब कि अँधेरे में दिखे
मेरा कवि बन्धु मुझे
वह न मुझे पहचाने, मैं न उसे पहचानूँ।
हो सकता है कि यही मेरा योगदान हो कि
भाषा का मेरा फल जो चाहे मेरी हथेली से खुशी से चुग ले।
अन्याय तो भी खाता रहे मेरे प्यारे देश की देह

(आत्महत्या के विरुद्ध)

बाराबंकी

मैंने कहा : जिन्दाबाद
दल के दल लोग बोले : जिन्दाबाद
बोले : कार्यक्रम क्या है ?
मैंने कहा : डर और हिम्मत
बोले : नीति क्या है ?
मैंने कहा : खोज ?
बोले : नीति किसकी है ?
मैंने कहा : क्या ?
बोले : नहीं किस विचारक की
मैंने कहा : क्या ?
बोले : यदि तुम्हें नहीं पता कि तुम विश्व के
राष्ट्रों में किसके समर्थक हो
तो तुम पर बाराबंकी की जनता विश्वास ही क्यों करे ?

(हँसो हँसो जल्दी हँसो)

आपकी हँसी

निर्धन जनता का शोषण है
कहकर आप हँसे
लोकतन्त्र का अन्तिम क्षण है
कहकर आप हँसे
सबके सब हैं भ्रष्टाचारी
कहकर आप हँसे
चारों ओर बड़ी लाचारी
कहकर आप हँसे
कितने आप सुरक्षित होंगे
मैं सोचने लगा
सहसा मुझे अकेला पाकर
फिर से आप हँसे

(हँसो हँसो जल्दी हँसो)

हँसो हँसो जल्दी हँसो

हँसो तुम पर निगाह रखी जा रही है

हँसो अपने पर न हँसना क्योंकि उसकी कड़वाहट
पकड़ ली जाएगी और तुम मारे जाओगे
ऐसे हँसो कि बहुत खुश न मालूम हो
वरना शक होगा कि यह शख्स शर्म में शामिल नहीं
और मारे जाओगे

हँसते-हँसते किसी को जानने मत दो किस पर हँसते हो
सबको मानने दो कि तुम सबकी तरह परास्त होकर
एक अपनापे की हँसी हँसते हो
जैसे सब हँसते हैं बोलने के बजाय

जितनी देर ऊँचा गोल गुम्बद गूँजता रहे, उतनी देर
तुम बोल सकते हो अपने से
गूँज थमते-थमते फिर हँसना
क्योंकि तुम चुप मिले तो प्रतिवाद के जुर्म में फँसे
अन्त में हँसे तो तुम पर सब हँसेंगे और तुम बच जाओगे

हँसो पर चुटकुलों से बचो
उनमें शब्द हैं
कहीं उनमें अर्थ न हों जो किसी ने सौ साल पहले दिए हों

बेहतर है कि जब कोई बात करो तब हँसो
ताकि किसी बात का कोई मतलब न रहे
और ऐसे मौकों पर हँसो
जो कि अनिवार्य हों
जैसे गरीब पर किसी ताकतवर की मार
जहाँ कोई कुछ कर नहीं सकता
उस गरीब के सिवाय
और वह भी अक्सर हँसता है

हँसो-हँसो जल्दी हँसो
इसके पहले कि वह चले जाएँ
उनसे हाथ मिलाते हुए
नजरें नीची किए
उसको याद दिलाते हुए हँसो
कि तुम कल भी हँसे थे

(हँसो हँसो जल्दी हँसो)

भाषण

राम ने कहा था
राम ने कहा था

राम ने कहा था
श्रीराम ने कहा था कि मोहन एक अच्छा लड़का है
वह रोज सवेरे उठता है पैदल पढ़ने जाता है विद्या से उसे बड़ा प्रेम है
वह किसी की बात को नहीं मानता
सोच-समझकर अपना काम करता है।

श्रीमती गीताने का आज रात को ठीक समय पर आवागमन हुआ
दिन के आने से अनेक कठिनाइयों का सामना करना पड़ता है
संसार में किसी ने ठीक ही कहा है कि यदि दुनिया में
द्रोही आदमी न हो
तो आज के युग में कुछ हो सकता है
यदि किसी आदमी को घोटकर पिलाया जाए कि ले भाई
तू ठीक समय पर इसका उपयोग करना।

हमारी फैक्टरी में लोगों का आवागमन जारी रहने के कारण हमको
महान हानी रहती है
सरकारी अकादमी के अनुसार कुछ लोगों ने आज बताया कि भावी
जनता के कर्णधार को बताना होगा कि संसार का गोवा में दमन
कैसे किया जाए
जनता में आज का युग काव्य पर निर्भर है देश को बसाने के लिए
सारी दुनिया का भार देश पर हो सकता है प्रधानमन्त्री ने कहा है
कि भारत सरकार का मत बहस के समय पेश हो सकता है
सकता पड़ गया होनेवाली जनसभा में छोटेलाल ने आज कहा
कि प्रजासमाजवादी दल के नेताओं ने कहा
कि महाकवि कालिदास ने कहा कि कुटुम्ब के जनों को बताना चाहिए
कि लोक की रचना कब हुई
अपना भाषण अन्त में समाप्त करते हुए श्री त्यागी ने कहा बस भई बस।

(आत्महत्या के विरुद्ध)

भारत में भगदड़

कई साल पहले की बात है, बिहार के लखीसराय स्टेशन पर एक रेलगाड़ी ने कई सौ यात्रियों को कुचल दिया, कितने ही मर गए। वे तीर्थयात्रा के सिलसिले में अपनी रेलगाड़ी की प्रतीक्षा कर रहे थे पर जहाँ आशा थी वहाँ न आकर वह रेलगाड़ी किसी अन्य प्लेटफॉर्म पर आ गई। प्रतीक्षा के स्थान से अपनी गाड़ी तक एकाएक पहुँचना जरूरी हो गया जिसके लिए रेल पटरी को फलाँगकर ये यात्री दौड़ ही रहे थे कि एक दूसरी रेलगाड़ी ने उस पटरी पर आकर उन्हें दबोच लिया।

लोकसभा में इस दुर्घटना पर आधा घंटे की बहस की इजाजत मिली। इसमें यह निष्कर्ष निकला कि हत्यारी रेलगाड़ी, जिसे स्टेशन पर रुकना नहीं था, सिर्फ गुजर जाना था, स्टेशन से कुछ दूरी पर एक मोड़ को तय करके जब स्टेशन पर आती दिखाई देती तो अपने आप उसकी गति इतनी तेज होती कि उसे पटरी पार करते आदमियों को बचाने के लिए रोकने में काफी देर लगती। इसलिए मुसाफिरों की मौत और भगदड़ दोनों स्वाभाविक थीं। रेलवे ने पहले ही बड़ा-बड़ा नोटिस लगवाकर कि पटरी पार करके दूसरे प्लेटफॉर्म पर जाना अपराध है, अपना कर्त्तव्य पूरा कर दिया था। यात्रियों ने अपनी मौत आप बुलाई।

यह बहस मुझे अपनी अमानुषिकता समेत बार-बार याद आती है। प्रेस दीर्घा में मैंने इसे सुना था और लिखा भी था। यह बात 1967 या 1968 के आरम्भ की है, जब लोकसभा की बहसों से मालूम हुआ करता था कि समाज में मानवमूल्यों और मानव-सम्बन्धों की हालत क्या है। उनसे खबरों के अन्दर की खबरें मिलती थीं जिनके पाने के लिए खोजी पत्रकारिता जरूरी नहीं थी सिर्फ संवाददाता के अन्दर कुछ मूल्यों का होना जरूरी था।

भगदड़ में मौत की खबर बार-बार आई है। पिछले दिनों कम-से-कम दो बड़ी दुर्घटनाओं की खबर छपी और छोटी-मोटी दुर्घटनाओं की आशंका की झलक मिली जो अखबार की खबर नहीं बनी। यह बात खबर मानी ही नहीं जाती है कि जहाँ भीड़ होती है भगदड़ का होना एक सामाजिक पतन की निशानी है और इस पतन का प्रकट होना खबर है कि समाज का ढाँचा कुछ टूट गया है। खबर यह है कि पैदल आदमी की जान का महत्त्व नहीं रह गया है : वह असल में इसी योग्य है कि भीड़ में कुचलकर मरे, यह बर्बर विचार उस सभ्यता का मूल स्वर है जो हम बना रहे हैं। इस सभ्यता में पैदल

आदमियों के संगठित समूह की कल्पना नहीं, भीड़ की कल्पना है। अभी-अभी नई दिल्ली रेलवे स्टेशन पर जो हुआ वह किसी एक आदमी की लापरवाही का परिणाम चाहे न हो मगर इसी कारण वह एक सामूहिक अपराध है जिसकी जिम्मेदारी समूची सत्ता व्यवस्था पर आती है। यह खबर कभी पुरानी नहीं होती, हर बार जब आती है नई चेतावनी लाती है।

1981 की एक दुर्घटना की शायद किसी को याद हो जो कुतुबमीनार में हुई थी। उस पर भी लोकसभा में एक बहस हुई थी। काम रोको प्रस्ताव नहीं आया था क्योंकि सदन से स्वीकृति माँगने की अनुमति मिलने पर प्रतिपक्ष के नेताओं ने उसे टाल दिया था, शायद उनके यथेष्ट सदस्य ही सदन में नहीं थे। दुर्घटना के लिए किसी पर तब भी जिम्मेदारी नहीं डाली गई थी। यह याद कर इतना सन्तोष तो होता है कि मुफ्त प्रवेश के उस दिन कुतुब में जबरन भरते हुए जमघट को रोकने में असमर्थ चौकीदार को गुनहगार नहीं ठहराया गया, क्योंकि यह स्पष्ट है कि सबसे अधिक जोर-जबर्दस्ती हमारे गुलाम समाज में सबसे नीचे के अमले पर ही की जाती है। पर आम नागरिकों को यह बताना कि जिम्मेदार कोई नहीं ठहरता, शोषण और लूट के इन तत्त्वों को ही आड़ देना था जो जबर्दस्ती करके कुतुब में घुस गए थे। लखीसराय कांड और कुतुब कांड दोनों में यह कहना कि दुर्घटना मनुष्यनिर्मित नहीं है, कोई अर्थ नहीं रखता। आज की दुनिया में तूफान भी उस हद तक मनुष्यनिर्मित है जिस हद तक हम उसके खतरे की सूचना देकर लोगों को बचाने में विफल रहते हैं।

क्या वजह है कि आज लोग भगदड़ में दिखाई देते हैं और हर जगह उन्हें जबर्दस्ती ठँसकर जीवन जीना पड़ रहा है। कोठरियों में सिकुड़े, नावों में लदे, बसों में भरे, रेलगाड़ियों में लटके वे मरने को अभिशप्त हैं यानी भीड़ में हैं, भीड़ का शाब्दिक अर्थ यहाँ लागू हो गया है यानी विपत्ति में हैं। उनको ढकेलकर भीड़ बना दिया गया है और भारतीय मानस को यह विकृति सिखाई जा रही है कि विशिष्ट होने से ही भीड़ में न होना सम्भव है जबकि किसी स्वस्थ समाज में भीड़ में न होना एक महज मानवीय अधिकार होना चाहिए। इस विकृति की वजह वह अर्थव्यवस्था है जो अधिकाधिक लोगों को साधनहीन बनाती जा रही है और इसमें सहायक हो रही है वह राजनीतिक मानसिकता जो उन्हें निरर्थक बनाती है और यह ऐसे समाज की निरुद्देश्यता ही है कि उसमें भगदड़ की मौतों से बचने की कोई इच्छा नहीं दिखाई देती।

(जनसत्ता, 9 अप्रैल, 1989)

हिंसा

धर्माधिराज हल्के-हल्के मुस्काते थे
वह सोच रहे थे होकर मेरे वशीभूत
ये सभी जगह से ठुकराए भारत सपूत
मेरी निश्छलता से हो जाएँगे परास्त

वह बैठे चरखा कात रहे थे कान दिए
कब कहाँ कौन सा शब्द सुन पड़े अकस्मात्
जिससे मैं फौरन पैदा कर लूँ एक बात
उस नौजवान की व्याकुलता को तोड़-मोड़

वह सुनकर आलोचना नहीं दिखते कठोर
जो उनके भीतर कौंध रहा है बार-बार
वह ज्ञान नहीं है हिंसा का है वह विचार
पर बोलेंगे मानो वह जीवन को निचोड़

देखो वह बोल रहे हैं कितनी बड़ी बात
कहते हैं बदल रहा है भारत का समाज
वह बदलेगा चाहे कोई कुछ करे आज
चाहे न करे इसलिए आप निश्चिन्त रहें

वह तुले हुए हैं व्याकुलता की हत्या पर
'हर प्रश्न बन गया है व्यापक उलझा-पुलझा
निरपेक्ष दृष्टि से देखो तो सब है सुलझा'
सुनकर हताश, नवयुवक उठ गए दिशाहीन

यह वृद्ध-युवक संवाद हो चुका बार-बार
व्याकुलता युवजन की न मरी वह दुर्निवार
पर गांधी के शिष्यों ने फिर-फिर कर प्रहार
हिंसा का निश्चित किया देश-भर में प्रचार।

(लोग भूल गए हैं)

एक बिल्ली के दुश्मन

बहुत दिन पहले की बात है अज्ञेयजी ने बातचीत में कहा था : हमारे लेखक भाइयों को पशु-पक्षियों का, पेड़-पौधों का और फूल-पत्तियों का नाम नहीं मालूम रहता। अज्ञेयजी ने ठीक ही कहा था। महानगर के मोहल्ले में जिस जीवन को लेखक अपने चारों ओर लपेटे रहता है, उसमें ये सब चीजें मानो हैं ही नहीं। कभी-कभी संस्कृत साहित्य में वर्णित किसी वृक्ष या पक्षी को लेकर अपने सुरुचिहीन कमरों में अपने ज्ञान का अभिमान करते हुए लेखक दिख जाते हैं वह वृक्ष या पक्षी नहीं दिखता। जिस गाँव में लेखक पैदा हुआ था, उसमें कौन-कौन सी चिड़ियाँ थीं, यह सवाल अगर 'रविवार' के सम्पादक अपने लेखकों से पूछें तो मजा आए—इसमें यह सवाल भी जोड़ दें कि उनमें से कौन्-सी आपके वर्तमान नगर में आपने देखी है, तो और भी अच्छा।

एक व्यक्तिगत बात कहूँ। मैं गाँव में पैदा नहीं हुआ था। पला और बढ़ा भी गाँव में नहीं। थोड़ा बड़ा होने पर गाँव में दस-पन्द्रह दिन रहने गया जरूर हूँ। चूँकि पौधों से ज्यादा प्रकट जानवर होते हैं, क्योंकि वे चलते-बोलते और आदमी से सार्वजनिक रिश्ता बनाते हैं, इसलिए कुत्ते-बिल्लियाँ-गाएँ-भैंसें-बैल और कभी-कभी साँप दिखे। मैंने देखा कि इनमें गायों, भैंसों और बैलों का तो उपयोगी होने के कारण मनुष्य से कुछ मधुर सम्बन्ध था, पर कुत्ते-बिल्लियों का तनाव से भरा हुआ था। गाँव का आदमी वैसे भी सशंक रहता है, फिर ये दोनों जानवर तो होशियारी में अपने-अपने ढंग से आदमी से मुकाबला करते रहते हैं, इसलिए कुल मिलाकर इनके प्रति गाँव में विरोध का वातावरण ही रहता है। यही गाँव में इन जानवरों के प्रति सामान्य व्यवहार को निश्चित करता है। बस, इतना ही। इससे अधिक नहीं। परन्तु शहर में तो जहाँ मैं रहता हूँ, लोग इन्हें मार डालते हैं। मैंने गाँव में, किसी कारण से सही, कुत्ते या बिल्ली की जान लेते हुए किसी को नहीं देखा या सुना। अनुभव बताता है कि बिल्ली की जान लेना अत्यन्त क्रूरता से ही सम्भव होगा, क्योंकि वह आखिरी दम तक अक्ल और देह का उपयोग करते हुए अपनी जान बचाती है और जवाब में उतनी ही आक्रामक भी हो सकती है। क्या इसीलिए बिल्ली की हत्या पाप माना जाता है ? क्रूर होना पाप ही तो है—या हो सकता है जवाबी आक्रमण के खतरे से बचने के लिए ही उस पर आक्रमण निषिद्ध मान लिया गया हो। कोई भी व्यावहारिक कारण हो, उसमें यह बात तो निहित ही है कि बिल्ली अत्यन्त सुन्दर और सहृदय प्राणी है, इससे उसकी प्राणरक्षा मानव संस्कृति में वृद्धि करती है। साँप को

न मारने का तर्क भी कहीं-न-कहीं बिना वजह मुसीबत मोल न लेने का तर्क है : साँप को छेड़ो मत, तो वह अपने रास्ते चला जाएगा। आदमी उसके रास्ते में नहीं है। आदमी खुद उसके रास्ते में न आए, तो उसका रास्ता और है आदमी का और। इस 'तू न मुझको छेड़ मैं तुझको न छेड़ूँगा' रिश्ते को एक गरिमा देने के लिए साँप की पूजा का तन्त्र बनाया गया है। धरती को शेषनाग धारण किए हुए हैं, यह विचार और कुछ नहीं इस तथ्य का उलट है कि धरती अपने में सर्प को धारण किए हुए है। शिश्न के आकार से साम्य सर्प को प्रजनन का प्रतीक बनाता है और धरती उर्वरा शक्ति का प्रतीक है। समस्त ग्रामांचल में मिट्टी की खुदाई में साँप प्रकट होने पर कुदाल रखकर किनारे खड़े हो जाने की रीति है। यह सृष्टि से एक सन्तुलित सार्थक रिश्ते को स्वीकार करने का प्रमाण है।

पर एक बस्ती और है, जो न गाँव है, न शहर। उसमें रहनेवालों के परस्पर आर्थिक रिश्ते अपने प्रतिवेशियों की उपजों और हुनरों के जीवनोपयोगी प्रयोगों से प्रभावित और उन पर आश्रित नहीं हैं। वे शहर की बड़ी पूँजी संस्थाओं के उत्पादन यन्त्र के अनुपूरक या उपजीवी हैं। बहुधा वे उसके उच्छिष्ट हैं। दिल्ली के उन मोहल्लों में जो 1947 के पुनर्वास अभियान के दिनों में शरणार्थियों को सस्ते दामों पर मकान बनाकर दे देने से बस गए थे, कोई आर्थिक विकास योजना न थी। बाजार में बढ़ते हुए उपभोक्ता माल की तात्कालिक खपत के भरोसे तरह-तरह की दूकानें खुल गईं और नए मोहल्ले के केन्द्र में जरा बड़े-बड़े और साफ-सुथरे मकान बन गए। मैले की निकासी का थोड़ा ठीकठाक प्रबन्ध हो गया। कुछ बरसों में सरकारी अनुदान से पोढ़े शरणार्थी मकानमालिकों ने अपने एकमंजिला मकानों पर दो-दो मंजिलें चढ़वा दीं। द्वार पर बिजली लगवा ली, फाटक बँधवा लिए, पड़ोस का मकान खरीदकर दो को एक कर लिया। पुरानी शरणार्थी बस्ती नौदौलतियों की आधुनिक आबादी दिखने लगी।

जहाँ यह बस्ती खत्म होती है, वहाँ एक गाँव था। उस गाँव की ज़मीन को इस बढ़ते शहर के पैसे ने, जो उपभोक्ता सामग्री की बिक्री के मुनाफे से आया था, खरीदना शुरू किया। पर गाँव में जिनकी जमीन थीं, वे मुसलमान थे और शहर के बढ़ने से जो अपना धन जमीन और सामाजिक पद बढ़ा रहे थे वे हिन्दू थे। मुसलमानों में जो गरीब थे, वे मजदूरी और मेहनत की कमाई से सिर्फ गाय का सस्ता गोश्त और रोटी भर खा पाते थे, पूँजी जमा करके उसे बढ़ती हुई शहरी बस्ती से कुतरे जाते गाँव की शक्ल को नियन्त्रित करने की उनकी राजनीतिक हैसियत न थी—हाँ, अपने अल्पसंख्यक चरित्र की दुहाई देकर वे दूसरे दर्जे के राजनीतिक फायदे जरूर हासिल कर सकते थे। दूकानें खुलीं—प्लास्टिक के डिब्बों, चप्पलों, साबुन-पाउडरों के दरजियों और साथ में बहुत सस्ते नानबाइयों की, चायवालों की, भड़कीले शीशेवाले नाइयों की जो थोड़ी दूर पर बसी बस्ती के सस्ते नमूने थे, जो खुद कुछ और दूर पर बसे कनॉट प्लेस का घटिया नमूना थी। इन दूकानों के सामने गलियों में कुचले चीथड़े पहने नौजवान और दूकानों में सिले सूटों को आजमाते अधेड़ लोग थे। फटेहालों की संस्कृति उपभोक्ता सामग्री के अधकचरे नमूनों के सुन्दर डिब्बे चुन-चुनकर एक शहर बना रही थी, जो वास्तव में एक नंगाबूचा

गाँव था। उसमें पाखाना कमाकर ले जाने के लिए सिर पर ढोई जानेवाली टोकरियाँ थीं और एक बड़ा ढाबा था, जहाँ ठसाठस भरे कमरे में दोनों वक्त मुसलमान बढ़ई, मिस्त्री, कस्बाब और फुटकर दिहाड़ी मजदूर, तामचीनी की उखड़ी तश्तरियों में वह गोश्त और मैदे की रोटियाँ खाया करते थे, जो मुल्ला गरीबी के साथ बाँध दिया करते हैं—मुसलमानों के सफर के वास्ते—और उसकी पोटली पर इस्लामी संस्कृति की मोहर लगाकर सफाई को विजातीय हिन्दू संस्कृति घोषित कर देते हैं।

वह एक गाँव था, जो न गाँव के आपसी रिश्ते बनाकर रख पाया था; न शहर के बन्धनों को इंसानी बना सका था,'न गरीब मुसलमानों और खरीदार हिन्दुओं के निचले स्तरों को ऊपर उठा रहा था। हाँ, उन अमीर मुसलमानों को न भूलें, जो इस बीच मध्येशिया की कमाई से समृद्ध हो गए थे और अल्पसंख्यकों की परम्परा प्रबल मानसिकता को पैसे से पुष्ट कर रहे थे। मगर उनकी परम्परा का हाल यह था कि मस्जिद में कारी के पास लाउडस्पीकर तो था, मगर गले में सुर नदारद था और उसकी अजान में किसी पंजाबी लोकगीत की झलकियाँ सुन पड़ती थीं। खाते-पीते हिन्दुओं और गरीबी से कुछ बेहतर मुसलमानों के बीच वह बेसुरी अजान एक दीवार बनकर खड़ी हो जाया करती थी। अगर यह सुर में होती, तो इसका एक रचनात्मक व्यक्तित्व होता, पर वह नहीं था और समाज में लूट और आधुनिकता के नाम पर जो भोंडापन फैला हुआ है, वही उसके द्वारा सामने आता था, इस्लाम नहीं।

बस्ती के सामने एक चौड़ी सड़क थी, जो किसी वक्त दिल्ली से बाहर जाने का बड़ा रास्ता रही होगी। अब उसके पार अमीर हिन्दुओं की एक नई बस्ती बस गई थी। ये गरीब मुसलमान उस तरफ मकान बनवा सकने में समर्थ नहीं थे। हाँ, इनका एक कब्रिस्तान उस अमीर बस्ती के दरम्यान जरूर था। कब्रिस्तान से लगी हुई एक जमीन थी, जिसे सरकार ने हिन्दू-मुसलमान सबके लिए सार्वजनिक बाग घोषित कर रखा था। असलियत यह थी कि घुटन और भीड़ से भरे शहर बनते हुए गाँव के घरों से निकलकर मुसलमान बच्चे इस कब्रिस्तान में आते और वहीं उन्हें खुली हवा में साँस लेने का मौका मिलता। मगर वह अपने भीतर वही घुटन लेकर आते थे, जो उन्हें अपनी गरीबी और तंगी में मिली थी। उनके साथ कोई हिन्दू बच्चे खेलने न आते। क्योंकि वे न अंग्रेजी बोलते थे, न उर्दू, न साफ कपड़े पहनते थे, न अदब-कायदा जानते थे, न किसी रिश्तेदार का नाम बता सकते थे, न सामाजिक नेता का, उसकी कल्पना करते ही गुंडों और लफंगों की तस्वीर मन में बना लेने की आदत हिन्दू बच्चों को और उनके माँ-बाप को पड़ गई थी।

ये मुसलमान कब्रिस्तान से जुड़े मैदान में आकर खेलते भी थे। इनका प्रिय खेल था अपने पालतू खूँखार कुत्तों को लाकर हिन्दू बस्ती के पालतू खूबसूरत पिल्लों और बिल्लियों पर छोड़ देना और उन्हें घेरकर लाठी से खेदते रहना ताकि वे घेरे से निकल न पाएँ और कुत्तों को उकसाते रहना कि उन्हें नोच डालें। ये बच्चे बड़े हो रहे थे। किशोर होते-होते इस हिंसा में नई जवानी की तेजी आ जाती थी और फिर किसी मानवीय

अनुभव की गुंजाइश बहुत अरसे के लिए, शायद अधेड़ उम्र तक के लिए जब दुनिया उन इंसानों को ठोकरें मारकर सबक सिखा देती, मिट जाती थी। फिलहाल वे अपनी बस्ती से निकलते, जहाँ वे एक धार्मिक द्वीप में कैद थे, खुले में आते जहाँ हिन्दुओं का वैभव उन्हें मुँह चिढ़ा रहा था, कब्रिस्तान में पहुँचते, जहाँ अल्पसख्यंक अधिकार उनकी रक्षा कर रहे थे, क्योंकि मौलवी उस जमीन पर अपनी बस्ती का हक जता चुके थे और बर्बर हत्या के आनन्द में अपनी अस्मिता पाते क्योंकि किन्हीं और सामाजिक समुदायों का उनके किसी खेल में साथ न होने से वे आनन्द की नीचता कभी पहचान नहीं सकते थे।

इसी बर्बर हिंसा के खेल में पिछले हफ्ते इन लड़कों ने अकेले में घेरकर मुनमुन को मार डाला। वह मेरे घर में पैदा हुई थी, मेरी पत्नी, मेरे बच्चों और मेरे साथ बारह बरस पली और बड़ी हुई थी और वह हम सबकी और हम सब उसकी बोली पहचानने लगे थे। वह एक देसी बिल्ली थी। उसके देखने में, आँख फेर लेने में, उठकर चल देने में और बिना बुलाए आ जाने—सबमें, कोई अभिप्राय था, जो मनुष्य की बोली में सिर्फ बहुत से शब्दों में प्रकट किया जा सकता था, पर उसकी भाषा में गूढ़ रहता है। जब उसके लड़ते हुए मारे जाने की खबर मिली, तो हम लोगों की एकाएक समझ में आया कि वह अपने हत्यारों की कल्पना में कितनी अजनबी, कितनी अनचाही और असामान्य रही होगी, उनकी वास्तविक दुनिया से कितना विजातीय एक प्राणी—एक अप्राकृतिक पशु जन्तु।

गरीबी की घुटन में हिंसा का सम्बल, समाज में अपनी क्षुद्रता में सुरक्षा का, मनुष्यों के पराएपन का और फिर सृष्टि से पराएपन का अहंकारयुक्त आश्वासन, जहाँ प्रेम कोई मूल्य नहीं है, भय है, मुनमुन की हत्या का कारण था। जहाँ मेरी पत्नी के, मेरे और मेरे बच्चों के साथ एक जानवर के प्रेम को आज एक सामाजिक मूल्य नहीं माना जाएगा, वहाँ कोई भरोसा नहीं कि हम लोगों के एक-दूसरे के साथ प्रेम को भी कल केवल एक अत्यन्त आत्मपरक और असामाजिक अनुभव मान लिया जाए। इसलिए मैं आज और अभी विरोध कर रहा हूँ। वे सब गाँव से शहर बनती हुई बूची-नंगी बस्तियाँ, धार्मिक सुरक्षा के नाम पर वे प्रतीक्षात्मक हिंसाएँ और वे सब गरीबी के खानों में खड़े वे सब सामाजिक कठघरे—उनका मैं मुनमुन के लिए विरोध करता हूँ, जिसे हत्यारों से वैसा ही संवाद करने का अवसर नहीं मिला, जैसा वह मुझसे करती थी।

(रविवार, 'लेखक के चारों ओर', 1 जनवरी, 1984)

हत्या की संस्कृति

अंग्रेजी पढ़ा-लिखा हत्यारा कहता है
"मुझे कहीं छिपना है, पुलिस पीछे पड़ी है"
आधुनिक प्रेमिका कहती है, "खून, अरे लाओ, पट्टी कर दूँ"
औरत से कहता है अभिजात अपराधी "धन्यवाद।"

(यह एक शब्द में संस्कृति है)

पट्टी करती है जब सर झुका कामिनी
मानो संवाद में बड़ा अभिप्राय भर कहता है
"तुमने पूछा नहीं खून कैसे लगा ?"

"यह मैं पूछना नहीं चाहती
इस समय मेरे लिए इतना ही काफी है कि तुम मुश्किल में हो।"

हत्या की संस्कृति में प्रेम नहीं होता है
नैतिक आग्रह नहीं
प्रश्न नहीं पूछती है रखैल
सब कुछ दे देती है बिना कुछ लिए हुए पतिव्रता की तरह।

(कुछ पते कुछ चिट्ठियाँ)

दुर्घटना भारत की झाँकी

हमारा देश किसी अँधेरे में छिपता जा रहा है। यह अब सिर्फ उनको दिखता है जो स्वयं यातनाएँ उठाते हैं; उनको भी वह उतना ही दिखता है जितना उनके इर्द-गिर्द नष्ट हो चुका होता है; जो यातना के प्रत्यक्ष अनुभव से बाहर हैं, वे तो कभी-कभी बिल्कुल नहीं देख पाते। यातनातन्त्र के निर्माता, संरक्षक और प्रचारक—राजनीतिक, श्रेष्ठिजन और उनके अखबार—जब मजबूर होकर दिखाते भी हैं तो यातना से बाहर लोगों को एक मनोरंजन देने की नीयत से ही नहीं बल्कि पूरे हिन्दुस्तान की शक्ल देख सकने की क्षमता से वंचित करने के लिए ही दिखाते हैं। इन सब कमियों और क्षमताओं के बावजूद कहीं-न-कहीं पूरा हिन्दुस्तान दिखाई दे ही जाया करता है। इसलिए यह कहना सच होगा कि जब कभी दुर्घटना होती है तभी हम आज के भारत को देख पाते हैं। यह हमारी पतनशील व्यवस्था का लक्षण है। किसी अन्य दौर में हम शायद पूरे भारत को किसी उपलब्धि के क्षण में देख पाते रहे होंगे पर आज इसका उल्टा है।

कुतुब में जिस भगदड़ से हत्याएँ हो गईं (वे हत्याएँ ही थीं) वह ऐसी अन्य कई घटनाओं की तरह है जो पिछले दो वर्षों में बार-बार होती रही हैं तथा आज के भारत में सत्ता और जन के सम्बन्ध का प्रतिबिम्ब बन गई हैं। सत्ता के शीर्ष पर तथा जहाँ-जहाँ लोग बैठे हैं वहाँ जनता से ली हुई शक्ति है, जनता के प्रति जिम्मेदारी नहीं—उस शक्ति का इस्तेमाल वे कैसे कर रहे हैं, यह बताने तक की जिम्मेदारी नहीं है। इस गैर-जिम्मेदारी का असर प्रशासन में सत्ता-स्थान के पास के लोगों पर और तरह से पड़ता है, दूर के लोगों पर और तरह से। जो पास हैं वे अनुपात में कुछ कम परन्तु प्रकृति में वैसी ही शक्ति से सम्पन्न हैं, इसलिए वे भी ऊपरवालों की नकल करते हैं। सबसे नीचे के वर्ग का चरित्र दूसरी तरह से विकृत होता है। इसकी जिम्मेदारी अधिक है, शक्ति कम। लगभग हर समय जनता उससे जवाब-तलब कर सकती है, पर जिस तरह से ऊपर शक्ति के केन्द्रीयकरण से स्फूर्त जोर-जबर्दस्ती समाज के ढाँचे का सन्तुलन तोड़ रही है, उससे सबसे नीचे का यह अमला और भी शक्तिहीन होता जा रहा है। चौकीदार मुफ्त प्रवेश के दिन कुतुब में भरते हुए जमघट को रोकने में अपने को असमर्थ पाकर हथियार डाल देता है। वह बिजली बनाने में भ्रष्टाचार, गुंडों को पालने की राजनीति, मनोरंजन के लिए सिर्फ कुतुब पर चढ़ सकने जैसे साधनों में समर्थ गरीब नागरिकों की बढ़ती हुई संख्या और खुद अपने घर की गरीबी के सामने एक साथ अपनी हैसियत को उस हैसियत से

भी कम होती पा रहा है जो सामान्यतया एक चौकीदार की होती है। इसलिए जब लोकसभा में गृहमन्त्री कहते हैं कि इस दुर्घटना में किसी को जिम्मेदार नहीं ठहराया जा सकता तो जहाँ हम कृतज्ञ होते हैं कि चौकीदार पर दोष देकर छुट्टी नहीं पा ली, वहीं हम यह भी देखते हैं कि आज वह नागरिकों को यह बहाना कितनी आसानी से बताने का साहस करने लगे हैं कि किसी को दोषी नहीं ठहराया जा सकता। वास्तव में ऐसा करने से शोषण के उन तत्त्वों को आड़ मिल रही है जिन्होंने चौकीदार को अपने कर्त्तव्य से तोड़ लिया। गृहमन्त्री ने यह भी कहा है कि यह दुर्घटना मनुष्य-निर्मित नहीं है। मालूम नहीं इसका क्या मतलब है। आज की दुनिया में तूफान भी उस हद तक मनुष्य-निर्मित होता है जिस हद तक हम उसके खतरे की सूचना देकर लोगों को बचाने में विफल रहते हैं। कुतुब के अन्दर जो हुआ सौ फीसदी एक मरणोन्मुख संस्कृति का परिणाम है और यह संस्कृति एक नीति का ही परिणाम है। क्या वजह है कि आज लोग एक भगदड़ में दिखाई देते हैं। हर जगह उन्हें जबर्दस्ती ठँसकर जीवन जीना पड़ रहा है। कोठरियों में सिकुड़े, नावों में लदे, बसों में भरे, रेलगाड़ियों में लटके वे मरने को अभिशप्त हैं, यानी भीड़ में हैं। भीड़ का शाब्दिक अर्थ ही यहाँ लागू हो गया है अर्थात् विपत्ति में हैं। उनको ढकेलकर भीड़ बना दिया गया है और भारतीय मानस को याद दिलाया जा रहा है कि यहाँ विशिष्ट होने से ही भीड़ में न होना सम्भव है जबकि भीड़ में न होना एक सहज मानवीय बराबरी का अधिकार है। जाहिर है कि इसकी वजह वह अर्थव्यवस्था है जो अधिकाधिक लोगों को साधनहीन और वह राजनीतिक मानसिकता है जो उन्हें निरर्थक बनाती जा रही है। कुतुब में जो भीड़ थी वह कुछ विशिष्ट प्रकार की थी। वह उस समाज की उपज थी जो दरिद्र नहीं है बल्कि सामान्यतया साधन-सम्पन्न है किन्तु उसके पास उत्पादन के साधन नहीं हैं और वह निरुद्देश्य है। यह सम्भवतः समाज के उस अंश की निरुद्देश्यता का परिणाम था कि इस दुर्घटना में कहीं उबरने की कोई इच्छा नहीं दिखी। कहीं कोई प्रमाण नहीं मिलता है कि कठिनाई में, जो कि महज कुतुब के भीतर ठसाठस भरने से ही पैदा हो गई होगी किसी ने कोई धीरज दिया, रास्ता खोला, छेड़खानी करनेवालों को किसी ने पकड़ा, रोका और उसके पीछे इतने व्यक्ति बदमाशों के विरोध में उठे। भगदड़ का कारण ऐसे किसी प्रयत्न से उत्पन्न द्वन्द्व नहीं था बल्कि अत्याचार के साक्षात्कार से उत्पन्न घबराहट थी। बाहर लोग थे जो कुछ चोटें दिखाकर नाम लिखा रहे थे कि हमने लोगों को निकालने में चोटें खाईं। अस्पताल में कुछ लोग थे जो चोटें दिखाकर कह रहे थे कि हम भीतर थे, हमें मुआवजा मिलना चाहिए। अधिकारी बड़े-बड़े अतिथि महानुभावों की सेवा में और तमाशबीन उनके दर्शन में संलग्न थे। कुतुब में शायद ही ये महानुभाव कभी चढ़े हों। *चढ़ते तो शायद* संसद में सवाल उठा होता और सीढ़ियों की मरम्मत हुई होती (सदन में लोकदल के लाडली मोहन निगम ने पूछा : 15 लाख रुपए सीढ़ी मरम्मत कराई रखा गया था, काम क्यों नहीं हुआ ?) और चौकीदार संख्या में एक पर सौ होते जबकि जनता के लिए सैकड़ों पर एक होता है। कुतुब की उस अन्धगली में सामान्य किस्म की असुविधा भी बहुत ज्यादा तकलीफ दे सकती है

क्योंकि वह सँकरी है और बाहर की निगाहों से छुपी हुई है। पर उसमें जाने-आनेवाले ज्यादातर साधारण आदमी हैं और उनके चोर-उचक्कों और बदमाशों से लूटे जाने या सिर्फ चढ़ने-उतरने में चोट का खतरा उठाने का कोई महत्त्व आधुनिक फैशनपरस्त एशियाड सरकार के पास नहीं है। वैसे ही जैसे पैदल सड़क पार करनेवालों के लिए सड़क पर एक पारपथ सुरक्षित कर देने का या साइकिल सवार के लिए पगडंडी बना देने का नहीं है। जिस दिन पैसे लेकर कुतुब में चढ़ने देते हैं, प्रवेश सीमित रखा जाता है, जान की हिफाजत के लिए नहीं, आमदनी की सुगमता के लिए। जिस दिन मुफ्त प्रवेश होता है प्रवेश के प्रबन्ध की सरकारी जिम्मेदारी नहीं रहती।

असल में आदमी की जान का ही कोई महत्त्व नहीं है। पैदल असल में इसी योग्य है कि भीड़ में कुचलकर मरे, यह बर्बर विचार इस संस्कृति का मूल स्वर है, पर इसको खोलकर कहते हुए शक्तिवान् अभी डरते हैं जो इस बात का प्रमाण है कि कहीं-न-कहीं लोगों के कुचले जाने के विरुद्ध उठ खड़े होने का डर अभी बना हुआ है। तो भी यह भावना छिपती नहीं। लोकसभा में जब अध्यक्ष ने अवसर देखकर प्रतिपक्ष को स्वीकृति दे दी कि वह कुतुब पर काम रोको प्रस्ताव की स्वीकृति सदन से माँग ले तो झेंपते हुए प्रतिपक्ष के नेताओं ने कहा कि रहने दीजिए—उनके सदस्य ही सदन में नहीं थे। (किसी सम्मेलन में गए थे, ऐसा बताया गया।) इस कांड पर काम रोको प्रस्ताव आने पर काम रोको प्रस्ताव नामक व्यवस्था की इज्जत कितनी बढ़ती यह तो इस बात से तय होता कि बहस में प्रतिपक्ष क्या कहता, लेकिन खुद ही अध्यक्ष से स्वीकृति माँगकर उसके मिलने पर प्रतिपक्ष वह शक्तिशाली धनुष उठा तक नहीं सका, यह भी आदमी की जान की अवमानना हुई, इस साधन का महत्त्व जो घटा सो तो घटा ही। बहस में प्रायः सभी समय प्रतिपक्षी नेताओं ने बहस को "छेड़खानी हुई कि बिजली गुल हुई कि कौन कब पहुँचा कौन कब नहीं पहुँचा" जैसे छोटे-छोटे टुकड़ों में बाँटने में सरकार की मदद की। ये सब छोटे-छोटे कारण हैं। इनमें से किसी एक को पकड़कर बहस करना गृहमन्त्री के इस वाक्य का समर्थन करना है कि किसी एक पर दोष नहीं डाला जा सकता। अधिकांश प्रतिपक्षी नेता मानो इसी में बहादुरी समझ रहे थे कि सरकार के दो मन्त्रियों को दुर्घटना के अलग-अलग कारण (एक के अनुसार बिजली गुल और दूसरे के अनुसार बच्चे) बताने पर पकड़कर हरा दिया जाए। वे यह नहीं सोच पा रहे थे कि अगर सरकार के दो प्रतिनिधियों के वक्तव्य में अन्तर है तो एक परिस्थिति का एक पक्ष खोल रहा है जिसे दूसरा छिपा रहा है और दूसरा एक खोल रहा है जिसे पहला छिपा रहा है और दोनों पक्ष एक-दूसरे से जुड़े हैं। पर शिक्षामन्त्री शीला कौल ने पुलिस बुलाने का समय गलत बताने के आरोप पर एक सदस्य को जो सफाई दी वह पूरी व्यवस्था का चरित्र खोलकर रख देती है। उन्होंने कहा, न आप वहाँ थे, न मैं थी, क्या पता आप ठीक कहते हैं या मैं। जो हो मैं कोई मनगढ़न्त नहीं बता रही (यानी जो मुझे बताया गया वही बता

रही हूँ और वह गलत हो तो मैं क्या करूँ) और कोई समय न बताती तो आप कहते कि समय नहीं बताया।

असलियत यह है कि पुलिस के बुलाने का समय क्या था यह सरकार के लिए सिर्फ एक नन्हे से ब्यौरे की बात है। यह घटना सरकार के कालबोध के बाहर ही हुई थी, हालाँकि खुद मन्त्री का यह बार-बार दोहराना कि ऐसी घटना कुतुब के 750 वर्ष में पहली बार हुई है, उन्हें याद दिला सकता था कि जरूर वक्त ऐसा आ गया है जो अभी तक नहीं आया था।

(वे और नहीं होंगे जो मारे जाएँगे)

यह लेख 'दिनमान' में 13 दिसम्बर, 1981 के अंक में छपा था।

आओ, जल-भरे बरतन में

आओ, जल-भरे बरतन में झाँकें
साँस से पानी में डोल उठेंगी दोनों छायाएँ
चौंककर हम अलग-अलग हो जाएँगे
जैसे अब, तब भी न मिलाएँगे आँखें, आओ

पैठी हुई शीतल जल में छाया साथ-साथ भीगे
झुके हुए ऊपर दिल की धड़कन सी काँपे
करती हुई इंगित कभी हाँ के, कभी ना के

आओ जल-भरे बरतन में झाँकें

वसन्त आया

जैसे बहन 'दा' कहती है
ऐसे किसी बँगले के किसी तरु (अशोक ?) पर कोई चिड़िया कुऊकी
चलती सड़क के किनारे लाल बजरी पर चुरमुराए पाँव तले
ऊँचे तरुवर से गिरे
बड़े-बड़े पियराए पत्ते
कोई छः बजे सुबह जैसे गरम पानी से नहाई हो—
खिली हुई हवा आई, फिरकी सी आई, चली गई।
ऐसे, फुटपाथ पर चलते चलते चलते।
कल मैंने जाना कि वसन्त आया।

और यह कैलेंडर से मालूम था
अमुक दिन अमुक बार मदनमहीने की होवेगी पंचमी
दफ्तर में छुट्टी थी—यह था प्रमाण
और कविताएँ पढ़ते रहने से यह पता था
कि दहर-दहर दहकेंगे कहीं ढाक के जंगल
आम बौर आवेंगे
रंग-रस-गन्ध से लदे-फँदे दूर के विदेश के
वे नन्दन-वन होवेंगे यशस्वी
मधुमस्त पिक भौंर आदि अपना-अपना कृतित्व
अभ्यास करके दिखावेंगे

यही नहीं जाना था कि आज के नगण्य दिन जानूँगा
जैसे मैंने जाना, कि वसन्त आया।

वसन्त पर रघुवीर सहाय की कई रचनाएँ हैं—कविताएँ और लेख दोनों। इस कविता का विशेष महत्त्व इसलिए है कि यह दिल्ली में उनके पहले वसन्त की रचना है। लखनऊ में अंग्रेजी में एम.ए. पूरा करके वे मई, 1951 में दिल्ली आए थे। नौकरी थी अज्ञेय के 'प्रतीक' में सहायक सम्पादक की। यह पहली नौकरी अगले वर्ष अगस्त में 'प्रतीक' के बन्द होने के साथ ही समाप्त हो गई। 'वसन्त आया' अप्रैल, 1952 के 'प्रतीक' में छपी थी। जाहिर है, यह फरवरी या मार्च में लिखी गई होगी। नई दिल्ली के इंडिया गेट के आसपास के इलाके की सड़कों और बड़े बँगलों का जो चित्र इस कविता में झलकता है, थोड़े विस्तार से 'दिल्ली : वसन्त' शीर्षक लेख में है जो 'सीढ़ियों पर धूप में' में संकलित है। इसी वर्ष, यानी 1952, की फरवरी की एक अन्य तस्वीर 'आज शाम को जो देखा' में है जो आगे दी गई है।

कविता के आखिरी हिस्से में वसन्त के पारम्परिक काव्य-चित्रण पर व्यंग्य और 'आज के नगण्य दिन' की स्थापना आनेवाले वर्षों और दशकों में आकार लेनेवाली रघुवीर सहाय की सौन्दर्यशास्त्रीय राजनीति के संकेत माने जा सकते हैं। हर तरह की दकियानूसी का विरोध अन्ततः सामान्य व्यक्ति के नगण्य जीवन को शक्ति और सार्थकता देने की लोकतान्त्रिक रणनीति बनता है।

एक बिगड़ा हुआ मामला

वसन्त ऋतु का मामला एकदम बिगड़ गया है। न यह समझ में आ रहा है कि यह कब आरम्भ होती है और कब नहीं रहती, न यह कि यह लेख कहाँ से शुरू करें और कहाँ पहुँचाएँ। इतना मगर तय है कि वसन्त के मौसम के विरुद्ध एक बड़ा अभियान चल रहा है। रंगमंच और फिल्म से उसको निकाल बाहर कर ही दिया गया है—नाटक, नारों और उपदेशों से फुरसत नहीं पाते जो मनुष्य पर मौसम के असर को एक बार मौका दें और फिल्म बम्बई में बनती है जहाँ वसन्त होता ही नहीं—हर समय रहती है वसन्त की एक कामचलाऊ नकल, समुद्र की बदबू ही जिसको पकड़ाई देती है। वहाँ के हिसाब से तो भारत का सांस्कृतिक मौसम है बर्फ—कश्मीर की ही सही पर स्विट्ज़रलैंड की हो तो बेहतर है। रंगीन फिल्म वसन्त के नजदीक आकर लौट जाती है मानो धानी और वसन्ती काफी शोख़ न हों। साहित्य में तो कोई एक पीढ़ी से डर के मारे वसन्त झाँका तक नहीं—डर यानी वसन्त को नहीं लेखक को यह डर कि वसन्त जनविरोधी है। हाँ, जब से यह खोज मान्य हो गई है कि महान क्रान्तिकारी कवियों में भी कोमल भावनाएँ होती हैं, माँ और चिड़िया और धूप और फूलपत्ती ने एक तरह की मिनमिनाहट जरूर पैदा की है पर वह वसन्त तो नहीं है। वसन्त तो क्रान्तिकारी साहित्य में अब भी कवि की इस अपराध भावना के कारण अछूत है कि कवि उस आधी भारतीय आबादी का सदस्य नहीं है जो प्रायः खुले आकाश तले भटकते हुए हर मौसम की सिर्फ मार सहती है। संगीत में अलबत्ता दो-तीन रागों की बदौलत अभी वसन्त है और होली के गानेवाले अब भी गाते हुए मिल ही जाते हैं मगर जब से सड़क के किनारे एक रंगसाज़ कम्पनी के डिब्बाबन्द रंगों का एक बड़ा विज्ञापन लगा है, रंगों की दुनिया में वसन्त पर बुरी गुजर रही होगी। एक बहुत बड़े तले अंडे की जरदी की तस्वीर खींचकर विज्ञापन कहता है—'जब रंग देखो हमारा नाम याद करो'।

क्या इस तरह दुर्दिन के फेर में पड़ी वसन्त ऋतु के लिए प्राचीन साहित्य ही शरणालय होगा जहाँ उसके उछाल को एक सरलीकृत काम कलाप बनाकर सुरक्षित कर दिया गया है। एक ओर आधुनिक सौदागर जिनके लिए वसन्त एक अनुत्पादक अनुभव है, दूसरी ओर प्राचीन प्रतिष्ठान जिनके लिए कोई भी अनुभव अब नया नहीं हो सकता क्योंकि सब कंठस्थ हो चुका है—इन दोनों के बीच में एक मौसम के पिस जाने की चिन्ता हम क्यों कर रहे हैं ? यह प्रश्न हमसे पूछा जा सकता है। पर इसके पहले क्यों

न यही प्रश्न हम अपने आपसे पूछ लें।

बहुत से जवाब हो सकते हैं। कुछ तो बिल्कुल ही पिटे-पिटाए लगेंगे जैसे यह कि यह ऋतु नए पल्लवों की ऋतु है। मनुष्य में भी नई शक्ति लाती है। मगर असल जवाब तो यही है। पिट गया है तो यह उसका कसूर नहीं। यह जवाब पिट गया है इसलिए हम इसे रद्दी में डाल दें, इसका मतलब तो यही होगा न कि अब जब हमारे समवेदना संस्थानों ने वसन्त के अनुभव को असामयिक बना दिया है तो हम वसन्त से भाग चलें—जिनके लिए अर्थहीन हो चुका है उनको पीछे छोड़कर उन नई प्रतीतियों की खोज में अपने को व्यस्त दिखलाते हुए ये समवेदना संस्थान अधिक मुनाफों के लिए ईजाद कर रहे हैं, हम तेज रोशनियों, चीखते हुए बाजों, शोख रंगों और बिना दर्द के पूरी हो जानेवाली वासनाओं को अपनी नियति मानकर मंच पर आएँ और दर्शकों को झुककर सलाम करें—हर बार यह बात पहले से अधिक जानते हुए कि ये खरीदार अधिक हैं दर्शक कम : हर बार जो ये देखते हैं उससे कुछ भी ग्रहण करने की इनकी शक्ति हर बार और कम होती जा रही है।

पर हमारे जवाब में हम जानते हैं कि क्या कहा जाएगा—यह कि वसन्त ऋतु है कहाँ ? सब जगह तो कंकरीट का जंगल है। और हम कहेंगे कि गमलों में तो होगी तो हम पलायनवादी ठहरा दिए जाएँगे। देख रहे हैं आप ? भगोड़े उन्हें भगोड़ा बता रहे हैं जो अब भी पैर टिकाए हुए हैं। एक गमले से इतना डर ?

यह सब वसन्त ऋतु के पक्ष में केवल प्रकारान्तर से ही लिखा गया है, वास्तव में तो यह अपने ही पक्ष में तर्क है। यह विचारने की बात है कि ऋतु के अनुभव से एक साथ सभी लोगों को वंचित कर देने का षड्यन्त्र क्यों चला—उनको भी जो ठिठुरते हुए जीवित बच गए होंगे और वसन्त जिन्हें सिर्फ बचाए रखेगा और उनको भी जो अघाए हुए अपना अपच लिए-दिए जमुहाते हुए कमरों से बाहर आए होंगे। कोई चीज तो इस ऋतु में है जो इकट्ठा लोगों का इस्तेमाल करनेवाली, लार टपकाती और गुर्राती इस सत्तावादी संस्कृति के विरुद्ध होगी जिसने यह अपच और यह भुखमरी एकसाथ पैदा की है। क्या चीज है वह ? जरा जमीन के पास जाएँ—और खोजने की कोशिश करें।

(ऊबे हुए सुखी)

यह लेख 'दिनमान' के 8 फरवरी, 1981 के अंक में प्रकाशित हुआ था।

पत्तों का धुआँ

धूप में सीधी सड़क के किनारे
थमा हुआ झरती पत्तियोंवाला बड़ा वृक्ष

नीचे
सूखे पत्तों के ढेर से उठता धुआँ

हवा ने उसे हाँ-ना कर बखेर दिया।

कस्बे में दिन ढले

कस्बे में दिन ढले
युवती के चेहरे पर
लालटेन की आभा :
ऊब और कोहरे में
खोया हुआ आँगन
करती है पार उसे रोशनी लिये युवती।

चढ़ती स्त्री

बच्चा गोद में लिये
चलती बस में

चढ़ती स्त्री

और मुझमें कुछ दूर तक घिसटता जाता हुआ।

(आत्महत्या के विरुद्ध)

दयावती का कुनबा

अब इस घर में पुरुष कोई नहीं रह गया।

यह एक लम्बी कहानी है
वहाँ से शुरू करें ?
जब इस सदी के आरम्भ में
दयावती घर से विदा हुई,
हर पुत्री का अपना भाग्य है
मानकर पिता ने वर ले दिया;
बोझ मिटा बाप का
जिसको संसार में कितने ही मोर्चे लड़ने थे–
दयावती को उससे ज्यादा लड़ने पड़े।
तब से शुरू हुई दयावती की कथा

इच्छाएँ दाबकर बदलकर स्वभाव को
जैसे ससुराल में पसन्द था
रोगों को झेलकर, दिखलाकर सगुन
चार बच्चे पैदा किए।
कहा नहीं जा सकता क्यों पहले बेटे की
बीवी ने तीन लड़कियाँ जनीं
पर उसका आदमी पेट का मरीज था
और बहुत चाय और सिगरेट पीते हुए
अपनी मामूली तनख्वाह की शर्म से
मुक्त रहा करता था।

प्राकृतिक इलाज इस गरीबी में असम्भव था
महँगी दवाओं के विष से वह मर गया;
विधवा कई बरस घुटकर धुएँ में रसोई के चल बसी।
दयावती को लगा कि घटनाएँ तेजी से घटती हैं
जैसे कि पोतियाँ हो रही हैं बड़ी।
दूसरे बेटे ने धौंस बड़े बाबू की सही,
कामचोरों की एवजी करता
सिर झुका इलाज के बगैर ही गुजर गया।
तीसरा शादी के पहले ही
घर से असन्तुष्ट था–
बीवी से बहस की और जहर खा लिया।

यह सब संक्षेप में मैंने बताया है
क्योंकि दयावती की कहानी बहुत लम्बी है–
एक साल पति की शुश्रूषा करते हुए
कई बरस कम पढ़ी औरत के
सीने पिरोने की मेहनत मजूरी के–
लड़की को रोजी कमाने के लायक बनाने के–
इसमें दामाद खोजने को भी जोड़ लें
तो अन्तिम साँस तक घिसटती दयावती
दोनों विधवाओं को छोड़ गुजर जाती है
पोतियों की खबर हमको पता नहीं
वे अपनी दादी की तरह कहाँ
बोझ कम करने के लिए विदा होती हैं।

(कुछ पते कुछ चिट्ठियाँ)

अभय महिला आश्रम[1]

पुरानी दिल्ली के एक छोर पर जहाँ लाल चट्टानों की एक श्रृंखला दूर बड़े मैदानों में बिखरती हुई सी चली जाती है, एक किलानुमा इमारत निर्जन में खड़ी है। इमारत के अन्दर एक दबा ढका वातावरण है, हाँ, कभी-कभी छोटे बच्चों के कहीं मौजूद होने का पता चलता है। इस मकान में वे औरतें रहती हैं जिनका कोई सहारा नहीं है और जो अपने पैरों खड़ी होना चाहती हैं। जिनके पति ने उन्हें त्याग दिया है, जो सुहाग छिन जाने से अबला हो गई हैं और जो अनाथालयों या विधवाश्रमों में हमेशा के लिए नहीं रहना चाहतीं—यहाँ तक कि वे भी जो किसी अपराध में दंड पा चुकी हैं और अब अपना जीवन सुधारना चाहती हैं—इस घर में शरण पाती हैं। इसीलिए इसका नाम है 'अभय महिला आश्रम'।

ऐसी जगह में जाकर अपना कौतूहल शान्त करने के लिए छानबीन करना, गलत काम है। जिसके जीवन में दुःख भरा हो उससे कुरेद-कुरेदकर पूछना एक प्रकार की हिंसा ही है। इसलिए मैं जब इस घर को देखने गया तो जानबूझकर उन स्त्रियों से कोई पूछताछ नहीं की। जहाँ वे काम करती या रहती हैं, उन कमरों में भी ज्यादा देर नहीं रुका—कहीं उन्हें यह न लगे कि वे कोई अजूबा हैं। पर इस शहर में पीड़ितों की सेवा के लिए जो काम होता है, उसमें जनसाधारण अधिक योग दे सकें, इस दृष्टि से सेवा संस्थाओं के बारे में कुछ लिखना जरूरी है। वरना जो सच्ची सेवा करता है न तो उसे प्रचार की जरूरत है और न उसे प्रचार देकर उसका दिमाग बिगाड़ना चाहिए।

इस समय अभय महिला आश्रम में 14 से लेकर 35 की आयु तक की कोई 60 स्त्रियाँ हैं। इनमें से बहुत सी ऐसी हैं जिनके दो या तीन बच्चे हैं—उन बच्चों को अपनी माँ के पास ही रखा गया है। साल-भर में हर बच्चे को 10 या 12 गज कपड़ा, माँ को चार जोड़े और हर महीने 20 रुपए का भोजन मिलता है। तीन साल से ज्यादा किसी को आश्रम में नहीं रखा जाता। इसी मियाद के अन्दर कोशिश की जाती है कि उन्हें कोई रोजगार सिखा दिया जाए। कपड़े सीना, स्वेटर बुनना, साबुन बनाना, दफ्ती के डिब्बे बनाना वगैरह : दस्तकारियों के अलावा पढ़ाई-लिखाई की भी व्यवस्था है—करीब 20 लड़कियाँ और स्त्रियाँ मिडिल का इम्तिहान इस साल देंगी और 12 हाईस्कूल का। बच्चों

1. यह शीर्षक रघुवीर सहाय का दिया हुआ नहीं है।

को भी पढ़ाया जाता है और जब किसी माँ को उपयुक्त काम मिल जाता है और वह अपने बच्चों को साथ नहीं ले जा सकती तो और महीने-दो महीने तक उन्हें आश्रम की देखभाल में रखा जाता है।

यह सब सुनने में बहुत सहज मालूम होता है पर उखड़े हुए व्यक्ति को फिर से जीवनदान देने में अनेक समस्याएँ हैं जो केवल व्यवस्था से नहीं सुलझतीं। कितनी ही स्त्रियाँ यहाँ ऐसी हैं, जिनके जीवन में निराशा घर कर गई है, अपने पर विश्वास क्षीण हो चला है। इन्हें आश्रम के नियमित जीवन का पालन करने में मानसिक कष्ट होता है पर वही एक रास्ता है। जो जेल या सुधारगृहों से आई है उन्हें जेल के से बन्धन का अभाव खटकता है, जो पहले स्वच्छन्द थीं, उन्हें यहाँ का परिश्रम ही बन्धन मालूम होता है।

एक क्षण के लिए मैंने आँख बचाकर गौर से बच्चों को देखा। यह नहीं कि वे सब बहुत कमजोर और सूखे-पतले थे पर अनाथ होने की छाप उनके चेहरे पर मानो अमिट हो गई थी। अपनी शिक्षिका के साथ वे प्रसन्न थे। एक 5 साल की बच्ची पहाड़ा बोल रही थी, बाकी दोहरा रहे थे। थोड़ी देर बाद मैदान में खेलने की इजाजत भी उन्हें मिल गई। पर एक चीज की ललक, जो उन्हें शायद कभी न मिल सके, उनकी डरी हुई नजरों में से झाँकती रही। वह थी पिता की, पुरुष की सहानुभूति।

यह कमी पूरी करने का उपाय क्या हो सकता है, यह जानने के लिए मैंने पूछा कि इन बच्चों के मनोरंजन के लिए क्या प्रबन्ध है। मालूम हुआ कि कभी-कभी ब्रितानी या रूसी दूतावासवाले कुछ फिल्में दिखा जाते हैं। भारत सरकार के फिल्म विभाग या चिल्ड्रेंस फिल्म सोसायटी नामक संस्था से, मन्त्रियों की मदद से जिसका बड़ा ढोल पीटा जाता है, कोई सहायता नहीं मिलती (सोसायटीवाले सप्रू हाउस में हर इतवार को अपनी फिल्में दिखाते हैं जहाँ पैसेवाले माँ-बाप अपने अंग्रेजीदाँ बच्चों को लेकर आते हैं)। राजधानी में बच्चों के थिएटर के नाम पर अनुदान वगैरह लेने में मुस्तैद लोगों की कमी नहीं है लेकिन ऐसा कोई नहीं निकला जो कहे कि महीने में एक बार हम इन बच्चों के लिए एक खेल कर दिया करेंगे। और तो और, शिशु कल्याण के झंडे के नीचे अपनी तमाम किताबी जानकारी का बखान करनेवाली वे खाती-पीती औरतें जिन्हें मारे फुरसत के काम ही नहीं मिलता यह खयाल न लाई हैं कि हफ्ते में एक दिन इन बच्चों को कुछ कहानियाँ ही सुना आया करें। आश्रम को गैरसरकारी साधनों से आर्थिक मदद नहीं मिलती है। वह सरकारी संस्था है और सरकारी संस्थाओं की मदद करते वक्त दाता लोग चौंकते हैं—'उन्हें तो सरकार से रुपया मिलना चाहिए।' उधर सरकार इस तरह की संस्थाओं की कितनी परवाह करती है इसका प्रमाण यह है कि राजधानी में बसे हुए इस आश्रम को अबकी जुलाई में तीन साल हो जाएँगे पर न तो वहाँ बिजली है, न पानी है। दूर के एक नल से औरतें पानी भरकर लाती हैं। उनकी कोठरियों में सिर्फ दो ऊँचे रोशनदान हैं—गर्मियों में बुरा हाल होता होगा। पर उसके प्रति सरकारी दृष्टिकोण शायद यह है कि जो औरत बेघरबार, बेसहारा, भूखी मर रही थी, उसे यही बहुत है—आप उसे

बिजली का पंखा देना चाहते हैं जो शरीफ घर की औरतों के लिए होता है ?

खैर बिजली न नहीं, उसके लिए छोटे-मोटे व्यापारी पहले हकदार हैं क्योंकि उनके उद्योग से देश की शक्ति बढ़ती है, लेकिन पानी अगर मिलता होता तो आसपास की तमाम जमीन में साग-सब्जी पैदा की जा सकती और 20 रुपए महीने के रूखे-सूखे भोजन को पौष्टिक बनाया जा सकता।

खुद अपनी मदद करने का उपदेश और किसी को दिया जाए, इस आश्रम के रहनेवालों को उसकी जरूरत नहीं। अपनी हाथ की बनी चीजों की उन्होंने दिल्ली में काम-भर की खपत कर ली है। चाँदनी चौक के बहुत से बजाज सीढ़ियों के बक्से यहीं से बनवाते हैं। पिछले जाड़ों में आश्रम की औरतों ने स्वेटर बुनकर अच्छी आमदनी की। ये स्वेटर उन्होंने अपने ही जैसे बेघरबार बेसहारा लड़कों के लिए बुने थे जो एक ऐसे ही आश्रम में रखे गए हैं। आशा है कि बीमारी आजारी में भी अपनी दवादारू ये खुद ही कर लिया करेंगी क्योंकि सरकार ने 50 रुपए का जो पारिश्रमिक मंजूर किया है उस पर कोई डॉक्टरनी काम करने को राजी मालूम नहीं होती। अगर कोई हो तो वह हद दर्जे की आदर्शवादी औरत कही जाएगी क्योंकि 50 रु. तो दिल्ली में लेडी डॉक्टरों की एक वक्त की कमाई है।

(दिल्ली मेरा परदेस)

बैंक में लड़कियाँ

बैंक में लड़कियाँ
बड़ी होती जाती हैं
और इतनी भीड़ से घिरी हुई एकाकी

वह अपने तीस बरस
औरत और व्यक्ति के बनने के तीस बरस
लिए हुए रोज यहाँ आती है वक्त से
ध्यान से सुनती है नौजवान ग्राहक को
खो नहीं जाती है स्वप्न में
उस लड़के को कहीं जाने नहीं देती है फिलहाल
फिर चला जाता है वह अपने काम से
इस लेन-देन के बाद वह बजाती है एक सुहानी घंटी
दौड़कर भीड़ भर जाती है छोटे-छोटे पुरुषों की एकान्त में
कुटे-पिटे चेहरों पर लालच लिये हुए
खिड़की से झाँकते।

(लोग भूल गए हैं)

माया त्यागी को भूल जाओ[1]

माया त्यागी फिर मंच पर आई हैं। परदा गिर चुका था पर मानो नाटक के अन्त में दर्शकों को मुख्य पात्र दोबारा देखने के लिए पेश किया गया हो। इस तरह जाँच आयोग की विधानसभा में प्रस्तुत रपट ने उस स्त्री को फिर ला खड़ा किया—इस बार मगर तालियाँ नहीं बजीं जैसे पहले चटपटे वर्णनों और खुद माया त्यागी से कहलवाए गए इन वाक्यों के साथ बजी थीं कि हाँ, मेरे कपड़े उतारे गए। अखबारों और राजनीतिक दलों की दिलचस्पी अब उस औरत में नहीं है। वह 'किस्सा' खत्म हो गया है। जाँच आयोग की रपट ने कुछ अद्‌भुत मन्त्र बोलकर उस घटना के भीतर का सारा क्लेश मिटा दिया है। 18 जून, 1980 को जो क्रान्ति अखबार पढ़नेवालों के हृदयों में मनोरंजन का रूप धरकर प्रकट हुई थी, अब शान्त है। अब उसमें कोई चटपटापन नहीं रह गया।

आयोग कहता है : यह सही है कि माया त्यागी के पति ईश्वर त्यागी और उनके साथी डकैत नहीं थे—यह किस्सा पुलिस ने बाद में गढ़ा—यह सही है कि पुलिस ने ईश्वर त्यागी और साथियों को इसलिए गोली मार दी कि पति ने पत्नी के साथ अश्लील व्यवहार करनेवाले पुलिसमैन को बुरी तरह पीटा था—यह सही है कि माया त्यागी को पुलिसमैनों ने मोटर से घसीटकर बाहर निकाला, मार-मारकर कपड़े उतार डाले और नरेन्द्रसिंह ने उसके सीने को हाथ लगाकर खरोंच डाला—यह सही है कि माया त्यागी ने इसके पहले विरोध किया, वह नंगे बदन जमीन पर बैठ रही और निर्दय हाथों की मार खाने पर भी उठकर चलने को तैयार नहीं हुई—यह सही है कि पुलिस ने उसके शरीर में एक डंडा डाला और तब वह उठने को मजबूर हो गई—यह सही है कि...

मगर आयोग कहता है कि यह गलत है कि पुलिसवालों ने माया त्यागी के साथ बलात्कार किया।

आयोग के यहाँ बलात्कार की परिभाषा क्या है ? जिन-जिन अत्याचारों को माया त्यागी पर लादा गया, वे बलात्कार नहीं थे ? गाड़ी में अकेली बैठी एक लड़की को जाकर छूना और उससे अश्लील बातें कहना, इस हरकत के रोके जाने और उसकी सजा दिए

1. अस्सी के दशक के आरम्भ में घटी जिस बर्बर घटना पर यह टिप्पणी रघुवीर सहाय ने 'दिनमान' में बतौर सम्पादकीय लिखी थी, उसमें शायद सबसे उदास करनेवाली बात हर स्तर पर सरकार द्वारा दिखाई गई तटस्थता थी। सत्ता में वापस आई इन्दिरा गांधी से भी हस्तक्षेप की अपील की गई थी।

शरीर में डंडे का प्रवेश करना बलात्कार नहीं है ? तब बलात्कार क्या है ? माया त्यागीजाने पर लड़की को घसीटकर उसका सीना खोल देना और हाथ लगाना, फिर उसके की आँखों के सामने उसके पति और उसके हितैषी गोली से मार डाले गए, इसलिए कि पुलिसमैनों ने माया त्यागीं से बलात्कार करना चाहा था और माया त्यागी ने विरोध किया था और पति ने पुलिसमैनों को रोका था। माया त्यागी जब अकेली हो गई तब बलात्कार करना पुलिसमैनों को आसान जान पड़ा और उन्होंने उसे घसीटकर उसके शरीर को नोचना शुरू किया और उसे ले जाना चाहा, मगर माया त्यागी ने विरोध जारी रखा। विरोध करते रहने पर उस पर आक्रमण और तेज हुआ और जब उसकी दृढ़ता के आगे पुलिसमैनों का शरीर असफल रहा तो उन्होंने अपने शरीर और व्यक्तित्व के ही एक रूप द्वारा माया त्यागी की देह का उल्लंघन सम्पूर्ण किया। आयोग के हिसाब से यह सब बलात्कार नहीं था यद्यपि ऊपर जो वर्णन किया गया है वह आयोग की ही रपट के अखबार में प्रकाशित अंशों से उद्धृत है। सत्य यह है कि न केवल यह बलात्कार था बल्कि बलात्कार का असली रूप था जहाँ रति से अधिक शक्ति का प्रदर्शन अभीष्ट होता है।

उ.प्र. सरकार द्वारा नियुक्त एक व्यक्ति जाँच आयोग के श्री पी.एन. राय की 49 पृष्ठ की सम्पूर्ण रपट तीन फरवरी को राज्य विधानसभा में रखी गई है। पर अखबारों में उसका जो अंश या सारांश छपा है, साफ तौर से दिखाता है कि या तो आयोग की समझ शुद्ध तकनीकी समझ है या जान-बूझकर वे हिस्से प्रकाशित नहीं होने दिए जा रहे हैं जिनमें आयोग ने कोई नैतिक प्रश्न भी उठाया हो। यदि शरीर का शरीर में प्रवेश घर्षित शरीर की इच्छा के विरुद्ध हुआ हो तभी वह बलात्कार होता है, आयोग की समझ का आधार यह पुरुषों का पक्षधर कानूनी नुक्ता है। माया त्यागी को अकेला जानकर उसे छुआ और छेड़ा, यह शायद पुलिसमैनों ने बालसुलभ कौतूहल से किया होगा ! उसमें आयोग के अनुसार कोई अनधिकार, अनैतिक कृत्य नहीं था और वह दंडनीय नहीं होना चाहिए। रपट कहती है : माया त्यागी सीधी-सादी गाँव की लड़की थी, इसलिए उसने अपने शरीर को हाथ लगाए जाने का विरोध किया। मानो यह उसकी बेवकूफी थी। जबकि यह उसके सीधे-सादे आत्मसम्मान की अभिव्यक्ति थी। आगे रपट कहती है : ईश्वर त्यागी ने इस हरकत पर जब पुलिसमैनों को पीटा तो उसे नहीं मालूम था कि इनमें से एक बिना वर्दी पहने पुलिस इंस्पेक्टर है। मानो मालूम होता तो उसे नहीं पीटना चाहिए था। जबकि ईश्वर त्यागी ने जो किया वह हर ऐसे गुंडे की सही सजा थी। और भी : पुलिस ने, जब माया त्यागी नंगी ही उठकर थाने नहीं चल रही थी, अपने 'एक सामान्य तरीके' का प्रयोग किया। स्त्री की देह में डंडा डाला जिससे उसे भयंकर चोट आई और वह खून से नहा गई—मानो यह सामान्य तरीका होने के कारण स्वीकार्य भी होना चाहिए। इसके लिए पुलिस की कैसे निन्दा की जाए—वह तो पुलिस का काम ही है।

आयोग की रपट में पुलिस और जनता के तथा आदमी और औरत के स्वस्थ रिश्तों की

कहीं समझ दिखाई नहीं देती। उल्टे रपट अपने लिखनेवाले के दिमाग को खोलकर उसके भीतर छिपी शोषण-वृत्ति, यथास्थितिवादी विचारधारा और सत्ता के समर्थन की उत्सुकता दिखा देती है। यह रपट जैसी कि अखबारों में छपी है, अत्याचार के समर्थन का दस्तावेज है जबकि दिखता यह एक 'स्पष्टवादी, निर्भीक' फैसला है, जिसमें डाकुओं के डकैती पर जाते हुए पुलिस से मुठभेड़ होने और जनता के हाथों माया त्यागी के जलील किए जाने के पुलिस दावों को झूठा ठहराया गया है। रपट इस सच बोलने की हिम्मत का प्रदर्शन करते हुए उसकी आड़ में कितने झूठ इसके अखबारी संस्करणों के पाठकों के मन में पैठा देगी, इस पर विचार करने का आज की राजनीति में दाँव खेलते राजनीतिकों को समय नहीं है और बुद्धिजीवियों को तो है ही नहीं। वे किसी दूसरी सनसनी के पढ़ने का इन्तजार कर रहे हैं।

यदि रपट ने जान-बूझकर पुलिस के और जनता के रिश्तों के बारे में यही समझ बनाई है कि लड़कियों को पुलिसमैनों के हाथों छेड़े जाने पर चुप रहना चाहिए, उनके संरक्षकों को भी चुप रहना चाहिए, विशेषतया जब वे जानते हों कि छेड़नेवाले पुलिसमैन हैं और यदि पुलिसमैन अपनी 'जवानी और घमंड के कारण' (ये शब्द नरेन्द्रसिंह के लिए रपट में कहे गए हैं) उनको थाने में ले जाकर बलात्कार करने के लिए उनके शरीर में डंडा डालने की अपनी सामान्य आदत के अनुसार ऐसा करते हैं तो उसे बलात्कार नहीं मानना चाहिए, तो यह रपट नीचता से भरा हुआ एक घिनौना दस्तावेज होगा। जब तक उ.प्र. सरकार इस रपट को पूरा-का-पूरा छापकर वितरित नहीं करती, इसका यही आशय माना जाएगा जो ऊपर बताया गया है। जन-साधारण को जानने का हक है कि क्या माया त्यागी को बचाने या पुलिस को बीच बाजार में बलात्कार से रोकने के लिए बागपत की जनता ने कुछ प्रयत्न किया था ? किया था तो क्या किया था ? अपने प्रचारित रूप में रपट अत्याचारी की ताकत का ऐलान है। न माया त्यागी के अपूर्व मानवीय साहस का इसमें कोई उल्लेख है, न जनसाधारण में नैतिकता से उत्पन्न किसी निर्णय के अभिव्यक्त होने का। रपट बड़ी होशियारी से यह बात छिपा गई है कि माया त्यागी को शरीर ढकने के लिए किसी नागरिक ने तहमद दी थी या नहीं, केवल इतना कहकर पुलिस के प्रति पक्षपात की शंका मिटा देने की चतुराई की गई है कि माया त्यागी को तहमद पहनाने का पुलिस का दावा गलत है। पाठकों को यह जानने की इच्छा होगी कि क्या किसी ने तहमद दी थी मगर पुलिस ने नहीं पहनने दी ? या हम इतने भयभीत और परपीड़क हो चुके हैं कि किसी ने दी ही नहीं ?

पर उससे भी बड़े प्रश्नों पर रपट का प्रकाशित अंश या मौन है या बड़ी चतुराई से दूसरों को मौन रहने की अतिरिक्त सलाह देता है। नरेन्द्रसिंह मुख्य दोषी था, रपट कहती है पर अब तो वह जाँच पूरी होने के पहले ही किसी अज्ञात व्यक्ति द्वारा मारा जा चुका है। (यद्यपि यह स्पष्ट नहीं है कि जाँच पूरी होने के पहले उसी को मुख्य दोषी कैसे मान लिया गया।) इसलिए क्या किस्सा यहीं खत्म नहीं हो जाता ? ऐसा रपट में संकेत है। और अन्य दस पुलिसमैन जो बन्दूक, लाठी आदि लेकर नरेन्द्रसिंह के साथ

मिलकर हत्या और बलात्कार कर रहे थे, हत्याओं के लिए जिम्मेदार तो हैं पर (रपट कहती है कि) उनको बरी कर देने का एक आधार यह बनता है कि वे (बेचारे) अपने आप कुछ नहीं कर रहे थे और उन्हें उस नरेन्द्रकुमार सिंह के आदेश और निर्देशों के अनुसार पूरी कार्रवाई में हिस्सा लेना पड़ रहा था जो उन्हें हथियार सहित थाने से बुला लाया था।

यह क्या कह रहे हैं श्रीमान् पी.एन. राय ? क्या यही कि पुलिसमैनों की अपनी व्यक्तिगत नैतिक मर्यादा नहीं होती, बिना अधिकार थाने से हथियार उठा लाने और निर्दोष व्यक्तियों को इस सबइंस्पेक्टर की कामेच्छा और शक्तिमद की सन्तुष्टि के लिए जान से मारने और शरीर से अपवित्र करने के 'आदेश और निर्देश' कोई सरकारी आदेश और निर्देश होते हैं जो उन्हें मानने ही चाहिए ? क्या यही कह रहे हैं वह ? इसका जवाब पाठकों को चाहिए।

यह रपट सारांश में यह उपदेश देती है कि माया त्यागी के साथ जो हो गया सो हो गया, मुख्य अत्याचारी को तो परमात्मा ने सजा दे दी अब माया त्यागी को भी भूल जाओ और पुलिस को भी। पुलिस को अपना सामान्य काम करते रहने दो। यह रट उसके सामान्य कार्य के बारे में है ही नहीं।

(वे और नहीं होंगे जो मारे जाएँगे)

यह लेख 'दिनमान' में 15 फरवरी, 1981 के अंक में छपा था।

आत्महत्या के विरुद्ध

जब से यह समाचार पढ़ा है कि मेरठ में शंकराचार्य ने उपदेश किया कि जो स्त्री स्वेच्छा से पति की चिता पर भस्म हो जाना चाहती हो उसे रोकना अधर्म है तब से यह सोच रहा हूँ कि दिवराला कांड पर इतना आक्रोश प्रकट हुआ था वह क्यों व्यर्थ गया। क्यों शंकराचार्य का साहस हुआ कि वह असहाय स्त्री की आत्महत्या को एक बार फिर धर्म प्रतिष्ठान का संरक्षण दें। क्यों नहीं हमने, जो दिवराला कांड को गौरवान्वित किए जाने के विरुद्ध और स्त्री की स्वतन्त्रता के पक्षधर हैं, सती कांड को धर्म प्रतिष्ठान के तर्कों से अमान्य करने के बजाय लौकिक-सामाजिक दृष्टि से उचित ठहराया। हमने शत्रु पर जवाबी हमला तो किया परन्तु उसी के हथियार से जिसके चलाने की सैकड़ों विधियाँ उसे मालूम हैं। उन्हें जब-तब वह सामने लाता रहेगा और हम बार-बार उससे उसी के बनाए हथियारों से लड़ने का नाटक करते रहेंगे। यदि सचमुच लड़ना है तो हम अपने मैदान में शत्रु को ले आएँ। समय इतना कम है कि हमें शंकराचार्य के नए वक्तव्य पर आश्चर्य प्रकट करने की छूट नहीं है। यह तो स्पष्ट है कि वह सती होने से रोकने को अधार्मिक कार्य मानते हैं। यह पूछने की जरूरत नहीं है कि वे इसे अधार्मिक मानते हैं या अधर्म। उनके लिए धर्म और धार्मिक में कोई अन्तर नहीं है जबकि सामान्य लोकभाषा में अधर्म वही है जिसे शंकराचार्य धार्मिक बता रहे हैं।

प्रश्न यह है कि जब कोई व्यक्ति इस लोक में अपने जीवन की आशा छोड़ चले तो हम उसे नई आशा में जीने के लिए बल दें। हम बीसवीं शती के शेषकाल में जी रहे हैं और धर्म प्रतिष्ठानों की नहीं मानवीय रचना प्रतिभा की चिन्ता कर रहे हैं। परमाणु युद्ध से सम्भव विनाश से लेकर प्रकृति के मानवनिर्मित उत्पीड़न तक सब हमारी चिन्ता के विषय हैं। इन सबके आदि और अन्त में एक ही सिद्धान्त है कि हम समाज में अन्याय और असमता को बदल सकते हैं और बदल रहे हैं और रचना को बल देते हुए अपने कामों की समीक्षा करते बदलते जाएँगे। इस चिन्ता के अन्तर्गत संस्कृति के विकास के लिए आवश्यक हो जाता है कि हम मनुष्यों में प्रीति और परस्पर आत्मिक बल बढ़ाएँ।

आत्महत्या को पुराने लोगों ने पाप कहा है। वह पाप है तो इसीलिए कि मानव जाति में समय पाकर मृत्यु को स्वीकार करने के संस्कार के वह प्रतिकूल है। उसे रोकना धर्म है क्योंकि रोकना एक नए जीवन की सम्भावना जगाना है। आत्महत्या को रोकना

धर्म है क्योंकि समाज की और सृष्टि की हमारी लौकिक समझ के अनुसार मनुष्य में कर्म की अनन्त सम्भावनाओं को आत्महत्या वैसे भी नष्ट कर देती है जैसे हत्या कर देती है। शंकराचार्य ने स्वेच्छा से सती होनेवाली स्त्री का नाम लेकर उसकी स्वेच्छा की रक्षा करने पर जोर दिया है। मैं उसकी स्वेच्छा की नहीं उसके प्राण की रक्षा करने पर जोर दूँ तो मैं उन सबके मन की बात कहूँगा जो मनुष्य की मेधा और प्रतिभा पर विश्वास करते हैं। स्वेच्छा का महत्त्व है, व्यक्ति की स्वतन्त्रता का भी महत्त्व है, पर इससे भी अधिक महत्त्व इस बात का है कि हम जिसे स्वेच्छा कह देते हैं वह असहायता और परवशता की पराकाष्ठा का दूसरा नाम है—स्वेच्छा कदापि नहीं। इच्छा-मृत्यु का भी महत्त्व है परन्तु जीवन पूर्ण होने के पहले इच्छा-मृत्यु का विज्ञापन हत्या को छिपाने का हत्यारा प्रचार ही है।

और यदि हम शंकराचार्य की तरह शून्य से सुरक्षित प्रतिष्ठान के भीतर न रहकर वर्तमान लोक में रह रहे हों जहाँ हम अतीत और भविष्य दोनों से कर्म द्वारा निरन्तर जुड़ते चलते हैं तो इस समाज की संरचना में स्त्री के व्यक्तित्व के शोषण का यथार्थ पहचानेंगे और यथास्थिति नहीं रहने देंगे, परन्तु समाज को बदलने के लिए हम जो कर रहे हैं उसका भी कोई मतलब तभी है जब बदलने का इन्तजार न करके हम तत्काल हस्तक्षेप द्वारा मनुष्य को आत्महत्या से रोकें। हर क्षति को थाम देने के बाद उसकी पूर्ति का उपाय मानव सभ्यता के पास निकल आता है और हर स्वजन-शोक के बाद जीवन से मोह नए सिरे से जाग उठता है। केवल वे ही इस प्रयोग का विरोध करेंगे जो विधवा स्त्री पर वैराग्य बलपूर्वक लादेंगे ताकि वह अपनी विरक्ति के बीच से जीवन में आस्था न खोज सके और अपनी अपार सम्भावनाएँ अपने हाथों नष्ट कर ले क्योंकि वह एक औरत है।

सती कांड का समर्थन कहीं न कहीं इस दुराग्रह की पुष्टि भी है कि स्त्री पुरुष की बराबरी नहीं कर सकती। इस दृष्टि की एक विकृति यह है कि स्त्री की सम्भावनाएँ पुत्र जनने से लेकर पति की सामाजिक शोभावस्तु बनने तक सीमित हैं और पति के रहते पत्नी का शेष हो जाना कोई सामाजिक क्षति नहीं है। शंकराचार्य का यह कहना कि स्वेच्छा से प्राण त्याग देने को तैयार स्त्री को रोकना अधार्मिक कार्य है, धार्मिक मूल्यों की रक्षा की नहीं, नर-नारी के बीच असन्तुलन बनाए रखने की चेष्टा है जिसका राजनीतिक अभिप्राय है : शंकराचार्य का प्रतिष्ठान अनेक सत्ता प्रतिष्ठानों को सहयोग देता है और जहाँ तक मालूम है नर-नारी समता के पक्षधर प्रतिष्ठान उन सहयोग पानेवालों में नहीं हैं। मालूम नहीं शंकराचार्य इतनी दूर तक सोचते हैं या नहीं जितनी दूर तक अज्ञानी लोग सोच सकते हैं, परन्तु स्त्री को सम्भावनाहीन नगण्य जन्तु मानकर चलनेवाली दृष्टि स्त्री की देह का अश्लील विज्ञापन करनेवाली दृष्टि से मूलतः भिन्न नहीं है। दोनों एक-दूसरे की पूरक ही हैं। बल्कि दूसरी पहली के मुकाबले ज्यादा ईमानदार है क्योंकि वह धार्मिकता की आड़ में यह दमन नहीं चलाती।

असल बात यह है कि यह भनक पड़ते ही कि कोई स्त्री सती होना चाहती है या

किसी को सती किया जा रहा है, हर एक को अपनी पहुँच के अन्दर उसे रोकने का प्रयास करना चाहिए। यही मानव धर्म है। बीसवीं शती के शेषकाल में मानव-मूल्यों की रक्षा के लिए हस्तक्षेप अनिवार्य है। उन्हीं से परम्परा का निर्माण सम्भव है, उपदेशों से नहीं।

(10 जून, 1988)

किले में औरत

उस घर में बीस औरतें थीं[1]
उनमें थी सिर्फ एक बुढ़िया
प्यारी बुढ़िया प्यारी बुढ़िया
वे धोती थीं वे मलती थीं वे हँसती थीं
वे घुसतीं और दुबकती थीं
वे माँग जिस समय भरती थीं
तब कितना धीरज धरती थीं
वे सब दोपहर में एक क़िले पर
पहरा देती सोती थीं
वे ठिगनी थीं वे दुबली थीं
वे लम्बी थीं वे गोरी थीं
वे कभी सोचती थीं चुपचाप न जाने क्या
वे कभी सिसकती थीं अपने सबके आगे

उस दिन बुढ़िया बीमार पड़ी
मर्दों ने कहा औरतों की बीमारी है
वह बुढ़िया औरत के रहस्य–
उन बीस जनों के औरतपन–की गठरी बन
कोने में खटिया पर जा करके पहुड़ रही
वह पहुड़ी रही साल-भर तक फिर गुजर गई
औरतें उठीं घर धोया मर्द गए बाहर
अरथी लेकर

(हँसो हँसो जल्दी हँसो)

1. इस पंक्ति पर स्वयं रघुवीर सहाय की टिप्पणी अशोक वाजपेयी और मंगलेश डबराल द्वारा लिये गए साक्षात्कार में देखें जो इस संचयिता में शामिल है।

बड़ी हो रही है लड़की

जब वह कुछ कहती है
उसकी आवाज में
एक कोई चीज
मुझे एकाएक औरत की आवाज लगती है जो
अपमान बड़े होने पर सहेगी

वह बड़ी होगी
डरी और दुबली रहेगी
और मैं न होऊँगा
वे किताबें वे उम्मीदें न होंगी
जो उसके बचपन में थीं
कविता न होगी साहस न होगा
एक और ही युग होगा जिसमें ताकत ही ताकत होगी
और चीख न होगी

लम्बी और तगड़ी बेधड़क लड़कियाँ
धीरज की पुतलियाँ
अपने साहबों को सलाम ठोंकते मुसाहबों को ब्याहकर
आ रही होंगी जा रही होंगी
वह खड़ी लालच में देखती होगी उनका कद

एक कोठरी होगी
और उसमें एक गाना जो खुद गाया नहीं होगा किसी ने

कैदी से छीन कर गाने का हक दे दिया गया होगा वह गाना
कि उसे जब चाहो तब नहीं जब वह बजे तब सुनो
बार-बार एक-एक अन्याय के बाद वह बज उठता है

वह सुनती होगी मेरी याद करती हुई

क्योंकि हम कभी-कभी साथ-साथ गाते थे
वह सुर में मैं सुर के आसपास

एक पालना होगा
वह उसे देखेगी और अपने बचपन की यादें आएँगी
अपने बचपन के भविष्य की इच्छा
उन दिनों कोई नहीं करता होगा
वह भी न करेगी

(हँसो हँसो जल्दी हँसो)

किले में औरत

उस शहर में मुझे सिर्फ तीन दिन रहना था। होने को इन्हीं तीन में से किसी एक दिन मेरी हत्या हो जा सकती थी। पढ़ा था कि इस शहर में रोज हत्याएँ होती हैं। लोग हमला बोलकर मार डालते हैं। अखबार में सिर्फ इतना छपता था—आज चार और मरे। इससे जाहिर था कि वे कोई और थे जो मरते थे; अखबार पढ़ सकनेवालों में वे नहीं थे, नहीं तो अखबार उनका नाम-धाम भी छापता। उधर शहर में पहुँचकर मैंने देखा—चौक में तमाम लोग मरे नहीं हैं, चल-फिर रहे हैं। उनको भी यह डर न था कि रोज हत्या होती है तो आज भी और उन्हीं की हो सकती है। वे आश्वस्त थे कि और ही लोग होंगे जो मारे जाएँगे।

मैं एक होटल में ठहरा। होटल आत्मरक्षा के लिए क़िलेबन्दी के तरीके पर बना हुआ था। मगर वह बना तो तब का था जब हत्याएँ इस शहर में नहीं, गाँवों में हुआ करती थीं और वहाँ की खबरें छपती ही न थीं—आज तो बिना नाम के छप भी जाती हैं। वे सब स्थान होटल से बहुत दूर और ऐसे गरीबों के थे जो इस जन्म में इस होटल में आ ही नहीं सकते थे। तब होटल का यह नक्शा आत्मरक्षा के लिए नहीं, खाली रोआब डालने के लिए बनाया गया होगा। पर आज यह कितने काम आ रहा था ! आखिर हत्याओं का सिलसिला नीचे से ऊपर की ओर सरकता आ रहा था न। किसी दिन होटल में भी पहुँचता—इतिहास बताता है कि ध्वस्त नगर में हमेशा एक आलीशान होटल ही शरणालय के रूप में बच रहा करता है।

अपने-आपसे मैं इस होटल में कभी न ठहरा होता। जिस दूकान का मैं काम कर रहा था, वह काम के सिलसिले में चाहती थी कि मैं इसमें रहूँ। मैं यह जानता था कि अगर मैं इसमें ठहरा तो जब हमला होगा कोई मुझे औरों से अलग न मानेगा। मगर मुझे अपना वेतन कमाने के लिए काम करने के अलावा यह खतरा भी उठाना था।

मैं यहाँ पहुँचा तो सबसे पहले दरबान दिखाई दिया। उसके हाथ में पुराने जमाने की बन्दूक थी, जैसी मैंने बचपन में बरातों में छुड़ाई जाती देखी थी। मैंने उसे पहचान लिया, बन्दूक को नहीं, दरबान को। वह गोंडा जिले का था। उसने मुझे पहचान लिया। मैं भी वहीं का हूँ। मेरा खर्च कोई और दे रहा था, उसकी वर्दी कोई और दे रहा था। फिर भी उसने मुझे उसी तरह सलाम किया जैसे वह किसी जमाने में कलकत्ते के साहबों को करता रहा होगा। अब गोंडा के लोग भी बाहर निकलकर इस होटल में घुसने लायक़

हो गए हैं, यह जानकर मारे खुशी के वह फूल नहीं गया। उसे यह शक नहीं था कि शायद मैं बहुत अमीर हूँ। उसे विश्वास था कि मैं उससे कुछ अधिक पैसेवाला हूँ और बस इतना अधिक भी होऊँ तो काफी है कि उसे कुछ इनाम दे सकूँ। गरीबी और गिरावट का एक दिन होता है जब आदमी अपने से जरा से मजबूत आदमी से डरने लगता है। इसी को लोग कर्त्तव्य और सन्तुलन कहते हैं। वह दिन उसकी जिन्दगी में आ चुका था।

शीशे का दरवाजा पार करते ही एक बरोठा मिला जिसमें आदमी के शरीर से बड़े आकार की कुछ कुर्सियों पर लोग बैठे हुए थे। ये न जाने क्या समझकर इतने भड़कीले कपड़े पहनकर आए थे। शायद उनके पास पैसा बहुत था जिसे ये कपड़ों पर खर्च कर डालना चाहते थे। शायद इनके पास अपनी अक्ल इतनी कम थी कि ये तय नहीं कर सकते थे कि उन्हें क्या पहनना चाहिए। वे बैठे इस शान से थे जैसे होटल के रहने के सच्चे हकदार वही हैं जिनके पास पैसा ज्यादा और अक्ल कम है।

जिस कमरे में मुझे जाना था उसकी चाभी मैंने पटरे पर रखी देखी। वह बहुत बड़ी चीज थी जैसे किसी खजाने की चाभी हो। उसका पुछल्ला उससे भी बड़ा था। ये दोनों चीजें मिलकर काफी भारी एक चीज बन गई थीं जिससे कमरे में घुसने का अधिकार एक और भारी चीज बन गया था।

कई सूने बरामदे और बरोठे पार करके मैं लिफ्ट के सामने पहुँचा। लिफ्टवाले ने मुझे दाखिल करके एक बड़ा भारी हैंडिल घुमाया। घूँ-घूँ करके लिफ्ट चली। मुझे लग रहा था कि इसमें कोई गड़बड़ है, नहीं तो सिर्फ बटन दबाकर मैं खुद लिफ्ट को ले जा सकता था। लिफ्टवाला कहाँ का रहनेवाला है, मैं सोचने लगा। वह मेरी ओर देखे तो पहचानूँ। वह दीवाल की ओर मुँह किए खड़ा रहा। जब वह इधर घूमा तो मैंने कहा, बस्ती, नहीं बेगूसराय। उसके चेहरे पर एक फुफ्फल मोटापा था जो लगातार असन्तुलित आहार से आ जाया करता है। कितना मुश्किल था उसे पहचानना—इस तरह के चेहरेवाले हिन्दुस्तानियों का प्रदेश इतना बड़ा है। वह भी वर्दी पहने हुए था और बड़ी सख्त वर्दी थी वह। जैसे उसकी तनख्वाह की सारी कमी पूरी कर देगी। खासतौर से कड़ी गोल टोपी जो किसी विलायती लिफ्टवाले पर सैनिक सजावट का धोखा देती। इसको वह बेबसी की तस्वीर बना रही थी। इसके बच्चे क्या पहने होंगे, मैंने सोचा—छोटी लड़कियाँ अपनी बड़ी बहनों की उतरनें और बड़े, बूचे कुरते जो उनकी मारी गई बाढ़ के साथ ऐसे फ़िट हो गए होंगे कि जन्म-भर वे धो-धोकर उन्हें पहन सकेंगी। लिफ्टवाले ने सलाम किया। जिसका मतलब था कि मैं उसे एक रुपया दूँ जिसका मतलब था कि वह वरदी होटल से पाएगा और गुजारा सलाम करके। मैंने उसे रुपया नहीं दिया। मैं उस गरीबी में शामिल नहीं था जो उसकी थी। होता तो रुपया देना और भी बदसलूक होता। मैं उस अमीरी में शामिल नहीं था जो इस तरह रुपया देनेवालों की होती है। होता तो मैं मैं न होता। पर मैं कितनी चालाकी से छुट्टी पा रहा था—यहाँ होकर भी और यह जानकर भी कि मुझे यहाँ नहीं होना चाहिए था। लिफ्टवाले ने यह सब कुछ नहीं भाँपा। उसने यही समझा कि फिर कभी देंगे। बख्शीशी न देने से मेरे और उसके बीच कोई अपनापा उपजा है,

यह भी उसने नहीं जताया। जो मैं यह जताता तो यह मेरी चालाकी की हद होती और वह, मैं उसके गाँव का भी होता तो भी न मानता कि मैं उसकी जमात का हूँ। वह गाँव से अपनी औकात लेकर शहर में आया था और यहाँ वह उससे सम्बद्ध हर कागज पर दर्ज कर दी जा चुकी थी।

कमरे में जाकर मैं बैठ गया। ऐसा लगा जैसे अब यहाँ कोई न आ सकेगा। फौरन कमरे से बाहर निकलकर मैंने देखा, दूर-दूर तक कोई न था। इधर-उधर कोई दिखाई भी पड़ता तो वह ऐसा व्यक्ति होता जो बात करने के लिए नहीं, खिदमत के लिए रखा गया था। सब खिदमतग़ार निहत्थे थे और धीरे-धीरे इतने पतित हो चुके थे कि कोई आक्रमण न कर सकते थे। ऊपर से बाहर दरबान मौजूद था। खतरे का कहीं नामोनिशान नहीं। मगर मुझे इतना बेख़बर होने की जरूरत ही क्या थी ? कोई जरूरत नहीं थी। सहसा यह अद्‌भुत विचार मन में आया कि ये सब कमरे एकान्त अध्ययन के लिए कितने उपयुक्त हैं, परन्तु इतने महँगे हैं ये कमरे कि इनमें पहुँचते ही यह खयाल दिमाग में घर करने लगता है कि यहाँ अपना एकदम निजी व्यभिचार करने के लायक आदर्श एकान्त है।

थोड़ी देर में भूख लगने लगी। सन्नाटे में बरामदों और बरोठों का दाएँ-बाएँ मुड़ता एक सिलसिला पार करके मुझे खाने के कमरे में जाना था। वहाँ पहुँचकर मैंने दरअसल समझा कि यह इमारत कितनी बड़ी है। इसके हर दो कमरों में जहाँ भीड़ हो सकती है, परस्पर बहुत फासला है और वह फासला सूने बरामदों और बरोठों से भरा हुआ है।

खाने की ऊँची छत और झाड़फानूसवाले कमरे में कई लोग थे। जितने ग्राहक थे उनसे ज्यादा बैरे थे। वे चुपचाप खड़े मानो आशा कर रहे थे कि जो कोई आएगा, खूब खाएगा। खाना उसकी जिन्दगी में एक तरह का फैशन होगा। वरना वह यहाँ आए ही क्यों और बैरों को काम ही क्यों मिले ? वह खाने के लिए न खाएगा। वैसा करे तो बड़ी निराशा होगी। शायद उसको भूख भी न हो। वह खाएगा क्योंकि शाम हो गई है और जब तक वह खा न ले शाम खत्म न होगी। उसके पास कितना ही वक्त क्यों न हो, कभी-न-कभी शाम को खत्म करना उसकी जिन्दगी में व्यवस्था के लिए जरूरी होगा।

खाना बहुत ही बदमजा था। गोश्त से मानो बकरे की जिन्दगी की एकरसता महक बनकर उठ रही थी। रोटी में नंगे बदन की सी वह गरमाई न थी जो तन्दूर उसे देता है, वह गिजगिजी और बूढ़ी सी थी। अचारों और चटनियों से एक खट्‌टी सड़ाँध उठ रही थी जैसे किसी ने इन्हें गन्दे हाथों छू लिया हो और ये फफूँदिया रही हों। मैंने जल्दी-जल्दी खत्म किया। जिन परिस्थितियों में मेरे जीवन के इतने वर्ष बीते थे उनमें मुझे हबड़-हबड़ करके खाने की आदत पड़ चुकी थी।

बाकी किसी को जल्दी न थी। मानो वे किसी का इन्तजार कर रहे हों। एकाएक बत्तियाँ गुल हो गईं। सब नहीं। एक गुलाबी रोशनी जल रही थी। कई आदमी बाजों के सामने खड़े दिखाई दिए। एक क्षण को लगा कि मैं इन्हें पहचानता हूँ। शायद ये वही लिफ्टवाले और दरबान हैं। इनको दूसरी वर्दी पहना दी गई है। दूसरी वर्दी तो थी ही।

वे लोग भी दूसरे थे। एक ने झाँझ पर चोट मारी और ऐसे मटककर खड़ा हो गया मानो मस्त हो गया हो।

एक व्यक्ति उस बड़े कमरे में आया। वह एक औरत थी। वह समझ रही थी कि वह सुन्दर है। यह उसकी चाल-ढाल से प्रकट था। मैंने सोचा, गाना गाएगी। मगर उसने पहले एक बाँह उठाई फिर एक टाँग उठाई जैसे इन हरकतों से उसके किसी रहस्य का द्वार आधा खुलकर रह जाएगा। बाकी आधा खोलने के लिए लोग व्याकुल हो उठेंगे। फिर उसने सीने पर हाथ रखा जैसे उसकी पोशाक वहीं से अटकी हुई है और वह हाथ हटा लेगी तो गिर पड़ेगी। वह नहीं, पोशाक। थोड़ी सी इधर-उधर की अदाओं के बाद उसने अपने साए में हाथ डालकर उसे, साए को नहीं हाथ को, ऐसे हिलाना शुरू किया जैसे देखनेवाला अपने हाथ को उसके साए में हिलाना चाहता। मेहरबानी करके कपड़े पहने रहो, मैं उससे कहना चाहता था, ऐसे ही गनीमत है। कपड़े पहने हुए तुम एक भरी-पूरी औरत मालूम होती हो। तुम्हारे साथ बातचीत भी की जा सकती है—कोई जरूरी नहीं कि बहुत सूक्ष्म अनुभूति की बातचीत हो—कुछ भी हो जिसमें तुम सच्चे मन से बोल सको : फ़ोश हो, फैशन की हो, तुम्हारे अपने दो टूक फलसफे की हो। मगर तुमने कपड़े उतारे नहीं कि विषय बदला। कपड़े मत उतारो। घटिया और भड़कीले ही सही, उन्हें पहने रहो।

औरत ने साए के अन्दर से एक ज़ाँघिया निकालकर दोनों हाथों में लेकर उसका आकार सबको दिखाया। उसे हवा में नचाकर उसने फेंक दिया। गिटार बजानेवाला एक आदमी बड़ी अदा से उठाकर उसे ले गया। औरत ने साया समेटकर एक जाँघ दिखाई।

कहीं मेरे पीछे से आकर नीली रोशनी का एक घेरा उसकी गोरी जाँघ पर जा पड़ा। मुड़कर देखा तो एक आदमी जिसे अब तक मैं खानेवालों के इन्तजार में खड़ा बैरा समझ रहा था, एक बड़े लैम्प को औरत पर बैठा रहा था। ऐसे कई बड़े-बड़े लैम्प कमरे में दिखाई दिए। ये सब कहीं दीवालों में लगे खड़े थे। तमाशा शुरू होते ही इन्हें कमरे के बीच लाया गया था। तमाशे में किस मौके पर कहाँ से कौन सी रोशनी डाली जाएगी, यह तय था। इसी के अनुसार लैम्पों की जगहें निश्चित थीं। जो लोग इन्हें लाए थे वे, मैंने फिर गौर से देखा तो, बैरे ही दिखाई दिए। बैरे ही थे वे। उन सबकी वर्दी एक सी थी। उन्हें वेतन खाना खिलाने का मिलता था और औरत पर रोशनी वे बेगार में डालते थे। जरा देर और ठहरूँ तो शायद मुझे खाने की तश्तरी मेज पर पटककर लैम्प सँभालने दौड़ता हुआ कोई बैरा दिखाई दे जाए कि रोशनी के इन्तजार में औरत को कुछ अधिक कम उघड़े न रहना पड़े। न, वहाँ विनोद तो किसी को छू भी न गया था।

औरत फर्श पर चित लेटकर हिलने लगी। नहीं जानता था कि किस वजह से लोग कुर्सी छोड़कर खड़े नहीं हो गए क्योंकि बिना खड़े हुए उसकी रति देख नहीं सकते थे। वह जरा ही देर हिली, ठीक उतनी देर जितनी देर में आप तय न कर पाएँ कि खड़े हों या न खड़े हों और आपको काफी पीड़ा मिल जाए—इतनी ज्यादा नहीं कि आप ठगे जाने का अनुभव करने लगें। पहले पंजों और घुटनों के बल होकर उसने हसरत-भरी निगाह

हवा में डाली जैसे इतने पुरुषों के रहते भी वह अतृप्त रह गई है।

मैं सब खानेवालों को तो एकसाथ नहीं देख सकता था, एक मेज पर मैंने ध्यान लगाया। उस पर तीन आदमी काला सूट पहने बैठे थे और एक धोती-कुरताधारी थे। धोती-कुरते का चेहरा पहली-पहली बार किसी महान सफलता के सुख से पसरा जा रहा था। उसका नौसिखियापन उसकी बाँछों में खिला पड़ रहा था जिससे उसके लिए सहानुभूति पैदा होती थी। हो सकता है, यह शराब का असर रहा हो। बाकी तीन आदमी जो काले कपड़े पहने थे उनमें मैल का कलफ जान पड़ता था। उनके चेहरे हड़ैले और बेलौस थे और उन पर सन्तुलित खुशी थी जिससे वह हवा में टँगे से जान पड़ते थे।

औरत इसी मेज पर आई। उसने धोती-कुरता को बख्श दिया; वह जानती थी कि सूटवाले धोती-कुरता को खुश कर रहे हैं और उसे सूटवालों को ही खुश करना चाहिए—धोती-कुरता को बदहवास कर देने से क्या फायदा, जबकि उसे सिर्फ ललचाने में फायदा है। वह एक काले सूट की गोद में जा बैठी और उसके मुँह से सिगरेट निकालकर पीने लगी। चारों पुरुष ऐसे हँसने की कोशिश करने लगे जैसे वे मुरली मनोहर हों जबकि वे दौलत कमाने में इतने घिस चुके थे कि उनका चेहरा लालसा की झलक आते ही बूढ़ा दिखाई देता।

अगले दस मिनट में औरत ने एक-एक करके सब कपड़े उतारे। अन्तिम कपड़ा—एक लँगोट—उतारने के साथ लाल-पीली रोशनियाँ बुझ गईं। धुँधले उजास में वह नंगी खड़ी थी।

वह कहाँ की रहनेवाली है, मैंने पूछा, गोंडा, बस्ती, बेगूसराय, बहराइच, आरा, छपरा, राँची ?

असम्भव था जानना। वह इतनी नंगी थी।

एक दुशाला ओढ़कर वह भाग गई। शर्म दिखाने का उसका काम कायदे से तो सही था मगर उसकी उम्र ज्यादा दिखी, शर्म कम। मैंने नतीजा निकाला कि जब भी कोई तेजी से जाता है उसकी सही उम्र छिपाए नहीं छिपती चाहे वह साइकिल चलाए, चाहे दौड़े...

जैसा कि मैं बता चुका हूँ, मैं तीन दिन उस होटल में रहा। पहली शाम को जो देखा था ठीक वही दूसरी और तीसरी शाम को देखा। ठीक जब छातियाँ कपड़े से बाहर निकालने का वक्त आता, हरी रोशनीवाला खानसामा लपककर अपने लैम्प के पीछे खड़ा हो जाता। उसके ऊपर तनाव साफ दिखता था। पर वह नंगी औरतें देखने का तनाव नहीं था। रोज नंगी औरत देखने से ऊब और रोज ठीक वक्त पर लैम्प न जला पाने के डर का मेल था वह तनाव। सब बाजा बजानेवाले औरत की तरफ थे और वे उसे मिलकर पीटते।

दूसरी शाम को मैंने बाजा शुरू करनेवाले को भी ठीक कल की तरह झाँझ पर पहली चोट मारते ही मस्त हो जाते देखा। तीसरी शाम को मैं यह भी पहचानने लगा कि पूरी धुन में कहाँ-कहाँ, किस-किस बाजेवाले का मस्त होना और कौन सी अदा दिखाना

निश्चित है। वे जानते थे कि सुननेवाले मजा लेने की ताकत खो चुके हैं—एक अदना वादक भी यह पहचान लेता है।

खानेवाले—नहीं, मैं दावे से नहीं कह सकता कि वे तीनों दिन वही थे या उन्होंने तीनों दिन वही खाया। देखिए न कि इन सबके बीच वही तो थे जिनके पास कुछ परिवर्तन कर सकने लायक पैसा था। वे उसे तरह-तरह के खाने पर फूँक सकते थे बगैर यह जाने हुए कि वे क्या खाना चाहते हैं ? वे खाते जाते और होटल चलता रहता।

बाकी सब गरीब लोग थे। वे इस किले में सुरक्षित थे। वे इस शर्त पर सुरक्षित थे कि वर्दी पहनेंगे, सलाम करेंगे, बाजा बजाएँगे और औरत पर ठीक जगह, निश्चित समय पर, रोज-रोज रोशनी डालेंगे। और वे चिड़चिड़ाएँगे नहीं। औरत को मैं नहीं जानता, पता ही नहीं चला कि वह कहाँ की रहनेवाली है। अनायास एक बात मेरे दिमाग में आई। शहर में हत्याएँ हो रही हैं। कभी इस किले में हत्या होगी तो ये लोग नहीं मारे जाएँगे, मैंने कहा, मुझे उम्मीद है कि वे लोग औरत को भी नहीं मारेंगे, इससे क्या हुआ कि उसके शहर का मुझे पता नहीं ! और अगर यही लोग मारेंगे तो भी औरत को नहीं मारेंगे, इससे क्या हुआ कि वह अब कहीं की नहीं रही।

(1972, रास्ता इधर से है)

लोग भूल गए हैं

लोग भूल गए हैं एक तरह के डर को जिसका कुछ उपाय था
एक और तरह का डर अब वे जानते हैं जिसका कारण भी नहीं पता
इसमें एक तरह की खुशी है
जो एक नीरस जिन्दगी में कोई सनसनी आने पर होती है
कभी किसी को मौत की खबर सुनकर मुस्कुरा उठते हुए
अनजाने में देखा होगा

वह एक तरह की अनायास खुशी होती है
मौत का डर अपने से दूर चले जाने की राहत की
और फिर ध्यान उसी वक्त कभी-कभी ऐसे बँट जाता है कि हम
मरनेवाले की तकलीफ कभी
जान सकने के लायक नहीं रह जाते

रोज कुछ और लोग यह भुतही मुस्कान लिये हुए सामने से जाते हैं
जब वह दोबारा आएँगे देखना वे मरे हुए हैं
और जब तिबारा आएँगे तो भ्रम होगा कि नहीं मरे हुए नहीं
यों ही वे आते-जाते रहेंगे
और तुम देखकर बार-बार यह दृश्य आपस में कहोगे हम ऊब गए
एक ऊब और भुतही मुस्कान दोनों मिलकर
एक खुशी और एक बेफिक्री बनते हैं
आज के समाज का मानस यही है तुम कहते हो इस कविता में
बगैर यह जाने कि तुम कितना कम इस समाज को जानते हो
कितना कम जानते हो तुम उस डर के कारण को
आज की संस्कृति का जो मूल स्रोत है

और क्या जानते हो तुम अतीत को ?
तुम नहीं जानते तुम्हारे पुरखे कितने वर्ष हुए कहाँ-कहाँ थे
पीछे चलते हुए
तुम ठहर जाते हो सबसे समृद्ध और शक्तिवान
अपने किसी पूर्वज पर
उसके पीछे चलो
वह कैसे धनी हुआ किस बड़े अत्याचारी की गुमाश्ता बनकर
उनका भी बाप कहाँ रद्दी बीनता था
और किस-किसके सामने गिड़गिड़ाता था
तुम्हारा आदिपुरुष एक लावारिस बच्चे का दुत्कार से भरा
जीवन जीकर कैसे बड़ा हुआ

तुम्हें नहीं मालूम
तुम्हें नहीं मालूम कितना था वह धर्मात्मा
और उसके प्राणों ने किस तरह को यातनाएँ उठाई थीं

यात्रा में घर से निकलते ही एक सुख होता है
और शहर छोड़ते ही पश्चात्ताप एक
जिनको तुम पीछे छोड़ आए हो उनसे तुम्हारा व्यवहार उचित नहीं था
निर्दय था लोभी था
उनके साथ रहते हुए निजहित में लिप्त
और वे केवल छूट नहीं पाने की दुविधा में तुम्हारे साथ रहते थे
अब भी क्या मुक्त हैं तुम्हारे जाने पर वे ?
नहीं
जानते हैं कि लौटकर तुम फिर से
उसी रुग्ण रिश्ते को फिर से बनाओगे
कहते हैं कि हम बहुत बेचारे हैं
क्रोध इस घर में न करो
टूटे हुए बच्चों के सहारे क्रोध से टूट जाते हैं

समय ही करेगा दुःख दूर यों कहते हो
आनेवाला समय कितने अन्यायों के बोझ से लदा हुआ इस दुःख को काटेगा

अन्याय के शिकार के लिए मन में समाज के जगह नहीं होगी तो

एक घनी नफरत और साधारण लोगों से बदले की भावना
इन तमाम बूचे उटंगे मकानों को बनाती चली जाती है
यह संस्कृति इसी तरह के शहर गढ़ेगी
हम उपन्यास में बात मानव की करेंगे
और कभी बता नहीं पाएँगे
सूखी टाँगें घसीटकर खम्भे के पास में आकर बैठे हुए
लड़के के सामने पड़े हुए तसले का अर्थ

हम लिखते हैं कि
उसकी स्मृतियों में फिलहाल एक चीख और गिड़गिड़ाहट की हिंसा है
उसकी आँखों में कल की छीना-झपटी और भागमभाग का पैबन्द इतिहास
उसके भीतर शब्दरहित भय और जख्मी आग है

यह तो हम लिखते हैं पर उस व्यक्ति में हैं जो शब्द वे हम जानते नहीं
जो शब्द हम जानते हैं उसकी अभिव्यक्ति नहीं विज्ञापन हमारा है

कितनी ईमानदारी से देखती है
वह लड़की दर्पण
वह लड़की जो बहुत सुन्दर नहीं है पर कुछ उसमें सुन्दर है
कौन पहचानेगा कि आखिर वह क्या है जो सुन्दर है ?
वह खुद
वह खुद शीशे में जो पढ़ेगी वही सही होगा
नहीं तो और जो होगा
वह किसी बड़े राष्ट्र द्वारा
आदिवासियों में पाई जानेवाली किसी विचित्रता का होवेगा आविष्कार

दुनिया ऐसे दौर से गुजर रही है जिसमें
हर नया शासक पुराने के पापों को आदर्श मानता
और जन वंचित जन जो कुछ भी करते हैं कामधाम रागरंग
वह ऐसे शासक के विरुद्ध ही होता है

यह संस्कृति उसको पोसती है जो सत्य से विरक्त है
देह से सशक्त और दानशील धीर है
भड़ककर एक बार जो उग्र हो उसे तुरन्त मार देती है
अपने-अपने कस्बों का नाम न लेकर वे लखनऊ का नाम लेते हैं
जहाँ वे नौकरी करने आए थे
जैसे वहीं पैदा हुए और बड़े हुए हों
क्योंकि वह किसी कदर आधुनिक बनना है
और फिर दिल्ली उन्हें समोकर अथाह में आधुनिक होने की फिक्र मिटा देती है

दूर के नगर से पत्र आया है
लिखा है कि गुड्डन की माँ का स्वर्गवास हो गया है
नहीं लिखा यह कि बीस वर्ष से विधवा थी वह
उसके बीस वर्ष कोई नहीं लिखता क्योंकि एक साथ बीस वर्ष हैं अब वे
भाषा की बधिया हमेशा वक्त के सामने बैठ जाती है

छुओ पोस्टकार्ड को उसमें दो टूक सन्दर्भहीन समाचार फिर पढ़ो
और कोशिश करो कि उस नगर के अकाल का कोई अता-पता
लिपि से ही मिल जाए
नहीं वह सुथरी है साफ है सधी है अजब से तरीके से
लिखनेवाला मानो मर चुका था बच रहा था केवल धीरज

देखो अपने बच्चों के दुख को देखो
जब उनकी देह में तुम देखते होगे अपने को देखना
वही मुद्राएँ जो तुम्हारी हैं बार-बार उन पर आ जाती हैं
हड्डियाँ जिससे वे बने हैं—एक परिवार की
और बचपन के गुदगुदे हाथ की हल्की सी झलक भी

नाच-गाना और भोग-विलास
फुरसती वर्ग के लड़के-लड़कियों के शगल बनते हैं
फिर इनका रोब घट जाता है और ये समाज में वहीं कहीं पैठ
जाते हैं बिखराव बरबादी और हिंसा बनकर

एक बहुत बड़े षड्यन्त्र के बीच में अपने घर में रहनेवालों से रिश्ते बनाओ
और सुधारो
घर में रह सकते नहीं हो मगर सारा दिन
कुछ दुःख बाहर से ले आएँगे तुम्हारे घर उस घर के लोग
और लोगों को भी बार-बार घर से बाहर जाना होगा
शिक्षा विभाग ने कुछ दिन पहले ही घोषित किया है
छात्रवृत्ति के लिए अर्हता में यह भी शामिल हो
कि छात्र के पिता की हत्या हो गई है

सावधान, अपनी हत्या का उसे एकमात्र साक्षी मत बनने दो
एकमात्र साक्षी जो होगा वह जल्दी ही मार दिया जाएगा।

(लोग भूल गए हैं)

1982 में प्रकाशित नए कविता संग्रह की यह शीर्षक कविता 1980 के नवम्बर में लिखी गई थी। संग्रह की भूमिका में रघुवीर सहाय ने अपने काव्य-जीवन के 'अभी हाल में शुरू' हुए एक नए दौर की चर्चा की है। यह अनुमान लगाया जा सकता है कि इस नए दौर का सम्बन्ध राजनीति में गैर-कांग्रेसवाद के पहले बड़े प्रयोग—जनता पार्टी के 1977-79 के शासन—की समाप्ति से था। 1979 की जुलाई में जनता पार्टी के भीतरी मतभेदों ने इस प्रयोग को अचानक नष्ट कर दिया और इन्दिरा गांधी की वापसी (जनवरी, 1980) लगभग तय हो गई। 'लोग भूल गए हैं' कविता आपातकाल के ढाई साल बाद उपजी इस अप्रत्याशित परिस्थिति में निहित अवसाद और नैराश्य के सन्दर्भ में लिखी गई होगी जो शीर्षक के अलावा डर के विभिन्न उल्लेखों से स्पष्ट है।

लोग क्या सचमुच भूल गए हैं

इक्कीसवीं शताब्दी के आने की तैयारी में हम लोग इतने व्यस्त हो गए हैं कि दस वर्ष पहले क्या हुआ था, यह याद नहीं रख पाते। चालू शताब्दी का तीन-चौथाई अंश हमने स्वतन्त्रता की कल्पनाओं में, उसके लिए जारी संघर्ष के उतार-चढ़ाव में और स्वतन्त्रता के बाद उसे बनाए रखने के प्रयत्नों के सफल होने या असफल रहने की चिन्ताओं में बिताया। 1975 के बाद से बीसवीं शताब्दी और भारतीय मानस का सम्बन्ध बदलना शुरू हो गया। जिस कल्पना को अभी तक छोटे-बड़े सब विचारक और कवि गैरबराबरी मिटाने, अन्याय समाप्त करने और समाजवाद लाने का नाम दिया करते थे, वह 1975 में एक लट्ठमार वाक्य 'गरीबी हटाओ' बन गई और प्रचार किया गया कि शोषण हटाना उतना जरूरी नहीं है जितना खैरात बाँटना और सम्मान का ईमान से कोई सम्बन्ध नहीं है। मेरे विचार से यह वर्ष राजनीतिक गठबन्धनों में जो परिवर्तन एक के बाद एक लाया है उनके नैतिक परिणामों को इस शताब्दी के बाकी 15 वर्ष भारतीय समाज झेलता रहेगा। वह उनमें से कुछ को बदलने की एक आखिरी कोशिश कर डाले तो अब भी नक्शा कुछ सुधर सकता है।

यह देखना चाहिए कि 1975 के परिणाम क्या हैं। सबसे प्रकट परिणाम तो यह है कि एक बिल्कुल नए समाज की कल्पना ही बिखर गई है। उसके लिए इच्छा कुछ व्यक्तियों में अब भी कहीं-न-कहीं होगी परन्तु वे व्यक्ति बिल्कुल अकेले हैं और अपने जैसे विचार रखनेवालों को संगठित नहीं कर पा रहे हैं। संगठित करने की शैली जो 1975 के बाद की परिस्थितियों में नए सिरे से विकसित की जानी चाहिए थी, अधर में लटकी रह गई है। 1975 के पहले की शैलियों की भौंडी नकल कई तरह के मंचों पर से होती रहती है। परन्तु वे मंच इतने अधूरे हैं कि वे केवल यही सिद्ध कर पाते हैं कि ऐसी नकल जिस मूल की है वह मूल ही गलत है। जिनके पास समाज की बनावट के चलते संगठन करने के साधन हैं उनके पास प्रचार ही एक साधन बचा है। सत्य और साहस जैसी चीजें इसलिए व्यर्थ मान ली गई हैं कि 1975 के बाद इन चीजों के दुरुपयोग की एक-न-एक मिसाल सामने आती गई है और यह भावना दृढ़ होती गई है कि कहीं कोई ईमानदारी बची ही नहीं है जिसे आदर्श मानकर एक नमूना प्रस्तुत किया जाए। विचारों के नए प्रतीक नहीं बने हैं, शक्ति के नए प्रतीक बनते गए हैं। यही नहीं, कर्म के प्रतीक जो थे वे सम्पूर्ण समाज को नहीं, अन्याय और शोषण के सीमित दायरों को अपने-अपने

क्षेत्र बनाकर पनपे हैं और सम्पूर्ण क्रान्ति की कल्पना की जगह सम्पूर्ण भारत की कल्पना प्राथमिक बताई जाने लगी है। हुआ यह है कि सम्पूर्ण राष्ट्र की कल्पना और सारे राष्ट्र में परिवर्तन की कल्पना एक ही भावना के दो पहलू होते हैं, परन्तु जब परिवर्तन की सम्पूर्णता के लिए संगठित प्रयत्न छूट गया तो एक नया नारा केवल 'सम्पूर्ण भारत' के पक्ष में उठ खड़ा हुआ। उस नारे का अर्थ यही है और कुछ नहीं कि भारत सम्पूर्ण रहे, क्रान्ति सम्पूर्ण न होने पाए।

इस तरह 1975 के बाद से विचार-जगत में जो परिवर्तन हुआ है उसे हम मुख्य रूप से यों बता सकते हैं कि प्रत्येक पतन को यदि वह पतन को और बढ़ाने में सहायक हो सकता है, स्मृति में रख लिया गया है और प्रगति के प्रत्येक संघर्ष को यदि वह उत्थान में अर्थात् मूल्यों को मानवीय बनाने में सहायक होता रहा है, भुला दिया गया है। इतिहास में कोई मूल्य अकेले प्रकाश-स्तम्भ की तरह खड़ा रहकर अगली पीढ़ियों को रोशनी नहीं देता रह सकता। उसके प्रकाश में हर दौर के विचारकों और कर्मशीलों को कुछ-न-कुछ योग देते रहना पड़ता है। तब जाकर कोई मूल कालजयी कहला सकता है।

1975 में कई विचारकों का कहना था कि राजनीति अब पहले जैसे कभी न हो पाएगी। उस समय मैं समझ नहीं पाता था कि इसका पूरा मतलब क्या है। मगर अब समझ में आता है कि शायद इसमें यह आशंका निहित थी कि विचार का महत्त्व अब नहीं रहेगा। आज विचार की दशा यह है कि मतभेद है तो फिर संवाद नहीं है और मतैक्य है तो किसी संवाद की जरूरत नहीं मानी जाती। जिन भाई लोगों ने 1947 में अपनी जवानी और भारत की आजादी दोनों में एकसाथ प्रवेश किया था, उन्हें अच्छी तरह याद होगा कि जिस हालत का ऊपर बयान किया गया है वह तब नहीं थी, बल्कि पाया यही जाता था कि घोर मतैक्य या घोर मतभेद के बावजूद विचारों के आदान-प्रदान की एक स्वतन्त्र सत्ता है। वह हाँ में हाँ मिलाने नहीं देती और बोलचाल बन्द होने नहीं देती ! एक बारीक विभाजन-रेखा थी जिसके इधर कठमुल्लापन है और उधर ढुलमुलयकीनी। इस सतत जागरूकता में से युवा जगत की निरन्तर जिज्ञासा और रचनाशीलता स्फुरित हुआ करती थी।

क्या हुआ उस कठमुल्लापन-विरोधी और ढुलमुलयकीनी-विरोधी चौकन्नेपन का ? वह किस शक्ति ने आकर मिटा दिया या वह किस ऊर्जा की कमी से अपने आप मिट गया ? यदि यह अभाव प्रतीत होता है तो क्या उसे पूरने की कोई इच्छा होती है या कि कोई अभाव प्रतीत ही नहीं होता ? तब हम किस दुनिया में खोए हुए हैं ?

ये सब प्रश्न परस्पर जुड़े हुए हैं। इनकी जगह हम दूसरे प्रश्न भी बनाकर सामने रख सकते थे। शायद उत्तर काफी रोचक मिलते। मगर मैंने कोशिश की है कि मौलिक समस्या को समझा जाए। मैं समझता हूँ कि वह यही है—हम किस दुनिया में खोए हुए हैं ? शायद हम जिस दुनिया में खोए हुए हैं वह उम्मीदों की दुनिया है। हममें से वे जिनके पास यह आश्वासन है कि जब ये उम्मीदें पूरी होंगी तो सबसे पहले उन्हें हिस्सा मिलेगा, यह चेतना खो चुके हैं कि समाज में सचमुच वंचित और कथित अयोग्य लोगों के साथ

संघर्ष में हिस्सेदारी हुए बिना मानवीय मूल्यों में हिस्सेदारी सिर्फ बनावटी होगी। 1975 में उन्हें अच्छी तरह सिखा-पढ़ाकर दुनिया में भेजा है कि गरीबी न बाँटी जाती है न गैरबराबरी मिटाई जाती है, सिर्फ गरीबी हटाई जाती है। गरीबों को अलग-अलग बाँटते हुए और गरीबों और अमीरों को भी अलग-अलग बाँटते हुए हम 1975 के बाद से इसी दुनिया में खोए हुए, भीतर खंड-खंड होते रहते हैं। लोग इस भ्रम में पड़े रहते हैं कि वे सुरक्षित हैं क्योंकि वे किसी मान्यता का पक्ष नहीं ले रहे, किसी का विरोध नहीं कर रहे, उनका पक्ष-विपक्ष नहीं है और उनका कोई अपना विचार नहीं है, वे समृद्धि की कल्पना में खोए हुए हैं।

यह टिप्पणी 'जनसत्ता' में रघुवीर सहाय के नियमित कॉलम 'अर्थात्' में छपी थी जो 1984 से 1990 तक चला।

इमर्जेंसी

गई इमर्जेंसी की बात है
कहीं एक कमरे में चार अफसर बैठे
बारी-बारी से एक चुटकुला सुनाते हैं–
एक पूरा हुआ, दूसरा शुरू हुआ
और वह खत्म नहीं हुआ कि तीसरा शुरू–
फिर चौथा, पाँचवाँ, छठा और सातवाँ,
आठवाँ आदि आदि आदि आदि...
उनकी अथक हँसी गहरी करती गई
उनके भीतर घृणा
बाकी सबके लिए।
एकाएक सन्नाटा छा गया
जिसके कि भय से वे बोले जा रहे थे।
फिर हँसे, चश्मे उतारकर
पोंछकर रख लिए
कलम बन्द कर ली,
आज की बहस खत्म।
बाकी कल। उठ पड़े।
एक विराट दफ्तर के नीचे उतरकर घर चल दिए
बाकी अफसरों के विषय में अपने विचार
बीवी को बतलाने।

(कुछ पते कुछ चिट्ठियाँ)

स्वच्छन्द लेखक

लोग भूल जाते हैं
दहशत जो लिख गया
कोई किताब में

लोग भूल जाते हैं
झेली थी यातना
जो अपने आप में

अत्याचारी का मुँह
लोग भूल जाते हैं
उसके मुस्काने पर

याद रह जाता है
तब कैसे हँसते थे
बच्चे घर आने पर

पाँच बरस बहुत बरस
होते हैं एक गुलाम
औ' गरीब देश में

इतने में गया हुआ
वक्त लौट आता है
एक नए वेश में

हत्या कमजोर की
सीधे-सीधे हत्या
गाँव-गाँव होती है

कोई रोता नहीं

हाँ, मारी नहीं गई
तो विधवा रोती है

पढ़े-लिखे लोगों का
जब दिल बहलाता है
खून किसी और का

करता है आक्रमण
निरक्षर निहत्थे पर
दमन नए दौर का

आज मौन देख रहे हैं
जाता है शासक
हिंसा के रास्ते

कल तक जो व्याकुल थे
सिर्फ बोलने की आजादी
के वास्ते

सूखी मिट्टी पर वे
भूखों के दावों को
वाणी नहीं देते

देते हैं हथियार
शासक गरीबों को
पानी नहीं देते

दोनों मिल करके यों
नया दमन चक्र यह
प्रेम से चलाते हैं

जो मारा गया है

उसके भी बोली थी
लोग भूल जाते हैं

वह बोली कहाँ गई ?
उस पर बन्दूक ने
लगाया प्रतिबन्ध है

कलम लिये बैठा है
शब्दों की खोज में
लेखक स्वच्छन्द है।

(लोग भूल गए हैं)

इमर्जेंसी की औलादों की राजनीति

देश की राष्ट्रीय एकता और लोकतन्त्री परम्परा पर कल मेरे घर में घुसकर कुछ लोगों ने हमला बोल दिया। ये लोग बता रहे थे कि सारे देश में कोई राजनीतिक दल ईमानदार नहीं रह गया है। दलों के नेता नौजवानों को झाँसा देकर अपने स्वार्थों के लिए उनका दुरुपयोग कर रहे हैं। राजनीति से वैसे भी कोई परिवर्तन नहीं हो सकता और काम तो डंडे से ही हो सकता है। डंडा माने स्टेनगन। यह तो बच्चा-बच्चा जानता है कि स्टेनगन सेना के पास होती है, मगर ये लोग जो मेरे घर में घुस आए थे, बता रहे थे कि हमारे पास भी है। स्टेनगन से ही हर समय हम काम लेते हों, ऐसा नहीं; लात-मुक्के, पेट्रोल, आग, चाकू, साइकिल की चेन, लाठी, हाकी स्टिक (यह खेल का एक औजार हुआ करती थी—किसी जमाने में और भारत ने इसमें किसी वक्त नाम भी कमाया था) से काम लेते है। जहाँ तक नौजवानों का सवाल है, वे समाज में भ्रष्टाचार बढ़ता देखकर उसके अड्डों को नेस्तनाबूद करने पर तुले हुए हैं, मगर यह काम सरकार नहीं कर रही है इसलिए वे खुद करने लगे हैं। इसमें उन्हें किसी सहारे की जरूरत नहीं। समाज मर चुका है। उसके अन्दर अन्याय से लड़ने की शक्ति मर चुकी है। यहाँ तक कि एक आदमी भी अन्याय के विरुद्ध नहीं बोलता, सिवाय इन नौजवानों के जो मारपीट करके ही समस्या को सुलझाने को तैयार हैं। इन्होंने न्याय के लिए गुंडा बनना स्वीकार किया है, क्योंकि न्याय की लड़ाई में अब कोई और रास्ता नहीं बचा है। नौजवानों में जो देश को एक नया नेतृत्व देने की शक्ति रखते हैं, वही हैं जो मुक्के में ताकत रखते हैं। यह ताकत इन नौजवानों ने मेरे घर में प्रदर्शित करके मुझे जता दिया कि यदि मैं बोलूँगा कि 1929 से यानी जिस साल पैदा हुआ था, तब से लेकर अब तक मैंने अपने माता-पिता से और माता-पिता ने पुरखों से जो सीखा था, वह मेरे खानदान की, मेरे पुरखों की और मेरे गुरुओं की कायरता और मूर्खता थी। मिल-जुलकर, तर्क से, प्रेम से, समाज में न्याय की परम्पराओं के दबाव से, कोई शक्ति नहीं पैदा होती, वह केवल ऐसे नौजवानों के हाथों हुए खूनखराबे से पैदा होती है जिन्होंने न राष्ट्र की किसी जन-परम्परा को जाना है, न किसी परम्परा को पहचाना है, न किसी विद्यालय में गुरुओं के पास बैठकर कुछ सीखा है, न माता-पिता से कुछ ग्रहण किया है। दरअसल इन नौजवानों में जो बार-बार कह रहे थे कि हम कुछ करना चाहते हैं, एक ऐसा भी था जिसके माँ-बाप उसे समाज को बदलने नहीं दे रहे थे। उन माँ-बाप और बेटे के बीच कोई बातचीत ही नहीं हो रही

थी। बेटा गुंडागर्दी में शामिल होकर राष्ट्र को उन्नति के पथ पर चला रहा था, मगर बाप गुंडागर्दी से डरकर राष्ट्र की उन्नति के पथ में बाधा डाल रहा था। बेटे ने हर सामाजिक समस्या पर—जैसे मटका, सट्टा, बेरोजगारी, चुनाव में पैसे के जोर पर ताकत जमा करना आदि पर आक्रमण किया और हर बार आक्रमण करते हुए वह धमकी देता रहा कि मैं तुम्हें जान से मार डालूँगा। यह वाक्य और इसके अनेक साहित्यिक रूप मैंने दो घंटे में बीस बार सुने।

ये लोग एक फिल्म में से होकर मेरे कमरे में टेलीविजन के जरिए आ घुसे थे। मैं सोचने लगा, ये वे नहीं हैं जो नक्सलपन्थी कहलाते थे। इनके पास कोई विचारधारा तो दूर, विचार तक नहीं हैं। ये किसी भी आतंकवादी दल के लिए अच्छे कार्यकर्त्ता बन सकते हैं। सिर्फ इन्तजार करने और भाँपते रहने की देर है कि परम्परा, परिवार और सच्ची राजनीति का विनाश काफी हो गया कि नहीं। जब यह दिखे कि हो गया तो अमेरिका, पाकिस्तान, चीन या किसी भी साम्राज्यवादी देश को बस इतना करना रह जाएगा कि नौजवानों को हिंसा के नए-नए तरीके सिखा देने होंगे। भारतीय राष्ट्र को भीतर से जोड़े रहनेवाली शक्तियाँ बिखर जाएँगी। विदेशी शक्तियों की घुसपैठ हमारी सीमाओं पर होगी तो हमारी सामाजिक एकता अदृश्य हो जाएगी।

यह एक फिल्म थी जो मैं देख रहा था। परन्तु यह केवल फिल्म नहीं थी और मैं इसकी कला की आलोचना नहीं कर रहा हूँ। मैं इसकी राजनीति की आलोचना कर रहा हूँ। काश कि फिल्म के क्षेत्र में क्या हो रहा है, इसकी उत्सुकता से भरकर फिल्म और जनता के सम्बन्ध में लिखने और पढ़नेवाले अब यह समझ लेते कि राजनीतिक संगठन और विचार को मिटाकर एक ऐसा प्रचार का साधन देश के दिमाग को अपनी तरह का बना रहा है। वह प्रचार कर रहा है कि तोड़ो-फोड़ो—मकान को, शहर को, समाज को और इंसानी हिम्मत और ईमानदारी को तोड़ो। साथ ही मसीहा बनकर हिंसा करो। यही भारत का भविष्य है।

यह एक राजनीति है जो सब राजनीतिक दलों को भ्रष्ट और नाकारा बताती है। फिल्म इस राजनीति के प्रचार का सबसे बड़ा साधन है और राजनीतिक दल, राष्ट्र की एकता या लोकतन्त्र की परम्परा के विषय में नौजवानों को कुछ सिखा नहीं रहे हैं। फिल्म की समीक्षा करने से कुछ हासिल नहीं होगा। जो राजनीति इन फिल्मों को बना रही है, वही समीक्षा का विषय है और उसका जवाब हमें राजनीति के पैमाने पर देना है। यह राजनीति जो राजनीतिक विचार और संगठन को रद्द करती है, एक बार हम दस बरस हुए देख चुके हैं। इस बार उस राजनीति की नई पीढ़ी सामने आ रही है।

1984-90 के दौरान 'जनसत्ता' के लिए लिखे गए 'अर्थात्' कॉलम के अन्तर्गत प्रकाशित टिप्पणियों में से एक।

अधिनायक

राष्ट्रगीत में भला कौन वह
भारत-भाग्य-विधाता है
फटा सुथन्ना पहने जिसका
गुन हरचरना गाता है।
मखमल टमटम बल्लम तुरही
पगड़ी छत्र चँवर के साथ
तोप छुड़ाकर ढोल बजाकर
जय-जय कौन कराता है।
पूरब-पच्छिम से आते हैं
नंगे-बूचे नरकंकाल
सिंहासन पर बैठा, उनके
तमगे कौन लगाता है।
कौन-कौन है वह जनगण-मन-
अधिनायक वह महाबली
डरा हुआ मन बेमन जिसका
बाजा रोज बजाता है।

(आत्महत्या के विरुद्ध)

बड़ा आदमी

मुझे विश्वास नहीं है
कि मेरे जीते जी
यह देश क्यों

कोई भी देश
अपने मुनष्यों को
आदमी बना लेगा

क्रान्तिकारी लेखक को आशा है
कि औरों पर उसका अविश्वास
उसको तो उसके ही जीवन में
एक बड़ा आदमी बना देगा।

(लोग भूल गए हैं)

आजादी

चारों दिशाओं से चारों दिशाओं में
उजड़े घर छोड़कर
दूसरे उजाड़ों में लोग जा रहे हैं
भूख और अपमान की ठोकरें खाकर

इतिहास, पीड़ा का इतिहास उनको बताता है
यह जमीन यहाँ से वहाँ तक जुड़ी है
वह उनका घर नहीं
उनके बच्चे ही उनका घर हैं

बहुत बड़े देश में बहुत से मनुष्यों की पीड़ाएँ
अगर उसे बड़ा नहीं करती हैं तो जमीन को
उसके हत्यारे छोटा कर देते हैं
बेचकर विदेश में भेजने के लिए[1]

ये पहाड़ जंगल मिट्टी के मैदान हरे

---

1. अवश्य यह कविता वैश्वीकरण और आर्थिक उदारीकरण के घोषित आरम्भ (1991) से काफी पहले शुरू हो चुकी नीतियों और प्रक्रियाओं से सम्बन्धित है। वैश्वीकरण से जुड़ी प्रकियाओं का इतना साफ पूर्वानुमान देखकर आश्चर्य इसलिए नहीं करना चाहिए क्योंकि ऐसा ही हम आपातृकाल के सन्दर्भ में *हँसो हँसो जल्दी हँसो* की कई कविताओं में देखते हैं।

छोटे हो रहे हैं जो इतिहास में बड़े देश के प्रमाण थे
इनकी विशालता का कोई गुणगान अब सुन नहीं पड़ता
देश के बड़े देश होने का गौरव अब
व्यक्ति की विदेश में प्रतिष्ठा बढ़ाता है
देश में बर्बरता
हत्याएँ चीथड़े खून और मैल आज भारतीय संस्कृति के मूल्य हैं
और दया करते हैं लोग यह मानकर कि कष्ट अनिवार्य है
दया के पात्र को :

लूट ने जमीन के अन्दर तक मिट्टी को तोड़ दिया है
उसमें कहीं एक बीज था[1]
उसे उठा लें अपने हाथ में
और वह मिट्टी भी :
हम अपना भूगोल ही भूल गए हैं
हर हत्या हमसे कुछ दूर हुई दिखती है
जब कि वह हमारे बहुत पास में हुई है
हत्याएँ याद रह जाती हैं लाशों के चेहरे नहीं याद रहते
उनकी जिन्दा तस्वीरें कम छपी थीं
वही बार-बार दीख पड़ता है रूपवान चेहरा जो
लाशों के पास अफसोस में खड़ा था
दिन ब दिन जानते जाते हैं हम वह हमारा चेहरा नहीं

आज यही कफन ढके चेहरे हैं एक साथ रहने के
बचे-खुचे कुछ प्रमाण और इन्हें जो याद रख नहीं सकते हैं
वे ही समाज पर राज कर रहे हैं
चेहरे के बिना लोग
कल किसी और बड़े देश के गुलाम हो जाएँगे।
हम अपने देश के उजाड़ों में खोजते रहेंगे अपना चेहरा
—आज़ादी !

(लोग भूल गए हैं)

---

1. इस रूपक की तुलना 'तोड़ो तोड़ो तोड़ो' से करें जो रघुवीर सहाय की युवावस्था की रचना है और इस संचयिता में शामिल की गई है।

हजार साल पीछे जानेवाली सड़क

देश में पिछले कई महीनों से लाखों आदमी मजबूर किए जा रहे हैं कि आधी रोटी के लिए रोज धूप और लू में मशक्कत करें। रोटी कमाना उनका जन्मसिद्ध अधिकार है परन्तु वह उन्हें तब मिला है जब उनके शरीर में काम करने की ताकत नहीं रह गई है और जिन्होंने इस अधिकार के भोग का अवसर दयापूर्वक दिया है वे इस निर्मम तथ्य के भीतर निहित शोषण को अपनी अनुकम्पा बताकर प्रचारित कर रहे हैं। जबर्दस्त का यह ढोंग किसी भी न्यायप्रेमी मन को क्षुब्ध करेगा। किन्तु यह क्षोभ आज भारत के पढ़े-लिखे आधुनिक विचारकों में दिखाई नहीं देता। यदि बुद्धिजीवी होने के नाते उन्होंने इस स्थिति को तर्क से समझ लिया है तो निश्चय ही उनका तर्क सिवाय इसके और कुछ हो नहीं सकता कि छोटी जाति के शूद्र और गँवार लोगों के साथ हमारी व्यवस्था जो कुछ कर रही है वह उचित ही है क्योंकि इन लोगों की समाज में यही स्थिति है और होनी चाहिए। इसी तरह का दिमाग है जो फौरन यह बात मान लेता है कि जहाँ कहीं अनाज लूटा जा रहा है वहाँ इन्दिरा गांधी के विरोधी दलों की साजिश काम कर रही है। इसी बुद्धि के समर्थन से एक ऐसा कुत्सित जंगली विचार सत्ताधारी लोगों द्वारा फैलाया जाता है कि शोषण और जुल्म—राशन की दुकान में अनाज न होना शोषण और जुल्म का प्रतीक है, खाली बदइन्तजामी का नहीं—बर्दाश्त करते रहना ही सरकारी समाजवाद की नीतियों के हित में है : इस समाजविरोधी और गैरसमाजवादी विचार के अनुसार सत्ताधारी दल की प्रतिगामी शोषणमूलक नीतियों से उत्पन्न किसी संकट का फायदा विरोधी दल उठाएँ तो उसकी जिम्मेदारी उस भूखे आदमी पर है जिसे कायदे से और जुल्म बर्दाश्त करना चाहिए था। इस विचार के पोषक चिन्तित हैं तो इससे कि विरोधी दलों को क्यों फायदा मिल रहा है, इससे नहीं कि समाज का एक वर्ग अपनी मौलिक राजनीतिक शक्ति इस हद तक खो चुका है कि वह किसी भी दल के स्वार्थों का शिकार बन सकता है।

पिछले महीने से लेकर अब तक बार-बार रोजगार और अनाज से वंचित लोगों पर लाठी, गोली, आँसूगैस चल चुकी है। ये घटनाएँ महाराष्ट्र में हुई हैं। देश के किसी कोने से इनके विरुद्ध कोई आवाज नहीं उठी। मानो महाराष्ट्र हमारे देश में नहीं है। पर महाराष्ट्र तो देश के भीतर है क्योंकि देश के दूसरे हिस्सों से वहाँ अनाज पहुँचाया जा रहा है। अनाज पहुँचाया जा रहा है—अखबारों में यह सरकारी बयान पढ़ते ही तमाम

पढ़े-लिखे लोगों का जी जुड़ा जाता है। अनाज अभी तक न मिलने के क्या सामाजिक-राजनीतिक कारण हैं, अनाज न मिलने से शरीर और मन की क्या विकृति होती है, आत्मा का कितना अपमान होता है, ये सब बातें इस बुद्धिजीवी समाज के लिए अप्रासंगिक हो जाती हैं। मानवीय शक्ति के संगठित दमन के जरिए ये इतने बड़े पैमाने पर जाति की रचनात्मक प्रतिभा नष्ट हो रही है, हर आदमी जो पत्थर तोड़नेवाला दास बनाया जाता है अपनी आत्मा को तोड़कर अपनी जान बचा रहा है—इस यन्त्रणा की प्रतीति शहर के साहित्य-कला-संस्कृति संसार में दिखाई नहीं देती। वहाँ ज्यादातर लोग यह शिकायत करते हुए पाए जाते हैं कि जिन्दगी बहुत उबाऊ हो गई है।

सम्पन्न समाज की समझ में इतनी कसर क्यों है कि वह हिन्दुस्तान के बहुत बड़े मानव-समूह को—और आज दुर्भिक्ष के मारे लोग इस समूह के केवल सबसे अधिक प्रकट खंड ही हैं—अपनी मानव चेतना के दायरे से बिल्कुल बाहर रखकर जी सकता है ? क्या यह कसर केवल इसलिए है कि यह सम्पन्न समाज परम्परा से ऊँची जातियों के उन तत्त्वों से मिलकर संचालित होता रहा है जो हमेशा सत्ता के दूसरे-तीसरे पट्टीदार रहे हैं। एकान्त रूप से ऐसा नहीं हो सकता क्योंकि पिछले दशकों में बुद्धिजीवी वर्ग ने अपने मध्यवर्गीय चरित्र की विडम्बना पहचानने की कोशिश करते हुए समता के विचार को पुष्ट किया है। किन्तु बुद्धिजीवी की आज की तरह निराकुल अवस्था अभी तक कभी नहीं रही है जिससे उसका असर सत्ताधारी वर्ग पर बहुत घट गया है। यह अवस्था उसकी कुंठा का एक नया रूप है।

आज हिन्दुस्तान में बहुत कम हाथों में ताकत और पैसा सिमटकर रह गया है। इस केन्द्रीयकरण के दुष्परिणामों के तले पिसता हुआ मध्यवर्ग आज देश का सबसे अधिक समृद्ध और संगठित वर्ग होने के नाते अपने अधिकार माँगने के आन्दोलनों में सबसे आगे है। यह साबित करने की जरूरत नहीं कि पिछले एक साल में सबसे अधिक प्रचार और प्रभाव मध्यवर्ग के वेतन सम्बन्धी आन्दोलनों को ही मिला है। तो भी अनाज के लिए बेहाल होकर अनाज लूटनेवालों की व्यवस्था से वरिष्ठ इंजीनियरों के अधिकार सम्बन्धी आन्दोलन विमुख हैं। इन दोनों का टूटा सम्बन्ध जोड़ना ही आज मध्यवर्गीय बुद्धिजीवी को अपनी पहचान कराने का तात्कालिक उपाय हो सकता है।

परन्तु यह सम्बन्ध जोड़ना आज की राजनीति का उद्देश्य नहीं है, बल्कि यह उसके उद्देश्य के ठीक विपरीत ही है। ऊँची जातियों और शेष पिछड़े वर्गों में मानसिक बराबरी का नहीं, राजा-प्रजा का सम्बन्ध फिर से जागृत करने में आज के राजनीतिक नेतृत्व को अधिक दिलचस्पी है। जातिवाद, वर्णभेद और उनसे निःसृत होनेवाला मानवद्वेष कई दशकों के प्रगतिशील विचारों को पीछे धकेलकर फिर सामने आकर ऊँची जगहों पर चढ़कर बैठ रहा है। सवर्ण हिन्दू राजनीतिक का हरिजनों और मुसलमानों को पहले एक अछूत वर्ग मानकर अपने से अलग करना और फिर उनको अपने ही अत्याचार से बचानेवाला संरक्षक बन बैठना इस राजनीति का एक प्रकट लक्षण है। इसी तरह अनाज, काम, आराम, शान्ति और रचना के आनन्द से वंचित बहुत बड़े वर्ग को हिन्दुस्तान की

राजनीति के दायरे से बाहर एक संरक्षित वर्ग के रूप में रखना जिसकी माँग रोटी तक सीमित रहे, और करुणामय संरक्षण देकर प्रसन्न हो जानेवाले एक ऐसे वर्ग को अलग रखना जो अपार वैभव के गद्‌दों पर बैठा हुआ है, इस राजनीति का एक और उद्‌देश्य है।

लोकतन्त्र के सारे बाहरी उपकरण--न्यायपालिका, विधायिका आदि—बने रहने दिए जाएँ, केवल राजनीतिक व्यवस्था का रूप राजा और प्रजा सम्बन्ध के अनुसार बनता चला जाए तो एक नए ढंग का अलोकतन्त्री लोकतन्त्र बन सकता है। इसमें सब मनुष्य केवल वोट के लिए बराबर होंगे; और बातों में वे हजारों साल पुरानी सामाजिक व्यवस्था के अनुसार आज फिर से बाँटकर रखे जाएँगे। इस वर्णभेद के विरुद्ध जो विचार अब तक विकसित हुए हैं वे सब गैरसमाजवादी घोषित कर दिए जाएँ तो आश्चर्य नहीं।

वर्णव्यवस्था में कुछ लोग हमेशा टुकड़ों पर जीने को मजबूर थे। सरकारी आँकड़ों के अनुसार 48 लाख आदमी इस वक्त जबर्दस्ती महँगे किए हुए अनाज के कुछ दाने खरीदने के लिए पत्थर तोड़ रहे हैं, उस पत्थर से न मालूम कहाँ से न मालूम कहाँ और क्यों जानेवाली कोई अमूर्त सड़क बनेगी। इस सड़क का उस क्षेत्र के निवासियों के जीवन से कोई रसमय उत्पादक सम्बन्ध नहीं होगा और यह कहीं जाएगी भी तो कम-से-कम हजार साल पीछे जाएगी।

(ऊबे हुए सुखी)

यह लेख 13 मई, 1971 के 'दिनमान' में प्रकाशित हुआ था।

सस्ते दाम की दुकान

अर्थशास्त्री बोला
सस्ते दाम की दुकान दाम के नियन्त्रण के वास्ते जरूरी है
कुछ तो मिल जाए गरीब पेट भर लें
कि बेचारों को नसीब
हलवा है न पूरी है
खाएँगे फिर भी कम चाहे सस्ता बिके
कि एक तो बहुत हैं
दूसरे कम मजूरी है
तीसरे समस्त अन्न में से सस्ती दुकान को
थोड़ा देना हमारी मजबूरी है

हम गेहूँ देंगे
और चीनी भी देंगे
क्योंकि चीनी के खाने का अनुभव जरूरी है
वे अपनी चीनी कुछ पैसों के बदले में हमको दे देंगे
क्योंकि पैसा जरूरी है
उससे खरीदेंगे वे महँगा माल
क्योंकि हमने बताया है कि वह भी जरूरी है
ऐसे सुख सम्पत्ति चीनी के बहाने बढ़े
तो सस्ते दाम की दुकान ही जरूरी है।

(लोग भूल गए हैं)

एक समय था

एक समय था मैं बताता था कितना
नष्ट हो गया है अब मेरा पूरा समाज
तब मुझे ज्ञात था कि लोग अभी व्यग्र हैं
बनाने को फिर अपना परसों कल और आज
आज पतन की दिशा बताने पर शक्तिवान
करते हैं कोलाहल तोड़ दो तोड़ दो
तोड़ दो झोंपड़ी जो खड़ी है अधबनी
फिजूल था बनाना जिद समता की छोड़ दो
एक दूसरा समाज बलवान लोगों का
आज बनाना ही पुनर्निर्माण है
जिनका अधिकार छीन जिन्हें किया पराधीन
उनको जी लेने का मिलता प्रतिदान है।

(एक समय था)

हिन्दू पुलिस

बूढ़े सुकुल का जब अन्त समय आया
गिरते-गिरते उसके शव ने मुँह बाया
सठिआया अपाहिज कुछ समझ नहीं पाया

सुना था जहाँ पर है कन्याकुमारी
दूर उसी दक्षिण से जब पहली बारी
गया आया हिन्दू तो गोली क्यों मारी

आँखें फाड़े सुकुल यह रहस्य देखता
उत्तर दक्षिण के ३६ भए देवता
केन्द्रीय रिजर्व पुलिस भारत की एकता

(हँसो हँसो जल्दी हँसो)

प्राचीनता के विरुद्ध

हिन्दू-मुसलमान संघर्ष की प्रवृत्ति भारत की समाजवादी आकांक्षाओं की सबसे बड़ी शत्रु है। वह समाज की अन्यायी व्यवस्थाओं को बदलने के स्वप्न को, जो कि स्वाधीनता का दूसरा नाम है, एक हिंसक चीज का विकृत रूप दे देती है और जाति तथा शोषण के मेल से बनी मानवद्वेषी भारतीय समाज व्यवस्था को फूट की असंख्य दिशाओं में एक साथ धकेल देती है। दास भाव से शासन की नकल करता हुआ प्रत्येक वर्ग यह हिंसक चीज अपने से कमजोर पर उतारता है; दंगे ऐश्वर्यशाली बस्तियों में नहीं होते : मारे जाते हैं तो रोज कुआँ खोदकर पानी पीनेवाले ही मारे जाते हैं। इस स्थिति में यह व्यंग्य छिपा है कि यही निर्बल लोग हिन्दू-मुसलमान एकता के सच्चे समर्थक हैं, क्योंकि उनके लिए जाति और धर्म के न्यस्त स्वार्थों से कहीं अधिक प्राथमिक रोजी-रोटी का सवाल है जो दोनों के परस्परावलम्बन के सम्बन्ध में बना हुआ है।

इसी निस्व स्तर पर हिन्दू और मुसलमान दोनों में भारतीय चरित्र और स्वभाव की सबसे गहरी समानताएँ देखी जा सकती हैं—उनके ऊपरी रूप भी, जैसे बोली, पहनावा और दस्तकारी। एक बार ये समानताएँ खंडित हो गईं तो ऐसा कुछ भी नहीं बचेगा जो रचनात्मक हो : केवल धर्म के ठेकेदारों का राजनीतिक अखाड़े में ताल ठोकने का कर्कश शब्द बचा रहेगा और उसी को वे धर्म कहेंगे। यों ही धर्म घृणा का वाहक बनाया जा चुका है; इस्लाम समूह का मजहब है और अन्ततः अलगाव का प्रेरक है, ऐसा माननेवाले हिन्दू जब मुसलमानों के चरित्र में ही देशनिरपेक्षता होने का सन्देह करते हैं तो वे अपने धर्म के प्रति अपने ही अत्याचारों को भूल जाते हैं। उन्होंने एक व्यापक जीवन-पद्धति को जाने कितने नौ चूल्हों और आठ कनौजियों में बाँटकर धर्म की और उसके अनुयायी मनुष्य की आत्मा को नष्ट कर दिया है। आत्मसात् करने की और नया सृजन करने की इनकी शक्ति या तो बम्बइया धुनों पर भजन बनाने तक सीमित रह गई है या एक अतिसंतर्क आत्मरक्षा की आशंका बनकर अफवाहें फैलाने में विकीरित हो रही है।

हर हालत में धर्म के नाम पर द्वेष का प्रचार समाज के निचले वर्गों से नहीं शुरू होता, ऊपर और उससे भी ऊपर के वर्गों से ही शुरू होता है। हिन्दू हों या मुसलमान, इन प्रतिष्ठित वर्गों में आजकल यह इच्छा प्रबल है कि भारत की बदलती तस्वीर में उनका वर्चस्व बना रहे। इस उद्देश्य से वे निचले वर्गों को आतंकित करके उन्हें शरणागत होने पर बाध्य कर रहे हैं। हिन्दुओं और मुसलमानों के प्रतिष्ठित वर्गों में आधुनिकता के

आवरण के नीचे जो सांस्कृतिक शिष्टाचारी एकता दिखाई देती है यदि वह अपने दोनों पिछड़ों के साँझा इस्तेमाल का समझौता है तो वह दोनों की सांस्कृतिक एकता का कारण नहीं बन सकता। वह तो भावना यह फैलाता है कि दोनों दो अलग संस्कृतियाँ हैं और उनकी एक-दूसरे से रक्षा करते हुए दोनों को मित्रवत् रहना है। यही आज से दो पीढ़ी पीछे हमारी गुलामी के दिनों में हमारे शासकों की विचारधारा थी।

आज एक दमघोंटू स्थिति है; जिनके हाथ में ताकत है उन्हीं के हाथ में संस्कृति का बँटवारा हो रहा है। परन्तु संस्कृति के रचनात्मक तत्त्वों ने जो हर दौर में, विशेष रूप से नई पीढ़ी में प्रतिफलित होते हैं, ऐसी घुटन को पहले भी तोड़ा है और आज भी तोड़ रहे हैं—आगे भी तोड़ते रह सकेंगे या नहीं, यह इस पर निर्भर है कि आज कितने जोरों से तोड़ते हैं।

(वे और नहीं होंगे जो मारे जाएँगे)

हिन्दू गरीबी, मुस्लिम गरीबी

प्रधानमन्त्री और जनसंघ अध्यक्ष की झड़प ने साम्प्रदायिकता की राजनीति को एक ऐसे नुक्कड़ पर ला खड़ा किया है जहाँ हम दोनों में से कोई भी नेतृत्व एक ही से नतीजे पर पहुँचने के लिए चुन सकते हैं। वह नतीजा है हिन्दुस्तान के विभाजन के बाद हिन्दुस्तान में रहनेवाले हिन्दू-मुसलमानों में परस्पर और अधिक, इतने अधिक भेदभाव का बढ़ना कि एक लौकिक समाजवादी लोकतन्त्र की कल्पना असम्भव हो जाए। जनसंघ अध्यक्ष अधिकांश दंगे आरम्भ करने का आरोप कुछ मुसलमानों पर लगाते हैं और साथ ही विचारते हैं कि शायद मुसलमान भारत में सुरक्षित रहने की आस छोड़ चुके हैं। प्रधानमन्त्री भारतीय समाज के साम्प्रदायिक चरित्र को घटाकर एक ऐसी स्थिति में ले आती हैं जहाँ बहुसंख्यकों के विरुद्ध वह अल्पसंख्यकों की संरक्षक है। और बहुसंख्यकों में उनका दल प्रकटतया शामिल नहीं है। दोनों वक्तव्य कुल मिलाकर अल्पसंख्यकों में और अधिक अरक्षा, अलगाव और आवेग जगाते हैं। यदि यहाँ याद किया जाए कि ये दोनों दल उन्हीं बहुसंख्यकों से पोषित हैं जिन्होंने दो राष्ट्र के सिद्धान्त पर भारत का विभाजन स्वीकार किया था और जिन्होंने 1947 के बाद से धर्मान्ध पाकिस्तान सरकार के मुकाबले एक वास्तविक लौकिक समाजवाद की रचना नहीं की है तो स्पष्ट हो जाता है कि सदियों पुराने सांस्कृतिक-राजनीतिक हिन्दू-मुसलमान ऐक्य की परम्परा छोड़कर उन्होंने हिन्दू-मुसलमान के पार्थक्य की विचारधारा हमेशा के लिए अपना ली है। यह बात जितनी बार कही जा सके कही जानी चाहिए और यह कभी पिट नहीं सकती कि पाकिस्तान का सिद्धान्त स्वीकार करने के बाद बहुसंख्यकों को यदि भारत में उस सिद्धान्त का पोषण नहीं करना था तो उन्हें हिन्दुस्तान में हिन्दू समाज से जात-पाँत और वर्णभेद मिटाकर और इंसानी गैरबराबरी घटाते हुए हिन्दुस्तानियों को हिन्दुस्तानी बनाना था। ऐसा करने से हिन्दुस्तान को टुकड़ों में बँटे हुए हिन्दू समाज का प्रतिरूप बनने से रोका जा सकता था, किन्तु ऊपर से पश्चिमी आधुनिकता की नकल और भीतर-भीतर एक दकियानूसी मानवविरोधी समाज-व्यवस्था का संरक्षण करके आजादी के 23 वर्ष खो दिए गए—और यह बात भी महज इसलिए याद करने के अयोग्य नहीं रह जाती कि जो हो गया सो हो गया—23 वर्ष का एकच्छत्र शासन पतित समाजों को इतना बदल देने के लिए काफी होता है कि फिर वे पलटकर पिछड़ न सकें। वास्तव में उस इतिहास खंड को भूलकर आज साम्प्रदायिकता की समस्या पर विचार करना उस समस्या से ध्यान

हटाना ही कहलाएगा। भारत के सभी धर्मावलम्बियों के लिए एक समान, प्रगतिशील, धर्मनिरपेक्ष, सामाजिक कानून, प्रान्तों और भाषाओं में फूट करानेवाली अंग्रेजी का सर्वोच्च सत्ता के स्तर से उन्मूलन और सभी पिछड़े वर्गों के लिए विशेष अवसर की व्यवस्था, ये बहुसंख्यकों और अल्पसंख्यकों के भीतर छिपे परस्पर भय को मिटाने के आज भी एकमात्र उपाय हैं। किन्तु बहुसंख्यकों के प्रतिनिधि शासक जब बहुसंख्यकों को ही नहीं बदलना चाहते तो वे इन परिवर्तनों को यह कहकर रोकते हैं कि इससे अल्पसंख्यकों की संस्कृति नष्ट हो जाएगी। मुसलमानों को उनकी संस्कृति नष्ट होने का डर दिखाकर सड़ी-गली हिन्दू संस्कृति के सड़े-गले अवशेष, जातिद्वेष और सम्प्रदाय भेद के बल पर चुनाव लड़ने और सत्ता-संग्रह करनेवाले शासकों ने बार-बार साम्प्रदायिक शर्तों पर हिन्दू और मुसलमान दोनों के साथ गठबन्धन किया है और हर बार दोनों के अलगाव को और प्रामाणिकता दी है। वर्तमान में कांग्रेस का महाराष्ट्र में शिवसेना और केरल में मुस्लिम लीग से प्रत्यक्ष लेन-देन किसी से छिपा नहीं है। इसके अलावा अप्रत्यक्ष रूप से कांग्रेस के अन्दर कितने राष्ट्रीय स्वयंसेवक संघ मनोवृत्तिवाले छोटे-बड़े अदद भरे हुए है और केवल सत्ता के निकट रहने के लिए एक लौकिक मुखौटा धारण किए हुए हैं, इसका कोई हिसाब नहीं है। लोकसभा में जनसंघ अध्यक्ष के भाषण से प्रधानमन्त्री के अनुसार उनके दल की असलियत सामने आ गई है, किन्तु खेद है कि प्रधानमन्त्री के भाषण से ऐसा नहीं हो सका है।

पर उससे और बहुत कुछ हुआ है, जनसंघ अध्यक्ष के हाथ ऊँचा कर बोलने की अदा की हिटलर से तुलना और 'सारी शक्ति' से उनके खिलाफ लड़ने की घोषणा ने, फौरन कांग्रेस दल की 'सारी शक्ति' निचोड़कर इस माँग में समेट दी है कि राष्ट्रीय स्वयंसेवक संघ पर ताला लगा दिया जाए। यह बात पहले भी कई बार कही गई है पर आज सारे देश में लोकतन्त्रीय वाणी के भयंकर अवमूल्यन के क्षणों में यह सर्वसत्तावादी फासीवादी की आवाज बनकर सामने आती है। यह विचार और राजनीति और सत्ता के उपयोग से समाज-परिवर्तन करनेवाले दल की आवाज नहीं जान पड़ती। किसी राजनीतिक दल को सत्ताधारी दल द्वारा अवैध घोषित करने की माँग, उसके लोकतन्त्रीय बल और चरित्र के पतन का प्रमाण तो है ही, उस दल की सदस्यता के बाहर तमाम विचारशील नागरिकों को अपनी अवनति का भागीदार बनाने की चेष्टा भी है। भारत कोई इतना जाहिल और पिछड़ा देश नहीं है कि जिसमें राष्ट्रीय स्वयंसेवक संघ की संकीर्ण विचारधारा का तोड़ असम्भव हो गया हो। पर असम्भव कुछ और है जो होता जा रहा है। वह है बिना अधिकाधिक पुलिस, कानून और हिंसा के इस्तेमाल के सारे देश पर केन्द्रीय सत्ता का वर्चस्व बनाए रखना। जब तक साम्प्रदायिक एकता के लिए कोई ठोस कार्यक्रम सत्ताधारियों के पास नहीं होता केवल उनके साम्प्रदायिकता-विरोध के समर्थन में अपने नागरिक अधिकार उनके हाथ सौंपते जाना उन्हें इन अधिकारों के दुरुपयोग की खुली छूट देने का एक घातक अलोकतन्त्रीय सिलसिला शुरू करना होगा।

भारतीय जन-जीवन में हिन्दू-मुसलमान ऐक्य के बहुत से गहरे और रसवान स्रोत

आज भी बचे हुए हैं। उन्हें कानून, शिक्षा और अर्थव्यवस्था के द्वारा एक निश्चित और सतत् प्रक्रिया बनाने का वक्त आज भी बीत नहीं गया है, पर वह वर्तमान शासकों के लिए भयास्पद है। क्या इसलिए कि वह प्रक्रिया हिन्दू गरीबी और मुसलमान गरीबी का भेद किए बिना जन-साधारण की बराबरी का आग्रह करती है। गैरबराबरी और अलगाव ये दोनों एक ही मरीज के दो रोग हैं। समता और सामीप्य इनकी दवाएँ हैं और दोनों को एक साथ बरतने से ही लाभ होगा। पिछले 23 वर्षों से हिन्दू-मुसलमान को अपने-अपने दरबों में अलग रखते हुए साम्प्रदायिकता का जो विरोध किया जाता रहा है, वह भ्रष्ट है। पूरे समाज का पिछड़ापन घटाते हुए दोनों को एक करना ही एक मात्र लौकिक रास्ता है और भारत की विकास योजनाएँ बिना उस प्रावधान के लोक-विरोधी ही कहलाएँगी।

(वे और नहीं होंगे जो मारे जाएँगे)

पाकिस्तान से होशियार

पिछले कुछ दिनों से प्रधानमन्त्री सेना को बार-बार चेता रहे हैं कि वह पाकिस्तान के आक्रमण से होशियार रहे। पर हमारे देश के सभी लोग तो सेना में नहीं हैं। उन बाकी लोगों के लिए क्या सन्देश है ? क्या उनके लिए भी कोई चेतावनी है, जैसे सेना के लिए है या किसी और तरह का सम्बोधन है ? क्या सिर्फ उपदेश ?

प्रश्न यह है कि जब सीमा के अतिक्रमण की आशंका सामने खड़ी है तो हम सेना को सतर्क करके जनता को सूचना दे देते हैं कि सेना सतर्क कर दी गई, अब जनता हम पर विश्वास जारी रखे मानो जनता को हमारे ऊपर विश्वास रखना ही मुख्य बात है, जनता का जनता पर विश्वास रखना मुख्य बात नहीं है। होती तो अब तक प्रधानमन्त्री ने एक बार तो जनता को याद दिलाया होता कि पाकिस्तान, जो अपने को मुस्लिम राष्ट्र बताता है, भारत के मुसलमानों और हिन्दुओं में अलगाव पैदा करके ही सीमा पर आक्रमण का लाभ उठा पाएगा।

इसलिए सीमा पर सेना को सचेत कर देना काफी नहीं है। तब क्या करना चाहिए ? क्या भारत के मुसलमानों पर निगरानी रखनी चाहिए ? क्या उन्हें शक की निगाह से देखना चाहिए ? और उन्हें पाकिस्तान के आदमी मानकर उनका भी मुकाबला करना चाहिए मानो हम पाकिस्तानी सेना का मुकाबला कर रहे हों ?

हरगिज नहीं। यह करना अपनी बुनियाद को खोदना होगा। हमारी बुनियाद मुसलमान और हिन्दू का सहजीवन है। सहजीवन यानी लोकजीवन। लौकिक परम्पराएँ और उनके विकास का समाजीकरण ही हमारी बुनियाद हो सकती है। यह बुनियाद बराबर बनती रहती है। भारत और पाकिस्तान के बीच लड़ाइयों के मैदान बनाकर उन मैदानों में उनको बार-बार घसीट मत लाइए जो अपनी-अपनी जगह चुपचाप यह बुनियाद बनाते रहते हैं। यह हरकत आप एक बार कर चुके हैं। मगर बड़ी चालाकी से। आप हिन्दू-मुसलमान दोनों को बुत्ता देकर गायब हो गए थे और पूर्व पाकिस्तान में हिन्दुओं और मुसलमानों ने मिलकर जो आदमी बनाया था उसे आपने हिन्दुस्तान से मिलने ही नहीं दिया था।

उसी से मिलने का लालच देकर तो आप हिन्दुस्तान को लड़ाई में घसीट ले गए थे। अब तो पाकिस्तान या भारत के किसी हिस्से में कोई ऐसा आन्दोलन भी नहीं जो हिन्दू-मुसलमान के बीच में से एक इतना ताकतवर नया आदमी बना रहा हो कि वह

दो राष्ट्र के सिद्धान्त को तोड़ सके। इसलिए अब युद्ध की तैयारी करने या युद्ध के लिए तैयार रहने का मतलब ईमानदारी से देखें तो भारत में हिन्दू-मुसलमान मेल ही हो सकता है। पर जैसा सेना की तैयारी उसके सदा मुस्तैद रहने की परम्परा में ही किसी दिन हुकुम देकर सम्भव है वैसे ही हिन्दू-मुसलमान का मेल भी अचानक हुकुम देकर सम्भव तभी है जब उसकी परम्परा को बनाए रखा गया हो अर्थात् जान-बूझकर बढ़ाया न गया हो तो कम-से-कम जान-बूझकर तोड़ा तो न गया हो।

भारत-पाकिस्तान में हथियार-युद्ध से कहीं ज्यादा खतरनाक भारत-पाकिस्तान 'शीत युद्ध' हो सकता है। देसी हिन्दी में कहें तो ठनाठनी से ज्यादा खतरनाक हो सकती है तनातनी। पर दासी हिन्दी में 'शीत युद्ध' कहकर हम अंग्रेजी के कवच में खोपड़ी छिपा लेते हैं। जो हो, दासी हिन्दी और देसी हिन्दी इस लेख का विषय नहीं है, उस पर अन्यत्र लिखूँगा।

अभी तो हिन्दुओं और मुसलमानों के राजनीतिक नेताओं से और साहित्यकर्मियों से एक बात कहनी है। राजनीतिकों से यह कि आप सेना को पाकिस्तान का कोई आक्रमण विफल करने को कह सकते हैं मगर भारत के नागरिकों से यह कहने का आपको कोई अधिकार नहीं है कि हिन्दुओं और मुसलमानों में मेल न होने दो। गनीमत यह है कि कम-से-कम खुल्लमखुल्ला आपको यह न कहने की बुद्धि बाकी बची है कि उनमें फूट डालो।

साहित्यकर्मियों से यह कि साहित्य-भाषा ही एक क्षेत्र बचा है जिस पर हिन्दू-मुसलमान मेल की परम्परा बढ़ाते रहने का और उसकी उपज को भारत की रौंदी हुई धरती में फिर बोते रहने का जिम्मा आ पड़ा है। वर्तमान नई पीढ़ी के और आनेवाली नई पीढ़ी के हिन्दू और मुसलमान लेखक नई हिन्दी, नई उर्दू और नया इंसान बनाएँगे। वही दो राष्ट्र के सिद्धान्त की असली काट होगी, आज भी और भुट्टो के हजार साल बाद भी।

(जनसत्ता, 'अथात', 29 अप्रैल, 1990)

आत्महत्या के विरुद्ध

ऐसा प्रतीत होता है कि आनेवाले दिनों में सत्ताधारी दल के राजनीतिक विचारक, जो कि आजकल या तो अदृश्य हैं या अंग्रेजी अखबारों के स्तम्भों में दिखाई देते हैं, भारत को परमाणु बम बनाने की ओर ढकेलेंगे।

प्रधानमन्त्री ने जब अपने राष्ट्र के नाम सन्देश के प्रसारण में रविवार (15 जनवरी) को कहा था कि युद्ध हमारे दरवाजे पर खड़ा है, तो उसका एक भयानक मतलब यह निकल रहा था कि भारत सरकार की विदेशनीति अपने पड़ोसियों के और अपने हितों की समानता के आधार पर विश्व में कोई स्थान नहीं बना पाई है और अगली लड़ाई पाकिस्तान से हो या न हो, भारत को बड़ी शक्तियों की युद्धलिप्सा का वाहक बना दिया जाएगा। अर्थात् वह परमाणु बम बनाकर ही दरवाजे पर खड़े खतरे को टाल सकता है। यह तर्क मानने का उस पर दबाव पड़ेगा।

पिछले 35 वर्षों में, दूसरे महायुद्ध के बाद से यूरोप में, जिसने महायुद्ध में सबसे अधिक तबाही देखी थी, अपने को दुनिया का केन्द्र बना लिया है, जहाँ तिजारत और हथियार दोनों का भंडार है। इस क्षेत्र में साढ़े तीन दशकों में कहने लायक कोई युद्ध नहीं हुआ। तब से दुनिया-भर में 160 युद्ध हो चुके हैं और ये सब यूरोप से बाहर हुए, जहाँ हाल में आजाद देश अपनी-अपनी आजादी सँभालने में लगे हुए थे, या जहाँ बड़े राष्ट्र या उनके गुर्गे घुसपैठ कर रहे थे। पिछले नवम्बर में अमरीका के क्रूज और प्रक्षेपास्त्र पश्चिम जर्मनी, ब्रिटेन और इटली में आए, तो पहली बार यूरोप की भूमि पर मानो ऐसी स्थिति बन गई, जैसी लीक करती गैस से रसोई में बन जाती है। परन्तु यूरोप ने इस लीक होती गैस को मानो वायु प्रदूषण की अपनी समस्या के साथ रख लिया और मामला ठंडा हो गया। ठंडा हो गया पर वह हल्का-फुल्का नहीं है, क्योंकि यूरोप के भक से न उड़ जाने का विकल्प बड़ी शक्तियों के पास यही होगा कि एशियाई देश सुलगते, कभी-कभी झुलसते रहें।

दुनिया यानी यूरोप की दुनिया, जिससे बड़ी शक्तियों का औद्योगिक, व्यापारिक और सामाजिक भाईचारा है, अभी यानी लम्बे समय तक भक से नहीं उड़ेगी। कम-से-कम जब तक एशिया, मध्येशिया, मध्य अमरीका और कई चुनी जगहों पर ऐसा विध्वंस न होने लगे, जिससे छोटी शक्तियाँ अपनी जनता के दबाव में आकर परमाणु अस्त्र बनाने की इच्छा न करने लगें। यह उन्हें परमाणु शक्तियों के और करीब लाएगी और

कम-से-कम दो गुट बनेंगे। इस राजनीतिक लाभ को वसूल कर शेष दुनिया को लूटने के पहले ही परमाणु शक्तिधारी अपना अन्तिम दाँव चल देंगे, यह तर्कसंगत नहीं दिखता।

मैंने जब एक मित्र से, जो बड़ी देर से दुनिया के सामने खड़ी मौत की तस्वीर खींच रहे थे, यही कहा तो वह बोले, यह आप किस बूते पर कह रहे हैं कि दुनिया मिट्टी में नहीं मिलने पाएगी, जबकि परमाणु गोला दागने का हुक्म देनेवाला यन्त्र फेल हो जा सकता है। कोई पागल जबर्दस्ती घुसकर बटन दबा दे, तो भी युद्ध हो सकता है। मैंने कहा, कह नहीं सकता, लेकिन मेरी समझ में मानव सभ्यता के इतिहास में वह ऊर्जा हमेशा बचाकर रखने का प्रयत्न मानव ने किया है, जिससे उसने सभ्यता को और फिर संस्कृति को जन्म दिया। कोई चीज है जो दुनिया को मरने नहीं देगी और वही महत्त्वपूर्ण है।

उन्होंने पूछा, "क्या तर्क है ऐसा कहने का आपके पास ?"

मैंने कहा, "तर्क कोई नहीं है, केवल विश्वास है।"

उन्होंने कहा, "देखिए, आपने जिस सच्चाई से यह बात कही, उसे सुनकर मुझे भी विश्वास हुआ कि शायद ऐसा ही हो, परन्तु सोचा तो आपके विश्वास का कोई आधार नहीं मिला। आपकी शुभकामना सर आँखों पर, परन्तु हम यथार्थवादी समाजशास्त्री, क्षमा कीजिएगा, शुभकामना के आधार पर यथार्थ को नहीं मानते। मैं यह मान सकता हूँ कि इस संकट को टालने या इससे उबरने के लिए अमुक उपाय किए जाने चाहिए, पर यह नहीं कह सकता कि उसके परिणाम में हम सम्पूर्ण विश्व के ध्वंस से मुक्त होंगे या नहीं। यह भी कह सकता हूँ कि विफल रहे, तो दूसरा उपाय सोचेंगे, पर मनुष्य की नियति बचे रहने की है, ऐसा कह सकता हूँ।"

मैं बात बदलकर विदा लेकर चला आया। एक लेखक भी मिले थे, कह रहे थे, यों ही मानकर बैठे रहना कि मनुष्य अपनी बनाई सभ्यता को नष्ट नहीं करेगा, मूर्खता है। जाने कितनी सभ्यताएँ नष्ट हो चुकी हैं। उन्होंने कई उद्धरण देकर, जो मुझे याद नहीं हैं, यह भी बताया कि मानव जाति के समूह के समूह आत्महत्या कर लेते रहे हैं।

यह सब सुनकर मैं एक बार फिर उन कागजों को लेकर बैठ गया, जिनमें परमाणु सम्बन्धी सूचनाएँ लिखी हुई थीं।

देखिए : मैंने क्या पढ़ा। विश्वयुद्ध में यदि सौ मेगाटनवाले एक हजार परमाणु विस्फोट हो जाएँ, तो धरती पर जीवन की सृष्टि थम जाएगी। न कोई विजेता रहेगा, न विजित। हम जानते हैं कि इससे कई गुना अधिक यानी दस हजार से भी अधिक अस्त्र अमरीका और आठ हजार से भी अधिक सोवियत संघ के पास हैं। दोनों इस अस्त्र लूट में वृद्धि ही कर रहे हैं। अस्त्रों की संख्या में ही नहीं, मारक सामर्थ्य में भी वृद्धि साथ-साथ होगी। जिन देशों के पास परमाणु अस्त्र नहीं हैं, वे कहेंगे कि यदि यह सामर्थ्य वृद्धि बड़ी शक्तियाँ कर रही हैं, तो क्या संख्यावृद्धि भी नहीं कर सकते। उधर पता चला है कि परमाणु अस्त्र सम्पन्न देश अपनी ही सेनाओं के विभागों को छोटे परमाणु अस्त्र,

जैसे पनडुब्बी बनाने और छोड़ने का अधिकार दे रहे हैं।

निष्कर्ष यह है कि सोवियत संघ और अमरीका दोनों मानते हैं कि परस्पर परमाणु युद्ध में पहला वार करनेवाला भी उतना ही भस्म हो जाएगा जितना दूसरा, परन्तु यदि अमरीकी पनडुब्बियों और परमाणु अस्त्र बनाने की अमरीका समर्पित पाकिस्तान धमकी से डरकर (ये पनडुब्बियाँ भारतीय समुद्र में मौजूद हैं) भारत परमाणु अस्त्र बनाने की अपनी नीति अपनी प्रतिरक्षा नीति में शामिल कर ले, भारत पाकिस्तान में एक होड़ बढ़ जाएगी। इन दोनों इलाकों पर बड़ी शक्तियों की राजनीति का एक नए सिरे से अखाड़ा बनाने की मजबूरी लादी जा सकेगी।

भारत परमाणु बम बनाए, इसका प्रचार शुरू हो गया है। भारतीय ही यह प्रचार कर रहे हैं। इनमें से कुछ तो राष्ट्रीय गौरव की एक प्रतिक्रियावादी समझ से ऐसा कह रहे हैं और कुछ इस अस्पष्ट आशा में कि वर्तमान शासक वर्ग की सत्ता इसी उपाय से बनी रहेगी।

भारत की विदेश नीति अपने देश के हितों का विस्तार न रहने पाएगी। ऐसा वह रही होती, तो पड़ोसी देशों के और अपने हितों को, उन 35 वर्षों में जब यूरोप समृद्धि को लूटकर बटोर रहा था, एक बनाती। इसकी जगह भारतीय विदेश नीति ने बड़ी शक्तियों से अपने कार्यों का समर्थन पाने को महत्त्व दिया और बड़ी शक्तियों के प्रयत्नों ने भारत के पड़ोसी देशों के हितों को बाँट दिया। अब स्थिति यह है कि हमारी विदेश नीति भूगोल को लाँघकर अपने देश से नहीं अमरीका या सोवियत संघ से जुड़ने की मजबूरी बता रही है। परमाणु अस्त्र भूगोल को लाँघकर वार कर सकता है, परन्तु यह खतरा टालना सबसे पहले औद्योगिक देशों को अपने हित के लिए जरूरी है। भारत और पाकिस्तान परमाणु अस्त्रों के निर्माण का विरोध न करके स्वयं ये अस्त्र बनाने को प्राथमिकता देने लगे, तो विदेश नीति फिर अपने पैरों पर खड़ी करने की रही-सही सम्भावना भी चुक जाएगी और यह वही आत्महत्या होगी, जिसका जिक्र मुझसे असहमत लेखक ने किया था। पर इसके पहले यह एक लम्बी स्थायी गुलामी होगी, जो मृत्यु से भी भयानक है।*

(रविवार, 'लेखक के चारों ओर', 5 फरवरी, 1984)

---

* नब्बे के दशक के आखिरी वर्षों, विशेषकर मई, 1998 में भारत और पाकिस्तान द्वारा परमाणु बम के परीक्षण किए जाने के बाद से, रघुवीर सहाय की यह भविष्यवाणी सच होती नजर आने लगी है।

ग्यारहवीं कहानी

सभ्यता के इतिहास का वह चरम क्षण था। रूस और अमेरिका पृथ्वी के तल पर और उसके गर्भ में, सागर के अतल में और आकाश के अनन्त में उपलब्ध सम्पत्ति का उपभोग करते हुए एक दिन एक-दूसरे के बराबर सम्पन्न हो गए थे। उन्होंने प्रतिद्वन्द्विता के नियमों को छोड़कर बराबरी के नियमों के अनुसार निश्चित किया कि वे परस्पर मित्र हैं, शत्रु नहीं—जैसा कि सारी दुनिया उन्हें मानती है।

इससे एक संकट उत्पन्न हो गया। कोई समझ नहीं पा रहा था कि इसके बाद क्या होगा ? खासतौर से वे तो बिल्कुल ही नहीं जानते थे जो कि अभी तक इन दोनों राष्ट्रों में से किसी एक के मित्र और दूसरे के शत्रु थे। ये तमाम अधनंगे और अधपेट आदमी अपने कष्टों का दोष इनमें से किसी एक पर डालते रहने के इतने आदी हो गए थे कि अब उनके लिए एकाएक यह कह पाना सम्भव नहीं हो पा रहा था कि दोनों ही एकसमान दोषी हैं। इसके बजाय, जैसा कि बाद के इतिहासकारों ने लक्ष्य किया है, इन अधनंगों और अधपेट लोगों की बुद्धि में इस परिवर्तन का एक लम्बा क्रम चला कि पहले के एक की जगह अब दो महाशक्तिशाली राष्ट्र उनके मित्र हैं।

यह क्रम लम्बा था तो कुछ इसलिए कि यह प्रतीति भयावह थी कि हमारे शत्रु से हमारा मित्र जा मिला है, कुछ इसलिए कि काफी समय दोनों नए मित्रों ने दुनिया के सारे अधनंगे और अधपेट लोगों का आपस में बँटवारा करने में लगा दिया। उतनी देर तक खासी गपड़चौथ मची रही, क्योंकि सभी अ.अ. समझ रहे थे कि दोनों नए मित्रों में खटपट हो रही है, जबकि यह खटपट नहीं, खुसफुस थी।

भ्रान्ति के इसी दौर में भारत में अकाल पड़ा। भारत ने हस्बमामूल अमेरिका से अनाज माँगा मगर अमेरिका अपना अनाज रूस को दे चुका था। रूस में कई साल से अकाल था, खाली वह अभी तक अमेरिका से माँगता न था। इस बार उसने माँग लिया था और बराबरी के नाते मिल गया था।

पर जब भारतीय लोगों के भूखे मरने की खबर रूस पहुँची तो उसने भारत को अमेरिकी अनाज का एक हिस्सा दे दिया। अब भारत में वह अनाज खाया जाने लगा जो अमेरिका में उपजा और रूस में बोरीबन्द हुआ था। बोरी भारत की ही थी।

इस स्थिति की बदौलत भ्रान्ति सचमुच बहुत भयंकर नहीं होने पाई। अधिसंख्य जन यह सोचकर सुस्थिर हो रहे कि अब भारत की विदेश-नीति दृढ़तर है और हम किसी

एक देश के मोहताज नहीं हैं और सचमुच स्वतन्त्र हैं।

परन्तु अकाल निरन्तर बना रहने पर जरूरी नहीं था कि स्वतन्त्रता की यह सुखद भावना फैलाता रहे। अकाल निरन्तर बना भी रहता तो अनाज तो निरन्तर रूस से नहीं आता रहता। आखिर रूसियों को अपने देश में बनी चीजें भी तो निर्यात करनी थीं। सच तो यह है कि अकाल भारत में बना निरन्तर ही रहता था, परन्तु उसकी जानकारी लोगों को तभी हो पाती थी जब अनाज आयात किया जाए। सिर्फ मौतों की संख्या से सिद्ध नहीं हो सकता था कि अकाल है क्योंकि लोगों का स्वभाव धीरे-धीरे कम खाकर मरने का था, यह नहीं कि भूख हड़ताल करके मरें। और फिर मौतों के मामले में और भी कई गड़बड़ थे। अनेक कारणों से अनेक और कभी-कभी अनेक कारणों से एक मौत हुआ करती थी। उस समय हजार से ऊपर अदालती जाँचें कितनी ही मौतों के ऊपर बैठी हुई थीं। एक-एक करके वे अपने नतीजे प्रकाशित करतीं। उनसे हर बार यही जाहिर होता कि सिवाय इसके कि मरा हुआ आदमी मर गया और कुछ सिद्ध करना असम्भव था।

सरकार इस दुरवस्था को ध्यान से देखती और सतर्क रहती। वह विश्व-शान्ति की समर्थक थी। उसके दोनों समर्थक, रूस और अमेरिका भी विश्व-शान्ति के समर्थक थे। वास्तव में वे शान्ति के इतने समर्थक थे कि एक के किसी आदमी ने आज तक दूसरे के किसी आदमी को नहीं मारा था। मर तो लोग दूसरे देशों में रहे थे।

धैर्य से काम लेने का एक अच्छा परिणाम हुआ। रूस और अमेरिका के दृष्टान्त का प्रभाव भारत में पड़ने का अवसर मिल सका और धीरे-धीरे सभी राजनीतिक दल जो कभी-न-कभी सरकार में शामिल होने के हकदार होते, आपस में भेदभाव भूलकर रूस और अमेरिका की तरह दोस्त होने लगे। सारे भेदभाव राजनीतिक दलों के परस्पर सम्बन्धों से दूर होकर जनसाधारण में चले गए। इससे जनसाधारण में कोई खलबली नहीं मची। ये भेदभाव तो हजारों वर्षों से उनके जाने-पहचाने थे। एक जाति को दूसरी को मार डालने को तैयार होने में बहुत देर नहीं लगी। उसे केवल कुछ वर्षों की शिक्षा ही भुलानी थी। राजनीतिक प्रेक्षकों और टिप्पणीकारों को भी बस इतना ही कहना पड़ा कि हमारे देश में भेदमूलक तत्त्व हमेशा से रहे हैं और यह कथन बौद्धिक निरपेक्षता से ओतप्रोत होने के कारण बहुत स्वीकृत भी हुआ। केवल पुलिस का काम बढ़ गया था, मन्त्रियों की रक्षा के अतिरिक्त तमाम छोटे-मोटे महत्त्वपूर्ण व्यक्तियों की रक्षा की जिम्मेदारी उस पर आ पड़ी थी। इनकी रक्षा की जरूरत तब पड़ती जब इनके प्रतिद्वन्द्वी अधिक जनता को साथ लेकर इन पर धावा बोलते और इनके पास कम जनता होती। इस प्रकार पुलिस को जनता के साथ मिलकर जनता को मारने का एक नया अनुभव हुआ जो कि अंग्रेजी राज में कभी नहीं हुआ था। पर उसका यहाँ विस्तार से वर्णन करने का इरादा नहीं है। बताने लायक तो वह एक विचित्र बात है जो एक दिन सहसा मालूम हुई।

एक दिन एक जवान आदमी जो न किसी के लेने में था न देने में, एकाएक मर

गया। उसने कभी पुलिस का संरक्षण न माँगा था। कोई भीड़ उस पर चढ़ाई करने न आई थी। वह एक साहित्यकार था। वह खूब लिख चुका था और खूब कमा चुका था। कुछ दिनों से वह एक नई रचना की उधेड़बुन में था जो उसके अब तक के कृतित्व से एकदम विशिष्ट होती। किसी को नहीं मालूम था कि वह क्या लिखना चाहता है। आलोचक इतना ही जानते थे कि इस बार उसके लिए लिखना और भी कठिन होनेवाला है। तभी वह चल बसा।

यह अकेली मृत्यु नहीं थी। एक-एक करके और भी हुईं। कोई कवि था, कोई कहानीकार, कोई नाटककार और कोई उपन्यासकार। सबमें समान गुण यह था कि वे अपने क्षेत्र में सफलता के शिखर पर चढ़ चुके थे और मानों वहाँ यों ही खड़े रहना उनके लिए दुष्कर था; सर के बल नीचे आ रहने के पहले ही वह मानो आकाश में लोप हो गए थे। उन दिनों की तुलना में जब बूढ़े-बूढ़े लोग रूस या अमेरिका की साहित्य परिषदों में सम्मानित होने के कारण बिना कुछ लिखे भी शिखर पर देर तक खड़े रहा करते थे, यह अकेलापन कितना भयावह था।

सरकार चिन्तित हो उठी। चिन्तित रहना उसका स्वभाव ही था, पर इस बात से वह विशेष रूप से चिन्तित थी। पाठकों की और साहित्य की क्षति तो हो ही रही थी—एक नई चुनौती का जवाब देकर दिखाने के ठीक पहले साहित्यकार मरते जा रहे थे—राज्य की भी क्षति हो रही थी। आखिर सिर्फ चित्रकारों और पत्रकारों से तो किसी राज्य की प्रतिष्ठा नहीं बन सकती थी—इनमें से किसी की हठात् मृत्यु का होना सुनाई नहीं पड़ रहा था।

इन्हीं दिनों उत्तर प्रदेश के मानिकपुर गाँव में एक अध्यापक रहता था जो एक माध्यमिक विद्यालय में साहित्य पढ़ाता था। और एक सौ पच्चीस रुपए मासिक वेतन और आठ रुपए महँगाई भत्ता पाता था। उसकी पाँच सन्तानों में से एक, सात वर्ष का शिवकुमार पेट के दर्द का मरीज था। दो बरस का था तभी से उसे महीने में एक बार दुःसह दर्द का दौरा पड़ा करता। वह तिलमिलाकर रह जाता। दिन-भर पेट पकड़े औंधे पड़े रहकर वह दूसरे दिन उठ बैठता। माँ-बाप समझते, अपच होगा। यह दौरा नियमित रूप से हर महीने पड़ता रहा। जब तक लड़का पाँच बरस का हो तब तक दौरा हर सप्ताह पड़ने लगा था। अध्यापक ने निकट के एलोपैथ डॉक्टर का इलाज शुरू किया और साल-भर तक जारी रखा जैसा डॉक्टर ने कहा था। साल-भर में दर्द तो कम हुआ; हाँ, लड़के को दर्द के वक्त खानेवाली दवा की आदत पड़ गई। फिर कुछ महीने एक होम्योपैथ की दवा खाकर, जो कई हफ्ते तक तो सिर्फ एलोपैथी दवाओं के निराकरण के लिए ही दी गई थी, दर्द दूर करने के लिए नहीं, लड़का अपने बाप के साथ दिल्ली के बड़े अस्पताल में इलाज के लिए आया।

पहली बार दिल्ली देखने के कौतूहल से चमकता हुआ चेहरा लिये वह दर्द का

अगला दौरा पड़ने के पहले ही अस्पताल पहुँच गया। अब उसे रोज दौरा पड़ता था, अलबत्ता वह रहता थोड़ी देर था। अस्पताल में तीन जगह नाम लिखाने और परची बनवाने में जितना समय लगा वह उसके निकट क्षणों में बीत गया—उसने इतने लोग एकसाथ, इतनी चहल-पहल कभी न देखी थी, भले ही वह बीमार लोगों की थी। अध्यापक हरिहरनाथ एक चादर में दो कपड़े और माँगे की दो किताबें लाए थे। वह आधुनिक साहित्य स्कूल में तो नहीं पढ़ाते थे, पर खुद पढ़ने के शौकीन थे। तीसरे पहर जब डॉक्टर साहब से भेंट की बारी आई तो उन्होंने किताब बन्द करके लड़के को सोते से जगाया और डॉक्टर साहब को एक नौजवान आदमी पाकर कुछ निराश और पाँच बरस के बच्चे का कष्ट देखते-देखते कुछ हताश स्वर में रोग का वर्णन कर सुनाया। संयोग से उसी वक्त लड़के को दर्द उठा। हरिहरनाथ ने आशा से भरकर कहा, "देखिए, देखिए, देख लीजिए डॉक्टर साहब !"

डॉक्टर विद्यार्थी था। उसने फौरन मरीज को अध्ययन-योग्य समझा और बड़े डॉक्टर के पास भेज दिया।

दूसरे दिन बड़े डॉक्टर से भेंट से पहले बाप-बेटे ने अस्पताल के बरामदे में रात बिताई। दोनों को एक महत्त्व का अनुभव हो रहा था—अध्यापक को यह कि बड़े डॉक्टर के पास मामला जा रहा है तो ऊँची चिकित्सा सरकार की तरफ से होगी, बच्चे को यह कि उसे एक नई जगह में एक दिन और रहने को मिला है।

बड़े डॉक्टर ने कई प्रकार की जाँच के लिए लड़के को भरती कर लिया। पिता तीन दिन अस्पताल के बरामदे में ही रहा। कितनी ही बेईमानी क्यों न हो, अस्पताल से बच्चे को जो खाना मिलता था वह इतना तो होता ही था कि दो के लिए काफी हो जाए और लड़का तो दर्द के मारे एक वक्त कुछ खा भी नहीं सकता था।

चौथे दिन जब खून, थूक, पेशाब की जाँच हो ली, नुस्खा लिख दिया गया और अगले महीने फिर आकर दिखाने को कह दिया गया तो अध्यापक ने कह-सुनकर बच्चे को शाम तक अस्पताल में ही रखने की इजाजत ले ली और दिल्ली के बड़े-बड़े लेखकों से मिलने चला गया।

वह उनसे पहली बार मिल रहा था। वह उन्हें देखने को उत्सुक था। उनकी रचनाएँ वह बराबर पढ़ता रहा था और अब तो बच्चे के इलाज के लिए फिर दिल्ली आना होगा, इसलिए वह चाहता था कि इस बीच वे जो कुछ लिखें उसे पढ़ने को मिल जाया करे। जो हो, इस बार तो जो भी किताबें मिल सकीं वह उनसे माँगकर ले आया—इस वायदे के साथ कि महीने-भर बाद निश्चय ही लौटा देगा।

एक महीने बाद उसने किताबें लौटा दीं। छोटे से घर में तेल और धुएँ से उनका रंग कुछ बिगड़ गया था। पर उन पर उसने एक-एक मोटा बादामी कागज चढ़ा लिया था और जो कुछ बिगड़ा था उसी मलट का बिगड़ा था। लेखक लोग चाहते तो किताब अलमारी में रखने के पहले उसे उतारकर फेंक देते।

बच्चे को इस बार सात दिन अस्पताल में रखा गया। रोग विचित्र था। शिशुविभाग

के अध्यक्ष को भी दिखाया गया। उन्होंने अपने एक प्रिय शिष्य को विशेष रूप से इस रोग की पहचान के कुछ गुर बताए। वही दवाएँ देते रहने को कहकर बाप-बेटे को विदा कर दिया गया। बच्चा ऊब चला था, मगर बाप चकित था कि उसके बेटे पर इतना ध्यान दिया जा रहा है।

अगले महीने जब हरिहर दिल्ली आया तो उसने एक लेखक से पढ़ने के लिए किताबें माँगते हुए उसे अपने बच्चे की यातना की कहानी भी सुनाई। बच्चे को अस्पताल की दवा से किंचित् लाभ था—हरिहर को ऐसा ही कहना अच्छा लगता था। पर दौरा उसे अब भी रोज पड़ता था। हाँ, नई दवा से वह पहले के मुकाबले जल्दी और कुछ अधिक खर्च में शान्त हो जाया करता था। लेखक ने बच्चे को देखने की इच्छा प्रकट की। अस्पताल के बड़े डॉक्टरों की जाँच-पड़ताल खत्म होने पर घर वापस जाते हुए हरिहर बच्चे को लेखक के घर ले आया।

वह पाँव में रबर की चप्पलें और खाकी नेकर पहने था। उसकी कमीज सफेद थी। वह उसके स्कूल की वर्दी थी। पर और स्कूलों की तरह लकदक न होकर यह न जाने क्यों खो रही-सी दिखती थी। वर्दियाँ सभी स्कूलों में होती हैं पर इससे यह तो नहीं होता कि वह वर्दियाँ एक सी शानदार हो जाएँ। स्कूल वह कुछ ही दिन जा सका था। रोज दर्द के कारण वहाँ रोता था, इसलिए घर बैठा दिया गया था—स्कूल में भरती के साथ-साथ वर्दी बनवानी लाजिमी थी इसलिए वर्दी तो बन चुकी थी। वह उसकी सबसे अच्छी पोशाक थी—अस्पताल जाने के वक्त वही पहना दी जाती।

लेखक ने लड़के को प्यार किया और उसे बिस्कुट खाने को दिए। उन्होंने लड़के के चेहरे पर उसकी वेदना देखने के लिए उस पर नजर जमाई। लड़का झेंप गया। वह हँसा भी। उसी समय कोई देखता तो उसके चेहरे से कुछ समझ सकता था : अन्यथा वह इतना बोदा रह गया था कि दर्द भी उससे अदा न होता था।

पर धीरे-धीरे वह होशियार हो चला था। अस्पताल के कई तौर-तरीके वह जान गया। किसी बड़े आदमी के यहाँ मिलने को ले जाए जाने पर हर चीज के लिए ललचाना नहीं चाहिए, यह तो वह डर के मारे जानता ही था। तरह-तरह के नुस्खों और प्रमाणपत्रों को भी वह पहचानने लगा जो डॉक्टरों ने समय-समय पर उसके रोग के सम्बन्ध में जारी किए थे। जब उसका पिता भूलने लगता तो वह ठीक कागज उठाकर दे दिया करता। और वह कई बड़े-बड़े लेखकों को भी पहचान गया था जिनके पास उसका पिता उसे ले जाया करता था।

रोग अच्छा होने नहीं आ रहा था। बड़े अस्पताल से भी बड़े एक अस्पताल में चार दिन के लिए भेजा जा चुका था। वहाँ के अध्यक्ष ने एक दिन हरिहर से एक ऐसी बात कही जिसे सुनकर हरिहर को पूरी उम्मीद हो गई कि लड़का अच्छा हो जाएगा।

डॉक्टर ने कहा, "मैं तुम्हारी और तुम्हारे घर के लोगों की जाँच करना चाहता हूँ। बच्चे का रोग पुश्तैनी जान पड़ता है और इस जाँच से हम उसे अच्छी तरह पकड़ लेंगे।"

सारा परिवार दिल्ली आया। कहना कठिन है कि यह यात्रा बच्चे की माँ के लिए

अधिक रोमांचकारी थी कि उसकी बहनों के लिए। दोनों ही पहली बार घर से निकली थीं। अस्पताल में सबको रखा गया। अच्छी तरह दिल्ली घूमना नहीं हुआ, इस खेद को इस आशा के साथ मिलाए-जुलाए कि शिवकुमार का इलाज हो रहा है, वे गाँव के घर में लौट गईं।

अध्यक्ष ने अपने तीन सहयोगियों के साथ, सबके नाम और पदों का उल्लेख करते हुए एक विशेष लेख अस्पताल के मुखपत्र में लिखा। इसमें बताया गया था कि एक लड़के को तिल्ली के शोथ का रोग है और वह वंशानुगत है और यही नहीं, भारत में अपनी किस्म का यह अकेला रोगी है। इसी कारण यह लेख महत्त्वपूर्ण है। विश्व में इस प्रकार के केवल दस रोगी और हैं। इसलिए यह लेख विश्व-स्तर के शोध-प्रबन्धों में गिनने योग्य है।

हरिहर जानना चाहता था कि अब क्या होगा ? डॉक्टर ने कहा, ''कुछ नई दवाएँ लिख दी गई हैं। इस रोग को जड़ से दूर करने की दवा तो विलायत के डॉक्टर भी नहीं निकाल पाए हैं। दवा खिलाते रहो। अस्पताल में रखने की अब जरूरत नहीं है।''

परन्तु न मालूम क्यों, यह बात हरिहर की समझ में न आई। जब उसका बच्चा संसार के ग्यारह गिने-चुने रोगियों में से है तो कोई इलाज तो अवश्य होना चाहिए। यह सोचकर वह उलझन में पड़ गया कि इतना विशिष्ट होने पर भी उसके बच्चे के रोग से अब डॉक्टर क्यों उदासीन हैं। बच्चे को विकट यातना रोज मिलती थी। रोज की नई दवा का खर्च भी बड़ा था—दवाओं का दाम इसी बीच बढ़ भी गया था—अस्पताल में जितने दिन रहता उतने दिन बच्चा मुफ्त दवा पाता—पर अब उसे अस्पताल में रखने का डॉक्टरों के अनुसार कोई कारण ही न था।

साल-भर की दौड़धूप के बाद हरिहर ने पाया कि उसे जो मिला वह महँगा सौदा ही कहलाएगा। पर उसने हिम्मत न हारी। उसने अंग्रेजी के एक-एक शब्द का हू-ब-हू वही हिज्जे करते हुए अस्पताल के मुखपत्र में अपने बच्चे के रोग पर छपे लेख की नकल अपने हाथ से करके रख ली। इसमें शिवकुमार और हरिहरनाथ और उनकी पत्नी और लड़कियों का नाम नहीं दिया गया था। वह उसने हाशिए पर अलग से लाल रोशनाई में लिख लिया। इसे और तमाम पुराने कागजों को लेकर वह एक बार फिर दिल्ली आया। इस बार वह अस्पताल नहीं गया; पंडित सुधाकर मिश्र के यहाँ गया जो कि अच्छे प्रभावशाली संसद-सदस्य थे और स्वास्थ्यमन्त्री पर असर डाल सकनेवाले दो-तीन लोगों में गिने जाते थे।

मिश्रजी ने सब कहानी सुनकर पूछा, ''चाहते क्या हो ?'' हरिहर ने कहा, ''पाँच बरस से बच्चे का इलाज कराते-कराते मैं निर्धन हो गया हूँ और शरीर जर्जर हो रहा है।'' मिश्रजी बोले, ''यह तो ठीक है, पर तुम जो चाहते हो वह बताओ। तब मैं बताऊँगा कि वह मैं करा सकता हूँ कि नहीं।'' हरिहर नहीं बता पाया। उसे एकाएक अन्दाज नहीं मिल रहा था कि इनसे क्या करा देने के लिए कहूँ ? जबकि यह शायद सभी कुछ करा दे सकते हैं।

मिश्रजी ने उसे सोच में पड़े देखकर उसे एक और संसद-सदस्य, शुक्लजी का नाम बताया जो स्वास्थ्यमन्त्री पर असर रखनेवाले बाकी दो-तीन लोगों में से थे।

हरिहर शुक्लजी के घर गया। शुक्लजी बहुत व्यस्त थे, उन्होंने जल्दी से सब सुनकर कहा, "आप मिश्रजी से क्यों नहीं मिले ?" "उन्होंने आपके पास भेजा है," हरिहर से यह सुनकर शुक्लजी ने मिश्रजी से फोन मिलाया और पूछा, "क्या करना है इस आदमी के लिए ?" मिश्रजी ने कहा, "आप ही देख लें।" शुक्लजी हरिहर से बोले, "कहो तो किसी अस्पताल को चिट्ठी लिख दूँ ?" हरिहर फिर सोचने लगा। एक क्षण में सही अस्पताल का नाम बताना था। शुक्लजी बहुत जल्दी में थे; हरिहर हारकर बोला, "दिल्ली में नहीं हो सकता इलाज, डॉक्टर यही कहते हैं।"

कहा नहीं जा सकता कि वह क्षण परोपकार का था या हड़बड़ी का, पर शुक्लजी ने कहा, "दिल्ली में नहीं तो देश में और कहीं बताओ..." फिर थोड़ा सोचकर बोले, "देश में नहीं तो विदेश में ठीक हो सकता है तुम्हारा लड़का ?"

हरिहर को एकाएक रोशनी दिखाई दी। दस और रोगी भी हैं विदेशों में। हो क्यों नहीं सकता...?

शुक्लजी हरिहर को अपने सचिव के हवाले करके प्रधानमन्त्री के यहाँ चले गए। जब किसी को नहीं मालूम होता कि वह कहाँ गए हैं तो सचिव यही कहता था कि प्रधानमन्त्री के यहाँ गए हैं।

विदेश में इलाज कराने की बात कहकर शुक्लजी ने एकसाथ कई काम कर डाले थे। अपनी प्रतिष्ठा को उन्होंने एकाएक साधारण सिफारिशों के स्तर से कहीं ऊँचा उठा दिया था और एक याचक को खाली हाथ लौटाने के बजाय एक बहुत बड़े संसार में भेज दिया था।

परन्तु कुछ दिन बाद हरिहरनाथ ने उतने बड़े संसार में दिन-रात एक करके उस पत्र का उत्तर स्वास्थ्यमन्त्री के कार्यालय से लिखवा ही लिया जो शुक्लजी ने वहाँ भेजा था। हरिहर बच्चे को गाँव छोड़कर दिल्ली आया और मन्त्रालय के एक उपकार्यालय के हिलती कुर्सियों और तेलौंस मेजोंवाले एक कमरे में सवेरे से भूखा रहकर बैठा रहा; वह कोई विरोध नहीं कर रहा था, वह सिर्फ इन्तजार कर रहा था कि कब बातें खत्म हों जो चपरासियों, मुंसियों और आने-जानेवाले रिश्तेदारों में बराबर चल रही थीं, और कब उसकी चिट्ठी निकाली जाए। जब वह निकली तो हरिहर दंग रह गया। एक सफेद कागज ने अब एक ग्रन्थ का रूप ले लिया था। यह उसके लड़के के सब नुस्खों और जाँच-पत्रों के बादामी पुलिन्दे से कहीं बड़ा था।

मन्त्रालय के किसी अवर-सचिव के हस्ताक्षर से उसे जो पत्र मिला उसमें लिखा था, "आपके लड़के का इलाज विदेश में कहाँ हो सकता है, यह बताने की कृपा करें। यदि योग्य डॉक्टर की सलाह है कि उसका इलाज विदेश में कराया जाए तो यह सलाह साथ

में भेजें। यह भी बताएँ कि इलाज पर अनुमानतः कितना खर्च आएगा।''

इस चिट्ठी का गौरव ही इतना अधिक था कि हरिहर को क्षण-भर के लिए लगा कि उसका लड़का चंगा हो रहा है। यह पत्र हाथ में लेकर वह बड़े अस्पताल के अध्यक्ष के पास जा खड़ा हुआ।

अध्यक्ष ने पत्र पढ़कर हरिहर को देखा। वह उसे शब्दशः सर से पाँव तक तो नहीं देख रहे थे, पर देख ऐसे ही रहे थे। उन्होंने कहा, ''बच्चे की बीमारी के बहाने विदेश घूमना चाहते हो ? मैं तो कह चुका हूँ कि तिल्ली के इस शोथ का इलाज अभी नहीं निकला।''

हरिहर वापस आया। वह नहीं जानता था, क्या करे। यदि डॉक्टर होता तो लाइलाज मर्ज का इलाज सोचने में लग जाता। एक क्षण के लिए उसे दिल में यह औपन्यासिक विचार आया भी कि वह सब कुछ छोड़कर चिकित्सा-विद्या पढ़े और स्वयं एक नया आविष्कार करके ग्यारहों शोथ-पीड़ितों को नीरोग कर दे। पर अपनी तनख्वाह और पाँच बच्चों की याद आते ही वह फिर किसी ऐसे उपाय की खोज में लग गया जो साधारण आदमियों के करने योग्य होते हैं।

अब वह ऐसे किसी योग्य डॉक्टर को खोज रहा था जो यह लिख दे कि उसके लड़के का इलाज विदेश में हो सकता है। एक हितैषी से दूसरे के पास ऐसे डॉक्टर का नाम पूछने जाते-जाते उसे नुस्खों का पुलिन्दा एक बोझ लगने लगा। उसके चौपरते कागजात नम होकर एक-दूसरे से चिपक गए थे और 'यह देखिए, यह रहा' कहने के बाद उसकी परतें खोलने में ही इतना वक्त लगने लगा था कि देखनेवाला विषय बदल दिया करता था। कई लोगों ने उसे कई नाम सुझाए। जिसको जिस आदमी की इज्जत बढ़ानी होती वह उसका नाम हरिहर को बता देता। कोई-कोई किसी ऐसे आदमी का नाम बताते जिसे वे चुनौती देना चाहते हों। हरिहर ने नुस्खों को सुरक्षित रखने के लिए एक नामी आदमी के घर से चलते हुए एक पुराना लिफाफा माँगा था। कई लोगों ने तो पुलिन्दे पर यह नाम देखकर उसे फिर उसी नामी आदमी के पास जाने की सलाह दी।

हरिहर ने एक रात स्वप्न में देखा—वह लन्दन में आ गया है। अपने को सूट और टाई पहने वह कभी सोच भी नहीं सकता था—स्वप्न में भी वह टाई नहीं बाँधे था; हाँ, उसके तन पर एक नया और लम्बा कोट था, गले में मफलर, पाँव में मोजे के साथ जूते। शिवकुमार एक लाल-नीली बुनाई का स्वेटर पहने था और उसके हाथ में चमड़े का एक नया बैग था। वह अच्छा हो चुका था और बाप-बेटे दोनों पैदल वापस लौटने निकले थे...स्वप्न में ही उसे दिखा कि कई अन्य देशों के दस रोगी उससे मिलने आए हैं। एकाएक उनकी तैरती हुई अजनबी सूरतें उसे जानी-पहचानी लगने लगीं। तभी वह जाग पड़ा। क्या मैं इन लोगों को चिट्ठी लिखूँ—लिखूँ कि जब कभी तुम्हारे देश में कोई डॉक्टर तुम्हारे इलाज का आविष्कार कर ले तब मुझे लिखना न भूलना...

दूसरे दिन उसने इस विचार में संशोधन किया। जगने के थोड़ी देर बाद तक तो उसे यह विचार सहज लग रहा था, परन्तु दिन चढ़ते-चढ़ते वह पहाड़ जैसा हो गया।

उन दसों के पते खोजने के लिए उसे फिर बड़े अस्पताल जाना पड़ता और फिर शायद उन सबके पास जिनके पास एक-एक, दो-दो बार हो आ चुका था।

उसकी जान-पहचान के लोगों की फेहरिस्त खत्म हो चुकी थी। उसने बिल्कुल अनजाने दो आदमियों को चिट्ठी लिख डाली। एक अमेरिका के राष्ट्रपति थे और दूसरे सोवियत संघ के प्रधानमन्त्री।

हरिहर को कभी कोई जवाब नहीं मिला। दोनों सरकारों के कई विभागों से होता हुआ उसका पत्र दोनों के परराष्ट्र मन्त्रालयों के सहायता विभागों में पहुँचा। वहाँ से डॉक्टरों की राय जानने के लिए गया और यह टिप्पणी नत्थी किए हुए लौटा, "भारत हमारा मित्रराष्ट्र है। हम वहाँ के एक गरीब आदमी को अपने यहाँ बुलाकर उस पर असाध्य रोग की औषधि के अनुसन्धान का प्रयोग करें, इसके पहले हमें समझ लेना चाहिए कि यदि रोगी प्रयोग के मध्य मर गया तो भारत में इस बात के राजनीतिक प्रभाव क्या होंगे। निश्चयपूर्वक कहना चाहिए कि बहुत अच्छे प्रभाव होने की आशा नहीं की जा सकती...दाखिल दफ्तर किया जाए।"

यह कहानी मैंने एक प्रसिद्ध और सफल लेखक को सुनाई। वह उन दिनों एक नए उपन्यास के कथानक और शैली से जूझ रहे थे जिसका साहित्य जगत को इन्तजार था। मैं उनकी सहसा मृत्यु के विचार से ही काँपता था। उन्होंने कहानी सुनकर कहा, "अहा, कितनी प्रतीकात्मक है !" उत्तेजना हृदय के हित में नहीं है पर अनजाने ही इस पर मैं गरम हो उठा। मैंने कहा, "हरिहर यथार्थ है, शिवकुमार यथार्थ है।" उन्होंने कहा, "होगा, पर असाध्य रोग प्रतीकात्मक है।" "नहीं," मैं चिल्लाया, मैंने मेज पर घूँसा मारा, "वह भी यथार्थ है—वह है और असाध्य नहीं है, वह..."

अकस्मात् सामने बैठा लेखक चौंका और कुर्सी पर लुढ़क गया। औरों की तरह वह भी अपनी कीर्ति के शिखर पर खड़े-खड़े सहसा खत्म हो गया था।

(रास्ता इधर से है)

पैदल आदमी

जब सीमा के इस पार पड़ी थीं लाशें
तब सीमा के उस पार पड़ी थीं लाशें
सिकुड़ी ठिठुरी नंगी अनजानी लाशें

वे उधर से इधर आ करके मरते थे
या इधर से उधर जा करके मरते थे
यह बहस राजधानी में हम करते थे

हम क्या रुख लेंगे यह इस पर निर्भर था
किसका मरने से पहले उनको डर था
भुखमरी के लिए अलग-अलग अफसर था

इतने में दोनों प्रधानमन्त्री बोले
हम दोनों में इस बरस दोस्ती हो ले
यह कहकर दोनों ने दरवाजे खोले

परराष्ट्र मन्त्रियों ने दो नियम बताए
दो पारपत्र उसको जो उड़कर आए
दो पारपत्र उसको जो उड़कर जाए

पैदल को हम केवल तन इज्जत देंगे
जब दे करके बन्दूक उसे भेजेंगे
या घायल से घायल अदले-बदलेंगे

पर कोई भूखा पैदल मत आने दो
मिट्टी से मिट्टी को मत मिल जाने दो
वरना दो सरकारों का जाने क्या हो

(हँसो हँसो जल्दी हँसो)

सीमा के पार का आदमी

युद्ध-विराम हो चुका था। यह दोनों देशों के इतिहास में गपतालीसवाँ युद्ध-विराम था। हर बार की तरह पड़ोसी शत्रु को कुचलकर रख देने के गीत लिखनेवाले कवि दूसरे धन्धों की तलाश करने लगे थे और राष्ट्र की महानता के महाकाव्य रचनेवाले कवि सरकारी नेताओं से मिलने-जुलने में लगे थे ताकि उन्हें समझा सकें कि वे युद्ध और युद्ध-विराम दोनों को ही राष्ट्रीय महानताएँ मानते हैं। ठेकेदार युद्ध-सामग्री के जो ठेके युद्ध-विराम में भी मिल सकते हैं उन्हें लेने के लिए छोटे मन्त्रियों के यहाँ उपहार अब भी भेज रहे थे मगर सबसे बुरा हाल लड़कों को कवायद के लिए काठ की बन्दूकें सप्लाई करनेवालों का था—और यह तब जबकि राष्ट्र की इस भावना के वे सबसे सच्चे समर्थक थे कि हम लड़ना नहीं चाहते किन्तु हमें लड़ना पड़ा तो हम लड़कर मर जाएँगे।

इस अस्थिरता में एक दिन शत्रु के उस क्षेत्र का मुआयना करने की इच्छा रक्षा-उपमन्त्री ने प्रकट की जो अपने कब्जे में था।

मेजर मलकानी युद्ध-विराम मोर्चे पर दर्शकों को ले जाने और घुमाने का काम किया करते थे। उन्होंने कहलवाया कि मन्त्री को मोर्चा ही नहीं, बन्दीघर भी देखना चाहिए। युद्ध-बन्दियों के जेलखाने में दो चीजें खासतौर से देखने की हैं—एक तो अस्सी बरस की एक बुढ़िया है और दूसरी अट्ठारह बरस की एक छोकरी। जो कोई जेल देखने जाता है इन दोनों से जरूर मिलता है। बुढ़िया पाकिस्तान के अध्यक्ष को ताबड़तोड़ गालियाँ सुनाती है कि वह इसके सिर पर यह मुसीबत लाया और लड़की कुछ सुनाती-वुनाती नहीं—वह खुद देखने से ताल्लुक रखती है। वह गद्दर जवान ही नहीं, सीनाजोर भी है; चौबारा गाँव पर कब्जा होने के पहले उसने अकेले दम हमारी पलटन का मुकाबला किया था : बन्दूक थी उसके पास, और बड़ी मुश्किल से काबू आई थी। जानते हो, इन्हीं बातों से तो औरत की जवानी मर्दों को एक चुनौती बन जाती है। मेजर ने मन्त्री के साथ चलनेवाले चपरकनातियों की संख्या गिनी और उस गिरोह में एक अखबारी प्रतिनिधि भी शामिल कर लिया। इत्तफाक देखिए कि वह मैं था।

जिस अखबार के लिए मैं काम किया करता था उसमें हर युद्ध के समय छापा जाता था कि भारतीय सिपाही अदम्य साहस से लड़े। लड़ते ही थे। परन्तु यह रहस्य बना ही

रह जाता कि भारतीय सिपाहियों में पाकिस्तानी सिपाहियों से लड़ते समय वह साहस कहाँ से आ जाता था ! कोई पूछता भी न था। जैसे सबको यह सिखा दिया गया हो कि आजादी की रक्षा के लिए अपने भाइयों से लड़ते रहना जरूरी है। जो हो, मुझे मेरा काम बता दिया गया था और वह काफी सीमित था। मुझे इस विषय पर एक वृत्तान्त लिखना था कि मोर्चे पर भारतीय सैनिकों ने पाकिस्तानी नागरिकों के साथ कितनी इंसानियत का बरताव किया।

सीमा पार करने के दस कदम पहले सैनिक कमान का एक दफ्तर था। उसमें बैठे हुए कुछ बाबू फाइलों पर कलम घिस रहे थे और सैनिक वर्दी पहने हुए थे। उन्हें देखते ही मुझे खाने के कटोरदानों की याद आई जो हर शहर में ऐसा ही काम करनेवाले घर से लाया और दफ्तर से वापस ले जाया करते हैं। यहाँ वैसा कुछ भोंडापन न था। बल्कि सैनिक वर्दी भी थी। उसने निरी कलमघिसाई को कितनी इज्जत बख्श दी थी—मानो सेना न हो तो यह काम मरियल इंसानों से ही कराना पड़े।

सीमा पार करते समय हमें बताया गया कि हम सीमा पार कर रहे हैं। शायद यह जरूरी था क्योंकि सीमा-वीमा यहाँ कहीं थी नहीं सिर्फ एक नाली थी जिस पर पटरे डालकर पुलिया बना ली गई थी। वह भी सेना ने नहीं बनाई थी। अंडे-मुर्गी और दूध उधर से लाकर इधर बेचनेवालों ने बनाई थी। उसी पर सेना पहरा दे रही थी। विभाजन की रक्षा के लिए उसे कहीं तो पहरा देना ही था।

पहला पड़ाव एक ब्रिगेडियर का अड्डा था जिस पर वह एक गाँव जीतने के बाद तैनात था। उसके बंकर में बीयर और डिब्बाबन्द मछली थी। "क्या इस गाँव में कुछ पैदा नहीं होता जो आप यह खा रहे हैं ?" मैंने पूछा। "बात यह है कि गाँववाले गाँव में हैं नहीं," उसने कहा। मतलब यह था कि हमारे आने से पहले जो भाग गए उनके अलावा बाकी या तो मारे गए या बन्दी हैं। ये बातें युद्ध के मैदान में, भले ही वह ठंडा पड़ गया हो, कितनी स्वाभाविक लगती थीं। खिदमतगार दर्जे के सैनिकों से घिरा हुआ अफसर इन्हें कहते वक्त एक असैनिक के मन में युद्ध नामक किसी तीसरी सत्ता का ऐसा आतंक जमा सकता था कि न बच्चों को सीने में छिपाए भागते लोगों की तस्वीर आँखों के सामने आती, न इस स्थिति का उपहास दिखाई देता कि विजेता को खाने को कुछ नहीं मिल रहा है, सिर्फ वीरता का जादू छाया रहता। यही यह अनजाने में कर रहा था। मगर एक सच्चे सैनिक की तरह वह बहादुरी का सेहरा अपने ही सिर बाँधकर बैठ न रहा। हालाँकि वह यह कभी नहीं समझ सकता था कि एक गाँव में घुसकर बैठ रहना कितना हास्यास्पद है, वह यह जरूर समझता था कि बिना प्रतिरोध के जीतने पर कोई वाहवाही नहीं होती। उसने बताया कि एक घर में से पूरा परिवार आखिरी दम तक हमारी सेना का मुकाबला करता रहा। जब उनकी गोलियाँ चुक गईं तब भी वे न निकले, जब खाना चुक गया तब भी न निकले, जब पानी चुक गया तब भी न निकले...

"तो क्या आपने उन सबको भूखा-प्यासा मार डाला, यानी भूखे-प्यासों को गोली से मार डाला ?"

"नहीं जनाब, आखिर उनको अकल आई और उन्होंने समर्पण किया मगर इस शर्त पर कि हम उनकी जान बख्श देंगे..."

"और आपने उनकी जान बख्श दी ?"

"जी हाँ, हमने उन्हें कत्ल नहीं किया। हम उनकी इज्जत कर रहे थे क्योंकि वे आखिरी दम तक लड़े थे।"

अब मेरी समझ में आया कि आखिरी दम से उसका मतलब आखिरी साँस से नहीं उस एक क्षण से है जब संकल्प टूटने लगता है और आदमी यह निश्चयपूर्वक नहीं कह सकता कि वह सिर्फ जिन्दा रहने के लिए जिन्दा रहना चाहता है या दोबारा लड़ने के लिए। जो हो, वह बोल कुछ इतने गौरव से रहा था जैसे कि निहत्थों को कत्ल करने का भी श्रेय उसे मिलना चाहिए।

अफसर ने किसी को आवाज दी और उसके आ जाने पर पूछा कि वह बुड्ढा कहाँ है और क्या कर रहा है ? वह बैठा है, यह सुनकर अफसर मुझे टीले के ऊपर ले गया। वहाँ वह धूप सेंकता बैठा था। या तो वह जमीन को ताक रहा था, या बुढ़ापे से उसकी गर्दन ही झुकी रह गई थी।

"क्यों मियाँ, कैसे हो ?" किसी ने पूछा।

उसने बड़ी मेहनत से गर्दन उठाई। यही उसका जवाब था। या तो 'अच्छा हूँ आपकी दुआ से' कहते-कहते वह थक चुका था या निर्जन गाँव में, अपने निर्जन गाँव में अपने ध्वस्त घर के बाहर शत्रु के बीच लगातार जिन्दा रखे जाते-जाते वह जड़ हो चुका था। "यह अकेला यहाँ क्यों पड़ा है ?" मैंने पूछा। मूर्खता का प्रश्न था कि नहीं। क्या यह काफी स्पष्ट न था कि वह एक इंसान वहाँ न रहा होता तो इंसानियत के सलूक का अवसर कहाँ से आता ?

मगर चूँकि मैंने पूछा था इसलिए किसी ने माकूल जवाब दिया, "वह अपना घर छोड़कर कहीं जाना नहीं चाहता।"

अनजाने में सैनिक ने एक बड़ी बात कह डाली थी। वह नहीं जानता था कि उसका यह वाक्य सेना के खिलाफ कितना बड़ा वक्तव्य है। हे ईश्वर, वह न जाने तो ही अच्छा है क्योंकि जान जाने पर वह इसे कभी दोहराएगा नहीं।

उपमन्त्री शत्रु की टुटरूटूँ एक अदद प्रजा का सलाम पाकर खुश हुए। वहाँ से आगे बढ़े तो हम कपास के खेतों में खड़ी फूली फसल के बीच थे और एक ऐसे गाँव की ओर जा रहे थे जिस पर वाकई जमकर हमला हुआ था।

गाँव में घुसते ही एक लम्बी गली में कदम पड़ा। इसमें यहाँ से लेकर वहाँ तक बीचोबीच एक साफ-सुथरा रास्ता बना हुआ था जैसा मन्त्रियों के कहीं जाने पर बनाया जाता है। यह रास्ता विचित्र भी था और किसी कदर भयानक भी, क्योंकि वह जली हुई धन्नियों, चौखटों और झुलसी हुई ईंटों का मलबा दोनों तरफ सरकाकर बनाया गया

था। हमें बताया गया कि मलबे के नीचे अब कोई लाश नहीं है। यह सच था, पर एक दिन पहले पानी पड़ चुका था और झुलसे हुए अनाज और काठ से उठकर एक गन्ध-भरा सन्नाटा हवा में छा गया था। उसमें लाशों की जो गन्ध कल तक रही होगी वह आज भी कहीं अटकी लटक रही थी।

यह गली गाँव का बाजार रही होगी, क्योंकि इसके दोनों ओर एक-एक दर के दो कमरे थे। एक में तले-ऊपर बुनी हुई मिट्टी की हँडियों का एक स्तम्भ खड़ा था जो गोला गिरने के पहले सीधा खड़ा रहा होगा। धमाके से वह खसक गया था और खसका ही खड़ा था। कटोरों का भी एक ढेर था पर उसमें कोई अदद चकनाचूर नहीं हुआ था, सबके सब चटखकर रह गए थे। एक दूकान में मटके में जौ थे, एक पोटली में लाहौरी नमक था और एक कनस्तर से गुड़ बाहर आ रहा था और मिट्टी में घुलमिल गया था।

आगे-आगे जगह-जगह सूँघता और सिर्फ बहुत पसन्द आ जाने पर मूतता एक कुत्ता चला। वह वहाँ अकेला प्राणी था जिससे जाना जा सकता था कि जिन्दगी का अपना एक आजाद ढर्रा भी होता है।

गली पार करते ही एक अजब दृश्य दिखाई दिया। गाँव के इस कोने पर इत्तफाक से कोई राकेट नहीं गिरा था। यहाँ एक चौपाल थी जिसके सामने खड़े पेड़ की सूखी पत्तियों से जमीन ढकी हुई थी। जरा परे हटकर निराले में एक चौकोर कोठरी खड़ी थी जिसका दरका हुआ शिखर स्पष्ट ही बमबारी से नहीं दरका था क्योंकि उसमें एक पीपल उगा हुआ था।

इस कोठरी के भीतर मन्त्रीजी भी गए। वहाँ उन्होंने दीवारों पर राम और कृष्ण की लीलाओं के चित्र देखे जो लाल-पीले तैलरंगों से हरी वार्निश की जमीन पर अँके हुए थे। उन्होंने कोठरी के मध्य में एक चौतरा देखा। उस पर कोई मूर्ति न थी।

निकास गाँव के दूसरे छोर से था। इस बार एक ढहे हुए घर के भीतर से गुजर कर जाना पड़ा। सब विशिष्ट अतिथि लाँघते-फाँदते निकल गए। मैंने अपने को एक बड़े कमरे में खड़े पाया जिसकी छत का एक कोना दीवार के एक अंश को साथ ले गया था और उसमें से अक्टूबर का नीला आकाश दिखाई दे रहा था। फर्श पर मिट्टी और चूने की तह से कूड़ा इस तरह ढका पड़ा था जैसे इसी तरह बिछाया गया हो। यह उस घर के रहनेवालों की गिरस्ती थी। एकाएक जाने किस लालच से मजबूर होकर मैंने उसे खखोलना शुरू कर दिया।

मुझे हाईस्कूल पास करने का एक प्रमाणपत्र मिला जिस पर का नाम फटकर अलग हो चुका था। एक आठवें दर्जे की भूगोल की कॉपी मिली। इसमें किसी ने पाकिस्तान के जलवायु का नक्शा बनाया था जो वह हिन्दुस्तान का नक्शा साथ में खींचे बगैर बना ही नहीं सका था। छोटे पैर की एक नन्ही चप्पल मिली। गुलाबी प्लास्टिक की सस्ते किस्म की थी जैसी चाँदनी चौक में भी मिलती है—जिस पर तितली टँकी रहती है। मुझे लपककर विशिष्ट अतिथियों को पकड़ना था : क्या मैं एक पैर में चप्पल, एक में नदारद, दौड़ जाऊँ ? मैं ठिठक गया। चप्पल को मैंने कूड़े में सबके ऊपर इस तरह रखा कि

जैसे ही बच्ची कमरे में आए उसे मिल जाए। एक पैर की लापता चप्पल को घर-भर में ढूँढ़ते, हल्ला मचाते बच्चों को क्या आपने कभी नहीं देखा ?

बन्दीघर भारतीय प्रदेश में एक स्कूल था। इसके अहाते को शेर जितना फलाँग न सके, इतने ऊँचे कँटीले तार से घेर दिया गया था। भीतर कई कमरों में जहाँ अब भी सेब और आम की बड़ी-बड़ी तस्वीरें लटक रही थीं वे लोग जमा थे जिन्हें अधिकृत गाँवों से लाया गया था। गौंजी हुई दरी पर ये पसरे पड़े थे। फिर भी न जाने क्यों, सारी जगह अस्थिरता से भरी हुई थी जैसे हवा में जान हो। औरतें नीचे आँगन में कई जगह रोटी पका रही थीं। गालियाँ देनेवाली बुढ़िया वहीं थी। बुलाकर लाई गई। किसी ने उसे छेड़ा ताकि वह कहना शुरू करे कि अय्यूब मुए का नास हो जिसने यह आग लगाई। इतने बड़े-बड़े आदमियों को देखकर वह पहले तो सकते में आ गई, फिर एकाएक दहाड़ें मार-मारकर रोने लगी। रो-रोकर वह कह रही थी, ''मेरा लड़का कहाँ ले गए हो तुम लोग ? मुझे सच-सच क्यों नहीं बता देते ?''

उपमन्त्री को बताया गया कि यह आधी पागल है, पर आप इससे कह दीजिए कि गाँव छोड़ने के पहले पाकिस्तानी फौज तुम्हारे लड़के को सबके साथ लारी में भरकर ले गई थी।

''बगल के कमरे में भी दो मिनट के लिए तशरीफ ले चलिए, हुजूर,'' मेजर साहब ने विषय के साथ-साथ स्थान भी बदलना चाहा ! वहाँ एक बड़ा कमरा-भर के हिन्दू थे। ये मुसलमानों से अलग रखे गए थे। बन्दीघर के प्रबन्धकों ने शायद यह नियम माना था कि चूँकि पाकिस्तान बन चुका है, इसलिए मुसलमान और हिन्दू अलग-अलग रखे जाएँगे। इतना ही सम्भव यह कारण हो सकता था कि चूँकि जेलखाना हिन्दुस्तान में है, इसलिए हिन्दू-मुस्लिम फसाद बचाने के लिए वे अलग-अलग रहें।

उपमन्त्री ने पूछा, ''पाकिस्तान में आपको कोई तकलीफ है ?''

मन्द गति से काफी देर तक सोचने के बाद एक आदमी, जिसके कान में सोने की बालियाँ थीं, कुछ कहनेवाला था कि दूसरा सवाल आया, ''क्या आपको अपने धर्म-कर्म के पालन की छूट है ?''

इतना सुनना था कि एक कोई आदमी कोने से लपका हुआ सामने आ खड़ा हुआ और कहने लगा, ''मुझसे पूछिए, मैं इन सबका पुरोहित हूँ।'' कहकर उसने टीन का एक सन्दूक खोला। उसमें भजनों की चौपतियाँ किताबें भरी हुई थीं, ''यह देखिए, हमें पूजा नहीं करने देते पर इनके सहारे किसी तरह हम जिन्दा हैं।''

''यह झूठ बोलता है,'' पुरोहित के बिल्कुल बगल में खड़ा हुआ एक नौजवान बोला। मन्त्री के स्वागत से जो हलचल शुरू हुई थी उसमें न जाने कैसे वह मुसलमानों के कमरे से यहाँ आ गया था। ''यह गलत है,'' उसने कहा, ''इनके पुजारी हैं और इनका मन्दिर भी है। चौबारा गाँव में आप जाएँ तो खुद देख सकते हैं।''

सब चुप रहे। पुरोहित ने कहा, ''बड़ी सख्ती है हम पर साहेब, तिथि-त्योहार बाजा नहीं बजा सकते, मूर्ति नहीं रख सकते—मन्दिर में।''

मुसलमान नौजवान जरा गरम होकर बोला, ''इनकी शादियाँ होती हैं, बच्चे पैदा होते हैं, सब काम होते हैं—अपने मजहब के भीतर।''

पुरोहित का चेहरा अस्वीकार से और कड़ा हो आया।

उपमन्त्री मुड़कर चल दिए। अमला साथ-साथ रेंग गया।

एक बार मैं फिर पीछे छूट गया था। पुरोहित के कन्धे पर हाथ रखकर मैंने पूछा, ''अब तुम हिन्दुओं के बीच में आ गए हो तो यहीं क्यों न रह जाओ—सब कष्ट कटें !''

वह चौंका। अविश्वास से उसने मुझे ताका। दरवाजे की तरफ देखकर उसने अन्दाज लगाया कि उसको कोई ताड़ तो नहीं रहा है।

''नहीं साहेब, वहीं चले जाएँगे।''

''तुम तो कहते हो, बड़े बन्धन हैं वहाँ !''

''हाँ साहिब, हैं तो, पर अपना घर वहीं है, बच्चों को पालने का सहारा है, अपना जो कुछ है वहीं है साहिब, अब और कहाँ जाएँ ?''

एक पल हम दोनों चुप रहे। फिर उसने जाने क्या सोचकर मुझसे मानो कोई भेद खोला, ''हम 1947 में भी वहीं थे। हमने अपना घर नहीं छोड़ा।''

मुझे कोई गलतफहमी न हो गई हो, सिर्फ इस खयाल से मैंने पूछा, ''हिन्दू होकर भी तुम वहीं बने रहे ?''

''हिन्दू तो हिन्दुस्तान चले गए थे,'' उसने कहा, ''हम हरिजन हैं।''

विशिष्ट अतिथियों की मंडली दबंग युवती को देखने आगे बढ़ रही थी जैसे वे सब पुरुषपुंगव हों और उनके ऊपर सुनहरी ज़ीन कसी हुई हो। मैं उधर नहीं गया। मेरा दिल बेकरार हो उठा, इस आदमी को एक पैर की उस नन्ही चप्पल की बात बता डालने को, जिसे मैं नसीमन के लिए वहीं सँभालकर रख आया था।

(1991, रास्ता इधर से है)

राममन्दिर तोड़ा गया

पत्रकारिता की भाषा में परिवर्तन आता रहा है यह तो सभी जानते हैं, पर पत्रकारिता की पढ़ाई करानेवाली संस्थाओं और पत्रकारिता विद्यालयों के लिए पाठ्य-पुस्तकें लिखनेवाले विद्वानों को अभी तक यह नहीं समझ में आया कि यह भाषा क्यों बदलती रही है। इसमें बदलाव समाजभाषा में बदलाव के साथ-साथ आता है पर समाजभाषा और पत्रकारिता की भाषा दोनों में बदलाव काव्यभाषा में बदलाव के साथ जुड़ा चलता है। काव्यभाषा, अलंकारों के आधार पर नहीं, मानवीय संवेदनाओं को समृद्ध करने के साधनों के आधार पर निर्मित होती है। पर यहाँ इस विषय पर नहीं, पत्रकारिता की भाषा में इस काव्यभाषा के प्रतिबिम्ब के विषय पर बात की जा रही है। और इसमें भी विशेष रूप से हाल के सप्ताहों में छपी भाषा के एक नमूने पर अपने विचार रख रहा हूँ।

एक समाचार छपता है जिसका शीर्षक है 'अयोध्या में राममन्दिर तोड़ा गया।' समाचार के शब्द पढ़ने पर कई घटनाओं का पता चलता है पर राममन्दिर का कहीं नाम नहीं मिलता। शिलान्यास कुंड पर लगी छतरी का नाम आता है और शिलान्यास कुंड में रखी हुई किसी मूर्ति का उल्लेख होता है। पर मन्दिर की संज्ञा का नहीं और उसके टूटने की क्रिया का भी नहीं। शिलान्यास कुंड में वास्तव में कोई मूर्ति कभी थी भी या नहीं, यह तथ्य भी विवादास्पद है। तब फिर दिखता है कि 'राममन्दिर तोड़ा गया' नामक क्रिया का यथार्थ यह है कि मन्दिर नहीं था, परन्तु जब उसके टूटने की घटना को समाचार बनाना उद्‌देश्य हो तब उसके यथार्थ की सृष्टि उन खंड तथ्यों को जोड़कर कर ली जाए जो लिखनेवाले की कल्पना में मन्दिर के चिह्न हैं। इन चिह्नों को जोड़ने से केवल इस समाचार लेखक के पूर्वग्रह में मन्दिर की सृष्टि होती है। वास्तविकता के किसी नैसर्गिक नियम के अधीन मन्दिर का स्थापत्य नहीं खड़ा हो जाता।

अब हम लेखक की इच्छा को लेखक तक सीमित छोड़कर पाठक का पक्ष देखें। समाचार शीर्षक में यह पढ़ते ही कि राममन्दिर तोड़ा गया, पाठक पूछता है कौन सा राममन्दिर था जो तोड़ा गया। शिलान्यास स्थल को मन्दिर मान लिया जाए तभी यह कथन अंशतः सत्य हो सकता है कि मन्दिर तोड़ा गया क्योंकि शिलान्यास कुंड पर से छतरी हटा दी गई थी। पर यह मानना तर्कसंगत नहीं क्योंकि जिस मन्दिर के निर्माण के लिए शिलान्यास किया गया था उसका अस्तित्व होता तो फिर शिलान्यास कुंड न

होता और उस पर छतरी न होती बल्कि मन्दिर होता। सब तरह से सिद्ध है कि वास्तविकता यह थी कि मन्दिर कोई था ही नहीं जो तोड़ा जाता। जिस घटना की खबर दी गई वह यही थी कि शिलान्यास कुंड पर से छतरी हटा ली गई थी और जहाँ तक मूर्ति के हटाए जाने का प्रश्न है मूर्ति हटाया जाना भी उसके पहले से वहाँ होने पर निर्भर है और उसका वहाँ होना अनेक प्रमाणों के अनुसार सन्दिग्ध है। शिलान्यास स्थल पर मूर्ति स्थापना का कोई कर्मकांड नहीं विदित है।

इस शीर्षक की भाषा में भाषा के साथ बलात्कार किया गया है क्योंकि यह जिस बड़े यथार्थ का संक्षिप्त रूप है वह इस शीर्षक की व्याख्या करने से खुलकर सामने नहीं आता—वह केवल उसी पाठक के मन में नहीं आता है जो पहले से ही इस व्याख्या को जाने-पहचाने है और जिसे वास्तव में भाषा के द्वारा किसी यथार्थ से परिचय करने की आवश्यकता ही नहीं पड़नेवाली है। वह पाठक भाषा की जरूरत विचार को हृदयंगम करने के लिए नहीं मानता, केवल अपने पूर्वग्रहों को दूसरों पर थोपने के लिए उसका इस्तेमाल करता है। अपने अलावा दूसरे किसी को यथार्थ की समझ बनाने और बढ़ाने की अनुमति जो संस्कृति नहीं देती उसकी काव्यभाषा मानवविरोधी और दमनात्मक ही हो सकती है। इसी काव्यभाषा की उपज है यह व्यवहार भाषा जिसमें यह समाचार लिखा गया।

(जनसत्ता, 16 दिसम्बर, 1990)

मेरा मींजा दिल

एक शोर में अगली सीट पे था
दुनिया का सबसे मीठा गाना
एक हाथ में मींजा दिल था मेरा
एक हाथ में था दिन का खाना।

इस डर से कि बस रुक जाएगी
आवाज जहाँ मैं दे दूँगा
मैं सुनता था। कोई छू ले कहीं
मेरी पीठ नहीं–आना जाना लोगों का
हँसना गन्धाना–सीने में भरे साबूदाना
दाँतों की चमक सुथरी नाकें–वह रोज-रोज
इस रोज आज कल भी मुझ पर झुक जाएगी
सूखी लड़की। चेहरा चेहरे चेहरों के मुँह
गाढ़े गोरे पक्के खुश चुप। अनजाने बेमन मुस्काना

मोटे बुजदिल। घुप। शहरों के।
तब मैं समझा
वह अनिता थी
अनिता ? वह सीधी सलोतरी अपनी अनिता थी
रोजाना
जब तेज हुई बस
मैंने अंग्रेजी में कहा
ला काबाना

कोई सुन न सका।
मेरी खुशहाली के दिन में
मुझसे दो आने ले न सका। मैं हो न सका
मैं सो न सका। मैं रो न सका। मैं पों न सका
पों क्या माने ?

(आत्महत्या के विरुद्ध)

सड़क पर बच्चे[1]

उस दिन दोपहर को एक अड्डे पर बस ठहरी देखकर दौड़ा हुआ गया तो देखा स्कूल की बस है। खैर उस भले कंडक्टर ने कहा, 'आ जाइए' और इस तरह बीच से माँग काढ़े, छोटी-छोटी दो चोटियाँ डाले, सफेद कमीज और लाल फ्रॉक पहने बहुत सी बच्चियाँ और सजग, सामने देखनेवाले, हरे कोट और सुरमई पैंट पहने बहुत से बच्चों के मध्य अपने को पाने का अद्‌भुत अनुभव मुझे प्राप्त हुआ।

मैं एक बच्ची को गौर से देख रहा था जो अपनी भारी बकसिया को उठाकर सीट पर रख रही थी कि चीख मारकर बस एकाएक रुक गई। ठीक सामने सड़क से आती हुई एक मिलिटरी गाड़ी रास्ता छेके खड़ी थी--खड़ी तो वह अब हुई थी, पहले तो बिना देखे धँसती आ रही थी और उसी को बचाने के लिए ड्राइवर ने बस रोकी थी।

सहसा मुझे दो वर्ष पहले की वह दुर्घटना याद आई जिसमें श्यामाप्रसाद स्कूल की एक बस से लोदी रोड के चौराहे पर एक ईंट ढोनेवाला ट्रक आकर ऐसे ही लड़ा था और स्कूल बस की दीवालें कुचली हुई दियासलाई की डिब्बी की तरह खुल गई थीं। बस्ते और बस्तों से छिटककर गिरा एक लट्‌टू, एक रँगाई की कूची, एक 'शेर बाघ के मुँह में' नामक किताब सड़क पर बिखरी हुईं मैंने दुर्घटना के काफी बाद देखी थी। हताहतों का जिक्र यहाँ न करूँगा।

दिल्ली में स्कूल जानेवाले बच्चे बस में या पैदल बड़े-बड़े खतरों से बचते चलते हैं फिर भी हर साल अनुमानतः 50-60 बच्चे घायल होते हैं। कुछ असाध्य रूप से।

तभी बारहखम्भा रोड पर मॉडर्न स्कूल के पास एक नया निशान लगाया गया है, जिसका मतलब है कि 'यह जगह बच्चों के सड़क पार करने की है।' पर दिल्ली के केन्द्रीय सड़क अनुसन्धान संस्थान का यह सुझाव कितना अच्छा है कि हर उस बच्चे को जो सड़क पार कर रहा हो, मोटर या साइकिल सवार लालबत्ती समझे--रुक जाए। 'बच्चों को पहले जाने दो' यह सड़क पर गाड़ी चलानेवालों का पहला नैतिक सिद्धान्त होना चाहिए।

---

1. यह शीर्षक रघुवीर सहाय का दिया हुआ नहीं है। 1960 में प्रकाशित इस टिप्पणी का कोई शीर्षक *दिल्ली मेरा परदेस* में नहीं दिया गया है।

साइकिल-रिक्शा

यह महज सुनने में लगता है साम्यवाद
हम अपने घोड़े को इंसान भी समझें[1]
खासतौर से जब वह सचमुच इंसान हो।
ग्लानि से भरकर रिक्शे से उतर पड़ें,
पछताएँ क्यों उसकी रोजी ली,
फिर तरस खाकर बख्शीश दें।
तीनों परिस्थितियों में हम हैं लदे हुए, वह हमें ढोता है।
सिर्फ जब ढुलाई पर दोनों झगड़ते हैं
हैसियत उनकी बराबर हो जाती है।
आओ इक्कीसवीं सदी के इंजीनियर,
ईजाद साइकिल-रिक्शा ऐसी करें
जिसमें सवारी और घोड़ा अगल-बगल
तफ़रीहन बैठे हों।
मगर आप पूछेंगे इससे क्या फायदा ?
वह यह कि घोड़े को कोई मतभेद हो
पीछे मुँह मोड़कर पूछना मत पड़े।

---

1. घोड़े और इंसान के रिश्ते में साम्यवाद का जिक्र चेखव की कहानी 'दुःख' की अनुगूँज लिये है। इस कहानी में आयोना नाम का ताँगा (रूसी में 'स्लेज') चालक अपने बेटे के मरने की खबर तमाम लोगों को बता सकने की कोशिश के असफल हो जाने पर अपने घोड़े को बताता है।

आदमी ढोता आदमी

हिन्दुस्तान और बँगलादेश के मित्र सम्बन्ध की प्रशस्ति में जो तमाम बड़ी-बड़ी बातें कही जाती हैं उनके बावजूद दोनों की दोस्ती का सबसे ठोस प्रमाण एक बहुत मामूली चीज है : साइकिल-रिक्शा।

दोनों देशों में लाखों आदमी अपने से कुछ ही अधिक समर्थ आदमियों को निरन्तर ढो रहे हैं। भारत में उद्योग बँगलादेश से कहीं अधिक विकसित हैं। यह सोचकर खुश होना कोई मायने नहीं रखता इसलिए कि दोनों जगह उद्योग के विकास के तरीके ने एक ऐसी परित्यक्त जाति पैदा की है जो मशीन में ईंधन की जगह अपना जाँगर लगाती है। उसके पास ऊर्जा का दूसरा कोई साधन नहीं जिससे वह अपनी सवारी गाड़ी चला सके। और यह प्रगति का सूचक माना जाता है—यह कि घोड़ों की जगह अब हम आदमी इस्तेमाल कर रहे हैं।

निश्चय ही कोई ऐसा कहता नहीं। परन्तु सोचता होगा—चाहे इतनी बेहूदा बात कहने के डर के मारे कहता न हो—इसका भी मुझे विश्वास नहीं होता। वास्तव में हम रिक्शे पर बैठकर जिन्दगी का इतना अधिक वक्त गुजारते हैं कि यह बात सोचकर देखने का समय ही नहीं पाते। वरना मान लीजिए कि रिक्शे पर बैठे-बैठे खयाल आए कि यह एक घिनौनी स्थिति है जिसमें आप बैठे यानी पड़े हुए हैं तो क्या करेंगे ? क्या करेंगे, इसके जितने विकल्प सोच निकालेंगे सब उतने ही बेहूदा होंगे जितना उन पर बैठे रहना है। एक यह है कि फौरन उतर पड़ें और रिक्शेवाले की रोजी छीनने की ग्लानि से भरकर उसे यों ही कुछ पैसे दे डालना चाहें। इससे क्या अन्तर हो जाएगा ? "मैं तुमको मुझे ढोने के पैसे दे रहा हूँ" और "मैं तुमको बख्शीश दे रहा हूँ" में मानव सम्बन्ध की किस्म एक ही है। और फिर बहुत सम्भव है कि वह ये पैसे आपके मुँह पर मार दे। इस तरह वह आपको याद दिलाएगा कि आप उस सम्बन्ध की अनदेखी नहीं कर सकते जो रिक्शे पर बैठकर आप उस आदमी से बनाते हैं—आदमी और घोड़े का सम्बन्ध। मगर मान लीजिए सचमुच ही वह बिना मेहनत किए मुफ्त के पैसे लेने से इनकार कर दे तो इससे यह नतीजा नहीं निकलता कि वह आपको ढोने को तरस रहा है। वह सिर्फ अपने आत्मसम्मान के लिए आपसे भिड़ रहा है और निश्चय ही आत्मसम्मान रिक्शा खींचने की अपेक्षा अधिक उत्पादक श्रम में अधिक है।

यह कि हम रिक्शे पर बैठनेवाले रिक्शा खींचनेवाले को जानवर न समझें, उसके

साथ इंसानियत का बर्ताव करें, सुनने में अच्छा लगता है परन्तु इसका कोई मतलब है नहीं। उससे मधुर बोलना या उचित पैसे देना आपको उस रिश्ते से छुटकारा नहीं दिला सकता जिसमें हमारी उद्योग-व्यवस्था ने आप दो आदमियों को ढकेलकर पहुँचा दिया है। पहुँचा ही नहीं दिया है, आपस में लड़ा भी दिया है। आदमी ढोनेवाले आदमी से ढुलाई तय करते हुए किसी आदमी की बातचीत अपने आप कुछ ऐसी ही हो जाती है मानो उसका सबसे बड़ा शोषण इस शोषण व्यवस्थावाले समाज का सबसे निचला आदमी ही कर रहा हो। अगर ऐसे मौके पर कोई अपनी आवाज खुद सुन सके तो उसे यह समझना आसान हो जाएगा कि उसमें और उसके वाहन में ज्यादा फर्क नहीं है। दोनों के लिए उन पाँच-दस पैसों का काफी मूल्य है जिन पर वे बहस कर रहे हैं।

लेकिन रोज-रोज, सब समय उस व्यक्ति से मिलते-मिलते हम इस घटना के इतने आदी हो जाते हैं कि हर बार ढोने का काम 'मैं' नहीं 'वही' करता है, कि हम मानने लगते हैं कि वह आदमी संस्कारवश हमें ढो रहा है और हम संस्कारवश उस पर लदे हुए हैं। यहीं पर मैं साइकिल रिक्शा की बनावट की ओर आपका ध्यान दिलाऊँगा। औद्योगिक विकास की एक आदिम दशा की वह प्रतिनिधि मशीन है—शरीर की ताकत से पहिया घुमाने की मशीन। और उसके साथ जब यह स्थिति मिला दी जाती है कि एक आदमी ख़ाली बैठा रहेगा और दूसरा पहिया चलाएगा तो यह सम्भव ही नहीं रह जाता कि दोनों आदमियों में बराबरी का स्वस्थ सम्बन्ध रह सके। क्योंकि यह श्रम के शोषण की और बराबरी के मिटने के प्रथम चरण की स्थिति है। इसमें दो आदमियों के बीच कितनी भी मशीन डालिए जब तक कि आदमी ही ईंधन है तब तक सम्बन्ध एक की पीठ पर दूसरे के लदने का ही रहेगा। मैं आविष्कारों को चुनौती देना चाहता हूँ कि वे आदमी से खींची जानेवाली एक ऐसी साइकिल रिक्शा बनाकर दिखाएँ जिसमें उदाहरण के लिए रिक्शाचालक रिक्शासवार की बगल में बैठता हो। और मान लें ऐसी मशीन बन सकती है तो यह नहीं कि स्थिति बहुत बदल जाएगी—सिवाय इसके कि कुछ लोग रिक्शे पर बैठना छोड़ देंगे : या यह कि नगरपालिका बिना साफ वर्दीवाले रिक्शेवालों को लाइसेंस नहीं देगी या यह कि जब कभी रिक्शेवाले की तबीयत किसी ख्याल में अपनी सवारी को शामिल करने की होगी और सवारी साफ सुन नहीं पाएगी तो वह हाँफते हुए पीछे मुँह मोड़कर बोलने के कष्ट से बच जाएगा।

फिर भी मैं कहूँगा कि साइकिल रिक्शा का संसार कम-से-कम दो आदमियों को पास तो लाता है, यह गुंजाइश तो छोड़ता है कि कभी किसी सम्पर्क में दोनों अपनी असलियत और समानता पहचानेंगे। परन्तु भारत में जो सवारी प्रायः एकदम अलगाव पैदा कर देती है वह मोटरकार है। और जितनी छोटी उतना ज्यादा अलगाव—व्यक्तिगत सौजन्य के किसी क्षण में आप किसी राह चलते को बिठा भी नहीं सकते—सिर्फ आपके और आपके खास बीवी-बच्चों के लिए हिन्दुस्तान के किसी भी शहर की सड़क पर एक मोटरकार बाकी समाज से अलगाव के चलते-फिरते किले से कम नहीं। कहाँ एक सामान्य आदमी की .01 अश्वशक्ति, कहाँ सोलह घोड़ों की ताकत। और भी बुरा यह

है कि सिर्फ इस कारण से कि आप उसके मालिक हैं वह आपको एकाएक एक बहुत सीमित समाज में भरती कर लेती है जिसमें मानव सम्बन्ध की आपकी परिभाषाओं के लिए कोई स्थान नहीं है—और सच पूछिए तो आपके लिए भी नहीं है अगर आप उन परिभाषाओं पर बहस से परहेज न करते हों।

इस बात से कोई फर्क नहीं पड़ता कि बंगलादेश में अभी तक पाकिस्तान सरकार ने देशी मोटर निर्माण कारखाने नहीं खोले—विदेशी कार आयात होती रही--जब कि भारत देशी मोटरों के उत्पादन में प्रगति कर रहा है। दरअसल ढाका में एक दिन सबसे जबर्दस्त सड़क जाम जो मैंने देखा वह मोटरों का नहीं साइकिल रिक्शों का था—वह एक दृश्य था जिसमें असहायता-ही-असहायता थी। कितना फर्क हो जाता अगर वह जाम घोड़ों से खींचे जानेवाली सवारियों का होता। तब कम-से-कम यह तो सोचा जा सकता कि एक साथ इतने घोड़ों के भड़क उठने से दृश्य बदल जाएगा।

मई, 1971 में मुझे अगरतला हवाई अड्डे के पास एक किसान मिला था, जो सीमा पार से अपना रिक्शा लाकर और उसे भारत में चलाकर अपनी रोजी चला रहा था। वह शरणार्थी शिविर में नहीं गया था। वह रिक्शावाला अब लौट गया होगा। लौटकर उसने मेरा यह दावा प्रमाणित ही किया है कि दोनों देशों की दोस्ती का आधार साइकिल रिक्शा है। इस व्यक्ति को सबने नहीं देखा क्योंकि वह जीवित है। कुछ रिक्शेवालों को बहुतों ने देखा होगा। और अगर भारत बँगलादेश मैत्री की तस्वीरों की भीड़ में वे बिल्कुल खो न गए हों तो उन्हें याद होगा कि मार्च, 1971 में ढाका में पाकिस्तानी अत्याचार के पहले दिन की एक तस्वीर रिक्शेवालों की ही है। वह भारत के कई अखबारों में छपी थी। उसमें कई एक हैं। सब मरे हुए, अपनी रोजी की मशीन पर औंधे गिरे हुए। उस सुस्त और जाँघ के बूते घिसटनेवाली मशीन ने जिस तरह आर्थिक जड़ता के दलदल में उन्हें फाँस रखा था उसी तरह मौत के सामने भी फाँस लिया था।

(ऊबे हुए सुखी)

काला नंगा बच्चा पैदल

काला नंगा बच्चा पैदल बीच सड़क पर जाता था
और सामने से कोई मोटर दौड़ाए लाता था
तभी झपटकर मैंने बच्चे को रस्ते से खींच लिया
मेरे मन ने कहा कि यह तो तुमने बिल्कुल ठीक किया
वहीं देखकर एक भिखारी मैंने उससे यों पूछा
क्या यह साथ तुम्हारे है ? वह पल-भर ठिठका बोला हाँ
फिर कुछ आशा से बतलाने लगा कि साहब इसकी माँ
गुजर गई है इसके दो भाई भी मैंने दिए गवाँ
मैं अपने से पूछ रहा हूँ मैं यह सुनकर क्यों भागा
क्यों एकदम सो गया वह कि जो था मुझमें एकदम जागा

(हँसो हँसो जल्दी हँसो)

•

एक दिन रेल में

एक दिन रेल में
एक आदमी मिला
एकदम चुप खड़ा

उसके हाथ काले थे
उसका जिस्म काला था
वह जरा इधर बढ़ा

पाँव एक-एक कर

सब समेटने लगे
अपने जूते देखकर
असरे-पसरे लोग थोड़ा
थोड़ा झेंपने लगे
जी हाँ एक-एक कर

काम खोजता हुआ
कुछ न सोचता हुआ
कुछ न बोलता हुआ
वह चला गया युवक
हाथ में लिये बुरुश
भेद खोलता हुआ।

(लोग भूल गए हैं)

रिज़र्फ़ रेल

यहाँ पँचकुइयाँ से शीला सिनेमा तक
थूक ही थूक है रात के दस बजे
भीड़ अब नहीं है। वे सब कहाँ गए,
बीमार फेफड़े, हाँफते लपकते हुए
फेंककर गए हैं जो दिल्ली के हाजिरी खाते में दस्तख़त
जरा जरा दूर पर।

आखिर हम आधी रात की गाड़ी के पहले
टेसन पहुँच गए।

खड़ी रेलगाड़ी में आलीशान सन्नाटा
धुले-पुँछे डब्बे हैं, सूखे, कीचड़ नहीं,
हर सीट रिज़र्फ़ है, गिने-चुने असबाब
सुन्दर सलोतर हैं।

आराम, एकान्त, इन्तजाम, स्वच्छता,
लोग रबर के बने निःशब्द आते हैं कवायद करते हुए
बाजा कोई नहीं मगर मौन उत्सव है
खास-खास लोगों का।

पूछो, सवाल है लोग कहाँ लोप हो गए हैं ?
टेसन से हाँककर उन्हें कहाँ तुमने बन्द कर दिया ?
जीवन से जूझते फेफड़ों के सबूत
जिनके दिखे थे अभी
यहाँ आते हुए ?

(कुछ पते कुछ चिट्ठियाँ)

अध्यापक से

मरने से पहले घर एक बार जाने की आकांक्षा
साहित्य के अन्दर कितना पिटा हुआ वाक्य बन जाती है।

अरे भले आदमी, अध्यापक,
लेखक की यह जीवन भर की कमाई थी
करुणा से स्वर कँपाय तुमने बहाय दी।[1]

1 इस कविता का अर्थवृत्त उन प्रसंगों को साथ लेकर बनाया जा सकता है जहाँ रघुवीर सहाय किसी चीज को किसी बात का प्रतीक मानने की आम समीक्षायी प्रवृत्ति से अपनी खिन्नता और असहमति व्यक्त करते हैं। 'ग्यारहवीं कहानी' के अन्त में आए ऐसे एक प्रसंग की चर्चा उन्होंने अशोक वाजपेयी और मंगलेश डबराल के साथ बातचीत में की है। यह कहानी और बातचीत इस संचयिता में शामिल की गई हैं।

अरे अब ऐसी कविता लिखो

अरे अब ऐसी कविता लिखो
कि जिसमें छन्द घूमकर आय
घुमड़ता जाय देह में दर्द
कहीं पर एक बार ठहराय

कि जिसमें एक प्रतिज्ञा करूँ
वही दो बार शब्द बन जाय
बताऊँ बार-बार वह अर्थ
न भाषा अपने को दोहराय

अरे अब ऐसी कविता लिखो
कि कोई मूड़ नहीं मटकाय
न कोई पुलक पुलक रह जाय
न कोई बेमतलब अकुलाय

छन्द से जोड़ो अपना आप
कि कवि की व्यथा हृदय सह जाय
थामकर हँसना रोना आज
उदासी होनी की कह जाय।

(लोग भूल गए हैं)

ढाल पर

उस ढाल पर हम पट पड़े सोचा किए सोचा किए
अपनी पहुँच में दूब थी जितनी उसे नोचा किए
जब वह सहारा भी गया, यानी कि सब तिनके चुके
यों ही कोई ढेला उछाला और फिर गोचा किए।

उजली दोपहरी थी, हवा ठंडी, शुरू की जनवरी,
हम दो जने थे, मैं सयाना दूसरी थी छोकरी,
वह खिलखिलाती ही रही दो चोटियाँ गूँथे हुए,
जो काम था मेरे लिए, उसके लिए थी मसखरी।

फिर ऊबकर बोली, "तुम्हें क्या और कुछ आता नहीं ?
वह खेल खेलें दौड़ने का, यह हमें भाता नहीं।"
मैं उठ पड़ा "चल, ठीक है अब हो गई तू भी दुखी
अब देख ले तू भी कि अपना दर्द यों जाता नहीं।"

खुशामद

साहब खुशामदी को गाली देते हैं सबके आगे
खुशामदी का चार जनों में सर ऊँचा हो जाता है
सब कहते हैं साहब को झूठी तारीफ पसन्द नहीं
वह बेचारा तो मुरीद है बस दर्शन को आता है

साहब कहते हैं तू बकता है तेरा ईमान नहीं
मगर चाहते हैं यह झूठा चापलूस नजदीक रहे
वह जो दिल्ली जा करते हैं यह पटने में किया करे
भीतर से गीदड़ का बच्चा ऊपर से निर्भीक रहे

कभी किसी दिन साहब सचमुच कोई अच्छा काम करें
तो उसकी तारीफ न करना वह कुढ़कर रह जाएँगे
उनको आदत नहीं पड़ी है सच्ची बातें सुनने की
सबके आगे तुमको कैसे अपमानित कर पाएँगे।

(लोग भूल गए हैं)

घिसी पेंसिल

फिर रात आ रही है
फिर वक्त आ रहा है
जब नींद दुःख दिन को
सम्पूर्ण कर चलेंगे
एकान्त उपस्थित हो, 'सोने चलो' कहेगा
क्या चीज दे रही है यह शान्ति इस घड़ी में ?
एकान्त या कि बिस्तर या फिर थकान मेरी ?
या एक मुड़े कागज पर एक घिसी पेंसिल
तकिए तले दबाकर जिसको कि सो गया हूँ ?

(कुछ पते कुछ चिट्ठियाँ)

आज शाम को जो देखा

मेरे नए जूते का था लचकीला तला
रात अँधेरी सड़क पे देर तक मैं चला
कोई तीन बजे होंगे तब बिना थके हुए
लौट आया घर, सात बजे का था निकला

ऐसी ठंडी-ठंडी रात, ऐसा टूटा-टूटा ध्यान
क्या बताऊँ मुझे कर नहीं आएगा बयान
था बसन्त का महीना फरवरी जादू-भरी
और व' रात, व' अँधेरा, व' हवा, व' सुनसान

पेड़ दोनों ओर राह के खड़े थे अकारण
कुछ दूर-दूर आपस में अनजान बन
कोई सूखे-सूखे बड़े-बड़े पत्तोंवाला था
था किसी का रुई की फुरेरी जैसा फूला तन

खैर, पेड़ जैसे भी दिखाई देते थे अजीब
और खासतौर से व' जो थे लैम्प के करीब
राह सीधी थी, हवा में धूल जरा नहीं थी
कोई घटना भी नहीं घटी अजीबोगरीब

यहाँ तक कि याद भी व' किया मैंने कई बार
आज शाम को जो देखा : मोड़ लेती हुई कार
वो जो गाँव से बरात नई दिल्ली में थी आई
छोटी-छोटी दुकानों की लम्बी, बन्द व' क़तार

कोई भेद शाम का न रात में मगर मिला
किसी दर्द से न जुड़ा इस दुख का सिलसिला
खैर, गनीमत हुई कि वहीं शहर के शहर
घूम करके रह गया व' रास्ते का फासिला

और कन्धे पर व' भारी-भारी मुड्ढोंवाला कोट
हल्का हो गया : मगर व' गई दिल को कचोट–
ताज़गी–था जिससे थोड़ा गुनगुना सा अन्धकार
लौट आया, खट, खट, खट दरवाजे पे की चोट।

(सीढ़ियों पर धूप में)

मुठभेड़

किसी ने बड़े सवेरे मुझे टेलीफोन से जगाया। वह जगानेवाली टेलीफोन ऑपरेटर नहीं थी। शिवराम की माँ मर गई थी। उस दिन बड़ी ठंड थी। वे लोग साढ़े दस-ग्यारह बजे चलेंगे।

छलाँग मारकर मैं बिस्तर से कूदा। पर उसके बाद क्या करूँ, एकदम से तय न कर पाया और खड़ा रह गया। साढ़े दस-ग्यारह में जो अनिश्चय था उसके हिसाब से जान पड़ा कि घर चलने के लिए बहुत समय है। तब मैं फिर बिस्तर में घुस गया। लेकिन फिर निकलकर रसोईघर की ओर दौड़ा। दौड़ने को वहाँ बहुत न था, दूसरे-तीसरे-दसवें क्षण मैं स्टोव जला रहा था और वह मजे में जल भी रहा था। पतीले में नहाने का पानी चढ़ाकर मैं फिर दौड़ा और इस बार सीधे छज्जे तक गया जो कि इस घर में हद थी और जहाँ अभी-अभी अखबारों का बंडल धड़ाम से आकर गिरा था।

सारे शहर के अखबार उसमें थे, सबको तख्त पर बिछाया। कितनी दयनीय स्थिति थी। सारी दुनिया में कुछ आदमियों ने अपनी बुद्धि के अनुसार चौबीस घंटे के अन्दर हमारी नियति को जहाँ-तहाँ से मोड़ने की कोशिश की थी। रात की पाली पर बोदे उपसम्पादक को उसमें से चुनाव की कितनी सीमित आजादी थी। (क्या इसी को अखबार की स्वतन्त्रता कहते हैं ?) जो हो, उन्होंने भरसक अपनी मूर्खता से काम किया था और पाँचों अखबारों के पहले बड़े समाचार एक ही न थे। मैंने गर्व की साँस ली, पर दूसरे ही क्षण बाकी खबरें भी पहले पृष्ठ पर कहीं-न-कहीं दिख जाने से सब बंटाधार हो गया।

उस वक्त तक शिवराम की माँ के मरने की खबर ही ताजी खबर थी। इसे एक कागज पर चींटी जैसे अक्षरों में लिखूँ और उसे अखबार में चिपका दूँ। पर सबमें नहीं। और फिर उस एक की हर एक प्रति में ? एकाएक यह खयाल फेंककर मैंने कुछ उठाकर ओढ़ लिया। फिर तख्तवाले कमरे से बिस्तरवाले कमरे में चला, मगर देखा कि बीच के दरवाजे से नहीं जा सकते क्योंकि रात को वहाँ पता नहीं क्यों तिपाई इस तरह रख दी थी कि रास्ता छेंक गया था। तब बरामदे से होकर उस कमरे में जाना शुरू किया, मगर रसोईघर में चला गया और पतीले से पानी निकालने लगा, मगर वह गरम न था। तो भी निकाला और दाढ़ी बनाने के मग में डाला जिसको नीचे रखा ही था कि पतीला बहुत बड़ा मालूम हुआ और उसकी जगह भगौना चढ़ा दिया क्योंकि चाय पहले चाहिए।

यह एक बहुत ही निजी, यहाँ तक कि छिपाने योग्य बात है, गुलामी की बात, पर यहाँ कौन देखता है और सारे घर में मैं अकेला था। चाहता तो नंगा हो जाता, पर बड़ी ठंड थी। अब मेरा हर काम निश्चित कार्यक्रम के अनुसार हो रहा है। चाय, पहला प्याला गरम, दूसरा कम गरम, तीसरा कड़वा, आधा, बदजायका, खत्म। दौड़ा, चैन मिला। खूब अच्छा रहा। स्वस्थ, सुगठित और स्वच्छ।

अब मैं पहले से ज्यादा साफ समझने लगा था कि मुझे वक्त से शिवराम के यहाँ पहुँच जाना चाहिए। उबलते हुए पानी से नहाने से मेरा मकान रोशन हो गया था। घबराकर मैंने टेलीफोन उठाया। उसे रख दिया। बनियान पहनी और तौलिया खोलकर फेंक दी। यह रहा मेरा सुन्दर शरीर, अपने बालों सहित, दोनों पैर एक-एक करके जाँघिए में डाले, कसा, आराम मिला। फिर दौड़ा। दूसरे कमरे में दरवाजा नहीं, रास्ता बन्द बरामदे से होकर, समय से पहुँचा, पतलून के लिए समय से। फिर घड़ी पहनी, फिर मोजा, फिर कुछ और। आखिरकार मुझे पहनना बन्द करना पड़ा।

मैं अच्छी-खासी चुस्त तैयारी के साथ घर से निकला था और इत्तिफाक से वक्त ऐसा था कि जो देखता यही समझता कि दफ्तर जा रहा हूँ। यह सबसे बड़ी विडम्बना की बात थी, क्योंकि मैं ही जानता था कि मैं किस घपले में पड़ा हुआ था। मुझे जाकर अपने को सिर के बल अड़ा देना था। वह दफ्तर जाने में नहीं किया जाता। कितने दिन बाद मैंने जाना था कि मैं सीधे कहीं जाना चाहता हूँ। शिवराम का मकान पास था। सवारी से मैं वहाँ दन से पहुँचता, पर वह ज्यादा दन से हो जाता। मैं अपने पैरों चलने लगा। मैंने जाड़े से बचाव कर रखा था और मुझे सड़क पर अकेले बहुत अच्छा लग रहा था।

घर के सामने बाग में तमाम लोग आधा दायरा बनाकर खड़े हुए थे। माफ कीजिएगा, थोड़ी देर हो गई, मैं मुस्कुराकर बहुत जोर से या बहुत जोर से मुस्कुराकर कहना चाहता था, पर यह न करना ही ठीक समझा, इसलिए कि स्वर कितना ऊँचा रहे यह ठीक-ठीक, ठीक नहीं कर सका। सबसे पहले मुझे मिस्टर धर्मा ने देखा जो मुझ पर हमेशा के लिए यह छाप डाल देने में सफल हो चुके हैं कि मैं हर जगह देर से पहुँचता हूँ। वे मुस्कुराए जिससे मुझे लगा कि वे एक और भद्दे, ठस, गधे हैं, सिर्फ उतने खूबसूरत नहीं।

तब मैंने उसे देख लिया। मैदान के बीचोबीच बाँस की टिकटी पड़ी हुई थी और उसके पास पालथी मारे नंग-धड़ंग शिवराम बैठा हुआ था।

मैं दायरे के एक छोर पर खड़ा हो गया। वहाँ से सब दिखाई पड़ता। दिन बड़ी सफाई से निकला था और उस तरह का मौसम था जिसमें जमीन दोपहर तक मुलायम रहती है।

लाश को लाओ, मैंने अपने मन में कहा और यह जोड़ दिया कि मैं आ गया हूँ। शिवराम का मन्त्रोच्चारण शुद्ध है। वह बिल्कुल नंगा नहीं है।

बाकी लोगों ने मुझे एक-एक कर देखा। मैं उनमें से बहुतों को जानता था और कई ऐसे थे जिनके बारे में सिर्फ इतना मालूम था कि मुझे उनसे नफरत है। कुछ लोग मुझे अच्छे लगते थे। एक बार, कम-से-कम एक बार मैं, न तो किसी को नफ़रत से देखूँगा, न पसन्दगी से। यहाँ नहीं। किसी को देखूँगा ही नहीं। मैंने तय किया। यहाँ नहीं। उम्दा धूप में लोग अपने अन्दर से एक तरह की चीज निकालकर बाहर फेंकने लगते हैं। वह लोग करते हैं ठीक, पर क्यों ? अभी, इसी समय क्यों ?

मेरे बिल्कुल पास बढ़ी दाढ़ीवाला एक आदमी खड़ा था। वह मेरी जात का और उसका कद बिल्कुल उस खास तरह से मँझोला था जैसा मेरी जातवालों का होता है। वह बार-बार नजरें उठाता। सिर नीचे किए हुए ही वह मुस्कुराना शुरू करता और सिर उठाते-उठाते जब मुझे मुखातिब न पाता तो मुस्कुराहट समेट अपना सिर नीचे कर लेता। एक जरा सी लापरवाही और वह मुझे नमस्ते कर लेगा। मुझे याद है कि वह इस तरह नमस्ते करता है जैसे जाने कौन से समझौते, जो मेरी जात के लोग अपनी खास बेईमानियों के साझीदारों से करते हैं, मैं इससे भी किए बैठा हूँ।

इतनी देर तक वह मुझसे नजरें मिलाने की कोशिश करता रहा है कि मेरे मन में सन्देह उठने लगा कि कहीं मैं इससे खामख्वाह नफरत तो नहीं कर रहा हूँ। फिर धीरे से मैंने यह जान लिया। हाँ, मैं बिल्कुल बिना वजह उससे नफरत कर रहा था। और यह कितनी अच्छी बात थी। सिवाय एक छोटी सी घटना के और मुझे कुछ याद आया नहीं जिससे मेरी नफरत के कोई व्यक्तिगत माने होते। और वह भी कोई घटना न थी। एक बार मैं उसके दफ्तर गया था तो चाय तो मेज पर रखे था, मगर मेज की दराज से कुछ निकाल-निकालकर खाता जा रहा था। बराबर वह दोनों हाथ इस तरह नीचे कर लेता था जैसे इसने कुछ खाया ही न हो और मुँह ऐसे चलाता था जैसे खा थोड़े ही रहा है।

हाँडी में आग जलाई गई थी। अब मैंने देखा कि सभी लोग क्यारियों में अँखुओं के ऊपर खड़े थे। शिवराम की देह सुन्दर थी। मेरे घर में जब इतने लोग आएँगे तो कहाँ खड़े होंगे ?

क्या उसे यहाँ नहीं लाएँगे ? मैं अन्दर चलूँ ? ठंडे सादे कमरे, धुला हुआ फर्श, अधेड़ औरतें, छोटी सी लाश—छोटी सी सिकुड़ी हुई बूढ़ी देह। शरीर को झकझोर देनेवाले हजार अनुभवों से कुटी-पिटी कुचली मींजी हुई देह। निपट गई वह देह, जो घर के अन्दर सँभालकर रखी हुई है।

शिवराम हाथ में कुश लेकर कुछ बोला; उसका उच्चारण पुरोहित से अच्छा था। पुरोहित ने जैसे झख मारकर उसके हाथ में एक और कुश दे दिया।

बिल्कुल नई काट का कोट पहने हुए एक आदमी इन दोनों के ठीक सामने खड़ा हो गया। वह घास पर जूता पहने चलता गया था। उसने कमर पर हाथ रख लिया और पैरों पर इस तरह बोझ डाला जैसे शिवराम के सीने पर सवार हो। शिवराम अपना काम करता रहा। सब लोग शिवराम को जानते थे। जब वह हाथ में पात्र लेकर घर के अन्दर

गया तब कोटवाले आदमी ने घूमकर इधर मुँह किया। वह कहना चाहता था इंटरवल। पर उसको कोई पहचाना ही नहीं। मिस्टर धर्मा हिले—मेरी तरफ। उन्होंने जेब में दोनों हाथ डाल लिये जैसे चोर हों। जेब में दोनों हाथ डाले और गर्दन सिकोड़े दो आदमी वहाँ और थे। इनमें एक की गर्दन थी ही वैसी। उन्हें सब लोग ओछी नजरों से देख रहे थे। वे जेब में हाथ डाले दाएँ-बाएँ हिलने लगे।

शिवराम और पीछे-पीछे दूसरा आदमी घर से आ गया। वे लाश के पास से आए हैं। हाँडी से जोर का धुआँ निकला। जो कुछ हो रहा था पूरा हो गया। और शिवराम ने किसी को नहीं पहचाना। वह धूप में जाकर खड़ा हो गया और इन्तजार करने लगा।

मैंने सोचा, इस वक्त एक दौर खूब तेज शराब का हो जाए। इस वक्त न सही, शाम को हम लोग फिर आएँ। जेब में हाथवाले न आएँ और चाहें तो शिवराम के रिश्तेदार भी न आएँ। मेरी जात का आदमी भी न आए।

लाश की गाड़ी। नहीं, यह कोई और गाड़ी थी।

दो आदमी धीरे-धीरे बहुत उदास चेहरा लिये मैदान में दाखिल हुए। वे दबे पाँव सीधे शिवराम की तरफ गए। हाँडी को लाँघ न जाएँ, मैं डरा। बहरहाल अब सब कुछ हो चुका था। इतने धीरे चलने की जरूरत न थी। एक मोटा था। दुबले ने सफेद कमीज पर इतनी कसके टाई बाँधी थी कि उसकी आँखें निकली पड़ रही थीं। मोटा बेअन्दाज, जरूरत से ज्यादा उदास हो गया था और उसका चेहरा प्यार में डूबी औरत जैसा भरभरा आया था।

पहले मोटा शिवराम से कुछ बोला। उसने हाथ जोड़े और इस तरह गर्दन झुकाई जैसे अपने किए पर पछता रहा हो। दुबले ने मुस्कुराकर सिर हिलाया जैसे यही वह भी कहना चाह रहा हो। दोनों दबे पाँव वापस चले गए।

लाश की गाड़ी को ग्यारह बजे आना था। वह अभी तक नहीं आई थी। शिवराम धूप में अकेला खड़ा था। अगर वह किसी से बात करना शुरू कर देता तो बाकी लोग जा सकते थे। उनका काम़ खत्म हो गया था।

लाश को लाओ, मैंने कहा, यही वक्त है, अब मैं अकेला हूँ।

मुख्यमन्त्री के सम्पर्काधिकारी मिस्टर धर्मा को बता रहे थे कि मुख्यमन्त्री जब तीस बरस के थे तब उन्होंने अपना लम्बा कोट और ऊँचा साफ़ा ईजाद किया था और तब से हर वक्त वही पहने रहते हैं। उनका मतलब था, वही पहनकर घर से बाहर आते हैं।

सिकुड़ी गर्दनवाले आदमी ने अपना झोला लपेट लिया और साइकिल खींचकर सड़क पर ले जाने लगा।

"कुछ लोगों को दफ्तर जाना है—तुम्हारी लाश की गाड़ी अभी तक नहीं आई ?" एक ने किसी से पूछा।

नगर-निगम की लापरवाही पर थोड़ी सी बहस हुई। किसी ने कहा, "अच्छा हम लोग चलेंगे, जाना है।" 'हम लोग' पर जोर था, पर वह अकेला गया। एक और आदमी

बोला, "हम लोग भी जाएँ।" फिर बाकी बात बिना कहे ऐसे सिर हिलाने लगा जैसे गिड़गिड़ाने में हिलाया जाता है।

जिस वक्त लाश की गाड़ी आई वे सब लोग जा चुके थे जिन्हें मैं जानता था। तब जो बचे थे वे सब शिवराम के घर के अन्दर चले गए। मैं बाहर खड़ा रहा। अब यह घटना खत्म हो रही है; मैंने सोचा। आखिरकार यह घटना जहाँ तक मेरा सवाल है, ठीक-ठाक खत्म हो जाएगी।

लाश की गाड़ी बहुत छोटी थी। ऐसा लगता था जैसे सिर्फ लाश की जगह उसमें रखी गई थी--जैसे कि यह मरनेवाले की जिम्मेदारी है कि वह उसमें चला जाए।

ड्राइवर ने उतरकर जोर से दरवाजा बन्द किया। आवाज से मालूम हुआ कि गाड़ी मजबूत है। मुझे खुशी हुई।

शिवराम और तीन आदमी लाश को बाहर लाए। तीन दूसरे आदमी गाड़ी में सरक गए। लाश गाड़ी के आकार के लिहाज से ठीक बड़ी थी। उन्होंने उसे अन्दर फर्श पर रख दिया।

फिर उन्होंने उसे बाहर निकाला क्योंकि शिवराम को अन्दर बैठना था। पर शिवराम खुद टिकटी में हाथ लगाए था।

मैं देखने लगा कि कैसे करते हैं। उन्होंने मुझे नहीं बुलाया। शिवराम की तरफ का हत्था दूसरे ने अपने दूसरे हाथ से थाम लिया। शिवराम खाली हो गया। वह अन्दर आ गया। अभी भी वह नंगे बदन था।

लाश दोनों लम्बी सीटों के बीच फर्श पर लिटा दी गई। पीछे का दरवाजा बन्द हो गया।

इसके बाद मैं निश्चिन्त था। लेकिन गाड़ी नहीं चली। ड्राइवर झाड़ियों की आड़ में गया हुआ था।

जल्दी से चलकर मैं सड़क पर आ गया। बहुत कम वक्त था। ड्राइवर को आखिर कितनी देर लगती, भले ही जाड़े के दिन हों। उसके फारिग होने से पहले ही मुझे ओझल हो जाना था।

(रास्ता इधर से है)

यह कहानी 'धर्मयुग' के 20 सितम्बर, 1964 के अंक में छपी थी।

मरघट

शानदार मौत थी
इसलिए कि कोई न भीड़ थी
न था रोना धोना
हम लोग एक बड़े खाली खेत में गए
गाँव के सिमटने से बचा रह गया था जो
और एक हल्की सी देह को फूँक आए।

"कहाँ है मरघट ?" जो पता दिया गया था
पूछता उसे चला रामजस स्कूल के पीछे
एक जगह दो लड़के बोले, "हाँ, रामजस ?
वहीं हम पढ़ते हैं—मरघट वहीं पर है ?"
—मुँह बाकर रह गया वह युवक—
यह तो पता ही न था !

फिर हम भटक गए
अन्त में एक किसी से मिले
दोनों ने सुखमय आश्चर्य से पूछा—
"मरघट ? मरघट ? मैं वहीं जा रहा हूँ, चलिए"
यों रस्ता मिल गया।

दाह-संस्कार में बड़ी कार्रवाई थी
यह लाओ, वह लाओ, यहाँ धरो, वहाँ धरो,
सात मन लकड़ी, पुरानी, सूखी भारी

डब्बा-भर एक वही दारा सिंह वाला घी
तीन हवन सामग्री के पाकिट, बस ख़तम।

जब चिता चुन गई नियम के अनुसार
सम्पुजन सुन्दर था, शिल्प में रीतिमत
शव उससे ढक गया।

तब मुखाग्नि दी गई तालियाँ बजी नहीं, कैमरे नहीं खड़के।
नीरव विनम्रता : सब जानते थे कि क्या कर्मकांड है
पर किसी पर कोई बन्धन नहीं था सिवाय मौन रहने के।

वह थी तिहत्तर की
ऐसे ही हम भी थे
उस उम्र के जहाँ हर पुरुष समवयस्क लगता है–
"यह यहाँवालों का 'लोकप्रिय' मरघट है"
कोई हिन्दी बोला
श्री तनखा ने कहा, "हम जहाँ रहते हैं ज्यादातर लोग मियाँ बीवी हैं,"
उम्र हो चली है, पूरी अवकाशप्राप्त लोगों की बस्ती है–
आज यह, कल वह, छह बरस में मैं इस मरघट में बीस बार आया हूँ।
इस तरह हमने उस बस्ती के इस निर्जन द्वीप का भूगोल पहचाना।

लौटकर नहाया, हलका हुआ,
मानो बड़ा काम कर आया हूँ :
देह में फुर्ती, दिमाग में रोशनी–
यह क्या एक मौत का करिश्मा है
मेरे स्वास्थ्य में सुधार ?
कमला ने कहा, "नहीं तुम पैदल चले थे,
भीतर से विह्वल हुए थे, उदास भी,
ठंड हो चली थी तब लाल-लाल लपटों को तापा था,
कुछ भारी लकड़ियाँ उठाई थीं
दस लोगों के साथ अनायास नम्र हो अपने जीवन की
निस्सारता जानी थी
तभी लग रहा है कि रक्तचाप ठीक है।"

(कुछ पते कुछ चिट्ठियाँ)

चालीस के बाद प्रेम

श्यामलाल एक क्षण ठिठके, फिर नाले में उतर पड़े। नाले में कीचड़ नहीं था; उसमें सूखी पत्तियाँ, अद्धे, गुम्मे, चीथड़े और एक खास तरह की धूल थी जो मोहल्ले के लोगों ने अपने-अपने घरों से बुहारकर सरकारी नाली में धकेल दी थी। पायँचे चढ़ाकर, दामन समेटकर वह उठकुरवाँ बैठ गए और पुलिया के नीचे झाँकने के लिए अपना सिर नाले की उसी अज्ञात गन्दगी के इतने करीब ले आए कि विनम्रता का एक बिल्कुल नया अनुभव उन्हें हुआ। पुलिया का मोखा जितना चौड़ा नगरपालिका ने बनवाया था उतना नहीं रह गया था—कचरे ने स्वाभाविक रूप से उसमें घर कर लिया था और सिर्फ एक छोटा सा छेद रह गया था जिसके भीतर श्यामलालजी को अँधेरा ही दिखाई दिया, क्योंकि पुलिया का दूसरा छोर तो कचरे से बिल्कुल ही ताया हुआ था।

वह अपनी बिल्ली को खोज रहे थे। इतवार का दिन था। जरा देर में पटरी पर चार-छह लड़के जमा हो गए। श्यामलाल के दो लड़के जो अपने बाप को देखते खड़े थे, इसी भीड़ में मिल गए थे। एक-एक कर कई चकित सम्भ्रान्त अधेड़ लोग तरकारी का झोला लिये चकित से उनके पास से गुजर गए : एक नौजवान, जिसका स्वास्थ्य आतंककारी और चेहरा विज्ञापनों जैसा था, अधिकारपूर्वक पास आकर खड़ा हो गया। श्यामलाल को रँगे हाथों पकड़ने की नीयत जैसा कुछ दिखाकर उसने पूछा, ''क्या है ?''

श्यामलालजी ने कहा, ''बिल्ली है।''

''आपकी बिल्ली है ?'' नौजवान ने पूछा। उत्तर प्रदेश के निवासी श्यामलाल को पंजाबी लहजे में सवाल सुनकर लगा कि 'आपकी' पर इतना जोर दिया गया है कि जैसे बिल्ली का किसी-न-किसी का होना तय हो और सवाल इतना ही रह गया हो कि वाकई आपकी है या किसी और की ? सच पूछिए तो सवाल का इतना बारीक अर्थ न था। पंजाब में पूछा ही ऐसे जाता है और उसमें भ्रम भी ऐसा ही होता है। जैसे पूछा जाए कि ''सात बजे हैं ?'' तो सुनाई पड़ेगा कि क्या कहते हो। अभी सात कहाँ से बज गए ?

श्यामलाल ने कहा, ''जी हाँ, मेरी बिल्ली है।''

''पुलिया के नीचे चली गई है ?''

श्यामलाल ने कोई जवाब न दिया। वह पंजाब के धाकड़पन से ही नहीं, विज्ञापनी चेहरेवाली कुल नई पीढ़ी के ठसपने से भी एकसाथ जूझने की हिम्मत न कर सके। उन्होंने और भी झुककर मानो नाक रगड़ते हुए कोशिश की कि पुलिया के भीतर अँधेरे

में बिल्ली की चमकती आँखें दिख जाएँ और आवाज दी, "मुनमुन, मुनमुन !"

नौजवान ने सोचा होगा, मुझे यकीन दिलाने के लिए बिल्ली का नाम लेकर पुकार रहे हैं। परन्तु यह सोचना भी एक निर्दय व्यंग्य होता। मुनमुन श्यामलाल से ऐसे डरती थी जैसे कुत्ते से भी न डरती होगी। वह उन्हें देखते ही भागती। मगर इस वक्त श्यामलाल ने न जाने क्यों मान लिया था कि यह रिश्ता टूट गया है। वह एक संकट में थे और उन्हें विश्वास था कि बिल्ली भी एक संकट में है।

नौजवान ने एक दोस्त और बुला लिया था। अबकी उसने पूछा, "यह बाहर क्यों नहीं निकल रही है ?"

श्यामलाल को अचानक दो चमकती हरी बिंदियाँ दिखाई दे गईं। मुनमुन की आँखों के अलावा वे और क्या हो सकती थीं ? मुनमुन ऐसे देखती थी जैसे कोई बहुत गम्भीर व्यक्ति हो जबकि थी वह अपनी उम्र के हिसाब से भी अधिक गावदू। वही उजबक आँखें थीं। जरा देर में उसका सफेद थूथन भी नजर आने लगा। पर उस चेहरे पर इस वक्त वह भय न था जिसे देखने के श्यामलाल आदी थे। उस पर भरोसा था कि मैं जब तक यहाँ से न निकलूँ, सुरक्षित हूँ। जानवर इससे आगे सोच नहीं पा रहा था—कि जब कभी निकलेगी तो क्या होगा !

एकाएक श्यामलाल को इतना गुस्सा आया कि उन्होंने जवाब दिया, "जब बाहर निकलेगी तो पूछकर आपको बताऊँगा।" यह कहते ही उन्हें चेत हुआ कि उन्होंने अपने आपको उस लड़के के बराबर गिरा लिया है। इस बेवकूफ अमीर का तिरस्कार करने के लिए मुझे यह भी मंजूर है, उन्होंने सोचा। लड़के का दोस्त मामूली हैसियत का आदमी था। खुशामदाना तौर पर अपने दोस्त की आड़ करते हुए उसने पूछा, "बताती है ?"

श्यामलाल इतने उम्दा आदमी थे कि उन्हें तुर्की-बतुर्की नागवार न गुजरी। मगर वह इतने उथले न थे कि हर ऐसे मजाक को पसन्द करें जिसमें कोई हमदर्दी न हो। ज्यादातर मजाक आजकल इसी किस्म के होते हैं, उन्होंने अपने मन में कहा, और यह भी मेरे जैसे आदमियों के लिए आसान नहीं रह गया है कि मैं हँस सकूँ।

यह खयाल आते ही वह चौकन्ने हो गए। वह अपने पर तरस खा रहे थे—जो कि उन्होंने जवानी से लेकर अब तक सचेत रहकर अपने को नहीं करने दिया था। कुछ दिनों से वह देखते आ रहे थे कि वह बदल रहे हैं; चालीस पार करते-करते आदमी का गैर-मामूलीपन खत्म होने लगता है, यह उन्होंने सुन रखा था। वह अपने अन्दर ऐसा न होने देंगे। यह उनका दृढ़ निश्चय था। मगर कुछ ऐसा तो हो ही रहा था। जैसे उन्हें जानवर से प्यार हो चला था जो इस उम्र में बहुतों को अक्सर होता है। वह जानते थे कि यह उनके और उनकी पत्नी के जिन्दगी से थक चले होने का एक नतीजा है। मगर वह यह सोचकर खुश होते थे कि उनके बच्चे जो कि वास्तव में जानवर को पालने के लिए घर लाए थे, औरों से अच्छे इंसान बनेंगे। सिर्फ उस वक्त जब उन्हें खबरों से राजनीति की निर्दयता का क्षणिक अनुभव होता वह यह सोचकर सहम जाते कि उनके बच्चे अपने प्यार-भरे दिल से, जो उन्हें जानवर की बदौलत मिलेगा, कैसे आनेवाले

हाकिमों का सामना करेंगे ? स्वार्थ के कारण जवानी के प्रेम-व्यापारों में उन्होंने गच्चा खाया था। वही स्वार्थभाव वह अब अपने जानवर पर थोप रहे हों तो क्या अजब है ! पर उनके मन को तो इसका पता भी न था—और जानवर को पता चला भी हो तो वह कर ही क्या सकता था। हाँ, बिल्ली की बात थोड़ी सी और थी। वह आदमी को उतने ही पास आने देती है जितनी उसे जरूरत हो और कुत्ते की तरह आदमी की खुदगर्जी का शिकार बनने के लिए अपने को समर्पित नहीं करती।

मुनमुन की माँ ने जब छह महीने हुए तीन बच्चे दिए थे तो घर के मानवों को एक नई परिस्थिति का अनुभव हुआ था। टीना अपने बच्चों की सुरक्षा का अपना जंगली तरीका अपनाना चाहती थी जिसे सात घर दिखाने का नाम मनुष्यों ने दिया है, मगर वह भी इतनी आश्रित हो चुकी थी कि उसके लिए सात घर का मतलब हो गया था श्यामलाल के ही घर में सात जगह। और इसका मतलब था कि बच्चों को बिलौटे से बचाने में हर आदमी को बिल्ली की मदद करनी थी। श्यामलाल के बच्चे और उनकी माँ बिल्ली के बच्चों को अलमारी में, बन्द कमरे में, गोद में, बिस्तर में रहकर अपनी समझ से बिल्ली के पक्ष में अपना काम करते रहे, मगर बिल्ली के तरीकों और उनके तरीकों में लगातार एक मतभेद चलता रहा। जिसे वे सुरक्षित समझते, टीना उसे सूँघकर नामंजूर कर देती और जिस जगह को वे बिलौटे के लिए सबसे अधिक सुगम समझते टीना उसे पसन्द करके, खँखोड़कर उसकी शक्ल इस तरह बदलने की जिद पकड़ लेती कि जिससे वह उसे काफी प्राकृतिक मालूम हो सके। यह किस्सा चलता रहा। गर्मियों की रात में जब सारा घर बाहर सो रहा था, बिलौटे ने रोशनदान से घुसकर एक बच्चे को खत्म कर दिया। टीना की हिंसक फुफकार से जगकर जब सारा घर भीतर आया तो लाश जमीन पर पड़ी थी और कमरा टीना और बिलौटे की पेशाब की बदबू से भरा हुआ था जो क्रोध के क्षणों में हो गई थी। कुछ दिन बाद एक और बच्चे को बिलौटे ने गुसलखाने की ठंड में आराम करती माँ को लड़ने का मौका दिए बिना बिल्कुल उसके सामने खत्म किया। इस बार बच्चे को वे लोग उठाकर लाए तो उसमें जान थी। श्यामलाल की बड़ी लड़की उसे अस्पताल ले गई। शरीर पर कहीं खून न था। मगर उसकी नट्टी बिलौटे ने भीतर-ही-भीतर कुरमुरा दी थी। अस्पताल में उसने वह सब दूध और ब्रांडी उगल दी जो घर पर बच्चों ने उसे बचाने की कोशिश में पिलाई थी और मर गया।

तब सारी गर्मियाँ श्यामलाल मुनमुन को बन्द टोकरी में सिरहाने रखकर सोए और सारा घर टीना से एक नए किस्म का संवाद सीखने में लगा रहा, क्योंकि टीना जब उसकी अक्ल में आता मुनमुन की टोकरी में घुस जाना चाहती और जब मन होता उसमें से निकल आना चाहती—उसको चुपचाप बैठने का हुक्म देना बेकार था—रात में कई बार उसके लिए जागना हर एक को बिलौटे के खिलाफ कार्रवाई की खातिर इतना जरूरी मालूम होने लगा कि जैसे वे सब बिल्लियाँ हों।

श्यामलाल ने छेद में हाथ डालकर मुनमुन को पकड़ने का इरादा किया। भीतर कोई कनखजूरा या बिच्छू हो सकता था, उन्होंने डर और इंसानियत के विरोधी भावों का यह अजब मिला-जुला अनुभव किया। फिर उन्होंने ऊपर देखा। वह ठस दिमाग आदमी मय अपने खुशामदी साहब के जा चुका था—छोकरे भी। सिर्फ उनके अपने दो लड़के थे। उनका तनाव जाता रहा। यदि उन पर कुछ बुरी गुजरे तो वह तमाशा तो न बनेंगे। उन्होंने निर्मल मन से हाथ भीतर कर दिया। भीतर की ठंडी नम जमीन, जो छूने से ही साफ मालूम होती थी, उनकी हथेली से लगी। तत्काल उस मिट्टी की खुशबू उन्हें आने लगी। "मुनमुन, मुनमुन," उन्होंने आवाज दी। वह अब इस तरह बैठे थे कि भीतर झाँक नहीं सकते थे, मगर समझ सकते थे कि मुनमुन उनके हाथ की पहुँच से काफी दूर है।

एकाएक उन्हें गोगी की महीन आवाज सुनाई दी। वह टीना के तीन नए बच्चों में से एक और सबसे दलिद्दर थी। आवाज के सहारे उनके हाथ ने गोगी को दबोच लिया और वह लटके हुए चारों पंजों को फैलाए और उनके नाखून निकाले गर्दन से टँगी हुई बाहर आ गई।

लड़कों ने चिन्ता से कुछ कहा, मगर वह आवाज उस सड़क के यातायात की तरह स्वाभाविक थी जो कि श्यामलाल से कुछ दूर थी और ज्यादा चल नहीं रही थी। वह मुड़े और उन्होंने लड़कों से एक वाक्य कहा जो कि न उपदेश था, न आदेश, वह बराबर के लोगों से बोला गया एक वाक्य था : "मुश्तू और टीमा और टीना भी इसी सुरंग में होंगे"—जो कि लड़के उनसे पहले ही समझ चुके थे।

मुनमुन के होने के पाँच महीने बाद टीना ने तीन बच्चे और पैदा किए थे। इस बार ये तीनों आजादी से पले और बढ़े। बिलौटा कहीं दिखाई न देता था। एक मत यह था कि वह पालतू था और अपने मालिक के मद्रास तबादले के साथ वहीं चला गया है। टीना बच्चों को बहुत थोड़ी देर के लिए अकेला छोड़ती, जबकि उन्हें इतनी पहरेदारी की जरूरत न रह गई थी। वह सोती भी बहुत, और अपनी पहलौठी की मुनमुन को जो कि कद में लगभग उसके जितनी हो चली थी, अपना दूध बाकी तीनों के साथ पीने देती। मुनमुन टीना की गैरहाजिरी में चुपचाप आकर बच्चों को इस तरह सूँघती जैसे वे कोई नई और विचित्र चीजें हों। एक दिन उसने उन्हें चाटना भी शुरू कर दिया और जब वह कूदने-फाँदनेवाले हुए तो उन्हें अपनी दुम भी खेलने को देने लगी। ये तीनों माँ की तरह काले और सफेद थे, मुनमुन की तरह भूरेमायल नहीं। वे इतने सुन्दर और मुलायम भी नहीं थे। मुनमुन दिन-ब-दिन खिलौने की तरह खूबसूरत और साथ ही जाहिल बनती जा रही थी। उसने एक मरतबा एक ही दिन में तीन बार घर के तीन कोनों में गन्दगी करके रख दी।

श्यामलाल ने सोचा, इसे सजा की जरूरत है। उन्होंने कहीं पढ़ रखा था कि बिल्ली कितने ऊँचे से भी क्यों न गिरे जमीन पर आते-आते अपनी मांसपेशियों को इस तरह

ढील दे देती है कि पंजों के बल सुरक्षित ही गिरे। उन्होंने अपना गुस्सा तौला और ठंडे दिमाग से मुनमुन को उठाकर उसी के हगे के सामने पटक दिया। वह पंजों के ही बल गिरी : श्यामलाल आश्वस्त हुए कि यह सजा सफल होगी। मुनमुन सीधे घर से बाहर भागी और रात-भर नहीं आई। सवेरे वह लौटी तो पिछली दाहिनी टाँग जमीन पर रख नहीं पा रही थी। श्यामलाल के बच्चे फिर अस्पताल गए। टाँग की हड्डी बच गई थी, मगर वे तन्तु जिनके बारे में श्यामलाल ने पढ़ रखा था टूट गए थे। लम्बे इलाज के बाद वह जिस दिन पहली बार फिर से पेड़ पर चढ़ी, श्यामलाल ने उसे फिर प्यार करना चाहा। वह पकड़ में तों आ गई क्योंकि उसकी टाँग हमेशा के लिए कमजोर हो गई थी, मगर उसने प्यार ऐसे कबूल किया जैसे वह बनी ही इसलिए है और कोई एहसान नहीं मान रही है। इसके बाद वह और भी प्यारपसन्द और आरामंतलब हो गई। उसने कभी न कोई चिड़िया पकड़ी, न चूहा। अधिक-से-अधिक तितली को देखकर वह उठ बैठती और कान खड़े करके अपनी नजर से उसका पीछा करती रहती। एक ही और काम था जिसमें वह फुर्ती दिखलाती थी। जैसे ही तीनों बच्चे टीना का दूध पीने जुटते, वह भी दौड़ी हुई आती और ठेलठाल कर अपने मुँह के लिए उनके बीच में जगह बना लेती। उस वक्त घर के सब लोगों को उसकी चाल पर राय देने का मौका मिलता—"मैंने देखा कि टाँग चला रही है," कोई कहता। कोई कहता, "नहीं, अभी थोड़ा सा—बस थोड़ा सा जमीन पर छुआती है।"

न जाने किस तरह वह बहस अपनी शक्ल बदलने लगी और विषय यह हो गया कि आखिर कब तक टीना और उसके बच्चे घर में पलते रहेंगे ? कोई साफ-साफ यह नहीं कहता था कि इन्हें हम नहीं रखना चाहते। यह कहना कि इनके खाने पर बहुत खर्च हो रहा है, और भी अप्रिय सत्य था। टीना रहेगी, यह भी बिल्कुल निर्विवाद था। प्रश्न इतना ही था कि इन बच्चों को कोई पालने के लिए माँग क्यों नहीं ले जा रहा है। एक अजब इंसानी तर्क से श्यामलाल सोच रहे थे कि अगर ये इतने बड़े न होने पाएँ कि टीना के लिए इनसे बिछुड़ना बहुत दुखद हो जाए तो इंन्हें किसी को दे दिया जा सकता है। इतने बड़े वह किस वक्त तक होंगे, यह जानने का कोई वैज्ञानिक आधार उनके पास न था। बस उन्होंने मान लिया था कि ऐसा कोई वक्त होता होगा। जहाँ तक टीना का सवाल था वह इतना ही जानती थी कि तीनों बच्चे इस बार बिलौटे से बच गए हैं और जिस घर में वह रहती है उसमें ये भी रह रहे हैं। एक दिन श्यामलाल ने अपने बच्चों को समझाया कि जानवर बहुत समय तक अपने बच्चों को आदमियों की तरह माँ पर निर्भर नहीं रखते, वे उन्हें आत्मनिर्भर बनने को छोड़ दिया करते हैं। बच्चों ने पूछा, "मगर मुनमुन क्यों अब तक माँ का दूध पीती है ?" और यह प्रसंग वहीं समाप्त हो गया।

पिछले तीन दिन से श्यामलाल के दिमाग में कई तर्क उपज रहे थे जैसे यह कि प्रकृति जानवरों की संख्या का नियन्त्रण करती है...वह नवजात शिशुओं की मृत्यु का प्रबन्ध कर देती है नहीं तो दुनिया साँपों और घड़ियालों से भर जाए...जानवर को पालकर

उसे पराधीन बना देना कितना निर्दय है...उसे अपनी आजादी का कुछ हिस्सा अपने पास रखने देना चाहिए...इसके पहले कि वह बिल्कुल असहाय हो जाए उसे स्वतन्त्र कर देना चाहिए। अन्त में वह किसी नतीजे पर न आते। किसी ने जब यह सुझाव दिया कि जानवर पालने के तरीकों के अनुसार बिल्ली के फालतू बच्चों को पैदा होते ही बाल्टी में डुबोकर खत्म कर दिया जाता है तो सारे घर ने इसका घोर विरोध किया और श्यामलाल सोचने लगे कि क्या इंसान के दिमाग ने बस इतनी ही तरक्की की है जो इतना सीधा और ठोस तरीका निकाला ?

उन्हें एकाएक सूझा कि तीनों बच्चों को सिखाना चाहिए कि आदमी से वे सिर्फ एक हद तक रिश्ता रखें। जैसे वे रहें बाहर और घर में जितनी बार चाहें आ जाया करें। क्षण-भर के लिए इस खयाल में छिपी हुई चालाकी भी उन्हें दिखाई दे गई। यह प्रमाण था कि वह चालीस पार करने पर भी अपने को ईमानदारी से समझना भूले नहीं हैं। मगर मूलतः यह एक सही विचार है, उन्होंने सोचा और सीधे इस नतीजे पर आ गए कि अगर इससे मेरा ज़ाती फायदा हो भी जाए तो भी मूलतः यह जानवर के हित में होगा। वह दरअसल चालीस के हो चुके थे। उस रात को वह मुनमुन को गोद में लेकर घर से सौ गज दूर गए। इससे ज्यादा उनकी हिम्मत न पड़ी।

लँगड़ी बिल्ली को उन्होंने वहीं छोड़ दिया और वह दुम दबाकर सर्र से सबसे नजदीक की झाड़ी में गायब हो गई।

आधी रात को काँपती हुई वह खिड़की से घर में दाखिल हुई। उसकी आलसी आदतों को जो जानते थे उन्हें खिड़की के जंगले से गुजरने की उसकी कोशिश देखकर इस मुसीबत में भी हँसी आती।

वह घर तो आ गई थी मगर हक्की-बक्की रह गई थी। जैसे यह भाव उसके चेहरे पर छप गया और फिर जब कभी वह सामने आ पड़ती उसका हक्का-बक्कापन ही दिखाई देता। धीरे-धीरे वह अच्छा लगने लगा और घर-भर ने उसे उसकी सुन्दरता की पहचान बना लिया।

अपने प्रयोग की प्रौढ़ बुद्धि से सन्तुष्ट होकर दूसरे दिन शाम होने पर श्यामलाल अपने बच्चों से बोले, "इन तीनों को हम लोग ले चलें और घर के सामनेवाले मैदान में छोड़ दें। यह अपने आप वापस आ जाएँगे।"

बच्चे उन्हें मैदान में खेलते हुए देखने की कल्पना कर खुश हुए—उन्हें घर में ही देखते-देखते वे ऊबे जा रहे थे। वे बिलौटे को भूल चुके थे। "मगर चिट्टी के घर के सामने मत छोड़िएगा, उससे हमारी बोलचाल बन्द है," उन्होंने कहा।

श्यामलालजी ने और रात होने का इन्तजार किया। उन्होंने अपने को भरोसा दिलाया कि चाँदनी है, इससे जो वह करने जा रहे हैं उसमें जानवर के लिए खतरा कुछ कम हो जाता है। वह तीनों को उठाकर ले गए और सूने मैदान में उन्हें गोद से उतार दिया। मुनमुन को उन्होंने जहाँ अकेले रहने की शिक्षा दी थी, वहाँ से यह जगह उनके घर के और भी नजदीक थी। तब वह वहाँ से लेकर अपने घर तक, चहलकदमी करने

लगे। दो-तीन फेरियों तक तो उन्हें बच्चों की चीं-चीं सुनाई देती रही, उसके बाद आवाजें बन्द हो गईं। वह अगली फेरी में बच्चों के और नजदीक तक गए। दो बच्चे एक घर के बरामदे की सीढ़ियों पर गुमसुम बैठे थे, एक का पता न था।

सवेरे आएगा वह भी, उन्होंने कहा और घर लौट आए। हस्बमामूल सबके सो जाने का इन्तजार करते रहे, क्योंकि उनको कुछ देर अकेले जागकर सोने की आदत थी।

पर जब नींद के ठीक पहले का शून्य उनको हँस-हँसकर डुबोने लगा तो वह चौंककर उठ बैठे और उन्होंने बच्चों को एक बार फिर देख आने का निश्चय किया।

उन्होंने हर मकान के बरामदे में झाँकना शुरू किया। जाड़ा पड़ने लगा था, लोग अन्दर सो रहे थे। कोई भी जाग पड़ता तो जवाबतलब करता। वह दबे पाँव हर बरामदे में एक कदम रखकर निगाहें चारों ओर दौड़ाते और वही एक कदम दबे पाँव वापस लाकर अगले मकान को चल देते। आखिरकार एक बरामदे में दो बच्चे मिल गए। दोनों गहरी नींद में सिकुड़े एक-दूसरे से पैबस्त पड़े थे। उन्होंने चार कदम और बढ़कर उन्हें उठा लिया—चाहे कोई जाग ही जाए। लौटते हुए उन्हें कहीं से तीसरे की डरी हुई धीमी-धीमी चीं-चीं सुनाई दी। इस बार सहज भाव से वह दूसरी मंजिल के एक मकान की सीढ़ियाँ चढ़ते चले गए और पहले बरामदे में उन्हें तीसरा बच्चा भी मिल गया।

घर वापस आकर वह लेटे और फौरन सो गए। अगले दिन इतवार था। उठते ही श्यामलाल के बच्चों ने टीना के पास जाकर उसके बच्चों को देखा। जब उन्हें बताया गया कि ये तीनों अपने-आप नहीं आए, इन्हें लाया गया था तो उन्होंने कहा तो कुछ नहीं, मगर श्यामलाल को मालूम हो गया कि उन पर सबका विश्वास कुछ कम हो गया है।

उनको कुछ बहुत दुख न हुआ। वह जानते थे कि उन्हें अपने स्वभाव की यह कीमत चुकानी ही पड़ती है। वह कोई गलत काम नहीं कर रहे थे, कोई निर्दयता, कोई क्षुद्रता नहीं कर रहे थे—वह सिर्फ एक निर्भीक प्रयोग कर रहे थे जिसमें जोखिम था तो, पर नपा-तुला। वह चाहते थे कि उन्हें बस एक और मौका दिया जाए जैसा जिन्दगी में हर बार वह उनसे माँगते आए थे जिन्होंने उन्हें प्यार दिया था।

उन्होंने कहा, अगर हम टीना और मुनमुन को भी साथ ले जाएँ और पाँचों को घर से कुछ और दूर छोड़ें तो टीना इनको अपने साथ वापस ले आएगी। यह भी हो सकता है कि एक-दो बच्चे रास्ते में किसी घर में रह ही जाएँ—रह जाएँ तो अच्छा ही है, वहीं पल जाएँगे। यह भी हो सकता है कि कोई रास्ते से खुद इन्हें उठाकर अपने घर ले जाए...

और फिर सबकी सहमति लेकर जो किसी ने उन्हें खुलेआम नहीं दी, उन्होंने बिल्ली के परिवार को एक-एक करके अपनी खचड़ा मोटरकार में भर लिया। यह निहायत मुश्किल काम था। टीना ने और उसके हर बच्चे ने विरोध किया। श्यामलाल के बच्चे पहले तो सकपकाए खड़े देखते रहे, फिर उन्होंने बिल्लियों की गिरफ्तारी में मदद की जिससे बिल्लियों को तकलीफ न हो और एक ने कहा कि आप वहाँ किसी को पटक

मत दीजिएगा।

जब कार चली तो टीना घबराकर इस गद्दी से उस पर टहलने और अपने बच्चों को उसी तरह बुलाने लगी जैसे दूध पिलाने के लिए बुलाती थी। शायद वह कोई और आवाज थी जिसकी ममता में दूध पिलाने को बुलानेवाली पुकार से सूक्ष्म भेद था। श्यामलाल बाजार को मुड़नेवाली सड़क छोड़कर सीधे बढ़ते गए। इतना घर से बहुत दूर होगा, उन्होंने सोचा और लौट पड़े। एक जगह और रुके, पर वह भी उन्हें घर से बहुत दूर जान पड़ी। सब निर्णय उन्हीं के थे और उन्हें सन्तोष न मिल रहा था। आखिर बाजारवाले मोड़ पर आकर उन्होंने सड़क के एक किनारे एक भलेमानस आदमी को पेड़ के नीचे सुस्ताते देखा। यहीं ठीक है। आदमी ने गाड़ी रुकते और बिल्लियों को दरवाजे से कूदकर बाहर आते देखा और वैसे ही बैठा रहा। मगर श्यामलाल जो कर रहे थे उसमें उसे चुपचाप अपना साझी मान चुके थे। टीना सड़क पर आते ही चारों ओर देखकर चौकन्नी हुई। फिर कान खड़े करके और दुम दबाकर सीधे सड़क के उस पार भागी। मुनमुन उसके पीछे-पीछे दौड़ गई और दोनों सड़क के पार की पटरी पर बैठकर एक बार इधर और एक बार उधर देखने लगीं। वे सर साथ-साथ घुमातीं। उनके कान खड़े थे और मुँह खिंचकर आगे को निकल आया था। टीना के सफेद पैरों और सफेद सीनेवाला जिस्म तना हुआ था। यह देखकर श्यामलाल को धक्का सा लगा। "टीना-टीना !" उन्होंने पुकारा। मगर टीना वापस आना नहीं अपने बाकी बच्चों को इस पार ले जाना चाहती थी। श्यामलाल ने उन्हें उठाया और टीना की तरफ ले चले। वह तेजी से आगे बढ़ी और बच्चों को पुकारकर वापस मुड़कर वहीं जा बैठी जहाँ पहले थी।

शायद यह जगह भी घर से ज्यादा दूर है। मगर नहीं। मुझे पूरी उम्मीद है कि इन्हें वह घुमा-फिराकर यहाँ से घर की तरफ ले जाएगी...और फिर जो होगा वह स्वाभाविक तौर पर होगा। जो भी हो, हो। मैं इन्हें मारने के लिए नहीं छोड़ रहा हूँ। उनकी माँ उनके साथ है। उन्होंने कई बार हल्के से और एक बार जोर से अपने मन में कहा और वापस आ गए।

किसी ने उनसे कुछ नहीं पूछा। थोड़ी देर बाद जब घर का काम खत्म हो चुका तो उनकी पत्नी आकर कमरे में बैठीं। धीरे से बोलीं, "कहाँ छोड़ा है उनको ?"

श्यामलाल ने बताया कि बाजारवाले मोड़ पर। वह चुप रहीं। श्यामलाल ने कहा, "दूर नहीं है। टीना आ जाएगी।" उन्होंने बच्चों का नाम नहीं लिया।

"टीना पिछवाड़े के स्कूल से आगे आज तक नहीं गई है," वह कहकर चुप हो गईं। फिर काफी देर बाद बोलीं, "टीना दो-तीन दिन के पहले नहीं आ सकती।" वह आँखें मूँदे बैठी हुई थीं। उनके चेहरे पर थकान तनी हुई थी। वह बिल्ली के साथ किए गए प्रयोग की बेदर्दी और अपना पुराना सिर-दर्द साथ-साथ सह रही थीं।

थोड़ी देर बाद श्यामलाल ने पूछा, "दो-तीन दिन कहाँ रहेगी ?"

पत्नी ने कहा, "यह तो मैं नहीं कह सकती, परंतु वह बच्चों को अकेला छोड़ेगी

नहीं, जहाँ वे रहेंगे वहीं वह रहेगी।"

श्यामलाल बोले, "तो क्या यह भी हो सकता है कि वह लौटकर न आए ?"

पत्नी ने कहा, "यह तो मैं नहीं कह सकती। मगर वह आएगी तो दो-तीन दिन बाद ही आएगी। हफ़्ते-भर बाद भी आ सकती है।"

श्यामलाल ने कहा, "नहीं, इतने दिन तो बहुत होते हैं।"

अपने हाथ से अपना सिर दबाते हुए पत्नी ने कहा, "तुम बाजार से खाना ले आओ। मैंने पकाया नहीं है।"

श्यामलाल के साथ बाजार जाने के लिए उनके दो बच्चे फौरन तैयार हो गए। वे घर से निकले तो श्यामलाल ने कहा, "हम गली-गली जाएँगे।"

एक बच्चे ने कहा, "सड़क-सड़क चलिए क्योंकि वह सीधे रास्ते से घर आ रही होगी।" श्यामलाल ने कहा, "नहीं, हो सकता है वे लोग किसी घर में दुबक गए हों, हम गलियों से होकर जाएँगे और सड़क से होकर आएँगे।"

गलियों में उन्हें कई बिल्लियाँ मिलीं—छोटी, बड़ी, चोरों की तरह दुम दबाकर सरकती हुईं और बेखबर घूरे को देखकर कुरेदती हुई। वे सब दूसरी बिल्लियाँ थीं। वे पास आते ही कितनी अजनबी लगती थीं और कितनी पराई थीं भी।

गोगी को पकड़कर खींच निकालने के बाद श्यामलाल को विश्वास हो गया था कि टीना और उसके सब बच्चे इसी सुरंग में हैं। वह इतनी सँकरी और नीची थी कि यह विश्वास सिर्फ वही कर सकता था जो बिल्लियों की सिकुड़ सकने की क्षमता जानता हो। श्यामलाल ने वहीं जाकर पूछताछ की थी जहाँ वह सवेरे उन्हें त्याग गए थे। वह नहीं जानते थे कि जब वह अकेले घर वापस जा रहे थे तो इतवार को छज्जों पर खामख्वाह खड़े बहुत से लोगों ने उन्हें देखा था। हर छज्जे पर बातचीत हुई थी कि यह आदमी कर क्या रहा है। निश्चय ही कुछ लोग बिल्कुल बोदे रहे होंगे। उनमें से कुछ ने श्यामलाल को बहुत राजदाँ बनते हुए कहा कि उन्होंने समझा था कि श्यामलाल अपनी बिल्लियों को छोड़ने नहीं अपनी बिल्लियों को पकड़ने आए हैं। "क्या अभी तक मिली नहीं ?" उन्होंने पूछा। यह पर्दादारी लोग बिना माँगे कर रहे थे जिससे वह श्यामलाल को भय की तरह रहस्यमय लगी। उन लोगों के सामने जो उन्हें इतना गलत समझ रहे थे सच बोलना कितना निराशाजनक होता। "हाँ, मगर आपने उन्हें जाते किधर देखा था ?" उन्होंने जैसे डकैतों के सामने मीठी बोली से काम निकालना चाहा।

एक बड़ी सींक-सी औरत बोली, "इधर तो वे आ ही नहीं सकतीं—हाँ। मेरा कुत्ता बिल्लियों को फाड़ के रख देता है। डरिए नहीं, मैंने इसीलिए उसे बाँध दिया है। वे वहीं नाले में कहीं होंगीं।"

सुरंग का दरवाजा उन्होंने एक गुस्से से ढाँक दिया। गोगी को गोद में लेकर वह घर की तरफ दौड़े। वह अपनी बड़ी लड़की को बुलाने जा रहे थे जिसकी आवाज सुनकर मुनमुन बोला करती थी और वह अपनी पत्नी को भी बुलाने जा रहे थे जो रोज उनके घर लौटने पर उन्हें बताया करती थी कि आज टीना ने क्या किया।

सब कोई आए। लड़की ने मुनमुन को दो बार बुलकारा तो उसने सिर बाहर किया और पकड़ ली गई। मुश्तू आदतन मुनमुन के पीछे-पीछे निकल आया। मगर टीना अपनी सुरंग के दरवाजे तक आकर फिर भीतर चली गई। उसके पास अभी शीमा थी।

भीड़ लग गई थी। जैसे वे दोनों दर्शकों के लिए संवाद बोल रहे हों, श्यामलाल ने पत्नी से कहा, ''तुम बुलाओ।''

स्त्री ने आवाज दी, ''टीना, टीना !''

तब भीड़ में से एक सूखा सा आदमी जोर से बोला, ''इसके बच्चे को दिखाओ तो बाहर आएगी।'' कहकर उसने गोगी को श्यामलाल के हाथ से ले लिया। श्यामलाल और उनकी पत्नी दो सिलबिल आदमियों की तरह खड़े देखते रह गए। उसने गोगी को जोर से दबाया। और वह चीखकर रोई। श्यामलाल के बच्चों ने एक स्वर से कहा, ''नहीं, नहीं, क्या करते हो !'' तभी टीना परेशान बाहर आ गई। बड़ी लड़की ने उसे फौरन उठाकर गोद में दबा लिया।

वह भौंचक थी और उसका बदन नम हो रहा था। उसने गरदन उठाकर चारों तरफ देखा और निश्चिन्त हो गई। अपने ऊपर थोपी हुई मुसीबत से उसने जो संघर्ष किया था उसका कोई घमंड उसकी आँखों में नहीं था। वह न तो कुरकुराने लगी, न उसने अपनी दुम फुलाई, न उसने ऐसी और कोई हरकत की जिनसे आदमी बिल्लियों को पहचानते हैं। बस, उसने एक बार आँखें मींचकर खोल दीं।

श्यामलाल ने उसे गौर से देखा। वह समझ रहे थे कि उन्होंने उसके साथ क्या किया है और यह भी जान रहे थे कि वह नहीं समझ सकती कि खुद उनके साथ क्या हुआ है ! एकाएक वह अपनी असहायता से छटपटा उठे। हालाँकि उनके दिल में प्यार-ही-प्यार था, मगर बिल्ली को किसी तरह यह बताने का तरीका वह नहीं जानते थे। चालीस बरस तक वह हर बार एक मौका और माँग चुके हैं, मगर आज फिर माँग रहे हैं।

(1972, रास्ता इधर से है)

घुटन के बाहर

यह सही है कि एक गाँव में लगातार रहकर भी अपने इंसान को जाना जा सकता है। मगर एक गाँव से, एक पंचायत से, घुटन से, मुक्ति से, दूसरी में जाना जाति के घेरे में रहकर सम्भव नहीं। भाषा का पक्षधर एक घरघुस समाज दूर पर जो घेरा डाले कृतिकार को हर समय ताड़ता रहता है, उसको फलाँगकर किसी और भाषा में, किसी और विधा में, किसी और देश में किसी इतिहास में, कहीं भी किसी और घेरे में जाना ही पड़ेगा—अन्त में उसको भी अपेक्षया जल्दी ही तोड़ने के लिए। मुझे शक्ति यह जानकर नहीं मिलती है कि मैंने अपने को कहाँ जोड़ा है। मेरा सर्जनात्मक सुख यह जानने में है कि मैंने अपने को कहाँ तोड़कर एक नई बस्ती बसाई है और यदि यह भी कमोबेश देख सकूँ कि वह नई सृष्टि मेरी पुरानी बस्ती को उजाड़कर बनी है तो क्या कहने।

(कुछ पते कुछ चिट्ठियाँ)

रास्ता इधर से है

वह एक वाहियात दिन था। सब कुछ शान्त था—यहाँ, इस कमरे में जहाँ किसी के चलने की भी आवाज नहीं सुनाई पड़ सकती थी : इतने मोटे गलीचे बिछे थे : दीवारें जहाँ चिकनी, संगमरमर की-सी शान्तिमय, तापमान जहाँ स्थिर, शरीर के अनुकूल था और सबसे बड़ी बात, धूल जहाँ नहीं थी : आप चाहें तो मेज पर आस्तीन रख सकते थे। वहाँ नीचे के कमरों की मेजों की तरह नहीं कि उन पर लोग खाने की जूठन पोंछकर रजिस्टर खोल लेते हैं, पर उस कमरे के बावजूद वह दिन एक वाहियात दिन था।

एक-एक करके चालीस आदमी उस कमरे में आए। चालीस : अलीबाबा : खुल सम-सम। हाँ, एक दरवाजा भी उस कमरे में था आने के लिए और वही जाने के लिए भी। एक और दरवाजा था, उसको खोलने से कोई कहीं जा नहीं सकता था—जो जाता उसे छोटी या बड़ी हाजत रफा करके वापस आना पड़ता। पर उस पर कहीं लिखा न था कि यह कहाँ का दरवाजा है। हर बार जब कोई आदमी वापस जाने लगता तो गलती से यही दरवाजा खोलने लगता और हम पाँच आदमी जो उस कमरे में बैठे थे, असली दरवाजे की ओर उँगली उठाकर एकसाथ चिल्लाते, "रास्ता इधर से है।"

दोनों दरवाजे बिल्कुल एक से थे। अगर हम पाँच आदमी दिन-भर भी उस कमरे में बैठे रहते और सचमुच एक न एक हाजत रफा करके उठते रहते तो भी दिन-भर में मिलाकर चालीस बार वह दरवाजा खोलते। मगर उस दिन वह चालीस बार खुला। और एक भी आदमी उसके भीतर नहीं गया। उसका आधा खुलना होता कि हम पाँचों वे ही शब्द चिल्ला पड़ते जो ऊपर कहे गए हैं। चमचमाता हुआ कमोड जरा देर को दिखाई देता, फिर चूँ करके दरवाजा बन्द हो जाता और उसको खोलनेवाला सिर झुकाए असली दरवाजे की ओर बढ़ जाता।

कोई बात थी कि जब हम पाँचों आदमी अपने-अपने सवाल पूछ चुके होते तो जवाब देनेवाला कमरे से छूटकर जाने की इतनी जल्दी में होता कि वह सबसे पहले सामने पड़नेवाले दरवाजे से निकलना चाहता। पर वह तो वही दरवाजा था जिसमें कमोड दिखाई देता था।

जब कई बार ऐसा ही हो चुका तो हम पाँचों हँसने लगे। एक ने कहा, "क्या कम्पनी ने यह दरवाजा इम्तहान लेने के लिए लगवाया है ?" वह शायद सोचता था कि यह भी व्यक्तित्व की परीक्षा का एक अच्छा उपाय है। आदमी अगर नौकरी चाहता है

तो कहीं इतना बदहवास तो नहीं है कि कमरे में आने के बाद भूल जाए कि किस दरवाजे से आया था। दूसरे ने कहा, हा हा हा हा ! तीसरे ने कहा, नहीं, लगवाया तो इसलिए नहीं गया था। परन्तु मैं आपका मतलब समझ गया। आगे से हम इस पर भी पाँच नम्बर रख सकते हैं। चौथे ने कहा, मगर नम्बर किसे मिलेंगे ? उसी को न जो सही दरवाजे से जाएगा ? इस पर मैंने कहा, नहीं, उसे जो पेशाबघर का दरवाजा खोलेगा और जब हम लोग कहेंगे, नहीं, नहीं, रास्ता इधर से है तो वह कहेगा, मुझे मालूम है। मैं पेशाब करने जा रहा हूँ।

यह बात किसी को पसन्द नहीं आई। उस कमरे में सिर्फ प्रधान प्रबन्धक पेशाब कर सकते थे। यह भी विवादास्पद था कि अगर प्रधान प्रबन्धक, सहायक प्रधान प्रबन्धक और प्रमुख उपसहायक प्रधान प्रबन्धक विचार-विमर्श करने बैठे होते और प्रमुख उपसहायक प्रधान प्रबन्धक को पेशाब लगती तो वह उठकर बाहर जाते या उसी पेशाबखाने में जाते जो प्रधान प्रबन्धक के लिए निश्चित था। सहायक प्रधान प्रबन्धक शायद इजाजत लेकर चले भी जाते, लेकिन प्रमुख उपसहायक प्रधान प्रबन्धक शायद नहीं जाते। वह बाहर जाते—उतनी दूर जाना उनके नाम जितना ही लम्बा रास्ता तय करने के बराबर होता, पर वह जाते अपने कमरे में, उससे जुड़े हुए अपने पेशाबघर में।

मेरी बात किसी को पसन्द नहीं आई थी। मैं मन-ही-मन निराश हुआ। कोई यह विचार पसन्द करता तो आगे मैं यह शर्त रखता कि पूरे नम्बर उसे नहीं मिलेंगे जो सिर्फ कहेगा कि मैं पेशाब करने जा रहा हूँ बल्कि उसे मिलेंगे जो वहाँ जाकर वाकई पेशाब करेगा।

मैं ऐसा कह पाता तो बाकी चारों इसमें संशोधन कर सकते थे। मसलन एक नम्बर इस बात को बताते कि उसकी पेशाब की आवाज सुनाई पड़ी या नहीं और इसका कि उसने बटन भीतर ही बन्द किए या बाहर आकर और पैजामा चढ़ाकर पेशाब करने पर सब नम्बर काट लेना तय हो सकता था।

इसके बजाय वे बहस इस बात पर करने लगे कि यदि अभी तक हमने यह चीज इम्तहान में नहीं रखी तो बाकी लोगों को इसके नम्बर देकर हम अन्याय करेंगे। इसके पहले सभी को अंग्रेजी बोलने पर नम्बर दिए गए थे। अंग्रेजी बोलने और पेशाबघर का दरवाजा पहचानने में कोई समतुल्यता नहीं है, इतना न्याय तो हम पंच जानते ही थे।

उस इमारत में हम पाँच बड़े अफसर थे। हम सबके कमरे अलग-अलग थे। सबके लिए दोपहर में अलग खाना परसा जाता था। वह कैंटीन के खाने से कहीं ज्यादा उम्दा होता था। मगर इससे यह निष्कर्ष न जाने किस तरह निकल आया था कि हम सबके लिए पेशाब और पाखाने के कमरे भी अलहदा होने चाहिए जबकि वहाँ हम जो कुछ करते वह उम्दा खाने के बावजूद वही होता जो कैंटीन में मोटा खानेवाले करते। मुझे सूझा कि अगर कभी कोई आन्दोलन इस इमारत में समता के लिए हो तो वह सबको एक सा खाना देने की माँग पूरी हो जाने पर भी सफल न होगा। ऐसे सभी आन्दोलन क्यों बेकार हो जाते हैं ? इस पर सोचते-सोचते मैं इस नतीजे पर आया कि इसलिए

कि वे सबके लिए एक पेशाबघर की माँग नहीं करते।

हम लोग अपनी फाउंटेनपेन बनाने की कम्पनी में सेलमैनों की नियुक्ति के लिए आदमी छाँट रहे थे। उस वक्त हमारे सामने एक लड़का बैठा हुआ था जिससे पूछा जा रहा था कि वह यह नौकरी क्यों करना चाहता है। बाकी सवाल जो सबसे पूछे जाते, वे पूछे जा चुके थे, जैसे–तुम्हारे शौक क्या हैं ? हर सवाल पर उम्मीदवार इस तरह अपना व्यक्तित्व निचोड़कर रख देता जैसे इसी के ठीक उत्तर पर उसे नौकरी मिल जाएगी। ऐसा कुछ था नहीं। नौकरी मिलना जिस बात पर निर्भर था उसे कोई नहीं जानता था। लिखित इम्तहान में पचास से कम नम्बर जो लोग लाए थे उनके लिए तो एक यही सवाल काफी था–तुम यह नौकरी क्यों करना चाहते हो ? इसके जवाब में जिसने कोई ऊँचा कारण बताया वह गया। मसलन, मैं कलम बेचकर ज्ञान का प्रसार करना चाहता हूँ। जिसने यह कहा कि इसलिए कि मुझे नौकरी की जरूरत है, उससे अगला सवाल यह होता था कि तो फिर यही क्यों ? और उसके पास कोई साधारण जवाब होता ही नहीं था, वह हमेशा कोई बड़ा कारण बताना चाहता था। और हम जानते थे कि इसी से वह मारा जाएगा। हम यह भी जानते थे कि किसी की हिम्मत यह कहने की न पड़ेगी कि वह यह नौकरी इसलिए चाहता है कि वह खाली है–वह भी और नौकरी भी–जबकि असलियत एकदम यही थी और इससे बढ़िया कोई कारण किसी के पास नौकरी के लिए साक्षात्कार देने का हो ही नहीं सकता था।

लड़के ने जवाब में कहा कि वह असल में तो वकालत करना चाहता था पर वकालत उससे चलेगी नहीं। यह कहकर उसने अपने को फँसा लिया। उससे फौरन पूछा गया कि जब वह मुवक्किल की पैरवी नहीं कर सकता तो कलम की कैसे करेगा ? इस पर वह घबराहट के मारे काँपने लगा और उसने कहा–किसी तरह कर लूँगा। मैंने एक क्षण को कल्पना की कि लड़का मजमे में खड़ा कह रहा है–भारत कम्पनी का फाउंटेनपेन खरीदिए...यह हमेशा सत्य लिखता है...।

इसके बाद एक और लड़का आया। इसके खानदान में दूकानदारी थी। इसने कुर्सी पर बैठकर ऐसे देखा जैसे सेलमैन हो ले तो कल वह इस कम्पनी को ही खरीद लेगा। प्रधान प्रबन्धक अपने लिए इतना बड़ा खतरा देखकर भी उसी लड़के से सबसे ज्यादा खुश हुए। उन्होंने उससे उसके पिता का हाल-चाल पूछा और उसे चाय पिलाई। मुझे तो शक हुआ कि शायद वह उसे अपने पेशाबघर के इस्तेमाल का भी न्योता देनेवाले हैं, पर नहीं दिया।

एक-एक करके कई लोग और आए। सभी विश्वविद्यालय में साहित्य, विज्ञान, राजनीति, अर्थशास्त्र, इतिहास या कानून–इनमें से कुछ-न-कुछ पढ़ चुके थे। नौकरी की शर्त ही यही थी। कुछ शायद अपने सबसे बढ़िया कपड़े पहनकर आए थे। पर कपड़े नहीं जनाब, मैं बाकी चारों निर्णायकों से कहना चाहता था, जूते देखिए, जूते। उन्हीं से आदमी के असली चरित्र का पता चलता है। एक के जूते बताते थे कि वह बहुत गरीब घर का है, हालाँकि उन पर पॉलिश थी। एक के जूते बताते थे कि उसके पास कई

जोड़े जूते और भी हैं—और कपड़े वह बिल्कुल मामूली पहने था—देखिए न, जितने खानदानी पैसेवाले होते हैं अक्सर मामूली कपड़े पहनना चाहते हैं...मगर उनके जूते...।

दो एक ने नौकरी क्यों करना चाहते हैं, इसका कारण बताया कि उन्हें अपने बूढ़े बाप का हाथ बँटाना है। तीनों लड़कों ने कहा कि सीधी बात यह है कि हमें भी तो कोई रोजी चाहिए, नहीं तो भाई के मत्थे कब तक खाते रहेंगे। ये सब कारण काफी नहीं थे। इनसे यह सिद्ध नहीं होता था कि ये लोग कमाल दिखाएँगे।

एक ने तो कोई कारण नहीं बताया। वह उठकर खड़ा हो गया और कहने लगा, सर, मुझे नौकरी दे दीजिए, आपकी बड़ी मेहरबानी होगी सर !

सबसे विशेष बात जो हमारे प्रधान प्रबन्धक ने बाद में बताई, यह थी कि कोई भी उम्मीदवार यह नहीं बता सका कि पश्चिम जर्मनी में जो टेलीविजन टावर है वह कितना ऊँचा है। प्रधान प्रबन्धक इसी वर्ष उस पर चढ़कर चारों तरफ देख आए थे और उसके ऊपर बने रेस्तराँ की विचित्रताएँ हम लोगों को बताया करते थे।

हम लोग शौक, जूते, कपड़े, अंग्रेजी इन सभी की जाँच करते रहे। और एक स्वर में 'रास्ता इधर से है' बताते रहे। शाम होने को आई। पास उम्मीदवारों की सूची बनाने का वक्त आ गया। प्रधान प्रबन्धक के सचिव ने सबके नम्बर सामने लाकर रख दिए।

सूची में नम्बर जोड़ने पर मालूम हुआ कि हम लोग किसी को नहीं ले सकते। सत्तर से ऊपर नम्बर लानेवाले को ही लेना तय हुआ था। इतने किसी के नहीं थे। इसलिए हम लोगों ने फिर से विज्ञापन देने का फैसला किया। आज के अनुभव से सीख लेकर इस बार हम लोगों ने विज्ञापन में एक शर्त रख दी कि जो लोग कहीं नौकरी न कर रहे हों वे अर्जी न दें। इसके कई फायदे हुए। एक तो यही कि हम लोगों को 'रास्ता इधर से है' नहीं कहना पड़ा। उम्मीदवार आते और आते ही अपने शऊर और सलीके से जता देते कि उन्हें यह बात मालूम है कि प्रधान प्रबन्धक के कमरे से जुड़ा हुआ एक पेशाबघर है। हाँ, इससे सारा कार्यक्रम नीरस जरूर हो गया था। अन्त में हम लोगों ने उस आदमी को चुना जिसने साक्षात्कार के बीच में एकाएक पूछा था—सर, मैं जरा बाहर पेशाब कर आऊँ, सर !

(1972, रास्ता इधर से है)

आधुनिकता : भारतीय समाज के सन्दर्भ में

संवेदन का समाज से कहाँ रिश्ता है, इस पर कुछ बात हुई है। पर कुछ बातें जो अपूर्ण हैं उन्हें सही ढंग से पूरा करना है। बहुत बातें ऐसी हैं जो खुद सवाल पूछने से ज्यादा अच्छे नतीजे निकाल सकती हैं। वे सवाल कुछ इस तरह के हैं : क्या वजह है कि पिछले कई वर्षों में, जब से साहित्य में आधुनिकता और आधुनिक संवेदना की बात होने लगी हम लोग कुंठा, यातना, वितृष्णा, विरक्ति और इससे आगे जाकर सर्वनाश की बात भी करते रहे हैं और इन्हीं को आधुनिकता का प्रतीक मानते रहे हैं ? शुरू में तो किसी भी तरह की स्थिर मान्यता के विरुद्ध कुछ भी बोलना आधुनिकता माना जाता था। किसी भी तरह से स्थापित मूल्य पर, जो कि जड़ हो चुका हो, आक्रमण करना ही आधुनिकता थी। फिर बाद में इसके नतीजे उलझे हुए दिखाई देने लगे पर उस उलझाव के पीछे जो शून्य था, जिसके कारण वह उलझाव था, वह तब भी नहीं समझा गया क्योंकि उसका सामाजिक सन्दर्भ बहुत थोड़े से लोगों ने जानने की कोशिश की, साहित्यकारों ने तो बिल्कुल ही नहीं। शायद गांधी एकमात्र आदमी थे जिन्होंने कि आज से पचास वर्ष पहले प्राकृतिक सम्पदा और जनशक्ति के मनुष्य द्वारा दोहन के कुछ रास्ते गलत और कुछ रास्ते स्वीकार्य मानकर उनका स्पष्ट विभाजन किया था और प्रकृति और जनशक्ति के उपयोग की प्रक्रिया से जो सत्ता पैदा होती है उसके खिलाफ उन्होंने एक—क्या उसके लिए शब्द होगा—एक नॉन पावर की—सत्ता के विपरीत एक दुनिया मानी थी और आज भी वह बात सही है, बल्कि आज उसको ज्यादा लोग मान रहे हैं। सत्ता के विपरीत जो कुछ भी हो सकता था वह भी सत्ता ही होती, लेकिन वह विकेन्द्रित सत्ता होती और उसी नाते वह आर्थिक प्रक्रिया जिनसे हम विकास का, मानव जीवन का, जीवन की पद्धति का और जीवन-मूल्यों का भी, निर्धारण करते वह एक अधिक मानी हुई प्रक्रिया होती क्योंकि वह भी विकेन्द्रित होती, उसके औजार विकेन्द्रित होते अर्थात् मनुष्य अपने मूल अधिकारों का उपयोग यथासम्भव सम्पूर्ण रूप में अपने लिए तो करता लेकिन उसके मूल अधिकारों का उपयोग किसी और के लिए न होता। यही धारणा विकेन्द्रीकरण में निहित है, यह स्वतन्त्रता की धारणा भी है और समता की धारणा भी। इसकी खोज के जो रास्ते गांधी को पचास वर्ष पहले दिखाई दिए थे वे अनेक कारणों से साहित्यकारों को नहीं दिखाई दिए और उन्होंने उस विकृति को जो कि उनके सोच में आधुनिकता की प्रचारित पहचानों को स्वीकार करने के कारण पैदा

हो रही थी, नहीं पहचाना। जैसा मैंने कहा, शुरू में किसी भी चीज के विरुद्ध होना ही आधुनिकता लगती थी; फिर अगला कदम आते-आते तक यह बहुत नाकाफी सिद्ध होने लगा। लेकिन चूँकि पहचाना नहीं गया इसलिए रास्ता कोई नहीं मिला। मसलन स्त्री-पुरुष का सम्बन्ध, आदमी और जमीन का सम्बन्ध और सत्ता के जो परम्परागत केन्द्र हैं उनका और संसार में औद्योगीकरण और साम्राज्यवादी औद्योगीकरण के कारण जो नया सत्ता-संस्थान बन रहा था उसके बीच में सम्बन्ध, स्थापित सत्ता-संस्थानों के और नए सत्ता-संस्थानों के बीच में सम्बन्ध, इनका हमारे यहाँ लोगों ने ज्यादा परेशानी से विचार नहीं किया और इसके लिए कोई दोष देने की बात नहीं है। अगर हमारे यहाँ बड़े पैमाने पर वह साहित्य नहीं लिखा गया जिसमें वास्तविक आधुनिक चिन्ताएँ प्रकट हो रही हों, तो उसका कारण यह था कि जिस दौर में यूरोप सारी दुनिया का शोषण कर रहा था और खुश भी हो रहा था और भुगत भी रहा था, उस दौर में हम उन पहले से बने-बनाए रास्तों में से कुछ को जाँच रहे थे जो हमारे पास थे—कि क्या ये हमारे लिए आगे ठीक हो सकते हैं ? कुछ नए रास्ते खोज भी रहे थे। जो नए रास्ते दिखते भी थे, मतलब गांधी का रास्ता, उसके लायक बड़े पैमाने पर संगठित राजनीति नाम की चीज हमारे पास नहीं थी। बहुत लम्बा अरसा हमको उसकी खोजों में लगा जो कई तरफ को जाती थीं और उस अरसे में यह सम्भव नहीं था कि साहित्य को सबसे बड़ा काम माना जाता। इसलिए अगर साहित्यकारों ने साहित्य के बहुत ज्यादा प्रमाण प्रस्तुत नहीं किए तो उनका दोष नहीं है।

अब हाल के कुछ वर्षों को लें। उदाहरण के लिए सन् '67 को लें। सन् '67 में या उसके आसपास साहित्य में बड़ा जबर्दस्त, देखने में बड़ा जबर्दस्त विरोध का एक दौर आया था, जिसमें इस तरह का बहुत चीत्कार था कि समाज, संसार, व्यक्ति आदि सब नष्ट हो गए हैं, विकृत हो गए हैं। वास्तव में तो वह केवल कुछ ही लोगों को धोखा दे सकता था, शायद सिर्फ वह सब लिखनेवालों को ही, पर इन्हीं लोगों ने साहित्य में एक यह भ्रम पैदा किया कि यह बड़ा आधुनिक साहित्य है। मेरी परिभाषा के अनुसार आधुनिक साहित्य वह नहीं था क्योंकि आधुनिक क्या है सिवाय इसके कि वह मनुष्य के मूल अधिकार के लिए एक संघर्ष का परिणाम है—वह संघर्ष जो कि है तो सतत, लेकिन जो हमेशा देश और पद्धति के बदलाव और फैलाव के कारण अपना रूप बढ़ाता और बदलता रहता है। जिस समय पहले-पहल चरागाह में आदमी ने आर्थिक कार्रवाई शुरू की होगी उस वक्त भी यह संघर्ष रहा होगा, लेकिन तब सूक्ष्म और सरल रूप में था। कितना स्थानीय था यह हम जानते नहीं, लेकिन यह समझ सकते हैं कि आज के उस विश्व-रूप में नहीं था, आज के उस रूप में नहीं था जिसमें एक मानव-समूह अपने देश को छोड़ बाकी सब देशों को अपनी सम्पत्ति के अर्जन का साधन मानता है और वहाँ से वह बहुत कुछ लूटता और खींचता है, उसी के आधार पर स्वयं सत्ता का संग्रह करता है। इस गुणात्मक परिवर्तन के कारण मनुष्य के मूल अधिकारों के संघर्ष की पद्धति और उसकी तीव्रता बदल गई और इसलिए आधुनिक होना इस परिवर्तन को

बराबर पहचानना भी है और उसको पहचानने के साथ-साथ उसके लिए एक वैचारिक और सैद्धान्तिक उपाय करना भी। ये सब प्रक्रियाएँ वैसी तेजी के साथ जैसी कि इतिहास की अपेक्षा है अभी हमारे समाज में नहीं हो रही हैं। और आज भी यह बात कहीं-न-कहीं सही मानी जाती है कि आधुनिक होने का मतलब है पश्चिम में सत्ता के अत्यधिक केन्द्रीकरण और अत्यधिक शोषण के जो परिणाम निकले हैं उनकी सिर्फ चर्चा करना। उन परिणामों से चर्चा द्वारा सचेत होना आधुनिकता में शामिल नहीं किया जाता, क्योंकि उनसे सचेत होते ही अपने पर कुछ ऐतिहासिक जिम्मेदारियाँ आ पड़ती हैं। फिर उनके निर्वाह के लिए समाज की संरचना और उससे भी बढ़कर प्रौद्योगिकी के इस्तेमाल की एक योजना पर विचार करना होगा और यह हमारे यहाँ सांस्कृतिक कार्यों से अलग एक कार्य माना जा रहा है, यद्यपि वह वैसा है नहीं। दोनों काम एक ही हैं, जितना अधिक दोनों एक होंगे, उतना ही अधिक यह सम्भव होगा कि हम वास्तव में जिस मानव-मूल्य की और जिस मानव-गरिमा की खोज कर रहे हैं उसकी दिक्कतें समझ पाएँगे, उसके तनावों को समझ पाएँगे और खुद अपनी परिस्थितियों को समझ पाएँगे।

कई चीजें ऐसी हैं जो बड़े पैमाने के कारण और साधनों के आत्यन्तिक रूप से अर्थात् गुणात्मक रूप से बदल जाने के कारण अपने अर्थ बदल चुकी हैं। जैसे हत्या पहले भी होती रही होगी, शेक्सपियर के समय में भी होती थी और उसने एक बड़ा सुन्दर वर्णन भी किया है—कहा है कि हत्याएँ हमेशा होती रही हैं और मरने के बाद लोग बिला जाते रहे हैं, लेकिन एक हत्या उसके एक पात्र ने ऐसी की है कि जिसकी हत्या हुई वह बार-बार प्रकट होता रहता है। हत्या तो साहित्य का भी विषय रहा है और मानव समाज के अन्दरूनी संघर्ष का भी विषय रहा है। लेकिन जिस बड़े पैमाने पर वह संहार की एक शैली, आधिपत्य की एक शैली बन गया है, मनुष्यों पर नहीं, केवल भूमि पर आधिपत्य की एक शैली बन गया है, और संसार के प्रदेश मनुष्यों के रहने के स्थल नहीं, केवल प्रदेश हो गए हैं, उस पैमाने का कोई जवाब पिछले इतिहारा में नहीं मिलता। इसलिए संहार की और विनाश की इस नई शैली और नई परिस्थिति के कारण हमें मनुष्य की मौलिक समता और जीवन के आनन्द और आजादी के उपभोग के अधिकार के बारे में कोई बने-बनाए सर्वमान्य सिद्धान्त दोहराकर छुट्टी नहीं मिल जाएगी। हमें मूल बात पर आना पड़ेगा कि जिन लौकिक वस्तुओं से मनुष्य के मूल अधिकार की रक्षा हो सकती है, उसका पोषण हो सकता है, उनकी पूर्ति हम किस तरह से कर रहे हैं, किन पद्धतियों से कर रहे हैं। हम इस विचार में कि किसी एक प्रदेश का विकास करना है, विकास के अर्थ को ही कैसे देख रहे हैं। विकास के अर्थ को हम इस तरह से देख रहे हैं कि लोगों के पास वे सब चीजें हों जो कि आज की प्रौद्योगिकी सिर्फ इसलिए बनाती है कि वह अपने प्रौद्योगिकी के संस्थान को बनाए रख सके। वह उन्हें इसलिए नहीं बनाती कि उससे मनुष्य के जीवन में कोई आत्यन्तिक, गुणात्मक परिवर्तन ला सके; केवल इसलिए बनाती है कि वह अपने उस सारे निर्माण-तन्त्र को खड़ा रख सके क्योंकि वह निर्माण-तन्त्र खड़ा रखने के कारण ही उसको विदेश-व्यापार,

शस्त्रों के लिए धन और राजनीतिक वर्चस्व दूसरे देशों से मिलता है—उस निर्माण-तन्त्र का कोई दूसरा उपयोग नहीं है। पर उसी निर्माण-तन्त्र से उत्पन्न वस्तुओं के उपयोग-उपभोग को यदि हम विकास मानते हैं, यदि हम मान लेते हैं कि सारे संसार में साम्राज्यवाद के नए, *मल्टीनेशनल* व्यापार-संगठनों के प्रचार के अनुसार सिर्फ उनकी बनाई हुई चीजों का उपभोग ही संस्कृति का विकास और आधुनिकता है तो हम आज के समय में मानव-गरिमा और मूल अधिकार नहीं पा सकते। वोट और लोकतन्त्र हो सकता है कि रहें, लेकिन मूल अधिकार नहीं होंगे। गरिमा नहीं होगी। वह छिन गई होगी। इसका बहुत गहरा कारण तो यह होगा कि उसको स्वयं अपनी जमीन से तोड़ लिया गया होगा और उस जमीन पर हम-आप केवल एक उपभोक्ता होंगे, उस जमीन की उपज खुद नहीं होंगे। हम-आप एक शून्य की उपज होंगे। आप कहीं नहीं होंगे, केवल आप कुछ बनी हुई चीजें इस्तेमाल कर रहे होंगे। आप गाना सुन रहे होंगे, गा नहीं रहे होंगे। आप गाना भूल ही गए होंगे। आपको सिर्फ वही सुनाई दे जाता होगा जो कि टेप में रिकॉर्ड करके प्रचारित कर दिया गया है और आसानी से उपलब्ध है। आप कोई बाजा नहीं बजा रहे होंगे क्योंकि सौ बाजे हर गाने में या टेप में बज रहे होंगे और सौ बाजे बजे बगर कोई गाना हो नहीं सकता ऐसा आपने मान लिया होगा। बिना बाजे के गाना नहीं हो सकता, यह भी आपने मान लिया होगा और गाना होता भी होगा तो उसको गाने का काम मेरा नहीं है यह भी आपने मान लिया होगा। इस तरह का जो क्षरण है, मनुष्य की मूल अवस्थिति का, धरती के साथ उसके सम्बन्ध का, इस तरह का जो पतन है, उसमें उपभोक्ता संस्कृति का पूरा संस्थान लगा हुआ है और इसका उद्देश्य लगभग सभी संस्कृतियों को खंडित करके उस स्थिति में ले आना है जिसमें कि किसी तरह की आजादी न रह जाए, तो यह एक विश्व राजनीतिक परिस्थिति है और इसका जवाब अब केवल स्थानीय स्तर पर, कुछ मान्यताओं को जो अच्छी हैं दोहराते रहने से नहीं हो सकता। क्योंकि हो यह रहा है कि वे मान्यताएँ वही रहेंगी और घोषित भी बहुत ज्यादा की जाएँगी, पहले से ज्यादा लेकिन जो मानव संगठन हैं जो उन मान्यताओं को धारण करते हैं वे संगठन लोकतन्त्री नहीं रहेंगे। लोकतन्त्र रहेगा, लेकिन राजनीतिक संगठन लोकतन्त्री नहीं रहेगा। हमें यह जरूरत महसूस करनी चाहिए कि राजनीतिक आजादी और आर्थिक आजादी दोनों का रिश्ता इतना ज्यादा साफ तौर से नजदीकी और करीब हो गया है कि जब तक हम प्रौद्योगिकी के मामले में अपने राजनीतिक स्वातन्त्र्य का आग्रह नहीं करेंगे तब तक हम जिसको अभी तक लोकतन्त्र मानते रहे हैं वैसी कोई चीज रह नहीं सकेगी।

यह मामला सुलझाना इतना आसान भी नहीं है और इसकी जटिलता की ओर ध्यान दिलाना मुझे जरूरी भी लगता है। आप क्या करेंगे ? क्या आप चाहेंगे कि सारी दुनिया में कुछ इलाके ऐसे रहें जहाँ पर कि यह प्रयोग किया जाए कि उपभोक्ता संस्कृति के दुर्गुणों को हटा दिया जाए, एक आश्रम बना दिया जाए कहीं पर—मेक्सिको में है एक जगह जहाँ पर इल्यिच साहब काम करते हैं—वैसे और भी बहुत से देशों में

आन्दोलन चल रहे हैं जिनकी बात होती रहती है कि आधुनिकता के जो दुष्परिणाम हैं उनको यूरोप अब पहचानता है और नई चीजें सोचना चाह रहा है। ऐसा बहुत जगह हो रहा है, लेकिन वे सब एक प्रकार के पलायन हैं औद्योगिक अति से। जिन देशों को उससे कष्ट है उनकी सुविधा इसमें है कि वे ऐसे विकल्पों की व्यवस्थाएँ अपने यहाँ करें।

उदाहरण के लिए ब्रिटेन में ऐसे बहुत से आन्दोलन हैं जिनमें नौजवान लोग गांधीवादी शान्तिमय तरीकों से विकल्प चाहते हैं समाज-परिवर्तन नहीं। वे तरह-तरह के काम करते हैं जिनसे कि आधुनिक शोषक व्यवस्था को जवाब दें। उदाहरण के लिए कुछ लोग हैं; आप जिनको कोई चीज लिफाफे में रखकर दीजिए तो लिफाफा वापस कर देते हैं, चीज रख लेते हैं। कहते हैं कि हम कूड़ा नहीं बढ़ाना चाहते क्योंकि यह सारी मल्टीनेशनल की उपभोक्ता-व्यवस्था कूड़े के विस्तार पर ठहरी हुई है। वस्तु कम होती है, पैकिंग ज्यादा होता है। पैकिंग शोषण का प्रतीक है। सही कहते हैं वह। ऐसे जितने विरोध हैं वे बहुत स्थानीय हैं और ये विरोधी अपने विरोध द्वारा अपनी व्यवस्था के अन्दर उससे मुक्ति माँगते हैं। निरामिष भोजन के बहुत से आन्दोलन हैं जिनके मूल में भी यही बात है क्योंकि वे मांस के भोजन को एक बहुत बड़ा शोषक उद्योग मानते हैं। हमारे यहाँ इस तरह की कोई छोटी-मोटी योजना कुछ मित्रों द्वारा चलाई जाए तो वह आकर्षक लगेगी, लेकिन यह सोचना पड़ेगा कि अगर उसे सचमुच सार्थक होना है तो उसे बहुत बड़े पैमाने पर चलाना होगा। मसलन, यहाँ 'पेड़ लगाओ' आन्दोलन तो बहुत अच्छा लगता है, लेकिन इस आन्दोलन के साथ यह आन्दोलन नहीं होता कि पेड़ को काटकर मिलों में तारपीन का तेल बनाने का सिलसिला बन्द करो; जहाँ पेड़ लगे हैं वहाँ के लोग क्या तारपीन नहीं बना सकते ? कहीं-कहीं अब बना रहे हैं। यह काम हुआ है लेकिन घिसटते-घिसटते वह थम गया है क्योंकि उसके पीछे आजादी का कोई बड़ा विचार नहीं है। बड़े विचार के स्तर पर गुलामी की यथास्थिति का समर्थन ही है। छोटे पैमाने पर आपको आजादी का पूरा उपभोग करने की सुविधा है। इस तरह का मानस भारत में इस समय बना हुआ है। जहाँ तक इस शोषक और आधुनिक व्यवस्था का हमारे ऊपर पड़नेवाले दबावों के विरोध का सवाल है, पूरी मान्यता, पूरी इच्छा नहीं है और उसका एक परिणाम यह है कि हम जब कभी संस्कृति, साहित्य, संवेदन आदि की बात करते हैं तो पूरी बात नहीं करते क्योंकि आज की गुलामी और अच्छी संस्कृति के बीच में बहुत कठिन यात्रा है और उसी यात्रा में यथार्थ के साथ आपका वह जो बहुत जटिल, बड़ा दुरूह, बड़ा कठिन घात-प्रतिघात होगा उसी में चुनाव की गरिमा की आपको आधुनिक समझ पैदा होगी। यह नहीं होगा कि आपने आर्थिक व्यवस्था को कानून से या बन्दूक से बदल दिया और उसके बाद एक आधुनिक समझ जो कहीं उसी नम्बर के खाने में रखी हुई है उसको आपने निकाल लिया। उस यात्रा के साथ समाज के बहुत से रिश्ते इतने ज्यादा बदलने लगेंगे कि आपको अपनी बहुत सी अनुभूतियों को, प्रतीतियों को लगभग नए सिरे से बदलना या कम-से-कम जाँचना होगा ही।

किसी तरह सच्ची आधुनिक परिस्थिति में अपने को पाने के लिए इस बड़ी भारी

आन्तरिक हलचल से गुजरना शायद जरूरी है। नहीं तो हम केवल छोटे-मोटे उपाय करते रहेंगे और बहुत सी ऐसी चिन्ताओं में व्यस्त होते रहेंगे जो वास्तव में हमारे लिए, हमारी चिन्ताएँ नहीं हैं; हाँ, वे हमें सचेत अवश्य करती हैं। जैसे पर्यावरण का सवाल बहुत फैशनेबल बन गया है, लेकिन उसका जो रूप हमारे यहाँ होना चाहिए था उस पर नहीं सोचा जा रहा है। उदाहरण के लिए आप कितना पानी का और जमीन का बन्दोबस्त करते हैं वह हमारे यहाँ पर्यावरण की मुख्य समस्या है। समस्या यह नहीं है कि प्रदूषण हो रहा है, समस्या यह है कि शोषण हो रहा है। प्रदूषण तो यूरोप ने हमारे यहाँ के कच्चे माल को ले जाकर अपने यहाँ प्रासेस करने के कारण अपने यहाँ पैदा किया है और अब जब वह एक ऐसी मात्रा में पहुँच गया है कि उनको बहुत परेशानी होने लगी है तो उन्होंने यह शुरू किया है कि हमारे यहाँ का कच्चा माल हमारे ही यहाँ प्रासेस करेंगे और उसके तैयार माल का मुनाफा अपने यहाँ ले जाएँगे। प्रदूषण का दुनिया में जो शोर मच रहा है वह यूरोप की परेशानी है। हम उसको इस रूप में देखते नहीं हैं, पर हम समझते हैं कि प्रदूषण पर चिन्ता करना ज्यादा आधुनिक है; और जमीन और पानी का बन्दोबस्त तो कुछ आर्थिक मसले हैं। और उनका साहित्यकारों से क्या मतलब है—या कि हमारी चेतना और संवेदना पर इनका असर पड़ेगा तो पचास साल बाद पड़ेगा। पचास साल बाद नहीं पड़ेगा तुरन्त अभी पड़ रहा है और पड़ चुका है। और आप जानते नहीं हैं कि जिसको अक्सर साहित्यकार जमीन से कटे हुए होना कहते हैं, उसके मूल में ऐसे बहुत से कारण हैं जिनको आप आर्थिक कहकर पराए समझते हैं, लेकिन जो हैं शुद्ध रूप से मनुष्य की गरिमा से सम्बन्ध रखनेवाले।

तो मैं यह कहना चाह रहा था कि इस आर्थिक पद्धति को, उत्पादन की पद्धति को बदलने और आर्थिक सम्पदा और जनशक्ति के दोहन की एक अधिक मानवीय और समतामूलक पद्धति बनाने का काम सरलीकृत काम नहीं है। शुरुआत और नतीजों के बीच में एक बहुत लम्बी प्रक्रिया अपने बहुत से ऐसे लौकिक संसाधनों को और लौकिक संगठनों को बदलने की है जो या तो जड़ होते जा रहे हैं या जड़ हो चुके हैं। इनमें राजनीतिक संगठन भी हैं, शिक्षा एक है, धर्म एक है। अब धर्म के सम्बन्ध में एक छोटा सा उदाहरण देकर यह बात समाप्त करता हूँ। धर्म तो जहाँ तक मैं समझ पाया हूँ असल में एक लौकिक चिन्ता है, इसका ईश्वर से कोई सम्बन्ध नहीं है। लेकिन यह लौकिक चिन्ता जब लोक-व्यवहार का रूप लेती है तो संगठित हो जाती है। जो बने-बनाए संस्थान पहले से हैं, किसी भी जगह हों वे वहाँ के मानवीय भूगोल के कारण बने हुए हैं। वे कारण वहाँ पर प्रमुख रहेंगे पर संस्थान में भी लौकिक धर्म की अपनी शक्ति के कारण इतना लचीलापन, इतना खुलापन और अपने को बदलने का इतना संकल्प रहना चाहिए कि वह समाज का प्रबन्ध क्रूर, शोषक और नीच ढंग से करने का विरोध भी करे और इसका उल्टा भी करे, अर्थात् उन मान्यताओं को स्वयं भी बरते जिससे आदमी-आदमी बराबर होते जाते हैं।

अभी कुछ घटनाएँ होती रहती हैं जो हम लोगों को मालूम नहीं होतीं। कुछ चीजें

मालूम होती हैं, उनका अध्ययन करना चाहिए ताकि इस बात को हम ज्यादा समझ सकें कि केवल आर्थिक व्यवस्था को बदल देने से लोकतन्त्र या आधुनिकता की समझ नहीं आ जाएगी, बीच के रास्ते में कितनी ही चीजों का टूटना और उनका फिर बनाना भी एक संघर्ष का तकाजा करेगा। इसलिए इन बातों को समझना चाहिए। और यह धर्म का उदाहरण भी मैंने इसलिए दिया कि मेरी निगाह में एक ऐसी घटना है जिसका मैं आपसे जिक्र करना चाहता हूँ। वह उज्जैन की घटना है, जहाँ मातंगेश्वर के शिव मन्दिर में मुन्नीबाई नाम की एक वेश्या चार-पाँच साल से रहती थी। उसको वहाँ से यह कहकर निकाल दिया गया है कि उसका वहाँ रहना हिन्दू धर्म के विरुद्ध कार्यवाही है। हिन्दू धर्म ने ऐसा कहा कि वह वहाँ न रहे या कहा है कि रहे—इसमें मैं नहीं जाना चाहता। मैं इतना जानता भी नहीं लेकिन यह बहुत स्पष्ट है कि अवश्य ही धर्म में वह शक्ति नहीं रह गई है कि वह एक मन्दिर में एक वेश्या को रहने दे। अवश्य ही वह इतना कमजोर, इतना डरपोक और इतना क्षीण हो गया है कि उसके संरक्षकों ने यह नहीं कहा है कि वेश्या के घर मत जाओ, उन्होंने यह कहा है कि मन्दिर में भी जाओ, वेश्या के घर भी जाओ, लेकिन वेश्या को मन्दिर में मत रहने दो। यह प्रमाण है कि लौकिक जीवन में धर्म नाम की जो चीज शक्ति देती थी वह अब शक्ति नहीं दे रही है। जब हम समाज के आर्थिक रिश्तों को बदलना चाहेंगे तो हम इस तरह की शक्तियों को भी फिर से जिलाना चाहेंगे। हम पाएँगे कि आदमियों का आपसी रिश्ता और उनके सांस्कृतिक सम्बन्धों का रिश्ता आर्थिक पद्धतियों से और प्रौद्योगिकी के इस्तेमाल से बहुत है।

वास्तव में आधुनिकता और कुछ नहीं है, एक ऐसी नई नैतिकता की खोज है जो मनुष्य के द्वारा दमन और शोषण के विरुद्ध भी होती है और साथ ही साथ कभी स्थायी रूप से कोई उपाय नहीं बता सकती है। जितना बड़ा आकार-प्रकार इस शोषण का होता है और जितने अधिक ताकतवर साधन इसके लिए विकसित किए जाते हैं उतने ही बड़े पैमाने पर मानवीय जीवन में समता के लिए उपायों की खोज भी बदलती है। और वर्तमान में तो यह स्पष्ट है कि यह एक वैश्विक स्थिति है। परन्तु मैं यह मानने को तैयार नहीं हूँ कि इतना कह देने के बाद सारा मामला इसलिए सुलझ जाता है कि हम इसमें कुछ कर नहीं सकते।

(सच्चिदानन्द वात्स्यायन द्वारा सम्पादित सर्जन और सम्प्रेषण *पुस्तक में संकलित, 1984)*

टेलीविजन

मैं सम्पन्न आदमी हूँ है मेरे घर में टेलीविजन
दिल्ली और बम्बई दोनों के बतलाता है फैशन
कभी-कभी वह लोकनर्तकों की तस्वीर दिखाता है
पर यह नहीं बताता है उनसे मेरा क्या नाता है
हर इतवार दिखाता है वह बम्बइया पैसे का खेल
गुंडागर्दी औ' नामर्दी का जिसमें होता है मेल
कभी-कभी वह दिखला देता है भूखा नंगा इंसान
उसके ऊपर बजा दिया करता है सारंगी की तान

कल जब घर को लौट रहा था देखा उलट गई है बस
सोचा मेरा बच्चा इसमें आता रहा न हो वापस
टेलीविजन ने खबर सुनाई पैंतीस घायल एक मरा
खाली बस दिखला दी खाली दिखा नहीं कोई चेहरा
वह चेहरा जो जिया या मरा व्याकुल जिसके लिए हिया
उसके लिए समाचारों के बाद समय ही नहीं दिया।

तब से मैंने समझ लिया है आकाशवाणी में बनठन
बैठे हैं जो खबरोंवाले वे सब हैं जन के दुश्मन
उनको शक था दिखला देते अगर कहीं छत्तिस इंसान
साधारण जन अपने-अपने लड़के को लेता पहचान
ऐसी दुर्भावना लिये है जन के प्रति जो टेलीविजन
नाम दूरदर्शन है उसका काम किन्तु है दुर्दशन

(हँसो हँसो जल्दी हँसो)

कैमरे में बन्द अपाहिज

हम दूरदर्शन पर बोलेंगे
हम समर्थ शक्तिवान
हम एक दुर्बल को लाएँगे
एक बन्द कमरे में

उससे पूछेंगे तो आप क्या अपाहिज हैं ?
तो आप क्यों अपाहिज हैं ?
आपका अपाहिजपन तो दुख देता होगा
देता है ?
(कैमरा
दिखाओ इसे बड़ा बड़ा)
हाँ तो बताइए आपका दुख क्या है
जल्दी बताइए वह दुख बताइए

बता नहीं पाएगा

सोचिए
बताइए
आपको अपाहिज होकर कैसा लगता है
कैसा
यानी कैसा लगता है
(हम खुद इशारे से बताएँगे कि क्या ऐसा ?)
सोचिए
बताइए
थोड़ी कोशिश करिए

(यह अवसर खो देंगे ?)
आप जानते हैं कि कार्यक्रम रोचक बनाने के वास्ते
हम पूछ-पूछकर उसको रुला देंगे
इन्तजार करते हैं आप भी उसके रो पड़ने का
करते हैं ?
(यह प्रश्न पूछा नहीं जाएगा)

फिर हम परदे पर दिखलाएँगे
फूली हुई आँख की एक बड़ी तस्वीर
बहुत बड़ी तस्वीर
और उसके होंठों पर एक कसमसाहट भी
(आशा है आप उसे उसकी अपंगता की पीड़ा मानेंगे)

एक और कोशिश
दर्शक
धीरज रखिए
देखिए
हमें दोनों एक संग रुलाने हैं
आप और वह
दोनों

(कैमरा
बस करो
नहीं हुआ
रहने दो
परदे पर वक्त की कीमत है)
अब मुस्कुराएँगे हम

आप देख रहे थे एक सामाजिक उद्देश्य से युक्त कार्यक्रम
(बस थोड़ी ही कसर रह गई)
धन्यवाद।

(लोग भूल गए हैं)

जादू वह जो सिर चढ़ बोले

स्वाधीनता दिवस[1] को दिल्ली दूरदर्शन पर अमेरिकावासी वेद मेहता नामक पत्रकार, स्वनामधन्य अंग्रेजी पत्रकार-लेखक के मुँह पर ताला लगा देने की घटना को लेकर राजधानी के पत्रजगत् में काफी हल्ला मचा हुआ था। दूरदर्शन कार्यक्रम में वेद मेहता से पूछा जा रहा था कि स्वाधीनता की उपलब्धियों के बारे में आपकी क्या राय है और वह नेताओं की कुछ सख्त-सुस्त सुना रहे थे कि उनकी आवाज गायब हो गई और फिर उनकी तस्वीर भी गायब हो गई और जिस संकलित कार्यक्रम में यह भेंटवार्ता थी उसका अगला अंश दिखाया जाने लगा। वेद मेहता के साथ यह व्यवहार दूरदर्शन की नालायकी है, ऐसा कहकर कई लोगों ने दूरदर्शन पर गुस्सा उतारा।

निश्चय ही यह व्यवहार बोलने की आजादी का दमन था। पर चूँकि यह अशोभन भी था इससे प्रायः सभी आलोचकों ने इसके अशोभन पक्ष को विशेष रूप से पकड़ा। 'स्टेट्समैन' के सम्पादक कुलदीप नैयर ने लिखा है कि श्री शंकरदयाल शर्मा कांग्रेसाध्यक्ष ने भी मन्त्री गुजराल से शिकायत की, की या नहीं यह छोड़ें, तो इतना तो प्रकट ही है कि यह घटना भारतीय अभिजात वर्ग को एक बदतमीजी इसलिए जान पड़ी कि वह वेद मेहता के साथ घटी थी नहीं तो दूरदर्शन में आए दिन किसानों और राहचलतों से मौके पर की हुई जो भेंटवार्ताएँ प्रसारित हुआ करती हैं उनमें क्या-क्या नहीं काटकर फेंक दिया जाता।

वेद मेहता विलक्षण व्यक्ति हैं। वह नेत्रहीन हैं, दृष्टिहीन नहीं। उनमें छूकर और बिना छुए प्रतीति करने की असामान्य शक्ति है। वह व्यक्तियों के विषय में, उन्हें बिना देख पाए उनके परिवेश के अनुमान से एक चित्रात्मक कल्पना कर सकते हैं। विख्यात व्यंग्य-चित्रकार अबू बताते हैं कि जब अबू, जो इंग्लैंड के 'गार्डियन' में कई वर्ष काम कर चुके हैं और कई साल से 'इंडियन एक्सप्रेस' में हैं, गत वर्ष राज्यसभा के सदस्य नियुक्त हुए तो वेद से मुलाकात हुई और वेद ने अबू की आस्तीन के स्पर्श से ही जान लिया कि अबू जो कपड़ा पहने हैं, कुरता ही हो सकता है। उन्होंने अपना नतीजा निकाला और पूछा, "तो तुमने राज्यसभा में आने के बाद विदेशी तर्ज के वस्त्र पहनना छोड़ दिया न ?"

---

1. सन्दर्भ 1969 के स्वाधीनता दिवस का है।

भारत का दर्शन वेद मेहता अमेरिका से समय-समय पर आ-आकर अपनी इसी नतीजा निकालने की विलक्षण प्रतिभा से करते हैं और उस दर्शन का गुण भी वैसा ही होता है—सतह के स्पर्श जैसा। बाकी सब उनका आक्रोश होता है जिसकी विदेशी बाजार में खपत है और भारत के उस अभिजात वर्ग में भी जो 1966 में कह रहा था कि यह गधे राजनीतिकों का देश है और इसे तो कोई तगड़ा सेनापति ही सँभाल सकता है। 1971 में कह रहा था कि इन्दिरा गांधी ने सब सँभाल लिया और 1973 में कह रहा है कि चूँकि देश डूब रहा है इसलिए पहले हमारा हिस्सा हमें दे दो।

पर चुटकीले सतही आक्रोश को दबा दिया जाए, चाहे वह वेद मेहता का ही क्यों न हो और सच्चे आक्रोश को प्रकट होने दिया जाए, ऐसी माँग दूरदर्शन से करना मूर्खता ही नहीं चालाकी भी होगी। यह अधिकार दूरदर्शन को दे देना कि वह सच्चे और नकली आक्रोश की पहचान करे, वास्तव में वक्ता के बोलने के और दर्शक के परखने के अधिकार, दोनों को दूरदर्शन की राजनीति-फिल्म यानी दिल्ली-बम्बई धुरी के हाथों सौंप देना होगा। वेद मेहता के बारे में सही बात तो यह है कि वह जो कुछ भी कह रहे थे उसमें ऐसा कुछ नहीं था जिसे रोका जाना जरूरी होता। सारे समाज को सड़ा बतानेवालों से क्या डरना ? वे तो मित्र हैं जो समाज की सड़ाँध रोकनेवालों को ध्वंसकारी और समाज को सड़ा बनाए रखनेवालों को रक्षक बताते हैं।

भेंटवार्ता को बीच में काटकर वेद मेहता की बोलती जिस तरह बन्द की गई थी उससे भी भयंकर तरीके से उन लोगों के कार्यक्रम में हस्तक्षेप किया गया है जिनकी बातें वेद मेहता की तरह चटखारेवाली न होकर सिद्धान्त में अर्थमय और वर्तमान व्यवस्था पर भारी पड़नेवाली हैं। कई दर्शकों की शिकायत है कि ऐसे काफी अधिक कार्यक्रम हो चुके हैं जिनमें परिसंवाद का दृश्यांकन करते समय किसी एक वक्ता को जो उसने चाहा कह लेने दिया गया (जिससे वक्ता पर यह प्रभाव पड़ा कि वह दूरदर्शन के वाक्-स्वातन्त्र्य से उपकृत हो रहा है) किन्तु जब कार्यक्रम प्रसारित किया गया तो कुछ अंश ऐसे दिखे जिनमें वक्ता का मुँह खुल रहा था लेकिन बोल नहीं रहा था।

एक-दो उत्साही कार्यक्रम निर्देशक अधिक ईमानदारी से काम लेते हैं चाहे अधिक बेवकूफी ही क्यों न दिखावें। एक लेखक और जाने-माने दूरदर्शन व्याख्याकार को एक निर्देशक ने कार्यक्रम रिकॉर्ड करते समय इसलिए रोका कि व्याख्याकार ने "भारत और पाकिस्तान के लोगों को एक ही समाज का हिस्सेदार" बताया था। निर्देशक दौड़े हुए आए और उन्होंने कहा, "कितनी गलत बात कह रहे हैं ?" जिस पर व्याख्याकार महान आश्चर्य से उनका मुँह ताकता रह गया जो कि कार्यक्रम में शामिल नहीं था। उसने कहा, "निर्देशक महोदय, भारत सरकार भारत-पाक में दोस्ती की बात करती है और आप ?" निर्देशक ने कहा, "दोस्ती ठीक है परन्तु दोनों देशों के लोग एक हैं, यह हम नहीं कह सकते। इस पर एतराज होगा।" व्याख्याकार ने पूछा, "किसे ? मुल्लाजी को और पंडितजी को या भारत सरकार को ?" किन्तु निर्देशक सरकारी प्रचार के बोझ से इतना

दबे हुए थे कि किसी तरह नहीं माने।

तो भी हर जगह दूरदर्शन अफसरों की नहीं चलती। कहीं-कहीं इस माध्यम से अपने गुणों के कारण कोई-कोई व्यक्ति इसका इस्तेमाल करते हुए बहुत कुछ कह जाते हैं जो इस माध्यम को ढंग से न समझनेवाले नहीं कह पाते। पर ऐसा संयोग दुर्लभ ही है। अबू, जिनका जिक्र ऊपर आ चुका है, हर पन्द्रहवें दिन किसी विशिष्ट व्यक्ति से एक भेंटवार्ता करते हैं जिसमें बातचीत के साथ-साथ उसका कार्टून भी बनाते जाते हैं। उस दिन सिद्धार्थ शंकर राय जब सात मिनट के अन्दर पाँच बार यह कह चुके कि 'हम लोगों' के सत्ता ग्रहण करने के बाद से पश्चिम बंगाल में जो परिवर्तन हुए हैं वे इन्दिरा गांधी की नीतियों के प्रति युवा समाज के मुग्ध भाव के कारण हुए हैं (अर्थात् चुपड़ी दोगी तो दूध से ही खा लूँगा) तो शायद स्वयं यह अनुभव करने लगे कि यह बात मैं ज़रूरत से ज्यादा दोहरा रहा हूँ और दर्शक भी इसे लक्ष्य कर रहे होंगे, तभी अबू को वटवृक्ष के नीचे बैठे एक व्यक्ति का चित्र बनाते देखकर वह चौंककर बोले, ''यह आप क्या बना रहे हैं ? नहीं, नहीं, आपने जो बनाया है वह गलत है।''

अबू ने चित्र बनाते हुए राय की ओर पीठ किए हुए ही उत्तर दिया, ''नहीं, यह वटवृक्ष वह नहीं है। यह तो वटवृक्ष के नीचे गौतम बुद्ध सिद्धार्थ हैं। आपका भी तो नाम सिद्धार्थ है न ?''

(ऊबे हुए सुखी)

आकाशवाणी

आकाशवाणी पर एक बार फिर देवताओं की दृष्टि पड़ी है। इस संस्था को, जो प्रायः 24 घंटे मुखरित हुआ करती है, हमारे निरक्षर समुदाय में राजनैतिक महत्त्व आरम्भ से ही प्राप्त था, स्वतंत्रता के साथ ही पटेल जैसे लौहपुरुष को यह मन्त्रालय, जब कि केवल 11 केन्द्र देश में थे, समाज पर इसकी पकड़ के राजनैतिक लाभ देखकर ही दिया गया था। पटेल के बाद आकाशवाणी के राजनैतिक इस्तेमाल में नेहरू के जीवनकाल तक प्रायः स्थिरता रही। स्वयं नेहरू उसके सबसे बड़े भागीदार थे—बाकी विकास-कार्य में लगे मन्त्री थे। 1962 के ठीक पहले राजनीति में मन्त्रियों के आश्वासनों, समितियों की रपटों और अन्याय, गुरुजनों के उपदेशों की ऐसी मूसलाधार वर्षा होने लगी थी कि उसके पार कुछ सूझता ही नहीं था। तब भी आकाशवाणी इस समस्त प्रवाह की निकासी का मोखा बनी थी। एकाएक सन् 62 के कांड ने इस शब्दमाया को विच्छिन्न कर दिया। किन्तु आकाशवाणी एक और पिष्टपेषण—विदेशी सूत्रों से प्राप्त चीनविरोधी प्रचार साहित्य—लेकर तुरन्त उपस्थित हो गई और भयभीत जनसाधारण एवं प्रसन्न ठेकेदारों की दुनिया में एक उपयोगी काम करती दीखने लगी। पहली बार 1967 के आम चुनाव के कुछ पहले से जब जनसाधारण में आकाशवाणी के वर्तमान राजनीतिक महत्त्व की पहचान आरम्भ हुई तो सरकार पर कुछ दबाव पड़ा और उसके सन्तुलित और पक्षपातहीन इस्तेमाल पर जोर दिया गया। स्वीकार करना चाहिए कि बड़ी हद तक आकाशवाणी को पक्षपात के आरोप से मुक्त रखने की आकाशवाणी के अधिकारियों ने न केवल कोशिशें कीं बल्कि वह खुश भी हुए कि उन्हें आए दिन मन्त्रियों और संसद सदस्यों के दबाव और हस्तक्षेप से कुछ राहत मिली। किन्तु कुल मिलाकर सरकार आकाशवाणी को 'सरकारी कामों के लिए' इस्तेमाल करने के बारे में आत्ममुग्ध ही थी। उसने विरोधी दलों को आकाशवाणी पर प्रचार का समुचित समय देने के मामले में सत्ताधारी दल के लिए सबसे अधिक समय रखने का हठ नहीं छोड़ा।

उस समय विरोधी कांग्रेस के वे महानुभाव भी सरकार में शामिल थे जो आज आकाशवाणी के राजनीतिक दुरुपयोग के विरुद्ध सबसे अधिक मुखर हो उठे हैं। इन्होंने आकाशवाणी के प्रचारात्मक प्रसारणों पर एक संसदीय समिति का नियन्त्रण रखने की माँग की है। संसद का नियन्त्रण आकाशवाणी पर यों भी कोई कम नहीं है। हाँ, वह बजट की माँगें पास करने से अधिक दैनन्दिन पूछताछ और जवाबतलब के रूप में है

और वह भी अधिकांशतः संसद सदस्यों और मन्त्री के बीच निजी स्तर पर। आज भी आकाशवाणी के अधिकारियों को प्रायः सब समय कार्यक्रमों के सम्पादन में श्रोताओं से अधिक संसद सदस्यों की अभिरुचि का विचार करना पड़ता है। संसद की पहले से अधिक जकड़ आकाशवाणी पर हो जाए तो भी यह विश्वासपूर्वक नहीं कहा जा सकता कि तमाम श्रोताओं की अपेक्षाओं का प्रतिनिधित्व वह समिति कर सकेगी। ऐसी कोई व्यवस्था अधिक-से-अधिक यही कर सकती है कि आकाशवाणी के मन्त्री और अधिकारियों को हर समय चौकन्ना रखे कि कहीं वे विरोधियों के नामादि-प्रचार में कोताही तो नहीं कर रहे हैं।

आज की राजनीतिक परिस्थितियाँ लोकतन्त्र के लिए निर्णायक हैं और इनका रुझान अन्ततः प्रचार साधनों पर अधिक-से-अधिक कब्जा करने का है। यदि आकाशवाणी को एक सरकारी विभाग के रूप में नहीं बल्कि विराट् भारतीय श्रोता समुदाय की सम्पत्ति के रूप में देखा जाए तो कब्जा किए जाने से सबसे अधिक खतरा उसी को है। इस समय आकाशवाणी के निरे राजनीतिक उपयोग तक ही जिनकी दृष्टि सीमित है, ऐसे आलोचक उसके सबसे अच्छे मित्र और हितैषी नहीं हो सकते। आकाशवाणी में भाषा, संस्कृति और एक समग्र भारतीय जीवन की अनेक विकृतियाँ घर कर चुकी हैं और दिन-प्रतिदिन असाध्य होती जा रही हैं। उसकी नीति में कितनी खोट समा गई है इसका सबसे ताजा प्रमाण, उदाहरण के लिए, यह है कि सरदार पटेल और मौलाना आजाद व्याख्यानमाला को तथाकथित प्रतिष्ठित अंग्रेजी भाषाओं के लिए सुरक्षित करके हिन्दीवालों को एक अलग दरजा डॉ. राजेन्द्र प्रसाद व्याख्यानमाला के नाम पर दे दिया गया है। अभी तक शायद डॉ. हजारीप्रसाद द्विवेदी जैसे प्रकांड विद्वान को उन दो व्याख्यानमालाओं में आमन्त्रित इसीलिए नहीं किया जा सका था कि वह शायद अंग्रेजी में नहीं बोलना चाहेंगे। इस बीच मितव्ययिता के नाम पर आकाशवाणी की सलाहकार समितियों के संगठन में, जो कि संसदेतर नियन्त्रण की एकमात्र साधन थीं, जबर्दस्त रद्दोबदल कर दिया गया है। विशेषतया भाषा के मामले में सलाह केवल हिन्दी के प्रचार के क्षेत्र तक सीमित करके सरकार ने अपने को भाषा के आधुनिक गतिशील सृजन प्रवाह से एकदम काट लिया है। प्रसारकों और श्रोताओं के पूर्ण प्रतिनिधित्व सहित स्वायत्त निगम की व्यवस्था ही आकाशवाणी को निष्पक्ष, जीवन्त और आधुनिक बना सकती है।

(ऊबे हुए सुखी)

आओ, ट्रायबल ट्रायबल खेलें

'आक्रोश' की बड़ी तारीफ हो रही है। इस समीक्षक ने एक वामपन्थी कला समीक्षिका से जब यह कहा कि इसमें और गत फिल्मोत्सव में प्रदर्शित कूबाई फिल्म 'द लास्ट सपर' की परस्पर तुलना उपयोगी होगी तो वह भौंचक रह गईं—"दोनों में तुलना का आधार क्या होगा, मैं नहीं समझी," उन्होंने कहा। वास्तव में आधार यह है कि 'द लास्ट सपर' कालों के गोरों द्वारा शोषण की और उसके विरोध की कहानी है जिसे काले स्वयं कहते हैं और 'आक्रोश' आदिवासियों के शोषण की कहानी बताई जाती है पर उसे आदिवासियों को खुद कहने नहीं दिया जाता है।

तो 'आक्रोश' की तारीफ हो रही है। वह दलितों के स्वयं सुरक्षित संरक्षकों, खासतौर से कान्वेंटी मार्क्सवादियों के यहाँ पसन्द की जाती है, क्योंकि वह उनकी छोटी-सी दुनिया में एक छोटी-सी हलचल मचाती है। उद्देश्य उनकी जड़ता तोड़ना है और इस तरह कि उनकी सामाजिक-राजनीतिक संरक्षक स्थिति में कोई अन्तर न आने पाए। उद्देश्य यह बताना नहीं है कि आदिवासी अपनी जड़ता कैसे तोड़ रहे हैं, जो कि वह तोड़ रहे हैं। वह बताने से एक राजनीतिक स्थिति का प्रचार होगा जो संरक्षकों की क्रान्तिकारी मुद्रा को प्रायः अर्थहीन दिखाकर छोड़ देगी, इसलिए आक्रोश में तमाम वक्त आदिवासी जीवन के राजनीतिक पिछड़ेपन का प्रचार किया गया है और साथ-ही-साथ यह बात भी रेत-रेतकर बताई गई है कि सिर्फ सवर्ण ही उनका उद्धार कर सकते हैं।

एक आदिवासी युवक पर अपनी पत्नी की हत्या का आरोप है। एक नवयुवक सवर्ण वकील उसका मुकद्दमा लड़ने की तैयारी करता है—अपने आप नहीं। वह इतना जागरूक नहीं। वह सरकार की तरफ से गरीब मुवक्किलों को वकील जुटाने की व्यवस्था के अधीन जुटाया गया है। अन्त तक पहुँचते-पहुँचते इस युवक को सामाजिक चेतना आ जाती है और मुख्य कहानी यही है कि कैसे यह चेतना आई। पर यह इतनी लचर है (जैसे 'जो इस आदिवासी के साथ हुआ, वह मेरे साथ भी एक दिन हो सकता है') कि सिर्फ बहुत पिछड़ी राजनीतिक समझ के पढ़े-लिखे सम्पन्न युवकों को ही यह कोई नई चेतना जान पड़ेगी। आदिवासी अभियुक्त से, उसके पिता और बहन से, उसके गाँव से सम्पर्क के एक लम्बे दौर में भी सवर्ण वकील आदिवासियों के शोषण और उसके विरुद्ध उनकी चेतना के बारे में कुछ नहीं जान पाता। कहानी जान-बूझकर अपने सवर्ण

नायक को अबोध रखती है, ठीक वैसे ही जैसे वह आदिवासी अभियुक्त को अवाक् रखती है। हम दो-तिहाई फिल्म में एक किस्म की राजकपूरी पीड़ा से ठस चेहरा लिये हुए नसीरुद्दीन शाह को एक और किस्म की शहराती पीड़ा से खिंचा हुआ चेहरा लिये हुए ओमपुरी से बराबर यह पूछते हुए पाते हैं कि यह बता दो कि क्या था; इससे तुम्हारा 'केस' मजबूत हो जाएगा। आदिवासी युवक ने अपनी पत्नी की हत्या नहीं की है, वह तो ठेकेदार वगैरह ने की है जो कि पत्नी के बलात्कारी भी थे। पर निर्देशक गोविन्द निहलानी की फिल्म का आदिवासी आधुनिक नागर मनोविज्ञान से ग्रस्त होकर गुमसुम हो जाता है। और सिवाय इसके कि खासे बचकाने ढंग से रात को करवटें बदलता दिखाई दे, मुँह खोलकर कभी दोषियों का नाम लेना तो दूर, यह भी नहीं कहता कि वह निर्दोष है। बीते समय के दृश्य दिखाकर ही निर्देशक असलियत बताता है और उन पति-पत्नी में कितना प्यार था, यह बताने के लिए एक घनीभूत रति प्रसंग इस्तेमाल करता है। एक सम्भ्रान्त क्रान्तिकारी निर्देशक के लिए एक तीर से इतने उम्दा दो शिकार और क्या हो सकते थे कि एक कामकेलि भी दिखा दी और वह भी निहायत सवर्ण दिखनेवाले युवक और युवती (स्मिता पाटिल) में ताकि शहरी दर्शक उससे तादात्म्य कठिन न पाए और दूसरे यह भी बता दिया कि पत्नी से पति का घनिष्ठ सम्बन्ध था जैसे कि आदिवासी जीवन में स्त्री-पुरुष के घनिष्ठ सम्बन्धों के शहरातियों के मुकाबले कहीं अधिक विविध रूपों का कोई मतलब ही न हो और रति ही एक मात्र पहचानने योग्य स्त्री-पुरुष सम्बन्ध हो।

यह तर्क कि फिल्म की शैली को अधिक संवेदनशील बनाने के लिए आदिवासी के हताश मौन और सत्य के बीते दृश्य का सहारा लिया गया है, आश्वस्त नहीं करेगा। संवेदनशील किसके लिए ? सामाजिक यथार्थ से कटे हुए मुट्ठी-भर अंग्रेजीपरस्त युवजनों के लिए, या आदिवासियों के लिए ? इस समीक्षक की समझ में जब कोई मध्यवर्गीय बुर्जुआ अपने वर्ग से बाहर आकर शोषितों के बारे में कुछ कहता, दिखाता या सुनाता हैं तो उसकी कला की कसौटी यह होनी चाहिए कि क्या शोषित उससे एक यथार्थ को फिर से पहचान पाते हैं ? 'आक्रोश' आदिबासियों को दिखाई जाए तो ये उसे बड़ों का एक चोंचला ही मानेंगे, इसमें सन्देह नहीं। युवक पति का झूठे हत्या आरोप के सामने मौन रह जाना नितान्त गैर-आदिवासी प्रकृति है, और आज के आदिवासी यथार्थ की तो एकदम विकृति ही है। सब आदिवासी पात्र चेहरे-मोहरे, भाव-भंगिमा, अभिनय के शैलीकरण और चरित्रांकन में सौ फीसदी गैर-आदिवासी हैं। बम्बई की व्यावसायिक फिल्में पात्रों को अद्भुत पोशाकें पहनाकर, ऊटपटाँग नाच नचाकर और अनर्गल गाने गवाकर सभ्य जनता से अलग दिखाकर आदिवासी बना दिया करती थीं। साक्षरता के प्रसार का उनके निर्माताओं पर इतना असर तो पड़ ही गया है कि अब वे ऐसी मूर्खता बेचने में डरते हैं पर अब हमारे नए चेतनाशील निर्माता हर ऐसे चेहरे को जो ठेठ यूनानी, आर्य या स्लाव न हो, नीचे सामाजिक स्तर का चरित्र बना रहे हैं जैसे देहातिन नौकरानी या फिर आदिवासी। यह ऐसा ही है जैसे दीवानखाने में शरीफ

घरों के लड़के-लड़कियों—स्मिता पाटिल, रीमा लागू, नाना पलसीकर, और ओमपुरी, जो अन्यथा प्रतिभाशाली अभिनेता हैं, आदिवासी-आदिवासी खेल रहे हों।

अन्त में नसीरुद्दीन शाह के चेहरे की पेशियाँ थोड़ी सी हिलती हैं—मगर भयानक घबराहट से। आदिवासी युवक के पिता की मृत्यु हो गई है। केवल बहन बच रही है जो दिवंगता भाभी के बच्चे को पाल रही है। अन्त्येष्टि के लिए पुलिस-पहरे में आया हुआ युवक सहसा बहन की हत्या कर देता है। क्योंकि वह देखता है कि अब उसके जेल या परलोक में जाने के बाद उसकी बहन को शोषक अत्याचारियों से बचानेवाला कोई नहीं रह गया—बेहतर है वह भी न जिए। यहाँ भी आदिवासी युवक को कुछ कहने नहीं दिया जाता। इससे सवर्ण युवक की आँखें खुलती हैं, मगर उसके अभिभावक स्थानीय तरक्कीयाफ्ता आदिवासी प्रतिष्ठित वकील की नहीं; वह हताश और अविश्वासी हो चुके हैं।

सन्देश बहुत स्पष्ट है। आदिवासी पिछड़े हैं, उनमें कोई चेतना नहीं है, हम सवर्ण उन्हें चेतना देंगे—आदिवासी गरीब होने के कारण ही जड़ नहीं हैं, उनमें से जो तरक्की कर गए हैं वे भी जड़ हैं, क्योंकि वे बिक चुके हैं। इसलिए आदिवासियों के बारे में जो कुछ देखना है वह उनके गाँवों में, घरों में नहीं, सवर्णों के दीवानखानों में देखने को मिलेगा—इस फिल्म में एक दृश्य भी आदिवासी जीवन की झलक नहीं देता, वह केवल भूल या संयोग नहीं है, यह एक षड्यन्त्र है।

बहुप्रशंसित कला-फिल्म 'आक्रोश' की यह समीक्षा (दिनमान, 1981) दो दशक बाद भी उतनी ही निर्मम और दलित-आदिवासी संघर्षों के स्थापित विमर्श के नजरिए से अतिरंजित दिखाई देती है। रघुवीर सहाय की समाज-दृष्टि के सभी मुख्य अययव इस समीक्षा में देखे जा सकते हैं, जैसे भाषा (अंग्रेजी) और जाति (सवर्ण) की परिधि, उद्देश्य के मुकाबले सम्भावित असर पर विचार और प्रसंग के व्यापक सन्दर्भ का निर्धारण।

हमारी हिन्दी[1]

हमारी हिन्दी एक दुहाजू की नई बीवी है
बहुत बोलनेवाली बहुत खानेवाली बहुत सोनेवाली

गहने गढ़ाते जाओ
सर पर चढ़ाते जाओ

वह मुटाती जाए
पसीने से गन्धाती जाए घर का माल मैके पहुँचाती जाए

पड़ोसिनों से जले
कचरा फेंकने को लेकर लड़े

घर से तो खैर निकलने का सवाल ही नहीं उठता
औरतों को जो चाहिए घर ही में है

एक महाभारत है एक रामायण है तुलसीदास की भी राधेश्याम की भी
एक नागिन की स्टोरी बमय गाने
और एक खारी बावली में छपा कोकशास्त्र
एक खूसट महरिन है परपंच के लिए
एक अधेड़ खसम है जिसके प्राण अकच्छ किए जा सकें
एक गुचकुलिया-सा आँगन कई कमरे कुठरिया एक के अन्दर एक
बिस्तरों पर चीकट तकिए कुर्सियों पर गौंजे हुए उतारे कपड़े
फर्श पर ढनगते गिलास

1. इस और अगली कविता के लिखे जाने के बीच दो दशक से कुछ अधिक का अन्तराल है जो हिन्दी के आधुनिक राजनीतिक इतिहास की दृष्टि से एक महत्त्वपूर्ण दौर माना जाना चाहिए। पहली कविता में हिन्दी की राजनीति के अन्तर्जगत का चित्रण है और दूसरी में हिन्दी-अंग्रेजी के अन्तर्सम्बन्धों का।

खूँटियों पर कुचैली चादरें जो कुएँ पर ले जाकर फींची जाएँगी

घर में सब कुछ है जो औरतों को चाहिए
सीलन भी और अन्दर की कोठरी में पाँच सेर सोना भी
और सन्तान भी जिसका जिगर बढ़ गया है
जिसे वह मासिक पत्रिकाओं पर हगाया करती है
और ज़मीन भी जिस पर हिन्दी भवन बनेगा

कहनेवाले चाहे कुछ कहें
हमारी हिन्दी सुहागिन है सती है खुश है
उसकी साध यही है कि खसम से पहले मरे
और तो सब ठीक है पर पहले खसम उससे बचे
तब तो वह अपनी साध पूरी करे

(आत्महत्या के विरुद्ध)

हिन्दी

हम लड़ रहे थे
समाज को बदलने के लिए एक भाषा का युद्ध
पर हिन्दी का प्रश्न अब हिन्दी का प्रश्न नहीं रह गया
हम हार चुके हैं

अच्छे सैनिक
अपनी हार पहचान
अब वह सवाल जिसे भाषा की लड़ाई हम कहते थे
इस तरह पूछ :
हम सब जिनके खातिर लड़ते थे
क्या हम वही थे ?
या उनके विरोधियों के हम दलाल थे
—सहृदय उपकारी शिक्षित दलाल ?

आजादी के मालिक जो हैं गुलाम हैं
उनके गुलाम हैं जो वे आजाद नहीं

हिन्दी है मालिक की
तब आजादी के लिए लड़ने की भाषा फिर क्या होगी ?

हिन्दी की माँग
अब दलालों की अपने दास-मालिकों से
एक माँग है
बेहतर बर्ताव की
अधिकार की नहीं

वे हिन्दी का प्रयोग अंग्रेजी की जगह
करते हैं
जबकि तथ्य यह है कि अंग्रेजी का प्रयोग
उनके मालिक हिन्दी की जगह करते हैं
दोनों में यह रिश्ता तय हो गया है

जो इस पाखंड को मिटाएगा
हिन्दी की दासता मिटाएगा
वह जन वही होगा जो हिन्दी बोलकर
रख देगा हिरदै निरक्षर का खोलकर।

(लोग भूल गए हैं)

संस्कृत

सेनाएँ मारकर मनुष्य को
खोदकर जमीन को
डेरा डाल देती हैं
किसी तरह आम का पेड़ बच रहता है

दोनों सेनाएँ कहीं और जाकर लड़ने के लिए
समझौता करती हैं

तब जमीन खाली कर जाने का समारोह
उसी पेड़ के तले होता है

उसी आम के नीचे बाँधकर मारा था
उन्होंने अठारह बरस के उन लड़कों को
हिन्दी बोलनेवाले गाँव के लड़कों को
जो सेना को नहीं माने थे

उसी आम के नीचे आम के वृक्ष का
शास्त्रीय गुणगान करने आए हैं
वयोवृद्ध संस्कृतज्ञ

(हँसो हँसो जल्दी हँसो)

हिन्दी की पूजा में उर्दू का अड़ंगा !

[उर्दू को लेकर पिछले सप्ताह राजधानी में बड़ी चहल-पहल रही। जनसंघ के हाईकमान ने और कांग्रेस हाईकमान ने विचार किया और वक्तव्य दिए। उत्तर प्रदेश के मुख्यमन्त्री आए और एक और वक्तव्य दे गए। संसपा और प्रसपा के प्रधान सचिवों ने भी अपनी राय जाहिर की। अगर कोई नहीं बोला तो भाषा के निर्माता कहलानेवाले साहित्यकार और भाषा के विशेषज्ञ कहलानेवाले प्राध्यापक नहीं बोले। इनका यह मौन इसलिए और भी अखरा कि एक जमाने में हिन्दी और उर्दू की बहस का एक बड़ा हिस्सा इन्हीं के जिम्मे था। हिन्दी और उर्दू एक ही भाषा की दो शैलियाँ हैं, यह तर्क तब आत्मविश्वास के साथ उठा करता था।]

यह सच है कि तब भी इस तर्क का फायदा कुछ राजनीतिक दल उठाते थे—कुछ इसका समर्थन करके और कुछ विरोध करके। लेकिन, यह भी सच है और ज्यादा बड़ा सच है कि हिन्दी और उर्दू को करीब लाने का काम जोरों से हुआ करता था। यह काम लेखक और भाषाविद् जब अपनी ओर से करते थे, तो यह सफल होता था जैसे प्रेमचन्द के यहाँ हुआ। जब यह काम सरकारी या राजनीतिक सहायता से होता था, तो चौपट होता था जैसे हिन्दुस्तानी एकेडमी या पंडित सुन्दरलाल के यहाँ हुआ। पिछले कई बरस से हिन्दी और उर्दू को अलग-अलग करने का काम सरकार ने सँभाल रखा है, जबकि लेखक, कम-से-कम हिन्दी का आधुनिक लेखक इन दोनों को करीब लाने पर तुला हुआ है। आधुनिक हिन्दी कहानी या कविता भाषा की सरलता के मामले में भारत की सब भाषाओं के आधुनिक साहित्य से एक युग आगे हैं—यहाँ तक कि उसमें उर्दू और हिन्दी का भेद करना कठिन है।

उधर आकाशवाणी के उर्दू समाचार या वार्तालाप उर्दू के वातावरण में पढ़े-लिखे श्रोता के लिए भी दुर्गम होते आए हैं। आकाशवाणी की उर्दू ठेठ किताबी उर्दू है, जिसका जिन्दगी से कोई सम्बन्ध नहीं। यह उतना ही सही है, जितना यह कि सरकारी हिन्दी अंग्रेजी का गुलाम अनुवाद है, जिससे हिन्दी के स्वभाव, व्याकरण और संस्कार का भयंकर निरादर हो रहा है। सरकार से बाहर उर्दू के भारतीय लेखकों के लिए अपने अधिकांश लेखन का हिन्दी भाषान्तर और कभी-कभी केवल लिप्यन्तर कराना अनिवार्य हो गया है, क्योंकि हिन्दी में ही उनको विशाल पाठक संसार मिल सकता है। वह संसार

इतना विशाल-हृदय है कि लिप्यन्तर करने से ही उर्दू की कहानी को वह हिन्दी की मान लेता है।

बहुत से और उदाहरण दिए जा सकते हैं कि कैसे सरकारी दरबारों और दफ्तरों में हिन्दी को स्वतन्त्र इस्तेमाल की मँजाई से दूर ले जाकर अंग्रेजी की धराऊ दासी बनाया गया है और कैसे उर्दू को बोलचाल की भाषा के प्रवाह से दूर ले जाकर एक मुर्दा किताबी भाषा की हैसियत से स्वतन्त्र रहने का अवसर दिया गया है। दोनों मामलों में सरकारी नेता और नौकरशाही ने मिलकर संविधान का पालन किया है—उन पर कर्त्तव्यहीनता का दोष नहीं लगाया जा सकता है। परन्तु दोनों मामलों में इन दोनों ने मिलकर दोनों भाषाओं की एक गम्यता और एकात्मभावना नष्ट कर दी है। बहुसंख्यक भाषा को गुलाम बनाकर और अल्पसंख्यक भाषा को रक्षणीय बनाकर दोनों की परस्पर मिलने की आजादी सरकार के घर में तो निश्चय ही छीन ली गई है। बाहर अवश्य एक व्यापक प्रवाह में हिन्दी और उर्दू दोनों मिलकर भाषा में कुछ परिवर्तन कर रही हैं, परन्तु उसे समझाने के लिए हिन्दी और उर्दू पर जीवित रहनेवाले राजनीतिक लोगों को बहुत पढ़ना-लिखना पड़ेगा। इसलिए यह काम उनकी सुविधा पर छोड़कर हम राजनीतिक लोगों के ही मानदंड से उनके कृत्यों की माप लेना चाहते हैं।

जब एकाएक जनसंघ के नेताओं ने आवाज लगाई है कि संविद सरकारें उर्दू को दूसरी राजभाषा बनाएँगी, तो हम उनसे अलग हो जाएँगे, तो आश्चर्य हुआ कि संविद सरकारों से अलग होने के लिए क्या यही सबसे बड़ा कारण रह गया है ? अभी तक किसी संविद सरकार ने अंग्रेजी नहीं हटाई, यह कोई चिन्ता की बात क्या जनसंघ के लिए नहीं है ? उर्दू को दूसरी राजभाषा बनाने की इच्छा तब तक, जब तक कि हिन्दी खुद दूसरी राजभाषा बनी हुई है भगोड़े पहलवान के खम ठोंकने के बराबर है। जब तक हिन्दी अंग्रेजी की अनुवाद दासी बनी रहेगी, तब तक उसमें मुर्दा शब्द धरे रहेंगे—परन्तु जब वह लिखने-पढ़ने के काम आएगी तो उसका अपना व्याकरण और स्वभाव नए जिन्दा शब्द लाएगा और बहुत से मुर्दा शब्दों को भी जिलाकर चलाने लगेगा। तब उर्दू और हिन्दी के नकली भेद टूटने की जो प्रक्रिया बाहर चल रही है, उससे सरकार को भी शक्ति मिलेगी।

यह प्रक्रिया विशेष रूप से उत्तर प्रदेश में शिक्षा जगत में भी एक हद तक देखी जा सकती है। प्राथमिक स्तर से लेकर माध्यमिकं स्तर तक हिन्दी के माध्यम से शिक्षा पानेवाले वे छात्र जिनको मुसलमान होने के नाते उर्दूभाषी कहा जाता है, हिन्दी बखूबी पढ़ते-लिखते हैं, उस पर ज्ञान-विज्ञान और मनोरंजन के लिए निर्भर रहते हैं। छोटी कक्षाओं में तो यह सिद्धान्त भी लागू हुआ है कि उर्दू हिन्दी की ही एक शैली है। बेसिक हिन्दी पुस्तकों में उर्दू साहित्य के नमूने भी शामिल किए गए हैं। परन्तु, इसी से उन लोगों के कर्त्तव्य की इतिश्री नहीं हो जाती, जो उर्दू को हिन्दी की एक शैली मानकर

उर्दू का प्रश्न हल कर लेना चाहते हैं।

माध्यमिक शिक्षा और विश्वविद्यालय शिक्षा के अधीन जो हिन्दी साहित्य पढ़ाया जाता है, वह उर्दू को हिन्दी की एक शैली नहीं मानता। उस स्तर तक पहुँचते-पहुँचते हिन्दी माध्यम से पढ़नेवाले मुसलमान छात्र को कक्षा में अपनी सामाजिक और सांस्कृतिक भूमि से अलग हो जाना पड़ता है। जीवन में तो वह हिन्दू सामाजिक और सांस्कृतिक भूमि से अलग है ही। इसलिए उसके सामने दो ही रास्ते रह जाते हैं। या तो वह पूरी तौर पर एक ऐसे सांस्कृतिक जीवन में अपने को छोड़ दे, जिसमें वास्तव में उसके लिए जगह नहीं है या फिर विद्रोह करे और कहे कि वह अपनी छोटी और बन्द दुनिया में ही भला है, पर वह घर से इसलिए नहीं निकलेगा कि बेघरबार हो जाए।

तब यदि वह सोचे कि अपनी अल्पसंख्यक भाषा की दुनिया में बन्द रहकर शायद उसे कम-से-कम स्पष्ट राजनीतिक अधिकार मिल सकते हैं तो उसकी क्या गलती है, खासतौर से जब महाराजा करनीसिंह राजस्थानी की और महाराजा करनसिंह डोगरी की दुनिया में बन्द रहकर बड़े-बड़े अधिकार लेने के मंसूबे बाँधते हैं।

इस उलझन का हल क्या है ? जनसंघ के श्री दीनदयाल उपाध्याय का कहना है कि उर्दू और हिन्दी में उतना अन्तर है जितना खड़ीबोली की दो विकसित शैलियों में हो सकता है। पर ऐसा है तो इससे क्या सिद्ध होता है ? क्या यह कि दोनों शैलियों के इस अन्तर की ओर से आँख मूँद ली जाए और मान लिया जाए कि उर्दू है ही नहीं, जो है वह हिन्दी ही है ? या कि यह कि उर्दू को अलग और हिन्दी को अलग पोसते रहा जाए और साथ-साथ घोषणा करते रहा जाए कि उर्दू की अलग माँग साम्प्रदायिक है ?

दोनों उत्तर एक ही उद्देश्य की पूर्ति करते हैं। वह उद्देश्य नकारात्मक है। वह यह है कि हिन्दी को जिस प्रकार जन प्रतिनिधि शासन की भाषा न बनाकर अनुवाद विकास मन्दिरों में आराध्य देवी बनाकर रखा गया है, उस पूजा-पाठ में विघ्न न पड़ने पाए। हिन्दी में उर्दू की विकसित शैली मिलने न पाए और उर्दू के संरक्षण एवं विकास का प्रबन्ध एक अलग चौके में कर दिया जाए ताकि वहाँ जो पकता हो उसकी गन्ध भी इधर आकर हिन्दी पूजन में विघ्न न डाल सके। उत्तर प्रदेश और बिहार के गाँवों में जो मुसलमान ब्रजभाषा, अवधी, भोजपुरी या मैथिली बोलते हैं उन्हें हिन्दी की वत्सला धरित्री से खदेड़कर उर्दू संरक्षण के शिविर में ला जमा करने का सबसे आसान तरीका है—जनसंघ की उर्दू नीति।

मगर कहा जा सकता है कि संविधान उर्दू को मान्यता देता है इसलिए उर्दू को अलग से स्थान तो देना ही पड़ेगा। संविधान के अनुसार तो इस समय हिन्दी राज्यभाषा होनी चाहिए थी। भाषा के सम्बन्ध में संविधान की सबसे बड़ी आज्ञा का उल्लंघन होता रहे तो उसके भाषा सम्बन्धी अन्य सब निर्देश अर्थहीन हो जाते हैं। क्योंकि संविधान की भाषा सम्बन्धी व्यवस्थाओं का राज्यभाषा पद से अंग्रेजी हटने के साथ घनिष्ठ सम्बन्ध है। अन्ततः उर्दू के हल्ले के बारे में यह आश्चर्य बना ही रह जाता है कि क्यों नहीं यह हल्ला अंग्रेजी हटाने के पक्ष में उतने ही जोर से उठता है जितनी जोर से उर्दू

को न आने देने के पक्ष में उठता है ?

इतना ही नहीं, यह देखकर यह आश्चर्य और भी घना होता है कि बिहार और उत्तर प्रदेश की सरकारों से हट जाने की धमकी एक ऐसे काम की आशंका पर दी जाती है जो गलत है और जिसे नहीं होना चाहिए परन्तु किसी ऐसे काम के न होने पर नहीं दी जाती जो सही है और जिसे होना चाहिए था। संविद सरकारों ने पिछले पाँच महीनों में न्यूनतम कार्यक्रम के न्यूनतम अंश में ही हाथ लगाया है, और वह भी सगुन करने को। इसकी शिकायत संविद के अन्दर शामिल दलों में कोई नहीं करेगा तो निश्चय ही यह कांग्रेस के पिटे चेहरों को चहकने का निमन्त्रण देने के बराबर होगा।

आश्चर्य का यहाँ भी अन्त नहीं होता। सवाल उठता है कि आखिर उर्दू को दूसरी राज्यभाषा बनाने की क्या कोशिश हो रही थी जिससे एकाएक संविद सरकारों में दरार डालनेवाला भूकम्प आ गया ? बिहार में एक कांग्रेस सदस्य गैर-सरकारी विधेयक लाना चाहते थे जिसको समर्थन न देने का निर्णय बिहार मन्त्रिमंडल ने कर ही लिया था। उत्तर प्रदेश में तो कोई संकट था ही नहीं क्योंकि उपमुख्यमन्त्री के प्रभाव से ही वहाँ उर्दू सम्बन्धी निर्णय हुए थे। हंगामे की वजह कहीं और तो नहीं है ? चिन्ता की बात तो यह है कि जो संविद-पार्टियाँ उर्दू का झंडा उठाए हुए हैं उनकी उर्दू सम्बन्धी माँगों की लम्बी-चौड़ी फेहरिस्त में यों तो कोई माँग ऐसी नहीं है जो भारत सरकार के 14 जुलाई, 1958 के उर्दू सम्बन्धी प्रस्ताव में न हो, पर एक विषय भेद है। प्रस्ताव के अनुसार कानून और नियमादि को उर्दू में उन क्षेत्रों में प्रकाशित करना चाहिए जहाँ उर्दूभाषी प्रचुर हों और जिनका नाम तय कर लिया गया हो—माँगों में इसे यों कहा गया है कि विधेयकों के उर्दू में अनुवाद उन विधेयकों को दिए जाएँ जो माँगें और नियमादि गजट में हिन्दी और अंग्रेजी की तरह छापे जाएँ। यह अतिरिक्त आग्रह उर्दू और हिन्दी को अलग-अलग ले जाएगा, अंग्रेजी का हटना और भी मुश्किल करेगा। और एक नकारात्मक आन्दोलन को जन्म देगा। जो पार्टियाँ यह उर्दू-हिमायत कर रही हैं वे भी जनसंघ की तरह अलगाव के रास्ते पकड़ रही हैं।

प्रश्न यह है कि क्या प्रबुद्ध वर्ग इन राजनीतिक लोगों को भाषा के मामले में फूट डलवाकर राजनीति चलाने देगा या उनसे कहेगा कि तुम खेती-उद्योग और न्याय़ व्यवस्था में कुछ सुधार करके दिखाओ और भाषा के मामले में सिर्फ इतना करो कि अंग्रेजी हटा दो। बाकी, हिन्दी उर्दू की शैली आदि के विषय में हिन्दी-उर्दू के लेखक बहुत काम कर चुके हैं और कर रहे हैं, उसको समझो और भाषाओं को बनाने का काम तुम छोड़ दो। तुम केवल इतना करो कि हर व्यक्ति को, चाहे उसकी भाषा कोई भी हो, बारोजगार और सम्माननीय जीवन देने के लिए अर्थतन्त्र को बदलो—और 100 व्यक्तियों को पूरी स्वतन्त्रता देने के लिए उन्हें अंग्रेजी साहबों की गुलामी से अभी-अभी मुक्त करो। फिर हम उर्दू-हिन्दी की शैलियाँ बना लेंगे।

(नवभारत टाइम्स, 'राजधानी की चिट्ठी')

समाधि लेख

आज महाकवि की कविताएँ
छाप रहे हैं महाप्रकाशक।

अलग-अलग विषयों पर ये
कविताएँ छह खंडों में होंगी
एक साथ सब ग्रन्थ मँगाएँगे
तो बहुत रियायत देंगे
पाठकगण सन्देह मत करें
कविता इसी तरह बिकती है
कुछ कवि लिखते भी ऐसे हैं
कुछ को हम यों कर देते हैं।

एक साथ सम्पूर्ण महाकवि
कोई पढ़ता नहीं, पढ़े तो
उसमें कुछ चटपटा नहीं रह
जाता, बस बचता विषाद है।

एक साथ ही अगर चाहिए
तो वह भी हमने छापा है
लिखा महालोचक ने कवि पर
पूरे का सारांश दे दिया
उस पर अपना भाष्य किया है
ब्योरे का कुछ काम ही नहीं।

मेरी कविता में ऊषा के

भीतर मेरी मृत्यु भी लिखी
चिड़िया के भीतर है मेरी
राष्ट्रभावना, बच्चों में दुख।
माना सब कुछ गबड़सबड़ है
पर मैंने यों ही देखा था,

नारी, चिड़ियाँ, देश जागरण,
बच्चा, प्रकृति, दुःख, वासना
अलग-अलग डब्बों में मेरी
पीड़ाएँ मत बन्द कीजिए
जिन्हें एक में मिलाजुला कर
मैंने की थी ये रचनाएँ।"

यह कहने आ नहीं सकेंगे
चले गए हैं स्वर्ग महाकवि
बचे रहे हैं कुशल मूर्तियों
और मक़बरों के निर्माता।

(कुछ पते कुछ चिट्ठियाँ)

सर्कस

मैंने अपने बचपन में बहुत बार सर्कस देखा है। चालीस बरस की उम्र में सर्कस कैसा लग सकता है यह मुझे इसके पहले कभी नहीं मालूम हो सकता था। जाहिर है कि मालूम होता कैसे, जब मैं चालीस का हुआ न था।

मेरे बचपन में सर्कस में खतरनाक शेर से लेकर मासूम तोते तक करतब दिखाते थे—आदमियों के साथ : आदमी और औरतें जान पर खेलते थे जैसे सभी सर्कसों में खेलते हैं पर न जाने क्यों मुझे याद सिर्फ जानवरों की ही रह गई है। वे आदमियों के इशारे पर चलते हुए कितने असहाय जान पड़ते थे और साथ ही कितने होशियार। एक तरफ एहसास होता था कि जानवर आदमी से ज्यादा होशियार है कि कोई गलती नहीं करता और दूसरी तरफ विश्वास होता था कि आदमी जानवर से ज्यादा ताकतवर है कि वह उसे सिखा-पढ़ा सकता है।

लेनिनग्राद में वह मेरी पहली शाम थी। मेरी दुभाषिया जो मास्को से मेरे साथ आई थी, उस दुभाषिए की पत्नी थी जो मास्को में मेरे साथ था और जिसे मेरे साथ लेनिनग्राद आना था पर किसी वजह से आ न सका था—उसकी पत्नी उसकी एवजी कर रही थी।

मैंने स्वेतलाना से परिहास में पूछा, "विक्तर इस वक्त क्या कर रहा होगा ? क्या तुमने उसे अपने लिए खाना पकाना सिखा दिया है ?" वह भी हँसकर बोली, "वह सिर्फ चाय पका सकता है। खाने के लिए वह अपने पिता के घर गया होगा—या फिर उसके कई दोस्त हैं। वह भूखा नहीं रह सकता। यों तो रात को मैं फोन करके पूछ लूँगी, पर मैं निश्चिन्त हूँ।"

वह अपने काम के मामले में पक्की थी। दर्शनीय स्थानों को जाने का कार्यक्रम उसने एक-एक मिनट का हिसाब करके बाँधा था। यहाँ तक कि उस शाम को सर्कस के लिए समय निश्चित जानकर जब मैंने पूछा कि क्या इससे अच्छा और कुछ नहीं हो सकता तो उसने कहा, "क्यों नहीं," और अगले दिनों में बैले और थिएटरों के एक कार्यक्रम की सूचना मुझे दे डाली पर यह भी जोड़ दिया कि "आज तो यही निश्चित है कि आप सर्कस देखें—और रूसी सर्कस न देखेंगे तो याद रखिए, पछताएँगे।"

लिहाजा हम गए और मैं कह सकता हूँ कि न सिर्फ मैं पछताने से बच गया बल्कि अपने साथ एक ऐसी चीज ले आया जो शायद सड़क पर दो पैरों के बल चलनेवाले सामान्य आदमियों से लाख मिलने-जुलने पर भी न मिलती। वह एक याद है—एक ऐसे

क्षण की जो सर्कस में जानवर के नहीं मनुष्य के चरित्र के सच्चे, पवित्र क्षणों में आया था, एक क्षण सर्कस में एक किशोर बालक के जीवन में आया था। मुझे नहीं मालूम कि सैकड़ों दर्शकों ने उस बालक के चेहरे पर वह क्षण देखा था या नहीं या कि उन्होंने केवल फुर्ती—केवल उसकी दक्षता, साहस और अभ्यास की सफाई ही देखी थी जिसे देखने के लिए उन्होंने टिकट के पैसे दिए थे।

मैंने जो देखा वह अनमोल था। अनेक प्रकार के हास-परिहास और करतबों के बीच एक करतब ऐसा आया जिसमें युवा वय के कई लड़कों के साथ वह छोटा बहादुर शामिल था। एक दृश्य में एक नौजवान को कूदकर एक ढेंकी के उठे सिरे पर आ गिरना था—इतने नपे-तुले जोर से कि ढेंकी के झुके सिरे पर बैठा दूसरा नौजवान उछलकर दूसरी ढेंकी के उठे सिरे पर गिरे और उस ढेंकी के झुके सिरे पर बैठा नौजवान तीसरी ढेंकी के उठे सिरे पर...इसी शृंखला को चार ढेंकियों तक जारी रखकर पाँचवीं ढेंकी से हमारे किशोर नायक को, जिसकी उम्र बारह साल से अधिक न रही होगी, हवा में ऊँचे उछलकर एक खड़े खम्भे के सिरे पर बैठाए सिंहासन पर आसीन हो जाना था। उसकी कमर में एहतियातन एक पट्टा बाँध दिया गया था जिससे जुड़ी रस्सी पंडाल की छत में लगी एक गरारी से होकर निर्देशक के हाथ में गई थी—ताकि कहीं निशाना चूक जाए तो लड़का तीस फीट ऊँचे से जमीन पर न आ गिरे—ऊपर ही खींचकर रोक लिया जाए।

बाजा बजने लगा। लाल मखमल का चुस्त लिबास पहने पहला नौजवान ठीक अपनी जगह पर कूदा और फिर सिलसिला जारी हो गया। कुछ सेकेंड की बात थी कि छोटे लड़के की बारी आ गई और वह ढोल पर चोट पड़ने के साथ-साथ हवा में उछल गया।

नहीं, वह कुर्सी तक नहीं पहुँचा। उसका निशाना खाली गया था। कमर में बँधी रस्सी के सहारे उसे निर्देशक ने खींच लिया था और वह क्षण-भर हवा में लटके रहने के बाद जमीन पर स्वस्थ और सकुशल खड़ा था। दर्शक सहानुभूति से तालियाँ बजा रहे थे, उसके उत्साह को कम न करने के लिए। निर्देशक के चेहरे पर कोई भाव न था, अगर कोई आता तो यही आता कि गिरते हैं शहसवार ही मैदाने-जंग में।

तालियों की गूँज खत्म हो चली। बाजा फिर बजना शुरू हुआ। यह करतब अब फिर से होगा। मैंने गौर से लड़के के चेहरे को देखा। उस पर साफ लिखा था कि वह...अपमानित हुआ है। पर सिर्फ इतना ही नहीं, यह भी कि वह हारेगा नहीं...वह एक साथ शर्म और गुस्से और संकल्प से लाल हो रहा था। इसी दशा में उसने अपनी कमर से पट्टा खोलना शुरू कर दिया।

निर्देशक—एक तगड़ा अधेड़ आदमी दौड़ा हुआ आया। "क्या करते हो मेरे बच्चे," उसने कहा होगा। मैं दूर से सुन तो नहीं सकता था—समझ ही सका। लड़के ने कहा, "नहीं, मुझे यह नहीं चाहिए। इसी ने मुझे धोखा दिया।"

कितना सुन्दर और प्यार-भरा वह क्षण था—यों कहूँ कि उस क्षण वह लड़का कितना सुन्दर लगा और उस पर कितना प्यार मुझे आया। कितना अच्छा था यह देखना

कि उसने अपनी विफलता का गुस्सा अपने साथियों पर नहीं, अपने निर्देशक पर नहीं—बाजेवालों पर नहीं—उस चीज पर उतारा जो उसकी सुरक्षा के लिए लगाई गई थी। शायद उसने ठीक ही कहा था। शायद इसी ने उसे पराजित किया था। जोखिम उठाने की उसकी अपनी ताकत को पूरा मौका न देकर शायद इस प्राणरक्षक रस्सी ने ही उसे कमजोर बना दिया था।

उसने कमरबन्द खोल डाला। निर्देशक ने पल-भर लड़के को निहारा। मुझे लगा कहीं वह अपने लड़के को ही तो नहीं निहार रहा है—सर्कस में अक्सर बाप-बेटे जोखिम में हिस्सा बाँटते हैं। आदमी ने लड़के का माथा चूमा, पीठ थपथपाई और दौड़कर अखाड़े से बाहर हो गया।

बाजा इस बीच धीमी लय से बजता रहा था मानो बाप-बेटे की बातचीत खत्म होने का इन्तजार कर रहा हो। वह एकाएक समुद्र की उफनती लहर-सा गरज उठा। करतब दोहराया जा रहा था। पहली ढेंकी, दूसरी, तीसरी, चौथी और...लड़का उछला, इस बार वह अपने सिंहासन पर तना बैठा था। और उसने दोनों हाथों की मुट्ठियों को बन्द करके अँगूठे खड़े कर लिए थे। कुर्सी में बैठे-बैठे उसने चारों ओर घूमकर विजय का चिह्न अँगूठा दिखाया जैसे जाँबाज जवाँमर्द दिखाया करते हैं और पंडाल की छत तालियों की गूँज से मानो नीचे आ रही और एक बार फिर उसका चेहरा लाल हो गया। मगर जो हँसी वह बड़ी कोशिश करके भी रोक न पा रहा था वह ऐसी थी जैसी जीत जाने पर छोटे बच्चे हँसा करते हैं।

ढाका में

जीवन में पहली बार ढाका पहुँचने पर मुझे पहला ख्याल यही आया कि क्यों एक भारतीय को और वह भी एक लेखक को इस ऐतिहासिक नगर में आने से अपनी जिन्दगी के आधे दौर तक वंचित रहना पड़ा। भारत के विभाजन की यह कीमत मेरे जैसे जाने कितनों को अदा करनी पड़ी है। फिर भी मुझे विश्वास था कि मैं इसे ब्याज सहित वसूल कर रहा हूँ क्योंकि मैं एक आजाद देश की राजधानी में हूँ जो कि मुझे अपने देश से भिन्न नहीं जान पड़ती और जहाँ की राष्ट्रभाषा मेरे ही देश की एक भाषा है जो चारों ओर बोली जा रही है।

पाक सेना के आत्मसमर्पण के सप्ताह-भर के अन्दर ढाका ने थोड़ा-थोड़ा करके सिर उठाना शुरू कर दिया था। 28 दिसम्बर को मुझे सलाह दी गई थी कि शाम को 6 बजे के बाद होटल से न निकलूँ, 3-4 दिन के अन्दर उसी होटल में सम्भ्रान्त बांग्लादेशी खानदानों के लड़के-लड़कियों की एक भीड़ रात में देर तक अड्डा मार रही थी और 3 जनवरी को तो रात को 11 बजे मैं तीन मील दूर हाजी मुर्शिद के घर मुजीब मुक्ति समाचार का उत्सव मनाने रिक्शे में बैठकर जा रहा था जिसकी आमतौर पर 7 बजे के बाद कमाई नहीं हुआ करती थी।

रिक्शा ढाका शहर में हिन्दुस्तान की याद दिलाता है। मध्य भारत के छोटे शहरों के रिक्शे जैसी तंग सीटें और बिहार के रिक्शाचालकों जैसी निस्तेज देह और वही बख्शीश जैसी मजदूरी। इन यन्त्रों को ढोनेवाले की व्युत्पत्ति उसी भूमिहीन बेरोजगारी से हुई है जिससे भारत में हुई। और भारत में साम्प्रदायिक दंगे या पुलिस कार्रवाइयों के आगे जिस तरह वह असुरक्षित रहा है उसी तरह पाक सेना ने 25-26 मार्च के नरसंहार में सबसे पहले पटरियों पर अपने रिक्शों में सोते इन्हीं व्यक्तियों की हत्या की।

अन्य कई जानी-पहचानी चीजें ढाका में हैं : नए शहर में तीन-मंजिले बक्सनुमा दरबे जिनके छज्जे की मुँडेरों पर साड़ियाँ और सुथन्ने सूखते हैं और नीचे धूल में बच्चे खेलते हैं। पुराने ढाका में संसार की सबसे अधिक एकत्र मस्जिदों की आठ सौ इमारतों के इर्द-गिर्द फैली गरीबी, गन्दगी और ठीक लखनऊ के नखखास या दिल्ली की जामा मजिस्द जैसी वेशभूषा की सामूहिक एकरूपता जो कट्टरता की प्रतीक है : सिर्फ भाषा बांग्ला है—और वह भी सम्भ्रान्त मुसलमानों की भाषा है। एक विद्यार्थी से यह पूछने पर कि इन मुसलमानों के और तुम्हारे रहन-सहन में इतना अन्तर क्यों है, जवाब मिला

कि इन्हें मुल्ला अपनी शक्ल का नमूना बनाकर रखना चाहते हैं ताकि ये उनसे आगे तरक्की न कर जाएँ। नए शहर के बीचोबीच बैतुल मुकर्रम मस्जिद के अहाते के किनारे चिकनी जुल्फोंवाले और फकीर ने मजमा जोड़ रखा था। वहाँ मैंने पहली बार साँडे का तेल बेचनेवालों की बांग्ला भाषा में वक्तृता सुनी जो वास्तव में इस धन्धे की विश्वजनीन पारिभाषिक शब्दावली के शुद्ध संस्कृत पर्यायों का अद्वितीय धारावाहिक संगीत था। बांग्लादेश में शत्रु के जघन्य बलात्कार के बाद जीवन पुंशक्ति की ओर लौट रहा है—यही तो जीवन है !

इन्हीं दिनों शहर में आस्था फिर से आने का अकाट्य प्रमाण देखा—भले घर की लड़कियों का अपनी माताओं के साथ बाजार में कपड़े खरीदने आना। एक को मोटरगाड़ी हाँकते भी देखा। मोटरें सब विदेशी हैं। टेलीविजन भी (टी.वी. यहाँ 10 साल से है। पाकिस्तानी सरकार ने ये सब चीजें इस देश में बनने नहीं दीं)। आला दर्जे के विदेशी माल की बहुतायत और होटल के लकदक रखरखाव के बीच छुआ-कि-चली बटनवाली लिफ्टें 9 मंजिलें ऐसे गुमसुम चढ़ती-उतरती हैं मानो बांग्लादेश में कुछ हुआ ही न हो। परन्तु शाखारीपट्टी और नया बाजार के जिन घने इलाकों को मिट्टी में मिला दिया गया था वहाँ पर दृश्य दूसरा था। अवामी लीग के पुनर्वास दफ्तर में 6 जने बैठे थे। यहाँ कोई हिन्दू है ? पूछने पर जवाब आया हम सभी हिन्दू हैं। कोई हिन्दुत्व का प्रतीक धारे नहीं दीख रहा था। दढ़ियल अमूल्यचन्द्र मजूमदार जो नदी पार से अभी लौटकर शाखारीपट्टी के अपने उजड़े घर में बसने की कोशिश कर रहे हैं, अपना शिनाख्त कॉर्ड दिखाकर बोले, "पाकिस्तानी इसमें न तो बांग्ला पढ़ पाते थे न अंग्रेजी, उर्दू में कुछ लिखा नहीं था। उर्दू की जगह मेरी तस्वीर में दाढ़ी देखकर उन्होंने मुझे एकाधिक बार छोड़ दिया।"

यही था उस दौर में जिन्दगी का मोड़ : सबसे ऊपर जो मनुष्य सत्य है उसके ऊपर भी सत्य था—दाढ़ी और चोटी।

नए और पुराने ढाका में कुल मिलाकर बहुत कुछ ध्वस्त नहीं हुआ है। सच तो यह है कि खंडहर नहीं, आधे बने मकान—ऐन ढाका में बेशुमार—कहीं-कहीं तो एक सिरे से दिखाई देते हैं—एक मंजिल बनाकर मालिक उसमें रहने लगा था कि 25 मार्च आ गई और छतों पर दूसरी मंजिल के लिए सरिया के खम्भे खड़े रह गए।

राजभवन के सभाकक्ष की दीवारों में राकेट के छेदों की मरम्मत हो रही थी और उस भवन की छत के पेरिस पलस्तर की चाँदनी का मलबा जो नीचे आ रहा था, बुहारकर मैदान में जमा कर दिया गया था। शहीद मीनार के स्थल पर जिसे पाक सेना ने पहले ही ध्वस्त कर दिया था, गोलियों के कुछ निशान मिले। हवाई अड्डे के पास बनानी मोहल्ले में एक सरकारी अधिकारी अपने आलीशान दुमंजिले मकान के सब दरवाजे नए सिरे से जड़वा रहे थे। मकान के सामने के मैदान में गिरे एक छोटे बम के धमाके से ये दरवाजे नकली दाँतों की तरह निकलकर बाहर आ गए थे। बम का गड्ढा जमीन के नीचे की कई परतों की काली और पीली मिट्टी का सुन्दर नमूना था।

आग से कुछ ढेले पक भी गए थे। यह बम हेलीकॉप्टर से 14 तारीख को पाकिस्तानी सेना ने पास की एक मस्जिद पर गिराने की कोशिश की थी। इसी तरह हेलीकॉप्टर से और इसी तरह बिना किसी हवाई हमले की चेतावनी के इंटरकांटिनेंटल होटल के पास अनाथालय पर भी पाकिस्तानी सेना ने बम गिराया था।

ये सब कहानियाँ पुरानी हो चुकी हैं। इन पर हर समय लोग बात नहीं करते। पिछले 9 महीने के भीतर जो कुछ परिवर्तन हुआ उस पर बात करते हुए मैंने प्रायः हर एक को 25-26 मार्च की घटनाओं का और उसके बाद 14-16 दिसम्बर की घटनाओं का विस्तार से वर्णन करते पाया। मार्च के झकझोर देनेवाले कांडों के वर्णन से हर कोई बात शुरू करता है और थोड़ी देर बाद मालूम होता है कि इससे ज्यादा वह और कुछ बता नहीं पा रहा है। एक ओर स्वाभिमानी संकल्प और दूसरी ओर 9 महीने के भीषण मानसिक तनाव, आतंक, भय, अविश्वास–और हो सकता है कि कहीं-कहीं नैतिक पराजय के क्षणों ने बांग्लादेश के आदमी को क्या चरित्र दिया है ? मैंने पाया कि नीचे के तबकों में जो लोग जिन्दा बचे थे उनका जिन्दा बचे रहना ही बहुत बड़ी उपलब्धि है। हर एक का कोई-न-कोई सम्बन्धी मारा गया है। हर एक ने यह हानि चुपचाप स्वीकार कर ली है। उसके मानसिक यन्त्र में कोई द्वन्द्व नहीं पैदा हुआ है–उसके पास कुछ नहीं है, केवल एक नए संसार की उम्मीद है। उस तरह का द्वन्द्व ढाका के प्रतिष्ठित और बुद्धिजीवी समाज में है, उसे आजादी के फायदे सबसे पहले मिले हैं–और पुराने फायदे सबके सब लुट नहीं गए हैं। परन्तु आजाद होने के बाद पहली बार आजादी का इस्तेमाल करते वह घबरा रहा है। अखबारों की पराधीनता के खिलाफ *दैनिक पाकिस्तान* जैसे जिन अखबारों ने पाकिस्तानी शासन में निरन्तर भीतर-ही-भीतर लड़ाई लड़ी थी और जब-तब मौका पाकर अपने लिए आजादी छीनी थी वे भी आज के वातावरण में ठीक-ठीक समझ नहीं पा रहे हैं कि अखबार के स्वस्थ विरोधी चरित्र की भूमिका किस तरह निभाएँ। उन्हें अपनी नीतियाँ स्थिर करने में कुछ समय लगेगा। इसी दौर में उनके और सरकार के सम्बन्ध भी स्थिर हो जाने चाहिए।

बुद्धिजीवियों की हत्या की आयोजना के बावजूद ढाका में सब बुद्धिजीवी नहीं मारे गए, अनेक जान हथेली पर रखकर छिपते-छिपाते भटकते रहे। कुछ अपने ही घर में निर्वासित परन्तु सुरक्षित थे। उनकी अन्तर्राष्ट्रीय प्रसिद्धि के कारण या तो पाक सरकार ने उन्हें अपनी उदारता का उदाहरण बनाकर रख छोड़ा या उनके मित्र दूतावासों के अनुरोध पर उन्हें बख्श दिया। खाते-पीते वर्ग के भी सभी लोग मारे नहीं गए हैं। बाज-बाज मकानों में तो मौसम के फूलों की बहार देखकर उस माली से मिलने की इच्छा होती है जिसने पाकिस्तानी शासन के दिनों में साहेब के बाग की सेवा जारी रखी होगी। वास्तव में साहेब पाकिस्तान सरकार की सेवा कर रहे थे। कई ऊँचे पदों पर ऐसे अधिकारी रह रहे हैं जिन्होंने 14 दिसम्बर तक दफ्तर जाकर खानापूरी की। इसमें से अनेक घुट रहे थे। घुटन से बचने के लिए कुछ ने डायरियाँ लिखनी शुरू कीं जिनमें रोजाना की खबरों का खुलासा हुआ करता था। उनमें से एक ने स्कूली कॉपियों के

आकार की ऐसी दस-बारह डायरियाँ एक बस्ते में बन्द करके छिपा रखी थीं। पाकिस्तानी सेना की नजरों से छिपानेवाला सामान प्रायः हर पढ़े-लिखे के घर में था। बेगम सूफ़िया कमाल के यहाँ रवीन्द्रनाथ ठाकुर का एक चित्र छह-सात महीने एक दुछत्ती में दीवार की ओर मुँह करके खड़ा रहा।

अनेक प्रतिष्ठित घरों में किताबें नहीं बल्कि नौजवान लड़के छिपाकर रखने की जरूरत होती थी। कवि जसीमुद्दीन का एक लड़का महीनों रात को घर नहीं सोया।

सब पढ़े-लिखे लोग मानसिक यातना से गुजरे हों ऐसा नहीं है। एक अच्छी-खासी संख्या ऐसे लोगों की रही है जो इस दौर को किसी-न-किसी तरह के कामचलाऊ समझौते के जरिए काट लाए। इनमें विरोध की भावना रहने से जैसा तनाव-भरा समझौता प्रकट होता वैसा समझौता भी उनका नहीं था। वैसे समझौते की तकलीफ बयान करने की कोशिश कवि शम्सुर्रहमान ने एक दिन की थी। शम्सुर्रहमान (42) *दैनिक बांग्ला* के सहायक सम्पादक हैं। 5 बच्चों के परिवार सहित वह ढाका छोड़कर कहीं नहीं गए। "हम भागते तो हमारे रिश्तेदारों को मार दिया जाता। 9 महीने तक मैंने भोजन का स्वाद नहीं जाना। 9 महीने तक किसी बंगाली के मुँह पर हँसी नहीं देखी। रास्ते में किसी को हँसते देखता तो लगता कुछ गड़बड़ है। शहर विदेशी लगने लगा था। सब अनजाने चेहरे, अनजान बोली। लगातार मकान बदलता रहा जिससे अलबदर को पक्का ठिकाना न मिल सके। शहर में एक ही सुविधा थी जो गाँव में नहीं—कोई पहचानता न था।" वह इन दिनों लिख भी रहे थे। नवम्बर, 1971 की उनकी एक रचना अगले अंक में प्रकाशित होगी। "इस घुटन में मैंने इसलिए नहीं लिखा कि कविता लिख रहा हूँ। जो मन में था सो लिखा। शिल्प का कोई विचार आया ही नहीं। एक ही विचार आता था—मुझे ले जाएँगे।"

बांग्लादेश की मुक्ति के बाद भाषा में क्या परिवर्तन हुआ है ? अभी तो ढाका के सम्भ्रान्त समाज में बांग्ला भाषा के भीमकाय विशेषणयुक्त उद्घोष में काफी एकरसता दिखाई देती है। इसका एक कारण तो बांग्ला भाषा ही है जो स्वभाव से ही स्वप्नमयी रही है और दूसरा कारण मध्यवर्ग का भाषा पर आधिपत्य भी है। मुजीब का आन्दोलन छह स्पष्ट सूत्र लेकर जरूर चला था लेकिन उसकी कार्यपद्धति इन छह सूत्रों की रचना करनेवाले मध्यवर्ग समाज ने नहीं, पाकिस्तानी अत्याचार के जवाब में खड़े होनेवाले युवा वर्ग ने की थी जिसका समाज के न्यस्त स्वार्थों और प्रतिष्ठानों में कोई हिस्सा नहीं था। बांग्लादेश को उपनिवेश बनाए रखने के अपने भविष्य पर जितना गहरा असर यह बेसहारा पीढ़ी देख रही थी उतना अधेड़ उम्र के जमे-जमाए बुद्धिजीवी नहीं देख रहे थे। यह किसी वर्ग की देशभक्ति पर आक्षेप नहीं है। बांग्लादेश के मुक्ति आन्दोलन के चरित्र का यह एक पक्ष ही है जिसे अत्यधिक उत्साह में भूल नहीं जाना चाहिए। हो सकता है सारे देश में सचमुच बांग्ला को ही राजत्व मिलने पर वह भाषा सीधे बात करने का गुण कुछ और ग्रहण करे।

एक सरकारी अधिकारी ने एक दिन यूँ ही बातचीत में कहा था, "ऐसा लग रहा है कि जो लोग युद्ध के दिनों में देश से बाहर चले गए थे वे अधिक बड़े देशभक्त हैं और जो यहीं रह रहे थे वे उतने बड़े देशभक्त नहीं हैं।" यह कहकर तुरन्त उन्होंने अपनी ही बात हँसी में टाल दी। परन्तु इस वाक्य में गहरा मतलब छिपा हुआ था। उनकी शिकायत निजी रही हो या नहीं, कुल मिलाकर ढाका शहर के चरित्र में यह द्वैध बसा हुआ है कि वह राजधानी होने के कारण ऐसे तमाम लोगों से भरा रहा जो विविध कारणों से देश के बाहर नहीं गए थे। इनमें शम्सुर्रहमान जैसे स्वाभिमानी भी हैं और वे दलाल भी हैं जिनकी गिरफ्तारियों की एक लम्बी सूची रोज अखबारों में निकल रही है। यह भी न भूलना चाहिए कि बहुतों ने देश में रहकर भी आन्दोलन की सेवा की है और ऐसे लोग भी पकड़े गए हैं जिनका राजनीति से कोई सम्बन्ध न था—अनायास कोई शब्द मुँह से निकल गया था। वस्तुतः ढाका में कोई लम्बी लड़ाई हुई ही नहीं और लम्बे मुक्ति संग्राम में मध्यवर्ग का जो कायाकल्प हो सकता था, वह हो नहीं पाया।

बर्बर अत्याचार हुए हैं, भीषण आन्तरिक यन्त्रणा दी गई है। फिर भी उस सबको भारतीय संस्कार से झेलकर, जो बांग्लादेश को भाषा और इतिहास से मिला है, मध्यवर्गीय समाज ने मानो आत्मसात कर लिया है। उसकी बोलचाल में, रहन-सहन में उसका कोई तात्कालिक असर नहीं देखा जाता। अपमानित स्त्री इस समाज को कैसे और कितना बदलेगी यह भी कुछ समय बाद ही प्रकट होगा। अपने कालीनों और टेलीविजन सेटों के बीच सम्पन्न वर्गों के पारिवारिक पुनर्मिलन फिर हो रहे हैं जिसके कि वे निश्चय ही हकदार हैं।

यहाँ तक कि व्यक्तियों में मैंने क्रोध नहीं पाया। कम-से-कम तीन ऐसे व्यक्तियों से भेंट हुई जो पाकिस्तानी सेना के हाथों दा़रुण यातना पाकर भी जीवित थे। इनमें से एक तो वही हाजी मुर्शिद हैं जिनका जिक्र पहले आया है। वह शेख़ साहब के घर पर 25 तारीख की शाम को मौजूद थे और कमाल हुसैन, अहमद फ़ज़लुर्रहमान आदि उनके अन्तरंग सलाहकारों के आकर चले जाने के बाद भी वहीं रुके रहे। एक बजकर 20 मिनट पर सेना ने आकर हाजी मुर्शिद को मारकर बेहोश कर दिया। उसके थोड़ी देर बाद बंगबन्धु की गिरफ्तारी हुई। हाजी मुर्शिद छावनी के युद्धबन्दी शिविर में ले जाए गए। कुछ दिनों बाद अहमद फ़ज़लुर्रहमान भी अपने घर से गिरफ्तार किए गए और छावनी के उसी कारावास में रखे गए जहाँ अन्यान्य सरकारी अफसर, बुद्धिजीवी और शेख़ साहेब के अन्य बा़ंग्ला बन्धु थे। इन्हीं में विश्वविद्यालय के साहित्य विभाग के भाषाशास्त्री रफ़ीकुल इस्लाम भी थे। इन तीनों को औरों के साथ-साथ घोर यातनाएँ मिलीं और जब मैं इनसे मिला हाजी मुर्शिद के शरीर पर उस यातना का एक ही चिह्न बाकी था और वह तब भी लँगड़ाकर जीना चढ़ते-उतरते थे। 3 तारीख की रात को उन्होंने अपनी सुन्दरी पत्नी के साथ अतिथियों के अनुरोध पर माइकेल मधुसूदन दत्त की कई कविताएँ गाईं। और अन्त में कहा, "आज इतना आनन्द पा रहा हूँ कि अल्लाह मुझे क्षमा करें।" हाजी मुर्शिद की दूसरी अभिवृद्धि वह दाढ़ी है जो उन्होंने जेलखाने में

बढ़ा ली थी। अन्यथा वह अद्भुत रूप से वैसे ही अविकल हैं जैसे कि जेल जाने के पहले थे। पाकिस्तानी सेना के अत्याचारों का विस्तार से वर्णन करते हुए उनमें यदि कोई उद्रेक होता है, तो वह करुणा का होता है, क्रोध का नहीं। बेहोशी की हालत में हाजी मुर्शिद को पाकिस्तानी दूसरी राजधानी के एक मैदान में खुले आसमान के नीचे डाल आए। जब होश आया तो सिर उठाने की कोशिश की। इस पर पीटे गए। कैप्टन बदर ने जाँचा : कई हड्डियाँ टूटी थीं। दो दिन में उनका इलाज करके घोषित कर दिया गया कि वह अब ठीक हो गए हैं। उसके बाद युद्धबन्दियों के पिंजड़े में बन्द कर दिए गए। टीन का यह बाड़ा छावनी हवाई अड्डे से कोई दो सौ गज़ दूर था। बन्द करते वक्त आदेश दिया गया कि यह आदमी किसी से तीन सप्ताह बात न कर पाए। "मार से बचने के लिए मैंने अपने दोस्त लुकमान हुसैन (जो कि तत्कालीन डाक और तार निदेशक थे) से भी तीन सप्ताह बात नहीं की, हालाँकि वह मुझसे 15 फीट की दूरी पर बन्द थे। एक सप्ताह तक पाकिस्तानी मेरा अपमान करते रहे, पर मुझे पीटा नहीं। हफ्ते-भर बाद पीटने का क्रम शुरू हुआ। डेढ़ बजे रात को आकर रोज या दूसरे-तीसरे हुक्म मिलता, लेट जाओ। फिर लोहे के तार, बाँस की छड़ी या चमड़े के कोड़े से पिटाई होती। जंगल साफ करने हमें ले जाया जाता। थक जाने पर काम रोकने से कोड़े लगते। दस आउंस खाना चौबीस घंटे में मिलता था। तीन आउंस चावल, सात-आठ दाने दाल के और बाकी पानी। मुझे दो माह 24 दिन तक शौच के लिए पानी नहीं दिया गया। मैं एक धर्मप्राण नमाज़ी मुसलमान हूँ, मुझे वजू के लिए भी पानी नहीं दिया गया।" उन दिनों की एक घटना हाजी मुर्शिद ने सुनाई। "एक लहीमशहीम नौजवान एक दिन पकड़कर लाया गया। उसके छह फिटे कद और चौड़े सीने को देखकर सैनिक पुलिस के सादिक़ नाम के एक आदमी ने कहा, यह तो मोहम्मद अली कैसियस क्ले मालूम होता है। दो-तीन दिन बाद रात को उसे हमारे पिंजड़े से बुला लिया गया। कुछ मिनट बाद बन्दूक की आवाज सुनाई दी। जरा देर में एक सैनिक पुलिस दौड़ती हुई अन्दर आई और कहने लगी, 'साला भागने की कोशिश कर रहा था, मार दिया।' " इसके अलावा हाजी मुर्शिद कई लोगों के नाम गिनाते हैं जो वहाँ यातनाएँ सहते-सहते एक-एक करके मारे गए। डॉ. सलीमुल्लाह (60) लम्बे-तड़ंगे आदमी थे, उन्हें कोंच-कोंचकर मारा गया और मरने के पहले उनसे यह झूठ बुलवाया गया कि जीवन-भर मैं अपने मरीजों की दवा में जहर मिलाता रहा ताकि वे धीरे-धीरे बीमार होते जाएँ और मैं पैसा कमाता जाऊँ। एक रात को मेजर फ़ारूकी हाजिरी लेने आए और बोले, "मौलाना, अगर बचना चाहते हो तो मुजीब के खिलाफ बयान दो। कल सुबह तुम्हें ले जाएँगे। कुछ आदमियों की शिनाख्त करनी होगी। मेरा भतीजा इक़बाल अहमद जो रवीन्द्र संगीत का प्रसिद्ध गायक था, और वहीं कैद था, मुझे ढाँढ़स बँधाने लगा। मैंने अल्लाह से प्रार्थना की कि मुझे गलत रास्ते पर जाने से बचाए। मुजीब के खिलाफ बोलने से पहले मैं जान दे दूँगा। दूसरे दिन मैंने मेजर फ़ारूकी को कहलवा दिया कि मैंने आखिरी तौबा कर ली है। यह मुसलमान इसके बाद बदल नहीं सकता। यदि मैं बदलूँगा तो रहमानुर्रहीम मुझे माफ नहीं

करेगा। मेजर फ़ारूकी ने कहा कि आखिरी तौबा के बाद अब मैं क्या कह सकता हूँ। इसके बाद मैं मेजर फ़ारूकी के हुक्म का इन्तजार करता रहा लेकिन वह हुक्म फिर आया नहीं।'' ईमान के नाम पर हाजी मुर्शिद बच गए लेकिन मनुष्य के नाते उन्होंने बहुत कष्ट सहे। एक छोटा सा टीन पानी के लिए और वही रात में पेशाब करने के लिए, क्योंकि कोठरी से बाहर निकलना मना था, जानवरों की-सी जहालत से भरे सवाल—जैसे क्या शेख़ मुजीब भारतीय सेना में मेजर थे ? और इन सवालों के सही जवाब न देने पर कोड़ों की मार जैसे कष्ट सहने के बाद 25 नवम्बर को हाजी मुर्शिद मुक्त कर दिए गए। उसके बाद भी कुछ दोस्तों की सलाह से वह छिपे ही रहे। ''17 दिसम्बर की सुबह ककराइल मस्जिद में फ़ज़्ल की नमाज़ पढ़कर बेगम मुजीब के कारागार में गए। देखा वहाँ अब भी पाकिस्तानी सेना खड़ी है। 'भाभी से मिलना है।' मैंने कहा। 'भाग जाओ,' जवाब आया। शायद मैं अपनी दाढ़ी और टोपी की वजह से बच गया। नहीं तो उसी वक्त सड़क पार करते हुए पाँच आदमी पाकिस्तानियों ने मार डाले थे। आठ बजे सबेरे मैं सेंट्रल सर्किट हाउस जाकर भारतीय सेना के मेजर जनरल गोंसाल्वेज से मिला और मेरे कहने पर उन्होंने मेजर तारा को मेरे साथ बेगम मुजीब की मुक्ति के लिए भेजा। हमें देखते ही पाकिस्तानी सैनिकों ने बन्दूकें तान लीं। मेजर तारा खाली हाथ उनकी तरफ बढ़े। काफी देर बहस होती रही। अन्त में पाकिस्तानी सैनिक हमारी इजाजत से अपनी सब निजी वस्तुएँ लेकर गिरफ्तार हुए। भाभी ने मुझे देखकर कहा, 'आपनाए जे जैन फिरे पेलाम, एटाओ जे अनेक बड़ पावा'।''

अहमद फ़ज़लुर्रहमान 48 वर्ष के भरे-पूरे शरीरवाले परन्तु छोटे कद के सुमधुर व्यक्ति हैं। पाकिस्तानी प्रशासनिक सेवा के आप भूतपूर्व सदस्य हैं। अगरतला षड्यन्त्र में इन्हें फँसाकर इन्हें सेवामुक्त कर दिया गया था : ''25 मार्च से जो कर्फ़्यू लगा तो 27 की आठ बजे शाम तक लगा रहा। जब उठा तो मैं बीवी-बच्चों को लेकर पुरानी ढाका अपनी ससुराल में चला गया। कुछ दिन वहीं रहा। फिर सबसे बड़े लड़के के साथ टिपेरा और कोमिल्ला का एक चक्कर लगाकर लौट आया। लौटने की वजह यह थी कि अगरतला षड्यन्त्र से सम्बद्ध सभी लोगों के रिश्तेदारों को सताया जा रहा था। मेरी वजह से कितने ही लोग मारे-पीटे जाएँगे पर मैं मिल गया तो मेरा परिवार बच जाएगा। यही मैंने सोचा था। 22 अप्रैल की रात को 9 बजे सेना ने मेरा दुमंजिला मकान घेर लिया। (यह मकान शेख़ साहब के घर से जरा ही दूर है और भीतर और बाहर से खासा शानदार है।) सैनिकों ने कहा कि जनरल फ़रमान अली आपसे बात करना चाहते हैं। एक कुर्ता और लुंगी लेकर मैं चला गया—क्योंकि जनरल फ़रमान अली से बात करने का मतलब मैं जानता था। और जिस रात को मैं खुफिया जाँच विभाग की नजरबन्दी में घर पहुँचा उसी रात आठ-दस बंगाली सैनिक सिगनल कोर से पकड़कर लाए गए और आठ बजे रात से दो बजे रात तक इतनी बुरी तरह पीटे गए कि उनमें से दो उसी रात और छह तीन दिन बाद मर गए। सिगनल कोर के कैप्टन हमीद अन्य चार व्यक्तियों के साथ पकड़कर लाए गए और पीटकर खत्म कर दिए गए। 27 अप्रैल को 22-23

बरस का सलीम नाम का एक लड़का नजरबाजार मोहल्ले से लाया गया और आठ घंटे में उसको पीटकर मार डाला। मेरी गिरफ्तारी से पहले सात दिनों में मेरे कैदखाने में ज्यादातर सशस्त्र सेना के बंगाली लाए जा रहे थे। 29 तारीख को मैं युद्धबन्दी शिविर नम्बर एक में भेज दिया गया। यह एक छोटा सा गोदाम था जिसमें न तो कोई बरामदा था और न एक भी दरवाजा। ऐसा मालूम होता है कि बंगाली सैनिकों के अतिरिक्त डाक और तार विभाग के बंगाली अफसरों को खासतौर से पकड़कर बन्द किया जा रहा था। लुक़मान हुसैन के अलावा (जिनका जिक्र हाजी मुर्शिद के बयान में भी था) डाक-तार के निदेशक मकसूद अली खाँ, पाकिस्तान एस्सो के उप-महानिरीक्षक आलमगीर एच. रहमान, कुश्तिया के पुलिस सुपरिंटेंडेंट जलालुद्दीन भी वहीं थे।'' इन्हें और फ़ज़लुर्रहमान को भी जिस तरह से यातनाएँ दी जाती थीं उसे समझने के लिए भारतीय पाठक ब्रिटिश शासन के दिनों में क्रान्तिकारियों को जेलों में मिलनेवाली यातनाओं के बयान देख सकते हैं। राइफल के कुन्दे से, बूट की नोक से पीटना आम बात थी।

अहमद फ़ज़लुर्रहमान एक धनी-मानी जीवन के अभ्यस्त होने के साथ-ही-साथ शेख़ साहब के विभिन्न मित्रों में से हैं। अपने सुसम्पन्न मकान में जिस जगह बैठकर वह मुझसे बातें कर रहे थे, शेख़ साहब अपने निवास पर जमा भीड़ से बचने के लिए कभी-कभी इनके यहाँ आकर उसी जगह बैठकर शान्ति से पाइप पिया करते थे। यह घर महत्त्वपूर्ण विषयों पर एकान्त मन्त्रणा के भी काम आता था और किसी निर्णायक सार्वजनिक भाषण की तैयारी के लिए भी शेख़ साहब अक्सर यहाँ आकर अपने विचार एक कागज पर टाँक लिया करते थे। अहमद फ़ज़लुर्रहमान से पाकिस्तानी सेना यह कबुलवाना चाहती थी कि अगरतला षड्यन्त्र के मामले में शेख़ मुजीब शामिल थे (जबकि असलियत यह है कि वह मामला मुख्यतः ई.बी.आर. और ई.पी.आर. का था) और जब शेख़ मुजीब उस मामले से छूटे तो उन्होंने बांग्लादेश को स्वाधीन करने का षड्यन्त्र रचा। 17 दिसम्बर को बन्दीघर से मुक्त होने के दो-तीन दिन पहले अहमद फ़ज़लुर्रहमान के कारावास में दो-ढाई सौ अबंगाली कैदी आकर भरने लगे थे। ये भगोड़े थे और अन्य अपराधी थे। ''इससे हमने यह समझा कि आत्मसमर्पण के पहले पाकिस्तानी इन लोगों को बचाने की आखिरी कोशिश कर रहे हैं।''

रफ़ीकुल इस्लाम की छात्र संग्राम परिषद् से घनिष्ठता थी। नूरेआलम सिद्दीकी और शाहजहाँ सिराज दिन-भर की हलचलों के बाद रात को आकर चुपचाप इन्हीं के घर में सो जाया करते थे और अक्सर रात-रात-भर इन्हीं के घर में संग्राम परिषद् के साथियों की लम्बी बहसें भी होती थीं। रफ़ीकुल इस्लाम की पत्नी जहाँआरा इस्लाम और बहन ख़ातूमा ख़ातून को पूर्व पाकिस्तान टेलीविजन से पानी की जगह जल कहने पर बर्खास्त कर दिया गया था (टेलीविजन अधिकारी नहीं जानते थे कि जहाँआरा की आठ बर्ष की लड़की का नाम मेघना और पाँच वर्ष के लड़के का नाम वर्षण है)। एक जमाने में रफ़ीकुल इस्लाम पाकिस्तान के गवर्नर ले. जनरल साहेबज़ादा याक़ूब खाँ के बंगाली

शिक्षक रह चुके थे। उत्तर प्रदेश के रामपुर के साहेबज़ादा साहेब को अन्ततः पूर्व पाकिस्तान में रहने नहीं दिया गया क्योंकि उन्होंने एक तो बांग्ला बहुत अच्छी सीख ली थी और बहुत शुद्ध बोलते थे, दूसरे उन्होंने बंगालियों पर हमला बोलने का आदेश मानने से इनकार कर दिया था। साहेबज़ादा के बारे में रफ़ीकुल इस्लाम के विचार बहुत अच्छे हैं। वह बहुभाषाविद् थे और इतने सुसंस्कृत थे कि उन्हें सैनिक नहीं होना चाहिए था। रफ़ीकुल इस्लाम का घर छात्र संग्राम परिषद् के कार्यालय जहूरुल हक़ हॉल के पड़ोस में था। "25 तारीख की रात को मैं अपने घर पर ही था कि जहूरुल हक़ हॉल पर मार्टर और मशीनगनें आग बरसाने लगीं। हमारे मोहल्ले के बगल में एक गरीब बस्ती थी। उसमें कई-कई हजार मुसलमान रहते थे। बस्ती में पाकिस्तानी सेना ने आग लगा दी। जब लोग भागे तो उनको मार गिराया। अन्त में उस इमारत में भी सेना घुसी जिसमें मेरा घर था। पड़ोस के घरों में घुसकर उन्होंने भूविज्ञान विभाग के अध्यक्ष और 25 अन्य लोगों को मार डाला। फिर ये मेरे घर के जीने पर चढ़े। गरीब बस्ती की दो औरतें गोली खाकर अपनी बस्ती से भागकर शरण लेने के लिए मेरे जीने पर गिर पड़ी थीं। उन्हें देखकर पाकिस्तानी सेना यह सोचकर लौट गई कि इस मकान में हमारे साथी आकर शायद अपना काम कर रहे हैं। 27 मार्च को मैंने वह इलाका छोड़ दिया और दो महीने छिपा रहा। जून में मेरे पिता बीमार पड़े और 30 जुलाई को अस्पताल में उनकी मृत्यु हुई। इसके एक सप्ताह के भीतर मुझे गिरफ्तार कर लिया गया और युद्धबन्दी शिविर में डाल दिया गया। दो महीने वहाँ रहा। चार अन्य प्राध्यापक वहाँ थे। 1. इतिहास विभाग के डॉ. खैर जिन्हें सेना के समर्पण के ठीक पहले अलबदर ने मार डाला। 2. अंग्रेजी विभाग के अहसानुल हक (ढाका विश्वविद्यालय अध्यापक सभा के सचिव)। 3. समाजविज्ञान के सैदुद्दीन (ढाका विश्वविद्यालय क्लब के सचिव) तथा 4. गणित विभाग के शहीदुल्ला। मालूम हुआ है कि हम सबको गिरफ्तारी के बहुत पहले से अलबदरवाले खोज रहे थे।

"हमारे बन्दीगृह में सब खिड़कियाँ और दरवाजे बन्द रहते थे। हम पाँचों आदमियों के लिए उस कोठरी में न तो कोई कुर्सी थी और न कोई बिस्तर। पढ़ने के नाम पर तो कुछ भी नहीं था। बहुत माँगने पर सिर्फ कुरानशरीफ़ अरबी में मिल जाता। उसका बांग्ला अनुवाद मिलना तो कल्पना से परे था। पहले कुछ दिन तक तरह-तरह के वक्तव्य माँगे गए। हमने क्रान्तिकारी आन्दोलन में अपना अंश स्वीकार किया। उसके बाद फील्ड इनवेस्टीगेशन सेंटर के अधिकारियों ने नए सिरे से सवाल-जवाब शुरू किए। इस बार उनका उद्देश्य यह था कि हम दूसरे लोगों को भी फँसाएँ। मुझसे यह लिखकर देने को कहा गया कि बांग्ला विभाग के दिवंगत अध्यक्ष मुनीर चौधरी असहयोग आन्दोलन के दिनों में बुद्धिजीवियों के नेता थे और सितम्बर में उन्होंने विद्यार्थियों को अमेरिकी साधनों से मदद लेकर संगठित किया था। मैंने ऐसा लिखकर देने से इनकार किया और बुरी तरह पीटा गया। हमारे ऊपर देशद्रोह के पाँच इलजाम थे जिसमें न्यूनतम सजा उमरकैद हो सकती थी। पहली अप्रैल को ब्रिगेडियर बशीर ने हमें भाषण सुनाने शुरू किए जिनका

उद्देश्य हमारा दिमाग पलट देना था। अन्ततः अर्थशास्त्र के विद्वान ग्रसतोव पापनिक द्वारा पाक शासन पर दबाव पड़ने से हमारी मुक्ति हुई—यह कहकर कि हम इस्लाम की सेवा के लिए छोड़े जा रहे हैं।''

(वे और नहीं होंगे जो मारे जाएँगे)

यह 1972 के आरम्भ में 'दिनमान' में प्रकाशित तीन खंडों के रिपोर्ताज का दूसरा भाग है।

लोहिया अस्पताल में लोहिया की मौत

लोग कहते हैं कि लेखक पीड़ा से गुजरकर साहित्य रचता है। जितना अधिक प्रचलित यह विश्वास है कि साहित्य का लिखनेवाला पीड़ा झेलकर साहित्य में एक नए संसार की रचना कर पाता है उतना प्रचलित यह विश्वास नहीं है कि राजनीति करनेवाला पीड़ा से गुजरकर राजनीति करता है। साहित्य के समालोचक सभ्यता और संस्कृति के शताब्दियों पुराने इतिहास के दौरान यह सीख चुके हैं कि व्यक्ति की निजी पीड़ा से ऊपर एक व्यापक, सामाजिक, आध्यात्मिक, मानसिक पीड़ा भी होती है और श्रेष्ठ रचनाकार उसी को आत्मसात् करता है। यह मान्यता सैकड़ों कवियों और लेखकों ने प्रकट की है और लेखक समाज में बहस जारी ही रहती है कि व्यापक और सामाजिक के क्या अर्थ हैं। राजनीति के कर्त्ताओं के क्षेत्रों में ऐसी कोई बहस जारी नहीं दिखाई देती। यह सच है कि ऐसी बहस लम्बे-लम्बे अन्तरालों के बाद राजनीति की दुनिया में भी उठती रहती है पर जब उठती है तो उसके आगे या उसके पीछे एक वैचारिक आन्दोलन भी आता है।

गांधी ऐसी ही राजनीति करनेवालों में एक थे। दक्षिण अफ्रीका में रंगभेद की उनकी लड़ाई एक व्यक्तिगत लड़ाई नहीं थी, यह सब जानते हैं हालाँकि उन्होंने पीड़ा को वैसे ही झेला था जैसे एक कवि ने झेला होता। पर उन्होंने उसका व्यापक अनुभव किया और आज अन्याय के विरुद्ध जितनी राजनीतिक कोशिशें जारी हैं, उनमें रंगभेद के विरुद्ध लड़ाई आज तक की सबसे अधिक महत्त्वपूर्ण लड़ाई है।

राजनीति की आज जो हालत दुनिया-भर में हो गई है उसमें बड़े वैचारिक आन्दोलन या तो रह नहीं गए हैं या इतने व्यापक हो गए हैं कि वे आन्दोलन नहीं बन पाते। परमाणु बम के विरुद्ध विचार और प्रचार व्यापक है मगर इतना घना नहीं है कि कहीं पर वह किसी समाज में, किसी देश में राजनीतिक निर्णय करा सके। आज की राजनीति जो सिर्फ सत्ता को उद्देश्य मानती है और उससे परे समाज को अपना उद्देश्य नहीं मानती, भविष्य के लिए कुछ छोड़ रखना नहीं चाहती क्योंकि वह ऐसा समझती है कि लोग सिर्फ आज के चुनाव के लिए जमा होते हैं या आज की हिंसा के लिए जमा होते हैं। गांधी ने भारत में राजनीति का अर्थ बदलना चाहा था। हिंसा को तो उन्होंने राजनीति के बाहर ही कर दिया था, चुनाव को राजनीति का बस एक पड़ाव माना था। गांधी के अनुसार चुनाव के बाद राजनीति जारी रहती है पर वह अगले चुनाव की

राजनीति नहीं होती। वह अगले प्रतिनिधि बदलने की राजनीति से ज्यादा अगले मतदाता बदलने की राजनीति होती है। यही गांधी की राजनीति का सिद्धान्त है। गांधी के भक्त खद्दर से लेकर अहिंसा तक उनके बहुत से कार्यक्रम बनाते रहते हैं परन्तु लोहिया की तरह वे सामाजिक रिश्तों को बदलनेवाले गांधी के कार्यक्रम नहीं बनाते। वे जानते हैं कि जिन सात क्रान्तियों का कार्यक्रम लोहिया ने लोगों के सामने रखा था इनमें से कोई अपने आपमें पूरी नहीं। हर कार्यक्रम दूसरे कार्यक्रम से मिलकर ही पूरी शक्ल पाता है। परन्तु इन कार्यक्रमों को एक-दूसरे से काटकर वे इस तरह लागू करने की योजनाएँ बनाते रहते हैं जिससे इनसे लोगों की अपने भविष्य का निर्णय करने की ताकत बढ़ने न पाए। वह ताकत जब-जब उभरे तो हर बार एक अन्धी गली में ले जानेवाले कार्यक्रम का रूप ले ले। गैरबराबरी मिटाने के कार्यक्रम को गरीबी हटाओ कार्यक्रम बना डालना इस भटकाव का सबसे प्रकट रूप है।

कोशिश तो यह की हुई है कि मत का अधिकार भी दूसरे अधिकारों से काटकर अलग से एक सुन्दर वस्तु बनाकर दिखाया जाए। मताधिकार रहने दिया गया था और अभिव्यक्ति का अधिकार दबा दिया गया था। पर वह चेष्टा अपने ही अन्तर्विरोधों के कारण चली नहीं। लोकतन्त्र को पटरी से उतारकर फिर पटरी पर खड़ा करने का जो काम 1975 और 1977 में हुआ उसकी असलियत की जाँच हो रही है—हर बार जब देश में सम्प्रदायों की मुठभेड़ होती है और हिंसा एक निर्दलीय शक्ति के रूप में ताकतवर होती जाती है, हमारे सामने यह निष्कर्ष प्रकट होता है कि लोकतन्त्र लोगों की स्वतन्त्रता के बगैर सिर्फ एक बाजारतन्त्र रह जाता है। हर बार जब हम समाज को इस तरह बदलने का दावा करते हैं कि समाज बदलकर लोगों को सौंप दिया जाए और लोग कहें कि हमने इसे पसन्द किया, तो हम लोकतन्त्र को कमजोर करते हैं और गांधी को नाकारा।

समाज के 'प्रबन्ध' का तर्क देकर समाज की स्वायत्तता घटाना लोकतन्त्र को बढ़ावा नहीं है, यह बात गांधी ने अपने नर-नारी सम्बन्ध, हिन्दू-मुसलमान सम्बन्ध और गरीब-अमीर सम्बन्ध में बार-बार निहित की थी। लोहिया ने इन निहितार्थों को पूरा रूप देने का प्रयास किया। दोनों के न रहने के बाद इन्हीं मान्यताओं, जो गांधी और लोहिया ने बताई थीं, सत्ता के केन्द्रीयकरण के छोटे-बड़े तमाम कार्यक्रमों में इस तरह पैबस्त करने का प्रयत्न होता रहा है कि जिन सुधारों की आशा जनता को हमेशा होती ही है और उनसे लोग इनकार नहीं कर सकते, वे जनता को तैयार माल की तरह पेश किए जाएँ। यह बात महत्त्व की है कि गांधी का नाम आजकल यह तैयार मालवाली सभ्यता ने लेना छोड़ रखा है। अब सत्ता और साधनों का केन्द्रीयकरण इस हद तक बढ़ गया है कि गांधी का नाम लेकर जनता को इन्हीं कार्यक्रमों में सहमत होने को कहना केन्द्रीयकरण तन्त्र के लोग निरर्थक मानने लगे हैं। ठीक यही समय है कि नए समाज के हितैषी एक गांधी आन्दोलन की रूपरेखा स्पष्ट करें जिसमें गरीबी हटाओ के दावे से न तो होड़ ली जा रही हो, न उसका विकल्प बताया जा रहा हो जो कि संगठन के

अभाव में सिर्फ एक किताबी दावा मालूम होगा, चूँकि आज के केन्द्रीयकरण कार्यक्रमों की अमानवीयता सब पहलुओं से दिखाई जा रही है। ऐसा समय समाज में आता ही है जब संगठित साधनों की इतनी क्षति हो चुकती है कि ऐसे संगठन बनाने के लिए साधनहीन सहारों को खोजना पड़ता है। साहित्य ऐसा ही एक सहारा है। वह संगठन नहीं बनाता परन्तु समाज की पीड़ा को जानकर एक नए संसार की नई वास्तविकता को लोगों के सामने रखता है।

गांधीवादी साहित्य यह काम नहीं कर सकेगा। न लोहियावादी यह काम कर सकेगा। लोहिया की कल्पना के नए संसार को साहित्य से प्रकट करना शायद कुछ अधिक सुगम प्रतीत हो क्योंकि लोहिया को गए अभी अठारह साल हुए हैं जबकि गांधी के बाद उसका दूने से अधिक समय बीत चुका है। परन्तु जिस तेजी से सारे प्रेरणा-स्रोतों पर प्रचार तन्त्र कब्जा किए ले रहा है उसको देखते हुए यह अन्तर भी कुछ बड़ा अन्तर नहीं रह गया। इसलिए लोहिया के जीवनादर्श के साथ भी उतना ही धोखा-धड़ी और ढकोसला हो सकता है जितना गांधी के साथ हुआ और तब तक होता रहेगा जब तक गांधी के नाम की बिक्री हो पाएगी। इस मामले में लोहिया फिर भी बचे हैं। उनके नाम का व्यापार गुपचुप हुआ है या छोटे पैमाने पर हुआ है। वक्त आ गया है कि उनके नाम का इस्तेमाल बन्द कर दिया जाए और समाज को तोड़नेवाली प्रवृत्तियों का विरोध आज जो किया जाए वह लोहिया की दुहाई देकर नहीं, अपनी-अपनी साख के बूते किया जाए। लोहिया अस्पताल का नाम हमें नहीं चाहिए। वह एक धोखा है। हमें वह अस्पताल और वह चिकित्सा व्यवस्था चाहिए जिससे लोग स्वस्थ भी हों, उनकी गैर-बराबरी भी घटे। लोहिया अस्पताल के जरिए लोहिया का नाम चिरंजीवी हो जाएगा। यानी जब तक लोग नाम को बर्दाश्त करते रहेंगे वह नाम रहेगा। पर यह लोहिया की अस्पताल में मौत का ही दूसरा संस्करण होनेवाला है।

यह लेख 'प्रतिपक्ष' के 1 अक्टूबर, 1985 के अंक में छपा था।

निराला का स्मारक कैसा हो

उत्तर प्रदेश के उन्नाव जिले में गढ़ाकोला नाम के गाँव, जहाँ 'निराला' का पैतृक घर है, पहुँचना आसान नहीं है। यह गाँव तहसील सदरमुकाम पुरवा से छह-सात मील होगा पर कच्चा पथ कहीं टूटी, कहीं गहरी लीकों से, जिन पर घास जम आई है, ऊबड़-खाबड़ है : बीच-बीच में लोप होता हुआ चलता है—ठहरकर चकित होकर चुनना पड़ता है कि अब सामने दीख रहे गाँव में पहुँचने के लिए ऊँचे-खाले विस्तार में से किधर से चक्कर काटकर निकला जाए।

गाँव में निराला के घर के उस हिस्से में जो ढहकर खेत बनने से बच गया है, वह कोठरी जिसमें निराला बैठकर लिखते थे, सुरक्षित है। भीतर आँगन और एक-दो कोठरियाँ हैं। निराला की कोठरी में कच्चे चबूतरे हैं, आले हैं। उनमें कुछ तस्वीरें हैं, कुछ प्रमाणपत्र हैं। ताला खोलकर कोठरी दिखाई जाती है। ताला बन्द कर दिया जाता है। बीस-तीस कदम दूर जहाँ एक मड़ैया में पाठशाला लगती है, निराला स्मारक के शिलान्यास का प्रमाण एक पत्थर लगा हुआ है। इसे झाड़-पोंछकर आगन्तुकों के लिए तैयार किया जाता है, उनके चले जाने पर फिर यह पत्थर-का-पत्थर रह जाता है। हाँ, 1970 में जब *दिनमान* के लिए गढ़ाकोला पर रपट लिखने जाकर प्रयाग शुक्ल और विनोद भारद्वाज ने इसे कचरे से घिरा हुआ पाया था, तब से अब इसकी दशा बहुत अच्छी है। कोठरी के भीतर एक कसिया में निराला के लिए कितने ही पोस्टकॉर्ड एक बही में जाने कितने प्रमाणपत्रों के साथ चिपकाकर बचा रखे गए हैं। वृद्ध भतीजे बिहारीलाल और उनके पुत्र लक्ष्मीनारायण उन्हें अधिकार से दिखाते हैं—निराला के लिए आगे जो कुछ किया जाए उसमें इन दोनों को अंश मिलना चाहिए—यह निर्विवाद हो जाता है।

पुरवा में और उन्नाव में चर्चा होती है कि शर्म की बात है कि हिन्दी के महाकवि के गाँव तक जाने लायक सड़क भी हिन्दीप्रेमी सरकारें आज तक न बनवा पाईं। सड़क बना डालने की बात सोचने के बाद गढ़ाकोला में निराला का स्मारक बनवाने की बात शुरू होती है और स्मारक कैसा हो, क्या हो, इस पर आकर अटक जाती है। स्मारक की योजना के उत्साह में हम यह भूल जाते हैं कि जब गाँव तक सड़क जाएगी तो वह केवल स्मारक आने-जाने के लिए नहीं, काम-धन्धे, व्यापार-उत्पादन के लिए भी होगी और यदि इनके लिए नहीं हुई तो वह गढ़ाकोला में लगे स्मारक-पत्थर की ही तरह एक

प्रतीक बनकर रह जाएगी। निराला का निवास देखकर आने के इच्छुकों से जो भी आय होगी उससे उस सड़क की मरम्मत नहीं की जा सकती।

स्मारक के स्वरूप के बारे में विचार चल रहा है। कुछ दिन पीछे उन्नाव में श्री हीरालाल नामक एक उत्साही अधिकारी ने अपने अफसरों की प्रेरणा से नजूल की एक गढ़ैया पटवाकर उसमें निराला उद्यान बनाया है। गंगा के मैदान में पानी की जो भयंकर कमी पाई जाती है उससे यह उद्यान झुलस न जाए इसके लिए चाँपाकल का उपाय किया है। उद्यान साहित्यिकता से ओतप्रोत है। सीमेंट के बने कुकुरमुत्ते के पास गुलाब की क्यारी लगवाकर एक पट्टी पर लिखा गया था : 'अबे, सुन बे गुलाब'। लड़के असली गुलाब और पट्टी दोनों उखाड़ ले गए हैं। सीमेंट का कुकुरमुत्ता बचा है। निराला को व्यायाम का शौक था इसलिए एक कोने में व्यायामशाला भी है। उन्नाव के विशिष्ट नागरिकों के चन्दे से यह बन तो गया है और महादेवी वर्मा इसमें निराला की प्रतिमा के सामने भाषण भी कर गई हैं। किन्तु यह बना रहे इसके लिए इसके चारों तरफ पक्की दुकानें बनवाने का खयाल किया जा रहा है जिनमें उपभोग्य वस्तुएँ बिकेंगी जो उन्नाव जैसे छोटे शहर पर हमारे उपभोग प्रधान उत्पादन तन्त्र द्वारा लादी जा रही हैं। उन्नाव की आबादी बढ़ी है पर उसमें अधिसंख्य लोग कानपुर नौकरी करने जाते हैं; उन्नाव के छोर पर इस्पात बेलने के कई बड़े-बड़े कारखाने बने थे पर उनमें उन्नाव के लोगों को काम मिलने की उम्मीद कम ही है क्योंकि उनकी प्रौद्योगिकी के लायक योग्यतावाले हिन्दुस्तानी उन्नाव में नहीं पाए जाते।

गढ़ाकोला में निराला के घर के ठीक पीछे चमारों की बस्ती शुरू होती है। चतुरी चमार का छोटा भाई रामचरण अब भी वहीं रहता है। उसने निराला को देखा है पर उनकी याद करके भी कोई संस्मरण ठीक से सुना नहीं पाता। गाँव की दो पाठशालाओं में पढ़नेवाले बच्चे (हरिजनों ने कहा, हमें इनमें पढ़ने से कोई नहीं रोकता) निराला का सिर्फ नाम जानते हैं। उनमें से दसवाँ पास गृहस्थ लड़का सिर्फ एक शिकायत करता है : "भूमि आवंटन में हमें कुछ नहीं मिला।...भूमि हमारे पास थोड़ी ही है, चमड़े के काम से जो मिलता है उससे गुजारा करते हैं।" बड़े विश्वास से उसने कहा : "अगर चमड़े के बकस, बटुए बनाने का कारखाना यहाँ खुल जाए तो हम लोगों का बड़ा भला होगा।" जाहिर था कि जमीन थोड़ी होने पर भी और जातिगत श्रेष्ठता से मिलनेवाले सामाजिक फायदों के न होने पर भी उसे अपने हाथ की प्रौद्योगिकी पर भरोसा था और वह जानता था कि सिर्फ जमीन से गाँव में गुजारा नहीं हो सकता। जातिगत श्रेष्ठता के लिए उसने यह मान लिया था कि वह भगत है, दारू-कलिया से दूर रहता है—हालाँकि बाद में गाँव के ब्राह्मणों ने कहा कि ये सब कच्ची खींचते और उससे खूब कमाते हैं।

अगर स्मारक के लिए पक्की सड़क बनी तो क्या वह चमड़े के कारखाने के लिए न होगी और क्यों न वह चमड़े के कारखाने के लिए ही हो—स्मारक भी वही पहुँचा दिया करेगी। तब शायद स्मारक बन भी जाएगा। अभी तो स्मारक के स्वरूप के बारे में शायद अनिश्चय बहुत कुछ इसलिए है कि लोग चाहते हैं कि स्मारक तो बने पर

उस पर कब्जा ऊँचे वर्ग का ही रहे। गाँव में चारों तरफ गरीब फटेहाल दिखें और बीच में एक स्मारक खड़ा हो, इस कल्पना से उन्हें कोई विरोध नहीं है किन्तु विडम्बना यह है कि वे इसे साकार कर ही नहीं सकते। इसे रूप देते ही निराला से अधिक उनके स्मारक की अयथार्थता पर तेज रोशनी पड़ने लगेगी। और फिर स्मारकवाले उसकी प्रतिष्ठा का श्रेय लेने के लिए आपसी झगड़ों में जब पड़ेंगे तो एक सीमित वर्ग के भीतर लड़ते हुए वे शायद उसका वही हाल कर देंगे जो बनारस में प्रेमचन्द के स्मारक का हुआ है। उसमें ताला पड़ा रहता है।

निराला अपने चतुरी चमार के बहाने से गढ़ाकोला में जीवित रह सकते हैं। उनका सबसे अच्छा स्थायी और सबसे अधिक व्यक्तियों की साझेदारीवाला स्मारक गढ़ाकोला में चमड़े के काम का कारखाना होगा। ऐसा कहने की वजह यह है कि बिना पूरे गाँव को काम और जीवन का आनन्द दिए हुए निराला का कोई स्मारक नहीं बन सकता और उन्नाव के पास के इस्पात कारखानों से नहीं, अपने हाथ के शिल्प से ही ये दोनों मिलेंगे। निराला ने इन्हीं दोनों के लिए जीवन-भर संघर्ष किया। निराला के गाँव की आर्थिक विपन्नता यह साबित करती है कि भारत में साहित्यकार को बाकी निर्धन गाँव से अलग कर सम्मान नहीं दिया जा सकता। इसलिए निराला के नाम पर गढ़ाकोला में या उसके आसपास तमाम लोगों को काम देनेवाला हाथ के काम का कारखाना खुलना ही चाहिए। इस तरह से एक स्मारक बन भी जाएगा, नहीं तो स्मारक बनानेवाले श्रेष्ठजन इसी सोच में पड़े रह जाएँगे कि स्मारक बना तो कहीं गाँव के छोटे लोगों के लिए भी कुछ करना न पड़े—कुछ न करना हमारे लिए बदनामी की बात होगी, कुछ करना पिछड़े वर्गों को अधिक लाभ पहुँचाएगा क्योंकि उनके हाथ में शिल्प है—इसलिए कुछ करें कि न करें। अन्त में कोई ऐसा स्मारक बनेगा जिसमें निराला की वार्षिक पूजा की व्यवस्था तो होगी पर दैनन्दिन जीवन न होगा। यह निराला के जीवित रहते ही बहुत हो चुका है। अब तो कम-से-कम इस परम्परा का अन्त हो।

(दिनमान, 8 मई, 1976)

घर जाते रहना चाहिए

पिछले सप्ताह मैं लखनऊ गया था। यह बताने लायक बात है, क्योंकि लखनऊ मेरा वतन है और मेरी राय में हर लेखक को बार-बार अपने वतन जाना चाहिए। जब-जब मैं वहाँ जाता हूँ, जिन्दगी की और समाज की थोड़ी-सी समझ और लेकर आता हूँ। मैं उसी शहर में पैदा और बड़ा हुआ, इसलिए मैं वहाँ की बोली और मिजाज को सिर्फ एक अलंकार की तरह नहीं देखता, जैसे किसी दूर प्रदेश से आनेवाले देखते होंगे। मुझे हर यात्रा में कुछ ऐसा मिलता है जो टूट रहा है, कुछ ऐसा जो बन रहा है, कुछ ऐसा जो न बनता तो अच्छा होता मगर जब बन रहा है तो वह भी एक असलियत बन जाएगा। पर मैं उसको स्वीकार यानी पसन्द नहीं करूँगा।

उदाहरण के लिए इस यात्रा में मैंने पिछली कई यात्राओं की तरह अपने कई चिरपरिचित मकान खँडहर होते देखे, मगर उनसे ज्यादा वे मकान थे जो पाँच वर्ष पहले उसके भी पाँच वर्ष पहले से खँडहर होते आ रहे थे और अब गायब हो गए थे। उन्हें पैसेवालों ने खरीदकर, ढहाकर नया कर दिया था। यह कहना कठिन है कि उन मकानों में पुराने मकानों की तुलना में उपयोगिता और सुविधा ज्यादा थी या पैसे की नुमाइश ज्यादा थी। निस्सन्देह कुछ में, एक में, जो मेरे ही मोहल्ले में है, कूच पलस्तर और सुनारी का नया काम इस तरह से किया गया था कि मुझे 1944 की शैली में बहुत खूबसूरत दिखनेवाले उस सीधे-सादे मकान की शक्ल हूबहू दिखाई दे रही थी। मगर यह एक अपवाद था। शायद एक ऐसे खानदानी आदमी का घर था वह, जिसके पास इतना पैसा नहीं था कि वह लखनऊ की नई बस्तियों में रहने की शान दिखाने चला जाता, मगर इतना था कि मरम्मत कराके अपनी परम्परा को ढहने से बचा लेता। जो हो, असल बात यह है कि गुचकुलियापन मुख्य सड़कों पर बने मकानों के अन्दर और पड़ोस में बढ़ गया है, इन गलियों में जिन्हें मैंने बचपन में एक मुख्य सड़क से दूसरी मुख्य सड़क तक पहुँचने के लिए नए-नए रास्ते खोजते हुए कितनी बार शब्दशः नए सिरे से पाया था, जिनके निवासियों के रहन-सहन को, चाहे वे गरीब हों चाहे मध्यवर्गी, थोड़े-थोड़े दिन बाद इस तरह विस्मय से (जी नहीं, ताक-झाँक कर-करके नहीं) देखा था जैसे किसी उपन्यास का रोज एक अध्याय पढ़ रहा हूँ।

इस बार मुझे कुछ घर बिल्कुल मिट्टी में मिले हुए दिखे। इनमें से कुछ का भूगोल थोड़ा बहुत मैं जानता था, क्योंकि टाट के परदे के पीछे से कभी सुथरा-कमीज पाजामा

पहने हुए घर का मालिक निकलता था या बत्तखों को पकड़कर घर में लाने के लिए कोई लड़का बाहर आता था तो छोटे-से सहन में पिसी हुई ईंटों के फर्श और एक-दो कोठरियों की झलक मिल जाया करती थी। उसकी जगह अब जो मलबा था, उससे कहीं एक फन्तासी भी नहीं बन सकती थी कि यहाँ घर की बहू के लिए परदा करके उसका बिस्तर डाला जाता रहा होगा। बत्तखें लोप हो गई थीं। टाट के परदे अब नहीं थे। उनकी जगह भिड़े हुए दरवाजे थे। गली का फर्श खुद गया था। किसी पैसेवाले ने इस इलाके को इस लायक भी नहीं समझा था कि यहीं पैसा लगाए, क्योंकि यहाँ रहने में कोई इज्जत नहीं थी। और लुम्पेन किस्म के लोगों के वहाँ कुछ घरों में अड्डे भी बन गए थे।

उन दिनों बुरका ओढ़े या डोली में बैठी औरतें कभी-कभी गली में आती-जाती दिख जाया करती थीं, क्योंकि वे उसी गली में रहती थीं। अब एक मुख्य सड़क से दूसरी मुख्य सड़क तक जाने के लिए लड़कियों का बस चले तो वे इन गलियों से शायद न ही जाएँ।

ये गलियाँ ही नहीं, वे सभी जगहें जहाँ लोग जमा होकर समाज को समूहों में देख, सुन और सूँघ-चख सकते थे, अब लखनऊ में खत्म होती जा रही हैं। कुछ मशहूर पान की दूकानें जहाँ शाम को चार दोस्त मिल ही जाते थे, अब नहीं हैं। कुछ हलवाई भी सामाजिक अड्डे थे। उनके यहाँ बँधे ग्राहकों और परदेसियों का ताँता बँधा रहता था। उनके यहाँ की मिठाई तो जायके के लिए मशहूर थी ही, कचौड़ियाँ पेट भरने के लिए और जलेबियाँ नाश्ते के लिए जिन्दगी की एक जरूरत बन गई थीं। दूकान और ग्राहक के बीच यह रिश्ता अब सिर्फ खर्च करने की हैसियत का प्रमाणपत्र बनकर रह गया है। अब वे छोटे-छोटे बच्चे नहीं हैं जो प्यार में दिए गए अपने मामूली से जेब खर्च से भी बाइज्जत खरीदार की तरह कुछ खरीद सकते थे। ये सब निम्न मध्य वर्ग के बच्चे थे। अब पैसे रखनेवाले बच्चों को हम सिर्फ बहुत महँगी चॉकलेट या वीडियो तमाशा खरीदते देखते हैं। जी हाँ, ककड़ी भी नहीं, अमरूद भी नहीं, कसेरू भी नहीं, फालसा और खिरनी भी नहीं।

सार्वजनिक आवाज ही के जरिए जिन्दगी में मेलजोल और तजुर्बा बढ़ानेवाली जगहों पर अब सजावट ज्यादा है। कहीं-कहीं तो इतनी सजावट है कि दूकान पुकार-पुकारकर कहती है, हम बेच रहे हैं तुम खरीद रहे हो। हमें कोई परवाह नहीं कि तुम खुश हो और खुश हो रहे हो या नहीं, पाँच मिनट के लिए सही, मगर यहाँ आकर खुश।

मैं अपने घर में सिर्फ दो दिन रुका। दिल्ली मेरा परदेस—23 साल से मेरा परदेस—बुला रहा था। मगर मैं कुछ लेकर आया हूँ जो परदेस में अपने साथ रखना चाहिए। यह अहसास कि यहाँ तुम पैदा हुए थे, वहाँ लोग जिन्दगी को कुछ सोच-समझकर जी रहे हैं, कीमती चीज है। अपने नगर के पुराने मोहल्ले में मैंने हर चौराहे पर देखा कि होली की आग सुलग रही है। उस दिन होली जले चार दिन हो चुके थे। कुन्दे इतने बड़े-बड़े थे कि अभी सात-आठ दिन और सुलगते। दिल्ली की तरह

नहीं, कि झाड़-झंखाड़ जो मिला फूँक-तापकर बराबर किया। मैं कई परिचितों के घर गया। कुछ बहुत मामूली हैसियतवाले थे, कुछ और भी गरीब थे। मगर होली का पकवान सबके यहाँ मिला। वह उनकी समृद्धि का प्रतीक नहीं था, क्योंकि कहीं-कहीं वह बहुत मामूली था, जिसमें शान की कोई बात न थी। महत्त्व जायके या माल का नहीं था, उन व्यंजनों के पकाने का था जो होली के साथ जुड़े हुए हैं। न पकाना एक पटरी से उतर जाना होता, जिसके बाद एक रेगिस्तान में एक बनावटी संस्कृति की खोज और बाजार की गुलामी ही शुरू हो सकती थी।

स्टेशन से उतरते ही मैंने देख लिया था कि इस शहर में बहुत कुछ जिन्दा है, बावजूद 'धक्का मारो आगे बढ़ो' संस्कृति द्वारा इस प्रचार के कि उत्तर प्रदेश का (या बिहार का कह लीजिए) आदमी मेहनत से जी चुराता है (जिस मेहनत के बहुत गीत गाए जाते हैं उसका एक नमूना, 1951 में दिल्ली आकर रहने पर मुझे दिखा। कनॉट प्लेस की एक पटरीवाली दूकान से जूते की एक महँगी पॉलिश खरीदी, मगर उससे रंगीन मोम निकला। 1951 में अपने वतन लखनऊ में मैंने यह धन्धा नहीं देखा था)। साइकिल-रिक्शा चालक ने जो भारत के परिवहन उद्योग की सबसे प्रतिनिधि इकाई है, चारबाग स्टेशन से लक्ष्मी सहाय रोड के तीन रुपए माँगे। 'तीन रुपए कब से कर दिए तुमने ?' मैंने कहा। उसने बगैर हाजिरजवाबी दिखाने का नाटक किए और बगैर दया की भीख माँगते हुए नम्र लखनवी बोली में जवाब दिया, ''जब से दूकानदारों ने गेहूँ तीन रुपए किलो कर दिया।''

(जनसत्ता, 2 अप्रैल, 1989)

सुकवि की मुश्किल

जिसे आज कविता लिखना कहा जाता है उसे पचास बरस पहले तक कवित्त बनाना (उर्दू में शेर कहना) कहा जाता था। लिखना तो कवि लोग जानते थे मगर कविता बनाई ही जाती थी, चाहें तो कह लीजिए रची जाती थी। कविता बनाने का सरल अर्थ हुआ भाषा को छन्द में या शिल्प में बाँधना। गूढ़ अर्थ हुआ छन्द-शिल्प की तुलना में कुछ बड़ा काम करना—ऐसे भाव-जगत् की सृष्टि करना जिसमें पहुँचकर कविता सुननेवाला कल्पना करने लगता है और उसके सामने जो अनुभव कविता के द्वारा आते हैं वे यथार्थ से कुछ बड़े और जो पात्र अपना स्थल अथवा देश-काल उन अनुभवों को धारण करते हैं वे सामान्य से कुछ अधिक विशिष्ट होते हैं। कवि यथार्थ को यथार्थ में अधिक सार्थक, अधिक विशद और अधिक विचित्र दिखाने को बाध्य है। बस, उसकी कला उस पर बन्दिश लगाती है कि न कथ्य में कुछ फालतू है, न शिल्प में।

फालतू कुछ न रहे तो कविता में कसाव रहता है। इसे पाने के तरीके हर कवि में अलग-अलग होते हैं। जो छन्द का सहारा लेकर चलते हैं वे छन्द की शुद्धता का विशेष ध्यान रखें तो आधा काम तो हो ही जाता है पर बाकी आधा बहुत मुश्किल साबित हो सकता है। हो सकता है कि छन्द में मात्राओं या वर्ण की कोई गलती न रहे मगर मन जो बात कहने को आतुर हो रहा था वह न कहकर मजबूरन दूसरी कोई बात कहने लगे क्योंकि छन्द इसी बात को कहलवाने की जिद ठाने हुए है। जिस छन्द को कवि चुनता है कवि को वह जरूर कहीं-न-कहीं आकृष्ट कर चुका होता है और यह हो ही नहीं सकता कि वह आकर्षण निरे छन्द का हो। उस छन्द से जो कथ्य कहा गया है या तो वह कवि को अपनी ओर खींच रहा है और कवि समझ रहा है कि मुझे छन्द ही खींच रहा है—या छन्द को निश्चित रूप से कवि ने पसन्द किया है परन्तु वह इस मुग़ालते में है कि छन्द को रख लूँगा और कथ्य को जब चाहूँ तब छोड़ दूँगा। छन्द की यह प्रकृति विचित्र है। वह अपने भंडार में जाने कितने शब्द, मुहावरे, राग-विराग, मूल्य, आग्रह भरे रहता है और कवि ने जहाँ जरा-सी मुरव्वत दिखाई वह अपनी पोशाकें कविता को पहनाने लगता है जिनका उस छन्द से चोली-दामन का साथ रहा है। इसलिए छन्द में लिखने का साहस करने के पहले छन्द को काबू में कर लेने का कौशल सीखना जरूरी है, सिर्फ शुद्ध छन्द लिखने की कला से बहुत दूर तक काम नहीं होनेवाला है। छन्द के दुर्ग में घुसकर बैठे रहने और इस सिलसिले में ऐसी तोड़-फोड़ भी करने की जरूरत

पड़ेगी जिससे कोई अगर कुछ करे तो तारीफ करे कि इस छन्द में यह बात या यह बात इस छन्द में पहले तो कभी कही न जा सकी थी। इसी कवि ने कही है।

पर यह प्रशंसा सुनकर कोई बहुत प्रसन्न नहीं हो सकता। छन्द-शिल्प की प्रशंसा की जाए और कथ्य पर कुछ न कहा जाए तो वह इशारा है कि आगे मत कहलवाइए। शिल्प है ही ऐसी दगाबाज चीज। इसकी चौखट पर बड़े-बड़े ठोकर खाकर लड़खड़ाए हैं। खड़ी बोली के शीर्षस्थ कवियों ने आधुनिक युग के आरम्भ में हिन्दी कविता में छन्द का नया संस्कार किया था। उनमें से बहुतों के कृतित्व में कहीं मुहावरे के इस्तेमाल या कहीं तुक की सजावट में, कुछ-न-कुछ अनगढ़पन झलक ही जाता है। वह दौर ऐसी घटनाओं को विशेष महत्त्व नहीं देता था पर खैरियत यह थी कि उसने हरिऔध के 'चोखे चौपदों' को महान काव्य भी नहीं माना। काव्य की समझ आखिरकार कुछ सच्चे पैमानों के आधार पर ही बनती है जिनमें इतिहास, मानवता, परम्परा और संस्कृति की कल्याणकारी ऊर्जा भरी हुई हो। कला की गहरी आन्तरिक शक्ति पर भरोसा करना ही चाहिए कि वह अपने को झूठे पैमानों के सामने झुक जाने नहीं देगी।

शिल्प की कसौटियाँ क्या हैं ? कभी शिल्प की कसौटी यह नहीं मानी जा सकती कि इसका व्याकरण कितना स्पष्ट और कितना पुष्ट है। उसकी कसौटी यह भी नहीं बनाई जा सकती कि उससे कितने अधिक लोग प्रभावित हुए हैं। और यह तो कदापि उसकी कसौटी नहीं होनी चाहिए कि उसकी बिक्री कितनी हो रही है। शिल्प के खरे उतरने का प्रमाण एक ही है—यह कि रचना में वह कम-से-कम प्रदर्शित हो। साथ ही यह भी मालूम होता रहे कि वह है और यथार्थ को जानकर अपने को विकसित करने से पाठक को अक्सर उसकी कोई चमत्कारी उक्ति चुभती हुई, फड़कती हुई कारीगरी चौंका जाती है। उसके बारे में तुरन्त शक पैदा होना चाहिए कि वह है तो क्या है ? वह कला का धोखा भी हो सकती है और कला का उपहास भी। हर दौर में कला की अवनति का एक समय आता है। नई कविता के शुरू के दौर में 1956-57 तक यह हालत हो चुकी थी कि कवि अपने को दोहरा रहे थे और चौंकानेवाली कविताएँ बनाने में उनको अपनी कविता का भविष्य दिखाई देने लगा था जबकि विश्व कविता की समझ इतनी बढ़ चुकी थी कि इन तरकीबों की व्यर्थता अपने आप ही प्रकट हो जाया करती थी। कला का व्यापक संसार पेशेवर या व्यावसायिक कला की उन कसौटियों को शीघ्र ही या कह लीजिए देर-सबेर रद्द कर दिया करता है, जो किसी दौर में चुक गई होती है। परन्तु यह तो जानना ही पड़ेगा कि ऐसे स्वतःचालित यन्त्र साहित्य के संसार में नहीं होते कि कचरे की झाड़-बुहार अपने आप हो जाया करे। किसी को खुद पहल करनी पड़ती है। वह कवि ही करता है—नया कवि। नई कविता के दौर के पहले चार-छह वर्षों में कविता में बौद्धिकता एक दृष्टि न रहकर एक प्रवृत्ति बन गई थी। यह जीवित रहने को ही कवि की जिम्मेदारी मान लेने से प्रकट हुई थी। ऊब, घुटन, खीज या लाचारी को स्वीकार कर लेना ऐसी ही प्रवृत्ति का उदाहरण है। यह कलाकार की पराजय थी। ये कुत्साएँ युगतथ्य रही होंगी, ये सत्य नहीं थीं। बौद्धिकता इनके स्वीकार की अनुभूति

नहीं देती थी, केवल साक्षात्कार की देती थी। उस साक्षात्कार से एक बेचैनी और उस बेचैनी से एक सन्देश का जन्म ही अभिव्यक्ति को आवश्यक बनाता है। वह सन्देश ही कला की उत्पत्ति के समय शिल्प के नए स्वरूप की प्रेरणा देता है। इस प्रकार कविता का पुनर्जन्म होता है। वह होता तो करीब-करीब हर समय रहता है—अलग-अलग कवियों में इसके लिए कोई बँधे वक्त की कैद नहीं है परन्तु कुछ दौर होते हैं जिनमें विश्व चेतना इसकी जरूरत बताने लगती है। वहाँ देखना पड़ता है कि मानवीय कल्याण और स्वतन्त्रता की लड़ाई में कवि जिन अनुभवों को आत्मसात् कर रहा है वे कविता के माध्यम से कौन सी नई ऊर्जा जागृत कर रहे हैं। यही नया शिल्प है।

नए शिल्प के ऐसे उत्थान समय-समय पर आते रहते हैं। वे देश-काल में जितने घनिष्ठ होते हैं उतने ही स्थायी हो पाते हैं। फिर वे साहित्य की एक रक्षणीय पहचान बन जाते हैं और जो नए कवि लिखना शुरू कर रहे होते हैं उन्हें इस नए शिल्प को बरतने का मोह जगता है। वह उन कवियों की अपनी इच्छाओं और सामर्थ्यों के वेग से चालित देखकर आगे बढ़ता है या सुस्त पड़ जाता है, जैसा सम्भव हो।

(सम्भवतः 1986)

रघुवीर सहाय से बातचीत

अशोक वाजपेयी
मंगलेश डबराल

रघुवीर सहाय जब सितम्बर, 1976 में म.प्र. कला परिषद् के 'एकत्र' मंच में कविता-पाठ के लिए आए थे उस वक्त यह बातचीत हुई। उन्हीं दिनों यहाँ आयोजित एक 'कलाकार शिविर' के बीच एक शाम उन्होंने अपने तीनों संग्रहों से करीब पचास कविताएँ दो-ढाई सौ श्रोताओं को सुनाईं : पहले बच्चों पर, फिर स्त्रियों पर, फिर पिता पर, फिर राजनीति और विविध विषयों पर। तीनों संग्रहों की कविताएँ एक खास तरह से संयोजित की गई थीं : सभी शीर्षक हटाकर और उन्हें अपने आपमें एक पूरे और समग्र काव्य-अनुभव में तब्दील करते हुए। रघुवीर सहाय उन दिनों कविता और आवाज को लेकर कुछ प्रयोगों पर भी सोच रहे थे और अलग-अलग ढंग की कविताओं में उनकी आवाज अलग-अलग ढंग से तेज, मद्धिम, उभरती, टूटती, बिखरी, संकुचित, मीठी, मुलायम और ऊबड़-खाबड़ होती थी। आवाज का यह अभिनय नाटकीय बिल्कुल नहीं था : वहाँ आवाज के 'दृश्य' थे या आवाज की पारदर्शियाँ थीं।

बातचीत के लिए कोई छब्बीस प्रश्न रघुवीर सहाय को पहले भेज दिए गए थे और उनके उत्तर बहुत हद तक उनके भीतर बन भी गए होंगे। लेकिन जब बातचीत हुई तो उनमें से कुछ ही प्रश्न उनसे किए जा सके : बातचीत के वक्त ही बहुत से नए प्रश्न आए। कुछ निर्धारित प्रश्नों को अति-विस्तृत हो जाने की आशंका से रद्द भी किया गया। और इसके बावजूद कोई छह घंटे की बातचीत इतनी लम्बी हो गई कि वह एक अच्छी-खासी किताब बन सकती थी। उसमें रघुवीर सहाय का विशिष्ट 'शुद्ध' हास्य, उनकी तेजी और जागरूकता, सोचने का विवादास्पद ढंग, उनके निर्णय, असमंजस और विडम्बना—यह सब हू-ब-हू होता। 'पूर्वग्रह' के पृष्ठों में उसे प्रकाशित करने के लिए उसमें अनिवार्य काट-छाँट करनी पड़ी और उसे सम्पादित करके लगभग आधा करने का काम भी स्वयं कवि ने किया। प्रकाशित आलेख में पूर्व-निर्धारित प्रश्नों को शुरू में 'प्रश्न' लिखकर अलग किया गया है जिससे इंटरव्यू और बातचीत दोनों बातें बनी रहें।

हमारे समय और हमारी हिन्दी के शायद बहुत कम कवि रघुवीर सहाय की तरह अपनी कविता और अपने सरोकारों को इतनी बड़ी दुनिया और इतनी ज्यादा चीजों तक ले जा सके हैं। और फिर उन्हें एक अकेले काव्य-अनुभव में समेट सके हैं। इसे शायद

अनुभवों की वैयक्तिकता और सार्वभौमिकता में किसी भी विरोध का लोप करते जाना कहा जाए। इस वजह से भी इस बातचीत में रघुवीर सहाय के पद्य और गद्य पर ही नहीं, उन ऐतिहासिक और समकालीन प्रश्नों पर भी बात हो पाई है जो रघुवीर सहाय को हमारे समय के सबसे सजग लेखकों के दर्जे में बिठाते हैं।

प्रश्न : आपके तीन कविता-संग्रह 'सीढ़ियों पर धूप में', 'आत्महत्या के विरुद्ध' और 'हँसो-हँसो जल्दी हँसो' अब तक छपे हैं, और हर बार उनका छपना एक साहित्यिक घटना रही है। हर कविता-संग्रह पिछले संग्रह से बहुत अलग तो है ही, साथ ही ऐसा भी लगता है कि नए संग्रह की कविताओं के अनेक सूत्र, बल्कि उनके जन्म पिछले संग्रहों में छिपे थे। अपने इस रचनात्मक विकास के बारे में कुछ बताएँ।

रघुवीर सहाय : मैं भी मानता हूँ कि नए संग्रह की कविताओं के अनेक सूत्र पिछले संग्रह में छिपे रहे होंगे। पर यात्रा शब्द में लगता है कि हम जानते हैं कि कहाँ जाना है, जबकि अगर कवि की कोई यात्रा हो सकती है तो वह अवश्य ही किसी ऐसी जगह जाने के लिए होगी जिसको वह जानता नहीं। बल्कि जाना ही जानना है। बहुत-सी ऐसी चीजें हैं जो कि एक दौर में कवि को मिलती हैं और फिर वह उनको अपने पास रख लेता है और फिर किसी दूसरे दौर में, जो कि बहुत बाद में भी, कई दौरों के बाद भी आ सकता है, वह फिर उन रास्तों को पकड़ता है। और कुछ चीजें ऐसी हो सकती हैं जो कि लगातार उसके साथ रहती हों, पर वे चीजें फिर बहुत ज्यादा साथ दिखाई देनेवाली नहीं होंगी, कुछ अधिक सूक्ष्म होंगी; वास्तव में वे यात्रा की दूरी की द्योतक नहीं होंगी, बल्कि उसका सम्बल होंगी। वे भी हो सकता है कि कुछ कविताओं में दिखें। लेकिन जो चीजें पहले संग्रह की कविताओं में ज्यादा दिखी हैं, वे दूसरे संग्रह की सब कविताओं में नहीं ही दिखी होंगी। और जो चीजें दूसरे संग्रह में दिखी हैं वे तीसरे संग्रह की सब कविताओं में नहीं दिखेंगी। लेकिन यह हो सकता है कि पहले संग्रह की कुछ चीजें तीसरे संग्रह की कविताओं में दिखी हों।

अगर कोई आदमी सचमुच जान सकता हो अपने विकास के बारे में, और वह बहुत अधिक जान ले तो उसे विकास करने की जरूरत नहीं है। इतना तो मैं नहीं जानता, न जानना चाहता हूँ। वैसे भी प्रत्येक रचना के बारे में मैं यह मानता हूँ कि एक बार जो रचना जिस तरह से हो जाती है उस तरह से दूसरी रचना हो ही नहीं सकती। समानताएँ मिल सकती हैं। यह भी हो सकता है कि एक साथ कई कविताएँ लिखी गई हों : एक के बाद एक, थोड़े-थोड़े अन्तराल या कभी-कभी लम्बे अन्तरालों के बाद भी, और वे सब देखने में एक सी दिखती हों। अगर कभी ऐसा हो तो भी इसे ठीक-ठीक और बड़ी आसानी से न तो ठहराव कहकर बयान किया जा सकता है और न उपलब्धि कहकर, क्योंकि किस दौर में हम क्या कर रहे होते हैं अपने भीतर, यह महत्त्वपूर्ण है; उस दौर की लम्बाई-छोटाई महत्त्वपूर्ण नहीं है। अक्सर यह होता है कि एक दौर केवल

एक दिन का या एक घंटे का होता है। यह भी हो सकता है कि वह साल का हो, दो साल का हो। इसके मानी यह नहीं हैं कि मैं लगातार दो साल तक एक कविता के लिए शब्द ढूँढ़ता भटकता फिर रहा था बियाबानों में। इसका मतलब केवल यह है कि दो साल के भीतर ऐसे क्षण, जबकि मैं फिर उस कलात्मक अनुभव के क्षण को प्राप्त कर सका जो कि मैंने एक बार प्राप्त किया था लेकिन पूरा नहीं प्राप्त किया था, बार-बार आए हैं और उनके बीच में बहुत लम्बे अन्तराल आए हैं जब मैं पता नहीं और क्या-क्या कुछ कर रहा था, कविता बिल्कुल ही नहीं लिख रहा था। किसी भी तरह से मैं यह मानने को तैयार नहीं हूँ कि एक आदमी दूसरे से ज्यादा रचनात्मक होता है और यह भी कि जो आदमी रचनात्मक होता है वह हर समय रचनात्मक होता है। असल में केवल वह औरों से अधिक सचेत है अपनी रचनात्मकता के बारे में। इसलिए जब एक कलात्मक अनुभव के क्षण को वह पकड़ता है और पूरा नहीं पकड़ पाता तो उसके बाद उस विशिष्ट क्षण के बाद वह औरों की ही तरह हो जाए तो इसमें कवि की अप्रतिष्ठा नहीं है।

अशोक बाजपेयी : आपने अभी कहा कि आप यह नहीं मानते कि एक आदमी दूसरे से ज्यादा सचेत है। आप सिर्फ यह मानते हैं कि जो लिखता है वह दूसरे से ज्यादा सचेत है। इसको थोड़ा आगे बढ़ाएँ तो जो व्यक्ति कविता लिखना तय करता है, यानी भाषा के एक खास माध्यम का उपयोग करने का निर्णय लेता है वह ऐसा सिर्फ इसलिए करता है कि वह दूसरों से अधिक सचेत है ?

र.स. : अगर आपका मतलब यह हो कि सचेत होने के कारण वह यह जान सकता है कि उसको लिखना है तो सही कह रहे हैं आप। आप सचेत नहीं होंगे तो यह निर्णय आप नहीं करेंगे। और सचेत होने मात्र से ही आप वह निर्णय कर लेंगे, यह भी नहीं कहा जा सकता है। शायद सचेत होने के अलावा, कम-से-कम कुछ समय के बाद, यह भी निर्णय करना होगा कि क्या सचमुच मैंने अपना माध्यम, जीवन की अभिव्यक्ति का माध्यम पा लिया है। और अगर वह भाषा ही है तब हम पाएँगे कि निर्णय वास्तव में हुआ। उसके पहले तो केवल सचेत होने के कारण वह भाषा के साथ बहुत से प्रयोग करके देख सकता है। खुद अपने लिए अन्तिम निर्णय क्या होगा, यह जानने की कोशिश में वह भाषा को ही काफी लम्बे समय तक अपनी अभिव्यक्ति का माध्यम बनाकर चल सकता है। अन्त में एक जगह यह पा सकता है कि यह गलत था या बेकार था। या यह कि अब वह उतना सचेत नहीं रहा।

अ.वा. : नहीं, मेरी जिज्ञासा वह इस बारे में भी थी कि जब आप एक माध्यम चुनते हैं—जैसे भाषा या कविता—तो इस माध्यम की अपनी जरूरतें, अपनी एक परम्परा, अपनी एक अन्तर्निहित मूल्य-दृष्टि, अनुभव-सम्पदा भी है। यानी आप वह सब भी, चाहें तो जान-बूझकर, ज्यादातर शायद अनजाने चुनते हैं और उसके प्रति आप कितने सचेत हैं या नहीं हैं, यह बात भी कहीं-न-कहीं इस बात को तय करेगी कि आप उसके साथ क्या करनेवाले हैं। और फिर उसके साथ जो आपका सम्बन्ध है उसमें अपने साथ क्या

करनेवाले हैं।

र.स. : हाँ, पर यह सचेतता तो एक-दूसरे स्तर की या दूसरे प्रकार की सचेतता है। इसको आप विद्वत्ता या जागरूकता कह सकते हैं। लेकिन मैंने जब 'सचेत' शब्द का इस्तेमाल किया था तो मेरा मतलब यह था कि वह इस बात के प्रति सचेत है या नहीं है कि जो उसे अनुभव हुआ है वह अनुभव एक कलात्मक अनुभव है। कलात्मक अनुभव, यानी ऐसा अनुभव जिसको कि वह स्वयं उसी समय उसी दौरान अपने से अलग खड़े होकर देख पाता है। अगर यह वह कर लेता है तो उसकी अभिव्यक्ति किए बिना वह नहीं रह पाएगा। अभिव्यक्ति करने के लिए वह माध्यम ढूँढ़ेगा। उसके संस्कार, उसके अनुभवों का पिछला संसार, उसका वातावरण और उसको जीवन में मिलनेवाली सुविधाएँ—ये सब मिल करके पहले अकस्मात् उसको कोई-न-कोई माध्यम जुटाएँगी। फिर उस माध्यम को वह इस्तेमाल करेगा, जाँचेगा-देखेगा। हो सकता है कि थोड़े समय बाद वह पाए कि इस माध्यम का—और अब यहाँ पर उस सचेतता का काम शुरू होगा जिसका आपने जिक्र किया—पूरी दुनिया के साथ क्या मेल बनता है, परिस्थितियों के वश या अपने प्रयत्नवश या दोनों के कारण। मान लीजिए कि मैं चित्र या वर्णों का इस्तेमाल शुरू करता तो हो सकता है कि मैं वर्णों की जो भारतीय परम्परा है या कि जो भी हमको लोकशैली में आसपास मिलती है, उसके पूरे संसार के साथ अपने आपको पूरी तरह से नहीं जुड़ा हुआ पाता या उसमें से बहुत समृद्धि हासिल नहीं कर पाता, तो हो सकता था कि मैं इस माध्यम को छोड़ ही देता। लेकिन जब भाषा का माध्यम अकस्मात् पाया तो फिर यह भी साथ-साथ पाने लगा—मैं इसको संयोग ही कहूँगा—कि उस भाषा के इस्तेमाल के जो संस्कार और परम्पराएँ हैं, उसके साथ मेरा रिश्ता ज्यादा अच्छी तरह बन सकता है। यह बहुत हद तक मेरे वश में नहीं था। किसी भी कलाकार के नहीं होता। एक हद के बाद तो आप उसको बनाना शुरू करते हैं, खोजना शुरू करते हैं, पढ़ना, लिखना, जानना, सुनना, सोचना शुरू करते हैं—लेकिन एक तो बिन्दु ऐसा होता है जहाँ पर कि आपके जीवन में उसके पहले जो कुछ हो चुका है वही निर्णय करने में बड़ी भूमिका अदा करता है।

सचेतता, जिसका आपने जिक्र किया, वह आती है—मैं उसे जागरूकता या जानकारी या ग्रहण करने की शक्ति कहूँगा—और वह प्रयत्न करने से भी आती है, लेकिन प्रयत्न करने के पहले यह आवश्यक है कि कलाकार यह देख चुका हो कि इस माध्यम का संसार उसके साथ, उसके अनुकूल है।

अ.वा. : ऐसे कवि कम हैं जो अपने माध्यम के साथ अपने सम्बन्ध के बारे में उतने संवेदनशील हों, जितने मसलन प्रायः आप लगते हैं। माध्यम का सक्षम उपभोग—यह एक बात हुई; लेकिन माध्यम के साथ व्यक्ति का जो एक सम्बन्ध है, उसी तरह से जैसे व्यक्ति का उस अनुभव से कोई सम्बन्ध है। और वह सम्बन्ध जो माध्यम के साथ व्यक्ति का है वह भी अपने आपमें एक उत्तेजक और ऐसा सम्बन्ध है जिससे आदमी की दुनिया के बारे में दिलचस्प खोज की जा सकती है। क्या यह बात कभी

आपके रचनात्मक दिमाग में रही है कि माध्यम के साथ व्यक्ति का जो सम्बन्ध है वह भी कविता की बुनियादी खोज का एक अंग है ? जैसे भाषा या कविता या कि माध्यम। आप कविता लिखें या न लिखें, इसके बावजूद वह दुनिया में है।

र.स. : नहीं है, मेरे लिए नहीं है। अगर मैं कवि हूँ तो मेरे लिए सिर्फ वह तब है जब मैं कवि हूँ या कविता लिख रहा हूँ। उस समय, जिस रूप में यह बाकी जीवन में है उसमें मेरे ही लिए क्यों है, सबके लिए है। अगर सबके लिए वह उस रूप में है तो भी मैं उससे चिन्तित नहीं हूँ। मैं उससे चिन्तित हो सकता हूँ अगर जिस रूप में वह है—या जिन रूपों में वह है, क्योंकि भाषा कभी भी एक रूप में नहीं होती—उनमें से किसी एक या दो रूप को मैं अपने व्यवहार में लाता होऊँ, तब मैं जरूर उस समय के लिए और उस व्यवहार या प्रयोजन के लिए भाषा के उन रूपों के बारे में चिन्तित होऊँगा। लेकिन अगर आप कवि के रूप में पूछ रहे हैं तो मैं भाषा के अनेक रूपों के बारे में—जैसे कि वे हैं—उस अर्थ में सम्बद्ध या चिन्तित अनुभव नहीं करता जिस अर्थ में कि कवि होने पर करता हूँ।

मंगलेश डबराल : आपने कहा कि हर व्यक्ति रचनात्मक होता है लेकिन एक कवि या कि वह जो कि अभिव्यक्ति करता है, अपनी रचनात्मकता के बारे में सचेत होता है दूसरे के मुकाबले। और हो सकता है कि वह अपने एकान्त में जाकर कुछ रच आए और फिर समूह का हिस्सा हो जाए। लेकिन मान लीजिए कि कोई आदमी घर के किसी कोने को रचनाशील ढंग से सजाता है या एक अच्छी बात कहता है या अच्छी तरह किसी को देखता है, तो वह भी रचनात्मक है ?

र.स. : हाँ, क्यों नहीं।

मं. : और सचेत भी वह हो सकता है ?

र.स. : नहीं, सचेत नहीं है। सचेत से मेरा मतलब यहाँ केवल इस बात से है कि अनुभव की वह कोटि भी मुझे प्राप्त है जहाँ पर कि मैं अनुभव के साथ-साथ उससे निस्संग हो सकता हूँ। रचनात्मक कलाकार के लिए—मैं रचनात्मक व्यक्ति नहीं कह रहा हूँ—यह एक प्राथमिक शर्त है कि वह अपने अनुभव से निस्संग हो सके और उसी समय हो सके जिस समय वह अनुभव कर रहा है। बहुत-सी कविताएँ और कहानियाँ उसी समय लिखी गई हैं जिस समय कि वह अनुभव हो रहा था। वे कागज पर न उतारी गई हों, लेकिन वे हुईं उसी समय और अगर बाद में हुई हैं तो भी उनका भ्रूण उसी समय बन चुका था।

मं. : आपकी जो वह कविता है 'क्योंकि मेरा एक और जीवन है', उसमें भी एक तरह से...

र.स. : हाँ, लेकिन वह बहुत कविता नहीं है। काफी कुछ उसमें वक्तव्य हैं जो कि मैं स्वयं कविता के लिए अच्छा नहीं मानता। ऐसी मेरी बहुत सी कविताएँ हैं जिनको मैं अच्छी नहीं मानता। आप अनुभव करते समय पाते हैं—और हर समय नहीं पाते, कभी-कभी पाते होंगे; हर समय पाते हों तो आप शायद छिन्न-भिन्न हो जाएँगे—कि इस

अनुभव में मैं हूँ लेकिन मैं इससे अलग भी हूँ। और यही कारण होता है कि आप उसे अभिव्यक्त करना चाहते हैं। अगर ऐसी सचेतता का प्रमाण किसी को किसी समय मिले तो हो सकता है कि भाषा के अलावा भी उसके पास—कोई एकदम अमूर्त—माध्यम हो, एक ऐसा आध्यात्मिक माध्यम हो कि जिसके लिए न शब्द चाहिए न स्वरूप चाहिए। हो सकता है ऐसा हो, लेकिन फिर वह कलाकार नहीं होगा क्योंकि वह किसी प्रकार की नई सृष्टि नहीं कर रहा होगा। वह अपने ही भीतर के किसी अपने निर्वैयक्तिक अनुभव को दोबारा अपने भीतर सँजोकर रख लेगा। हो सकता है वह एक बेहतर इंसान बने, हो सकता है न भी बने, एक बेकार का इंसान भी बन जा सकता है, लेकिन वह कोटि हमारे विचारार्थ नहीं है। कोई आदमी किसी के प्रति केवल एक अच्छा व्यवहार करे, तो वह रचनात्मकता एक कलाकार की रचनात्मकता से भिन्न रचनात्मकता है। और अगर आप यह सोच रहे हों कि मैं यह कहना चाहता हूँ कि अच्छा व्यक्ति होना भी रचनात्मक होना है, तो मैं यह नहीं कह रहा हूँ। मैं यह कह रहा हूँ कि जिस समय आप किसी तरह से भी मानव-सम्बन्ध को अपनी तरफ से बनाते हैं, तो उसमें आप रचनात्मक ही होते हैं। आप अच्छे आदमी बनें, इसके लिए पहले से प्रतिमान निश्चित करके अगर आप ऐसा करते हैं तो आप रचनात्मक आदमी शायद नहीं भी होंगे। मेरे खयाल से तो नहीं ही होंगे, क्योंकि फिर तो आप एक बने-बनाए प्रतिमान के अनुसार कुछ कर रहे होंगे। जिस समय आप सहसा अपने अन्दर पाते हैं कि यह आदमी मेरे लिए यह माने रखता है तो उस समय आप रचनात्मक होते हैं, लेकिन जरूरी नहीं है कि आप कलाकार हों।

अ.वा. : बहुत दिनों तक कविता के बारे में या कि आमतौर से कलाओं के बारे में एक धारणा रही थी कि वे बेहतर इंसान बनाने में मददगार होती हैं। जॉर्ज स्टाइनर ने जर्मनी का उदाहरण दिया है जहाँ संगीत के और कलाओं के बहुत प्रेमी थे, हिटलर और उनके जनरल, लेकिन उन्होंने जाहिर है जो किया वह बहुत मानव-विरोधी था। यूरोप में इसको लेकर बहुत अधिक प्रश्न उठे कि बेहतर इंसान बनाने या कम-से-कम इंसान को बर्बर होने से बचाने की जो कलाओं की शक्ति थी वह शायद अतिरंजित करके हमने देखी थी।...फिर भी कविता बेहतर इंसान एक तो कवि को ही बना सकती है। सम्भवतः यानी एक ऐसी पर्सनल इंटिग्रिटी दे सकती है जो उसे एक बेहतर इंसान बनाए। बने-बनाए साँचों-ढाँचों के हिसाब से नहीं, बल्कि खुद उन मूल्यों के हिसाब से जो वह अपने अनुभव से अर्जित करता है; एक-दूसरी बात यह भी हो सकती है कि वह दूसरों की भी किसी हद तक इस तरह का इंटिग्रेशन अपने में लाने में मदद करें।

र.स. : यह असम्भव तो नहीं है कि वह दूसरों को भी बनाए—और इससे मानी यह हुए कि मैं आपकी पहली बात को मान रहा हूँ और आपने न कही होती तो मैं ही शायद कहता कि अगर बेहतर इंसान के कोई एक कम गैर-किताबी, गैर-पारिभाषिक मायने कर सकते हैं तो जरूर कविता, उस आदमी को जिसने उसे लिखा है, एक बेहतर इंसान बनाती है। और नहीं बनाती है तो वह कविता नहीं है। कविता क्या, कोई भी

रचना नहीं है। हर रचना उसे हमेशा एक बेहतर व्यक्ति बनाती है जिसने उसको किया है। क्योंकि मैंने यह समझा है कि रचना के लिए क्रोध या हिंसा या प्रतिहिंसा हो सकते हैं कि बाधक न हों, लेकिन द्वेष, घृणा या अन्याय उसके साथ कोई मेल नहीं खाते। जिस व्यक्तित्व में रचना के क्षण में ये गुण या दुर्गण मौजूद हों, उसके लिए मैं नहीं समझ पाता हूँ कि कोई भी रचना करना कैसे सम्भव है। रचना कम-से-कम उस व्यक्ति को जो कि उसे कर रहा है एक बेहतर इंसान जरूर बनाती है, क्योंकि पहले तो वह इन शर्तों को अनजाने पालन करता है कि उसके मन में द्वेष नहीं है। क्रोध हो सकता है, एक तरह की छटपटाहट हो सकती है, मजबूरी हो सकती है, लेकिन हताशा नहीं है और अन्याय भी नहीं है। दूसरे कदम पर वह एक बेहतर इंसान इसीलिए बनता है कि हर रचना अपने व्यक्तित्व को बिखरने से बचाने का प्रयत्न है।

अ.वा. : रचनाकार के लिए ?

र.स. : हाँ, और पागल हो जाने से या फट जाने से या अपने आपको धोखा देने से बचाने का प्रयत्न है। हर रचना एक बार एक अपने ही ढंग से एक तरह का आत्मालोचन है, एक सिंहावलोकन है—और कई स्तरों पर है। चूँकि कई स्तरों पर है और एक साथ होता है इसलिए वह माध्यम के स्तर पर भी होता है, जिस माध्यम को वह इस्तेमाल कर रहा है उसमें उसने क्या किया है, यह सब भी हर कलाकार हर रचना के साथ उसी समय देखता है। दूसरों को वह बेहतर इंसान बनाती है या नहीं इसके बारे में हम लोग सिर्फ इतना ही मान लें कि जो इसके बारे में कोई फैसला करते हैं, हमें उनके बारे में हमेशा यह शक रहेगा कि वे दूसरों को बेहतर इंसान किस स्वार्थ के कारण बना रहे हैं। उनकी दूसरों को बेहतर इंसान बनाने की कोशिश सन्दिग्ध है क्योंकि अगर वे बना सकते हैं तो खुद उनके पास ऐसा करने के लिए वे साधन होने चाहिए जिनमें कि वे समर्थ हैं। उन्हें कवि के पास इस काम के लिए नहीं आना चाहिए, और न उन्हें कला से इसकी आशा करनी चाहिए कि वह उनके लिए दूसरों को बेहतर इंसान बनाएगी। आपने जो नात्सी समाज का उदाहरण दिया तो मैं ठीक-ठीक नहीं कह पाऊँगा कि उन लोगों ने किस तरह से साहित्य का इस्तेमाल किया, लेकिन अपने यहाँ तो हम बराबर देखते रहे हैं कि एक वर्ग ऐसा रहा है जिसने कि साहित्य के द्वारा लोककल्याण, लोकमंगल ऐसे शब्दों से लेकर के क्रान्ति तक के शब्दों का इस्तेमाल किया है और इस प्रकार संगठित होकर साहित्य के द्वारा आदमियों को अपने हिसाब से बदलने के लिए प्रयत्न किया है, बेहतर इंसान बनाने के लिए नहीं। बेहतर इंसान तो अगर सच्चे अर्थ में कोई हो सकता है तो वह उसी अर्थ में होगा या उस अर्थ के बहुत निकट होगा जिस अर्थ में हमने अभी-अभी कवि के लिए बेहतर इंसान बनने की कल्पना की है, अर्थात् सम्पृक्त होना और अपने कृतित्व के द्वारा सम्पृक्त होना। यह काम और लोग अपने-अपने कृतित्व से करेंगे—कविता पढ़कर नहीं कर सकते। कविता पढ़कर उनके संस्कार में जो कुछ भी आए, वह सहायक हो सकता है। इसीलिए मैंने कहा था कि इसको अनिर्णीत और अघोषित रखना ही कविता के लिए और उन लोगों के लिए जिन्हें

बेहतर इंसान बनाने की जरूरत महसूस की जा रही है, अच्छा होगा।

अ.वा. : लेकिन आपके पहले वक्तव्य में एक बात यह थी कि वह व्यक्ति जो रचना करता है, रचनाकार हर समय नहीं है।

र.स. : वह व्यक्ति जो रचना करता है वह हर वक्त रचना नहीं करता है। लेकिन हर वक्त पलट करके किसी दूसरे खाने में भी जाकर नहीं बैठ जाया करता है। व्यक्ति जो आज जो हो चुका, कल जो कुछ भी होगा, वह आज धन कल होगा। यह नहीं है कि आज मैंने कविता कर ली फिर मैं चला गया उस खाने में। इस तरह का आत्म-विभाजन अगर वह बार-बार करता रहे तो फिर रचना से उसके बेहतर इंसान बनने का मतलब ही क्या रहा ?

अ.वा. : जिस इंटिग्रिटी का जिक्र पहले था उसके रहते यह नहीं हो सकता। मसलन अगर सच्चा कवि अन्यायी नहीं हो सकता है यानी न्याय का प्रतिकार नहीं करेगा, तो न केवल वह उन क्षणों में जब वह रचना-सक्रिय है ऐसा नहीं करेगा, बल्कि अपनी पूरी नागरिकता में भी नहीं करेगा।

र.स. : नहीं करेगा, अगर उसको उन रचना-सक्रिय क्षणों के लिए कोई भी ममत्व है जो कि उसके जीवन में फिर कभी आएँगे, बार-बार आएँगे। आप याद करेंगे, 'आत्महत्या के विरुद्ध' की भूमिका में मैंने लिखा है कि या तो मैं रचना करता हूँ या जब नहीं कर पाता हूँ तो केवल अपने को करने योग्य बनाए रखता हूँ। अपने को उस अन्तराल में रचना करने योग्य बनाए रखना जिसमें आपके वे रचना-सक्रिय क्षण नहीं हैं, उस व्यक्ति के लिए उतना ही अनिवार्य हो जाता है जितना कि किसी दूसरे आदमी को जीवन के उन सूत्रों या अभिव्यक्ति की उन प्रणालियों से कुछ भी करना अनिवार्य है जो उसे मिली हैं। आपको यह देखना पड़ेगा कि आप हर क्षण, उस अन्तराल में जबकि आप रचना-सक्रिय नहीं हैं, क्या कर रहे हैं, क्या सोच रहे हैं, कैसे व्यक्ति हैं और आपके मानव-सम्बन्ध किस कोटि के हैं। पुरानी एक मान्यता चली आ रही थी कि शायर में किस्म-किस्म के ऐब होने चाहिए तब जाके वह अच्छा शायर होगा। एक धुर पर यह और दूसरे धुर पर यह कि मैं कुछ भी करूँ, चूँकि मैं शायर हूँ, मैं फिर शायर हो जाऊँगा। ये दोनों ही बातें गलत हैं। समय-समय पर अपना मूल्यांकन करना मैं समझता हूँ कि बहुत सहज है, बहुत जरूरी है, पर इसकी कोई पाठ्य-पुस्तक तो है नहीं कि बताया जाए कि इस तरह से करिए। मैं सोचता हूँ कि सभी अच्छे कवि या रचनाकार यह करते होंगे, क्योंकि यह उनके अपने माध्यम और अपनी रचनाओं के पुनर्मूल्यांकन से बहुत भिन्न नहीं है। 'अब काम हमारे आती हैं ये अपनी पिछली कविताएँ।' मैं यह पंक्ति याद दिलाना चाहता हूँ।

प्रश्न : शुरू के प्रश्न की द्वन्द्वात्मकता आपके यहाँ दरअसल हर चीज में दिखती हैं। 'हँसो हँसो जल्दी हँसो' की अक्सर कविताएँ बिल्कुल व्यक्तिगत और कभी-कभी घरेलू सी हैं, गोकि वे सारी व्यापक अर्थ में राजनीतिक या वामपन्थी कविताएँ हैं। कुछ समय पहले

'पूर्वग्रह' में छपे अपने एक वक्तव्य में आपने जब यह कहा कि कविता जीवनमय उसकी खोज है तो यह भी कहा कि कविता इस जीवन में शायद सबसे अधिक मर्त्य है, वह हुई नहीं कि मरी। 'अपनी ही रची हुई भाषा का जादू नष्ट करके' कविता को देर तक जादूहीन बनाए रखने से उपजी कविता की बात भी इसी टिप्पणी में है। कविता के होने और समाप्त होने की यह द्वन्द्वात्मकता अनेक जगह अन्तर्विरोध भी लगती है। इसे कुछ स्पष्ट करें।

र.स. : कविता हुई नहीं कि मरी का मतलब तो सिर्फ यह है कि जिस क्षण आप एक कविता को पूरा लिख लेते हैं, अर्थात् आप किसी एक जगह से शुरू करके यह जान लेते हैं कि आपने क्या लिखा, उसके बाद कवि के लिए उसका वह महत्त्व नहीं रह जाता जो कि दूसरों के लिए होता है। इसके साथ यह भी होता है कि जिस सामग्री से आपने वह रचना की थी, वह खत्म हो जाती है। साथ ही और भी एक बात होती है कि जिस कलात्मक अनुभव को आपने दोबारा से अनुभव और अभिव्यक्त किया वह अनुभव खत्म हो जाता है। कभी-कभी यह भी सम्भव है कि वह पूरी तरह से खत्म न हो। तब यह भी मानना पड़ेगा कि वह कविता जो आपने उस समय लिखी है वह भी पूरी तरह से पूरी नहीं हुई। और यह कोई बुरी बात नहीं है। ऐसा होता है। कविता हुई नहीं कि मरी का मतलब केवल यह है कि जैसे ही वह कविता पूरी होती है, उस कविता में जो कुछ भी आपने इस्तेमाल किया है या उसमें भाषा के जरिए जो कुछ भी ऐसी चीज उस समय पैदा हुई है जो कि आपके लिए नई थी, उसके बाद वह आपके लिए नई नहीं रहती। कविता तो वह रहती है, मेरे लिए भी एक बिल्कुल प्रचलित अर्थ में कविता है। मैं अपनी पुरानी कविताओं को अगर पढ़ता हूँ तो मैं उनसे एक दूसरे किस्म का रस लेता हूँ। मुझे उनको दोबारा पढ़ने में एक हल्की सी प्रतिध्वनि सुनाई देती है और एक बार यह भी आभास होता है कि जिस तरह जिन चीजों का मैंने इस्तेमाल किया था उनके नतीजे क्या निकले थे—यह एक बार देख आने का जो लाभ है, वह मिलता है। बहुत करके एक शिल्पगत लाभ मिलता है और एक अपनी आत्मा या मन के लिए भी मिलता है, लेकिन ऐसा बहुत दुर्लभ है कि बहुत दिन बाद कोई अपनी बहुत पुरानी कविता पढ़के एकाएक यह मालूम हो कि यह बिल्कुल किसी दूसरे की कविता थी जो मैंने पढ़ी। चूँकि मैं उन सबसे गुजर चुका हूँ इसलिए आत्मा और मन को वे चीजें दोबारा ठीक-ठीक वह नहीं दे सकतीं जो कि वे एक बार दे चुकी हैं। इस अर्थ में मेरे लिए उस कविता के होते ही मेरा उससे रिश्ता टूट जाता है। मैं उसे करके अलग रख देता हूँ—दोबारा देखने के लिए, दोबारा समझने के लिए, दोबारा जानने के लिए; लेकिन एक बिल्कुल दूसरे अर्थ में : "फिर कभी फोटो निकालकर देखूँगा अपना बेगानापन पहचानने के लिए।"

अपनी ही रची हुई भाषा का जादू नष्ट करके कविता को देर तक जादूहीन बनाए रखने की बात। यह सतर्कता इसलिए जरूरी है कि अगर मैं अपनी कविता के प्रति वह मोह नहीं छोड़ता तो यह बहुत सम्भव है—क्योंकि शिल्प बड़ी भारी ताकत है और वह

और उसकी पूरी दुनिया जिसको कि बहुत से ऐसे तत्त्वों ने बनाया है जो कि मेरे लिए शत्रुवत् हैं, मिलकर आदमी के मन और संस्कार को कभी-कभी बुरी तरह दबोच लेते हैं—कि अगर मैं सतर्क न रहूँ तो मैं इस मोह में बड़ी आसानी से पड़ सकता हूँ कि जिस तरह का शिल्प इस रचना में प्रस्तुत हुआ है उसको मैं अगली किसी रचना में एक जादू बनाने के लिए या चमत्कार के लिए इस्तेमाल करूँ। इसलिए मैं हर रचना में यह शर्त रखना चाहता हूँ कि किसी भी रचना में मैं शिल्प को वह स्थान नहीं पाने दूँगा कि जिससे कि वह रचना में एक तरह का जादू, एक तरह का कोई ऐसा आकर्षण पैदा करे जो कि दूसरों को मुग्ध या स्तम्भित या स्तब्ध कर दे। बजाय इसके कि मैं यह करूँ, मैं यह बेहतर समझूँगा कि मैं अपनी कविता को, जिस समय मैंने उसे लिख लिया है उसी समय उसको अपने पास से हटाकर अलग रख दूँ, दोबारा पढ़ने के लिए, देखने के लिए, और किसी भी हालत में उससे इनकार करने के लिए नहीं। मुझे तरस आता है उन पर जो यह कहते हैं कि किसी समय मैंने यह कविता लिखी थी लेकिन अब मैं इसको 'डिसओन' करता हूँ। आप परित्याग नहीं कर सकते किसी भी कविता का। इस अर्थ में मैंने नहीं कहा कि उसको अलग रख दूँगा, बल्कि इस अर्थ में कहा कि यह काम हो चुका, अब इस काम की नकल करने का मतलब होगा कि अपने साथ धोखा करना।

अ.वा. : हाँ, पर जो काम हो चुका और जो काम अब आप करना चाहते हैं, उसके बीच कोई-न-कोई तो सम्बन्ध होगा। यानी कविता ने एक बार जो जादू प्राप्त किया और अब उस जादू को तोड़कर जो नया जादू या दूसरा जादू वह पा रही है—इस और उस जादू में क्या कोई सम्बन्ध नहीं ? पहलेवाला जादू नहीं, शायद दूसरा जादू है।

इसको एक-दूसरे ढंग से कहा जाए कि रचनाकार एक कविता में एक शिल्प अर्जित या उपलब्ध करता है तो जरूरी नहीं है कि वह पूरी तौर पर उसे स्वायत्त भी उसी रचना में कर लेता हो—हो भी सकता है कर ले—और उससे बाद जो शिल्पगत परिवर्तन उसकी कविता में होते हैं, उनकी तर्कसंगति क्या है। यानी उनके बीच में जो सिलसिला बनता है वह बाहर से देखनेवालों को तो एक-दूसरे ढंग से दिखाई देगा कि मसलन पहले इसका इस्तेमाल, उसका इस्तेमाल करते थे, या इस तरह की भाषा, इस तरह की शैली का, छन्द का, छन्द के किसी तोड़ का वगैरा-वगैरा; लेकिन खुद जो उसे करता है उसके लिए यह किस तरह का अनुभव है ?

र.स. : सिलसिला शिल्प का सिलसिला नहीं है। अनुभव का सेतु है। 'आत्महत्या के विरुद्ध' की कविताओं में और 'हँसो हँसो जल्दी हँसो' की कविताओं में अगर कोई सेतु आपको दिखाई देता है, तो एक अंश में तो वह सेतु आपको इसलिए भी दिखता है कि एक में कुछ चीजें छोड़ दी गई थीं और दोबारा यहाँ पकड़ी गई हैं। एक मानी में यह सेतु इसलिए भी है कि आपको कवि का जो चरित्र उसमें था और जैसा इसमें है उन दोनों के बीच में एक रिश्ता लगता है। तो वास्तव में दो कविताओं के शिल्पों का सेतु कवि के चरित्र में से होकर है और वह कवि के चरित्र के विकास का ही रास्ता है जिससे कि एक शिल्प दूसरे शिल्प से जुड़ता है। स्वयं शिल्प की अपनी कोई सत्ता

नहीं है जिससे कि वह एक कदम के बाद दूसरा कदम उठा सके—और है सत्ता, लेकिन उससे कवि का विरोध है। मैं शिल्प को बहुत बड़ा प्रतिद्वन्द्वी मानता हूँ, क्योंकि काफी नुकसान पहुँचानेवाली ताकत उसके पास है। तो इसलिए उसकी अपनी सत्ता, अगर वह है भी तो, कवि बराबर उसका प्रतिरोध करता है। आपने इस दौर में जो कविताएँ लिखीं और अगले दौर में जो लिखीं, उनके बीच में आप क्या बने, यही निश्चित करेगा कि जब आप दोबारा कविता लिखेंगे तो उस कविता में जो शिल्प इस्तेमाल होगा उसका, आपने पहले जो शिल्प इस्तेमाल किया था उससे क्या सम्बन्ध है। पर वह सम्बन्ध शिल्प स्वयं अपने द्वारा तय नहीं करेगा।

मं. : इसमें द्वन्द्वात्मकता का प्रश्न भी है। शुरू में आपने कहा कि जब मैं अनुभव कर रहा हूँ तो उससे निस्संग भी हो रहा होता हूँ। या 'हँसो हँसो जल्दी हँसो' में खासतौर से कविताएँ व्यक्तिगत हैं और साथ-साथ राजनीतिक भी हैं।

र.स. : मुझे आप यह समझाइए कि व्यक्तिगत और राजनीतिक में क्या विरोध है ? क्या द्वन्द्व है ? एक कविता व्यक्तिगत है और साथ में राजनीतिक है, उसमें विचित्र बात क्या है ? व्यक्तिगत कविता क्या राजनीतिक नहीं हो सकती ?

मं. : बिल्कुल हो सकती है, होनी चाहिए। पर आमतौर पर राजनीतिक कविता की जो धारणा है वह ऐसी नहीं है। इसे काव्यात्मक नहीं बल्कि समाजशास्त्रीय स्तर पर लिया जाए, तो मसलन सारी दुनिया में जो वामपन्थ है—जैसे एक खास तरह के सामाजिक-राजनीतिक समय में यह बहुत मुश्किल हो गया है कि कोई दक्षिणपन्थी रहते हुए कोई सार्थक बात कह सके या कर सके।

र.स. : मैंने शुरू में ही कहा कि आप अगर अन्याय के पक्षधर हैं, अगर आप द्वेष करते हैं, अगर आप आदमी को नष्ट करना चाहते हैं तो आप रचना नहीं कर सकते, अगर आपका मतलब हो कि जो इन सब चीजों के खिलाफ नहीं साथ हो, वह दक्षिणपन्थी है, जो नहीं हो वह वामपन्थी है...

मं. : हाँ, अगर उसकी अवधारणाएँ तैयार की जाएँ तो—

र.स. : अवधारणाएँ कौन बनाता है, सब कुछ इस पर निर्भर होगा। एक अवधारित वामपन्थी या दक्षिणपन्थी दोनों कल जाकर हाथ मिला लेंगे, फिर आप क्या करेंगे ? मिला ही रहे हैं। हम ऐसी सूरत में इन विशेषणों का इस्तेमाल करके—वामपन्थी और दक्षिणपन्थी—कवि को अकेला कर देने का कितना बड़ा इन्तजाम कर रहे होते हैं। आपने वह 'ग्यारहवीं कहानी' पढ़ी होगी जो 'रास्ता इधर से है' में है। उसमें जब रूस और अमेरिका ने हाथ मिला लिया तो भारत के दक्षिणपन्थियों की भी और वामपन्थियों की भी बड़ी मुसीबत हुई। तो मैं इन परिभाषाओं को चाहता हूँ कि आप साफ करके रखें। यह मैं मान सकता हूँ कि अगर इंसान और इंसान के बीच एक गैर-बराबरी का रिश्ता है और उस रिश्ते को कोई आदमी मानता है कि ऐसे ही रहना चाहिए, तो वह कोई रचना नहीं कर सकता। वह एक भी कविता नहीं लिख सकता—ऐसी जिसको पढ़कर मैं खुश होऊँ कि यह कविता है। इसके उलट अगर आप यह मानें कि जो आदमी इस

गैरबराबरी को हटाना चाहता है—अब वह कैसे भी हटाना चाहता हो, वह अवधारणाओं के द्वारा हटाना चाहता हो, किसी संगठित कार्रवाई के द्वारा हटाना चाहता हो या केवल इसी के द्वारा हटाना चाहता हो कि मैं कम-से-कम नहीं करूँगा और इसकी निस्सारता को भी पहचानता हो कि मेरे अकेले यह न कर देने से होगा नहीं, लेकिन मैं करूँगा नहीं—तो मैं समझता हूँ कि तीनों-चारों प्रकारों से वह रचना करने में समर्थ और योग्य बना रहता है। लेकिन वामपन्थी और दक्षिणपन्थी शब्दों का आप इस्तेमाल करेंगे तो यह बहुत ही सम्भव है कि बहुत जल्दी किसी भी समय आगे जा करके आपको दोबारा अपनी मूल मान्यताओं को या तो बदलना पड़ जाएगा ताकि इन शब्दों का अर्थ ठीक-ठीक बना रहे, या फिर इन शब्दों को छोड़ देना पड़ेगा।

अ.वा. : यह तो ठीक है, पर इसके अलावा खासतौर से पिछले पाँच-सात वर्षों में कवि की राजनीतिक दृष्टि को—यानी एक कोई ऐसी दृष्टि उसकी जो और दृष्टियाँ हैं उनसे 'रिड्यूस' करके निकाल ली जाती है और यह माना गया है कि निकाली जा सकती है, उसको लेकर बहुत बावेला मचता रहा है। अक्सर वह दृष्टि जरूरी नहीं है कि रचना से निकाली गई हो, और बहुत सारी चीजों से निकाल ली गई है और यह मान लिया गया है कि रचना में भी ऐसी ही दृष्टि होती होगी। इस बारे में आप क्या सोचते हैं ? आपने कहा भी था कि हर कविता राजनीतिक है क्योंकि उसका आदमी की दुनिया से सम्बन्ध है।

र.स. : कवि की राजनीतिक दृष्टि क्या है यह केवल उसकी उन कविताओं से जाना जा सकता है कि जिन कविताओं को राजनीतिक माध्यम से काम करनेवाले लोग राजनीतिक नहीं मानेंगे। मतलब मेरी जिस कविता को किसी भी पार्टी के लोग यह कहेंगे कि यह राजनीतिक कविता है, उस कविता को अलग रख दीजिए। बाकी कविताओं में देखिए कि क्या राजनीति है। क्योंकि जिस कविता में एक संगठित राजनीतिक माध्यम से काम करनेवाला व्यक्ति या दल राजनीतिकता देख रहा है, उसमें निश्चित रूप से वह अपनी राजनीतिक इच्छाओं को आरोपित कर रहा है। वह इसके योग्य नहीं है कि वह कविता को कविता की तरह से जाँच सके। कविता के निकट ही वह आया है उसमें यह देखने के लिए कि वह उसके दल या उसके विचार या उसके उद्देश्य के लिए कितनी उपयोगी है। हो सकता है कि संयोगवश उसने ठीक वही चीज पा ली हो जो कि उसमें हो, लेकिन उस संयोग के पीछे हम सारी धारणा को बर्बाद नहीं करेंगे। इसलिए हम चाहेंगे कि उस आदमी का या उस दल का या उस समूह का या उस सम्पादक का या उस पत्रिका का निर्णय कि यह कविता राजनीतिक है, जिस पर हुआ है, उस कविता को मेरी राजनीतिक समझ जानने के लिए इस्तेमाल न किया जाए क्योंकि उसमें विकृत अर्थ निकलेंगे।

मं. : कवि की क्या कोई प्रति-राजनीति होती है या...

र.स. : क्या यह आप मानकर चल रहे हैं कि राजनीति संगठित ही होती है या यह कि राजनीति संगठित दलों के ही द्वारा होती है ?

अ.वा. : संयोग है कि दुर्योग, हमारे यहाँ अक्सर राजनीतिक दल ऐसे कोई नतीजे नहीं निकालते।

र.स. : निकालते हैं। बराबर निकालते हैं।

अ.वा. : मान लीजिए, निकालते भी हों। छोड़ दें, हम उनकी बात नहीं कर रहे हैं। हम उन लोगों की बात कर रहे हैं जो मसलन जरूरी नहीं है कि किसी संगठित राजनीतिक माध्यम का उपयोग करते ही हों, लेकिन जो एक राजनीतिक दर्शन से प्रभावित और प्रेरित लोग हैं और जो साहित्य-विमर्श करते हैं। ऐसे लोग अपने उस राजनीतिक दर्शन के अधीन, जो उन्हें मुक्त भी करता होगा और संसार को समझने की दृष्टि भी देता है, कुछ औजार भी देता है और कुछ सीमाएँ भी बाँधता होगा, वे लोग जिस ढंग के निर्णय जिन कविताओं के बारे में करेंगे, उनके बारे में आप क्या कहेंगे ?

र. स. : आदमी को गुलाम बनानेवाली राजनीतिक विचारधारा, पद्धति या सिद्धान्त जिन ठोस तथ्यों और डेटा के आधार पर बनाई जाती है उनको वह सीमित कर चुकी होती है और किसी भी आदमी को उनमें वृद्धि करने की इजाजत नहीं देती। किसी भी आदमी को नहीं देती—कवि को तो दूर, जबकि कवि का हर समय काम यही है कि इस इंसान की राजनीतिक जिन्दगी के तथ्यों में वृद्धि करे। तथ्य का मतलब यहाँ अनुभव भी है, क्योंकि एक अनुभव जो कविता से होता है, वह भी एक तथ्य बनता है। लेकिन अगर एक राजनीतिक सिद्धान्त या पद्धति या विचारधारा के माननेवाले लोग किसी भी कविता के बारे में कोई राजनीतिक विचार रखते हों तो कवि को उनके बारे में कोई लगाव नहीं होना चाहिए।

अ.वा. : यानी आप जो कह रहे हैं उसके पीछे कहीं न कहीं एक पूर्वग्रह है कि यह इजाफा करने की इजाजत उसमें नहीं होगी, इसलिए जो बुनियादी रचना-कर्म है उसके वह विरुद्ध ही होगा। स्वयं रचना करते हुए भी जो कवि है वह अपना एक दर्शन या दृष्टि विकसित करता है या अर्जित करता है। जिस तरह की दृष्टि विकसित करने की इजाजत उसको एक राजनीतिक दर्शन नहीं देता, उस तरह की इजाजत हो सकता है उसका खुद का अर्जित किया हुआ अनुभव-दर्शन भी न दे।

र.स. : यह सम्भव है और बहुधा होता है। पर किसी भी आदमी को कविता की जाँच के लिए कविता में दी गई शर्तों के अलावा किन्हीं शर्तों की इजाजत नहीं दी जा सकती।

अ.वा. : पर ये जो कविता की शर्तें हैं, ये क्या इतनी निरपेक्ष शर्तें हैं ? कविता को कविता की शर्तों पर जाँचना—पर कविता की शर्तें बनें तो कैसे बनेंगी ? क्या वे सिर्फ कविता द्वारा निर्धारित होंगी या कि कोई और तत्त्व भी इसमें शामिल होंगे ? मसलन, एलियट की एक प्रसिद्ध स्थापना थी कि कोई कृति साहित्य है या नहीं इसका निर्णय तो शुद्ध साहित्यिक प्रतिमानों के आधार पर हो सकता है पर कोई कृति महान है या नहीं इसका निर्णय सिर्फ साहित्यिक प्रतिमानों के आधार पर नहीं हो सकता। मतलब उसमें उसका नैतिक-सामाजिक प्रभाव, नैतिक मूल्य वगैरा तत्त्व भी होंगे।

र.स. : कौन से नैतिक मूल्य ? किसने बनाए हैं वे ? अन्ततः आप यही कहते हुए पाए जाएँगे कि मैं बहुत अधिक सतर्क हूँ कि कहीं कविताएँ उन नैतिक मूल्यों के द्वारा न जाँची जाने लगें जो भ्रष्ट नैतिक मूल्य हैं। फिर आपको यह बताना पड़ेगा कि आखिर कौन से ऐसे नैतिक मूल्य हैं जिनके कि भ्रष्ट होने की सम्भावना सबसे कम है, क्योंकि आखिर आप सब नैतिक मूल्यों की सूची बनाकर उसमें भ्रष्ट और पवित्र तो नहीं लिख सकते। तो जिनकी सम्भावना सबसे कम होगी वे अन्ततः वही नैतिक मूल्य होंगे जो कि कवि निश्चित करता है। इसलिए यह सही है कि आप किसी भी रचना को केवल उसकी अपनी शर्तों के आधार पर नहीं जाँच सकते, लेकिन यह इसी अर्थ में सही है कि कविता की शर्तों की परिभाषा में अभी तक आपने यह नहीं जोड़ा है कि उस कवि का नैतिक योगदान क्या है। हम जब कविता की शर्तें कहते हैं तो आमतौर से भाषा, शब्द, शिल्प के इस्तेमाल आदि की ही बात सोचकर रह जाते हैं, हमारे लिए यह ज्यादा उचित होगा कि हम इस शर्त को भी उस कवि के ही कृतित्व में ही ढूँढ़ने की कोशिश करें जिसको हम एक नैतिक शर्त कहते हैं।

अ.वा. : तो बजाय यह कहने के कि हम यह कहें कि हर कविता अन्ततः राजनीतिक है, शायद यह कहना ज्यादा सही होगा कि हर कविता अन्ततः एक नैतिक कर्म है।

र.स. : राजनीतिक होना क्या एक नैतिक कर्म नहीं है ? असल में दिक्कत यों हो रही है कि राजनीतिक शब्द का आप जब भी इस्तेमाल करते हैं तो आप अभिप्राय लेते हैं संगठित राजनीति से। मैं कविता के सन्दर्भ में नहीं लेता।

मं. : आपने जब कहा कि आपकी कविता इस अर्थ में राजनीतिक है तो किस अर्थ में उसका एक खास दूसरी राजनीति और समाज में व्यापक रूप से स्वीकृत और समाज को बनाने और उजाड़नेवाली राजनीति—संगठित राजनीति से अलगाव है ?

र.स. : समाज में व्यापक रूप से स्वीकृत या समाज को बनाने या उजाड़नेवाली राजनीति में और कवि की राजनीति में अन्तर नहीं है। अन्तर है संगठित राजनीति में और राजनीति में। आप जिस समय पैदा होते हैं, आप समाज में पैदा कर दिए जाते हैं और आपका हक हवा-पानी, जमीन और जमीन के नीचे जो है, और दुनिया में जो चीजें अभी खोजी जाएँगी, उनके ऊपर और दुनिया से बाहर जो चीजें खोजी जाएँगी, जिन्हें इंसान खोजेंगे, उनके ऊपर है—इसलिए कि आप भी इंसान हैं। यह आपका राजनीतिक अधिकार है। इस राजनीतिक अधिकार के अनेक उपयोग हैं और उन उपयोगों को आप ही कर सकते हैं। करते हैं, अपने हर रचनात्मक काम के द्वारा। इस अर्थ में राजनीतिक हैं आप, क्योंकि आप राजनीतिक नहीं होंगे तो आप अपने इन अधिकारों के बारे में सचेत नहीं होंगे। आप इन अधिकारों को शोषकों के लिए छोड़ देने को तैयार होंगे। आप या तो उस हालत में बहुत ही मुर्दा किस्म की जिन्दगी जी रहे होंगे या अगर आप ऊपर से जिन्दा दिखनेवाली जिन्दगी जी रहे होंगे तो आप उन राजनीतिक संगठनों द्वारा इस्तेमाल किए जाने के लिए सुरक्षित रखे गए होंगे जो कि

आपके इस अधिकार को छोड़ देने के पक्ष में हैं। ऐसे तमाम बोदों को, मूर्खों को, अधकचरों को एक खास तरह की राजनीतिक बुद्धि के लोग प्रश्रय देते हैं, उनको समाज में बढ़ाते हैं आगे। यह खाली संसार के भ्रष्ट नियमों में से एक नियम नहीं है कि संसार में घटिया लोग ही आगे बढ़ते हैं। वे बढ़ाए जाते हैं, क्योंकि वे अपने राजनीतिक अधिकारों को छोड़कर चलने को तैयार रहते हैं, क्योंकि वे लोग जो कि दुनिया में आगे बढ़ाए जाते हैं, वे अच्छी कविता नहीं पढ़ते।

इसलिए मैं राजनीति के अर्थ के बारे में बहुत साफ रहना चाहता हूँ। अगर आपका बार-बार यह अर्थ है कि दलों की राजनीति या सत्ता की राजनीति, तो मेरा वह अर्थ नहीं है क्योंकि सत्ता की राजनीति और रचना का तो बिल्कुल छत्तीस का सम्बन्ध है। प्रत्येक रचना सत्ता के खिलाफ होती है। इसलिए होती है कि सत्ता का सारा अभिप्राय—किसी एक सरकार की सत्ता की बात नहीं कर रहा हूँ—आदमी के पास, उसका हक जितनी आजादी का है उससे कम आजादी रखना होता है। वरना सत्ता नहीं होगी। वरना तो सबकी बराबर सत्ता होगी। जिस हद तक हम स्वेच्छा से अपनी आजादी सौंपते हैं—किसी दूसरे ही प्रतिरूप को स्वेच्छा से और सीमित समय के लिए (वह समय कैसे सीमित होता है, यह सिर्फ एक सामाजिक प्रथा है कि वह पाँच साल में चुनाव से सीमित होगा या कोई और कानून होगा जिससे कि वह जब चाहे तब सीमित किया जा सके) हम अपनी आजादी का एक हिस्सा इसलिए देते हैं कि वह समाज का और राज्य का प्रबन्ध करे, तो सत्ता के और हमारे बीच में एक रिश्ता बनता है। वह रिश्ता हमेशा तनाव का रिश्ता होगा। रचना इस तनाव का प्रतिनिधित्व करती है। और इसलिए रचना का पक्षपात हमेशा उस स्वेच्छा को बनाए रखने के लिए और उस सीमा को बनाए रखने के प्रति होता है। वह उन दोनों को कभी हमेशा के लिए नष्ट नहीं होने देना चाहती। रचना न जाने किस वक्त सत्ता को इस स्वेच्छा से प्राप्त हुई शक्ति को किसी-न-किसी रूप में वापस देने के लिए कहने लगे, यह सत्ता नहीं जानती—इस अन्तर्निहित डर के कारण वह रिश्ता हमेशा तनाव का बना रहता है। यह तो बिल्कुल अनिवार्य शर्त है—हर रचना के लिए। यह बात और है कि किसी एक दिए हुए समय में, किसी दिए हुए समाज में जिन लोगों के हाथ में सत्ता है वे इस बात को स्वीकार करते हों कि रचना का यह कार्य है कि वह सत्ता की इन प्रवृत्तियों पर अपने ढंग से अंकुश रखे और यह स्वीकार करके ही वे सत्ता हाथ में लेते हों। यह सम्भव है। सत्ता जिनके हाथ में है वे हमेशा रचना के विरुद्ध होंगे—यह सिद्ध नहीं हो गया। लेकिन यह खतरा भी दूर नहीं हुआ। तो इसलिए जब आप दलीय और संगठित राजनीति की बात करते हैं तब यह मानते हुए भी कि सत्ता भी मनुष्य को आजाद करने का एक साधन है मैं यह याद दिलाए रखना चाहता हूँ कि सत्ता हमेशा स्वेच्छा से और सीमित समय के लिए दी जाने पर मनुष्य को आजाद करने का एक साधन बन सकती है। इसलिए दलीय संगठित राजनीति की आवश्यकता के साथ-साथ रचना की भी आवश्यकता बनी रहती है। और फिर इन दोनों में भी वही विरोध बना रहता है जो कि सत्ता और रचना में पहले था।

इसलिए किसी भी प्रकार की संगठित राजनीति को मैं कभी यह पूरा अधिकार नहीं दे सकता कि वह रचना की जाँच करे या उस पर निर्णय दे। और निर्णय देगी तो उस निर्णय को मैं पक्षपात का निर्णय मानूँगा, भले ही वह संयोगवश सही निर्णय हो। इस बात की सम्भावनाएँ बहुत अधिक हैं कि जिन कविताओं में किसी राजनीतिक दल ने राजनीति का इस्तेमाल नहीं देखा है उन्हीं में सबसे ज्यादा आदमी के लिए न्याय के पक्ष की राजनीति हो।

अ.वा. : इससे एक बात यह निकलती है कि–जहाँ तक मेरी जानकारी है–पहले कविता पर या कविता की अर्थवत्ता पर विचार करते समय सत्ता या सत्ता से रिश्ता या राजनीति कोई प्रतिमान या कि विचारणीय मुद्दा नहीं होता था।

र.स. : पहले माने कब ?

अ.वा. : मसलन छायावाद के जमाने में। अब होने लगा। यह और बात है कि जैसे ज्यादातर रचना फूहड़ होती है तो ज्यादा आलोचना भी फूहड़ होती है–इसलिए वन मैचेज द अदर। लेकिन क्या यह आप कहेंगे कि पिछले बीस-पचीस सालों में सत्ता के प्रति, राजनीति के प्रति–उस अर्थ में जिस अर्थ में आपने राजनीति कहा–और संगठित राजनीति के प्रति यह जो रुख है, यह साहित्य में विचार का एक प्रमुख केन्द्र रहा है। यह जो शिफ्ट है, इसका आप कैसे विश्लेषण करेंगे ?

र.स. : मुझे खेद है कि यह विचार का प्रमुख केन्द्र नहीं बना। बल्कि संगठित राजनीति से सतर्क रहने की इच्छा बहुत बिखरी और बहुत अनमने भाव से साहित्य में दिखाई दी। और जब दिखाई दी तो जिन व्यक्तियों में दिखाई दी, जिन्होंने उसको प्रकट किया उन पर एक दूसरे किस्म की संगठित राजनीति से जुड़े होने का सन्देह प्रकट किया गया। और साथ में मैं यह कहना चाहूँगा कि यह हुआ भी है। ऐसे व्यक्ति भी हुए हैं जिन्होंने व्यक्ति-स्वातन्त्र्य की बात कही है–इसलिए कि वह एक प्रकार की संगठित राजनीति के हित में थी, इसलिए नहीं कि वे व्यक्ति-स्वातन्त्र्य के पक्ष में थे। यह सारी स्थिति का एक अनिवार्य हिस्सा है जिसको छिपाकर हम केवल यह दो-टूक बात नहीं कर सकते कि जिसने भी व्यक्ति-स्वातन्त्र्य की बात की उस पर संगठित राजनीति ने जवाबी आरोप लगा दिया। किन्तु मोटे तौर पर यह बात सही है कि जिन लोगों ने ईमानदारी से रचनाकार की राजनीतिक स्वतन्त्रता की बात की है जो कि व्यक्ति-स्वातन्त्र्य का दूसरा नाम है, वे खुद कम रहे हैं। उनमें अनमनापन रहा, उदासीनता रही है। लेकिन यह बात जरूरी है कि संगठित राजनीति और रचना में तनाव का रिश्ता होना चाहिए और सत्ता और रचना में भी तनाव का रिश्ता होना चाहिए। रिश्ता होना चाहिए, मैं रिश्ते से इनकार नहीं करता–मैं इस बात को बिल्कुल नहीं कह रहा हूँ, और यह बड़ी बेवकूफी की बात होगी अगर कही जाए तो कि रचनाकार हमेशा विरोध करता रहता है। रचनाकार हमेशा रचना करता रहता है, वह रचना बहुधा विरोध हुआ करती है। क्योंकि अगर आप यह मान लें कि रचनाकार विरोध किया करता है तब तो फिर आप इतने विरोध करेंगे कि रचना बिल्कुल नहीं करेंगे। तो बहरहाल बीस-पच्चीस बरस

में कुछ—आपने स्थापना की कि—इस बात को प्रमुखता मिली है कि रचनाकार और सत्ता के बीच में क्या रिश्ता है।

अ.वा. : जो आप कह रहे हैं उसमें मैं सहमत हूँ। इस तरह का दिखावा तो हुआ है, पर बहरहाल मैं ऐसा कोई भी विश्लेषण याद नहीं कर सकता जिसमें सचमुच किसी लेखक की किसी कृति की इस बात को लेकर सचमुच पड़ताल की गई हो कि इन दो-तीन चीजों से उसका सम्बन्ध है या नहीं और उनका कलात्मक औचित्य या अनौचित्य क्या है।

र.स. : अगर आप ऐसा कुछ नहीं पाते हैं तो बहुत करके उसका कारण क्या यह नहीं है कि हम लोगों ने आजाद होते ही सबसे पहला ध्यान इस ओर लगाया कि—और उचित ही किया—कि हम अपनी आजादी स्वेच्छा से और सीमित समय के लिए ही सौंप रहे हैं, क्योंकि गुलामी के जमाने में इस बात के ही लिए तो सारी लड़ाई थी और जब यह अधिकार प्राप्त कर लिया गया तब सारा जोर इस अधिकार के भोग-उपयोग पर और उसकी आवृत्ति पर हुआ। यह संगठित राजनीति के ही माध्यम से सुरक्षित रह सकता था। इसके साथ संगठित राजनीति की कमजोरियों को दूर करने का, उसमें नए प्रयोग करने का जरूरी प्रश्न था और उस प्रश्न में चूँकि बहुत जल्दी किसी नतीजे पर नहीं पहुँच सकते थे, इसलिए उसके साथ जूझने में बहुत वक्त लगना बर्दाश्त किया गया। इसलिए और भी लम्बा वक्त संगठित राजनीति को मिला कि जिससे वह लोगों को भ्रष्ट दलीय राजनीति और वोट-संग्रह के प्रमुख प्रश्न पर अटकाए रही जिससे कि उसके खिलाफ खड़ी होनेवाली रचना की शक्ति को बहुत अधिक उत्तेजन नहीं मिलने पाया। जैसे-जैसे हम संगठित राजनीति की अकर्मण्यता या अकुशलता या असफलता को प्रकट पाते गए, बहुत से लोग केवल इस बात पर जोर देने लगे कि संगठित राजनीति असफल रह गई। जो ऐसा कहते हैं वे इसका कहीं जिक्र नहीं करते कि संगठित राजनीति को सफल बनाने के लिए क्या प्रयत्न किए गए, जैसे कि इससे उनका कोई लगाव नहीं था। ऐसे लोगों से मुझे बहुत भय मालूम होता है, क्योंकि हो सकता है कि ये लोग शुरू से ही संगठित राजनीति के एक प्रकार के भ्रष्ट रूप की कामना किए हुए हों—ऐसे रूप की जिसमें कि स्वेच्छा से और सीमित समय के लिए नहीं बल्कि दूसरे की इच्छा से और अनन्त समय के लिए अपनी आजादी सौंपी जाती है।

यह अब सम्भव हुआ है, जबकि हम उन प्रयोगों में असफल रहे हैं कि हम पाएँ कि कौन सी वह ताकत है जो कि संगठित राजनीति के दबावों को और उससे होनेवाले नुकसानों से इंसान को बचा सके और उसकी अच्छाइयों को बनाए रख सके, क्योंकि संगठित राजनीति की अच्छाइयों को बनाए रखना मनुष्य की आजादी के लिए उतना ही अनिवार्य है जितना कि उसकी बुराइयों के खिलाफ खड़े रहना। अगर आप यह मान लेते हैं कि संगठित राजनीति नहीं होनी चाहिए तो वहीं आप यह भी मान लेंगे कि स्वेच्छा और सीमित समय का भी प्रश्न नहीं होना चाहिए। आप मान लेंगे तो आप आदमी की आजादी भी कहाँ से बचाएँगे ? तो इसलिए यह बराबर मानते रहना पड़ेगा कि

संगठित राजनीति अत्यन्त आवश्यक है, लेकिन उसके खिलाफ रचना भी आवश्यक है और इसके मानने का सबसे अधिक उत्तेजन अब पैदा हो सकता है, क्योंकि अब हम उन तमाम प्रयोगों को, जो कि संगठित राजनीति की दुश्चरित्रता को दूर करने के लिए किए गए, विफ़ल पा चुके हैं।

प्रश्न : आपके नए संग्रह 'हँसो हँसो जल्दी हँसो' की अधिकतर कविताओं में एक विशेष दहशत या आतंक है या फिर एक असमर्थ करुणा। 'सीढ़ियों पर धूप में' में भी करुणा थी, पर एक मानवीय शक्ति और सुन्दरता हो करके थी। फिर 'आत्महत्या के विरुद्ध' में अपना रूप खोती हुई दुनिया में व्यापती फूहड़ता और बेहूदगी थी। नए संग्रह में फूहड़ दुनिया नहीं, उसके नीचे चीजों के खत्म होने की आवाजें हैं। शायद कवि के रूप में जिन चीजों को आप बचा रखना चाहते रहे होंगे उन्हें बचा न पाने की विकलता उनमें है। आप क्या बचाना चाहते थे ? दूसरे शब्दों में, कविता क्या कुछ बचा सकती है ?

र.स. : कविता क्या चीजें बचा सकती है ? बहुत सोच करके देखूँ तो भी मैं उसको कुछ पहचानी जानेवाली शक्लों में नहीं देख पाता—सिवा इसके कि कुछ चीजें हैं जो कि रोज हम अपनी जिन्दगी में करते हैं, पाते हैं और हर वक्त एक तरह की भावना से आक्रान्त रहते हैं कि ये हमें रियायतों के रूप में मिली हैं, जबकि वे हमारे अधिकार हैं। उन चीजों को अगर बचा रखा जा सके तो हम सोच सकते हैं कि कभी-न-कभी हम इनको अपने अधिकार की तरह से बरतेंगे। आप यह कह सकते हैं कि मैं चाहता हूँ कि इस बात को बचा रखा जाए कि बच्चा अपनी माँ और अपने बाप के साथ एक रिश्ता रखता है। आप कह सकते हैं कि इस बात को बचा रखा जाए कि मैं जब कोई बहुत जायकेदार चीज खाता हूँ तो मेरे शरीर में एक संवेदन होता है। वह बचा रखनेवाली चीज है। ये दोनों बहुत दो किस्म की चीजें हैं। इनके बीच में एक बहुत बड़ी, एक पूरी शृंखला है। मैं इसलिए सिर्फ इतना कहूँगा कि ऐसी शृंखला के अन्दर जो चीजें इंसान को, उसके शरीर के द्वारा उसकी अनुभूति और आत्मा में खुशी देती हैं (और बाइज्जत खुशी और दूसरे के लिए इज्जत रखते हुए खुशी—वह खुशी नहीं जो कि किसी को मार के मिलती है, वह खुशी नहीं जो एक चिड़िया का शिकार करके मिलती है) उन्हें जो चीज बचा सकती है वह कविता ही है। कविता जिन चीजों को बचा रख सकती है उनको पहचानने के लिए आप मुक्त हैं, पर वे अन्ततः वही होंगी जो कि आदमी को कहीं-न-कहीं आजाद करती है। मसलन, चिड़िया को मारने की खुशी आजाद नहीं करती। वह खुशी थोड़ी देर बाद जाके एक बन्धन में आदमी को बाँध देती है। लेकिन और ऐसी बहुत सी खुशियाँ हो सकती हैं और उन खुशियों के साथ जुड़े हुए सन्देह हो सकते हैं। 'काला नंगा बच्चा पैदल बीच सड़क पर जाता था'—उसको जब मैंने खींच लिया तो 'मेरे मन ने मुझसे कहा कि यह तो तुमने बिल्कुल ठीक किया।' लेकिन उसके बाद जब मैंने अपने अनुभव और करुणा के दायरे को बढ़ाने की कोशिश की तो मैं घबरा गया, वहाँ से भागा, क्योंकि जब उस आदमी से कहना शुरू किया कि हाँ इसकी

माँ भी मर गई है और इसके भाई भी मर गए हैं, तो अगली बात वह यह कहता कि इसलिए साहब मुझे एक रुपया दीजिए या मैं और भी कुछ आपसे हकदार हूँ। तो मेरा सारा जो करुणा का विस्तार था वह जटिल होने जा रहा था। पता नहीं वह झूठ बोल रहा था या वह सच बोल रहा था, लेकिन मैं डर गया थोड़ा कि अब मेरी जिम्मेदारियाँ बढ़ जाएँगी। तो यह मेरा कायरपन था। मैंने बड़ा अच्छा नहीं किया कि मैं भागा, लेकिन भागा। तो वह खींच लेने का जो मैंने काम किया था वहाँ, जो कि मुझे आजाद करता था, उसके साथ एक यह विकृति भी जुड़ी हुई थी कि मैं अपने को पूरी तरह से आजाद नहीं कर सका। मैं समझता हूँ कि इस तरह की खुशियों को या ऐसी आजादी की इच्छाओं को और उनके साथ जुड़ी हुई इन स्थितियों को जिनमें आपको अपनी अपूर्णता का अनुभव होता है या जिनमें आप अपने से प्रश्न करते हैं, दोनों को एक-दूसरे के समेत, अगर कविता बचाए रख सकती है तो बहुत बड़ी बात होती है और अगर कविता बचा सकती है तो अन्त में यही चीज बचा सकती है।

अ.वा. : हाँ। पर क्या यह बात आप मानेंगे कि आपके नए संग्रह की कविताओं में एक विशेष दहशत या आतंक है या असमर्थ करुणा है ?

र.स. : दहशत या आतंक, हाँ शायद। असमर्थ करुणा मैं नहीं मानता। यह मानता हूँ कि करुणा के द्वारा निष्कृत न हो जाने का एहसास पहले की अपेक्षा ज्यादा पूरा, ज्यादा स्पष्ट है और यह एहसास मैं समझता हूँ कि जिन्दगी को ज्यादा समझने के साथ पैदा होता है। शुरू जिन्दगी में हम समझते रहते हैं कि हम अपनी हिम्मत और इच्छा से बहुत सी चीजें कर लेंगे। इसके समझने की वजह सिर्फ यह होती है कि उन चीजों को हमने किया नहीं है, क्योंकि इतना वक्त ही नहीं गुजरा होता है जिन्दगी में कि हमने वे चीजें की हों। जब उनको हम करने लगते हैं तो धीरे-धीरे एक वक्त आता है जब हमको कभी-कभी मालूम होता है कि (और यहाँ जिन्दगी से मतलब आप यह न समझें कि जिन्दगी के बरस, अनुभव के भी बरस हो सकते हैं) जिन चीजों के बारे में पहले आपने हिम्मत की थी—चाहे वे शारीरिक हों या मानसिक—उनको लेकर तमाम ऐसी ताकतें काम कर रही हैं जो कि आपकी कोशिशों को खत्म कर देती हैं। एक जगह ऐसी आती है जहाँ पर कि दहशत जिन्दगी का एक अनिवार्य अनुभव बन जाती है। न आप मूढ़ बने रह सकते हैं जिन्दगी-भर, और वृथा-साहसी भी आप जिन्दगी-भर नहीं बने रह सकते हैं। दोनों मिलाइएगा तो कहीं एक ऐसी जगह आएगी, जहाँ पर यह तनाव मिलेगा कि हम कुछ चाह रहे हैं, और कुछ लोग उसको नहीं होने देना चाह रहे हैं और वे लोग इतने ताकतवर हैं कि वे किसी भी तरह का तरीका अपना सकते हैं हमें रोकने के लिए। यहाँ तक कि शारीरिक तरीका भी अपना सकते हैं। बल्कि शारीरिक ही वे पहले अपनाते हैं, क्योंकि वैचारिक स्तर पर हमारा-उनका कोई मुकाबला हो नहीं सकता। इसलिए दहशत होना जरूरी है। अगर आपको नहीं होती तो या तो आप बहुत ताकतवर आदमी हैं, या बहुत उम्मीदें आपकी जिन्दगी में अभी बाकी हैं या आप बहुत नातजुर्बेकार आदमी हैं। यह मैं मान सकता हूँ कि बहुत उम्मीदें हमेशा रहनी चाहिए। मैं निजी तौर पर मानता

हूँ कि उम्मीद बहुत जरूरी चीज है। लेकिन मैं नहीं मानता हूँ कि उम्मीद आराम के साथ की जा सकती है : उम्मीद करने में बहुत तकलीफ छिपी हुई है। उम्मीद आप करते हैं लेकिन इस जानकारी के साथ करते हैं कि यह उम्मीद पूरी नहीं होगी। और अगर होती है तो फिर आप खुश होते हैं एक और उम्मीद करने के लिए जिसके बारे में फिर आपको यह ख्याल होता है कि यह पूरी नहीं होगी। जो यह मानके चलते हैं कि सारी दुनिया सुधारी जा सकती है, अच्छे-अच्छे कामों से, अच्छी-अच्छी बातों से और सब कुछ अन्त में भला होगा और कर भला तो होगा भला और आप भला तो जग भला वगैरा, उनकी ये सब भला सम्बन्धी जितनी भी कहावतें हैं वे सब गलीज कहावतें हैं।

अ.वा. : आप जो कह रहे हैं, दहशत के अलावा एक तरह का उदास विवेक कि चीजें ऐसी हैं, चीजें ऐसी हो सकती थीं, हालाँकि नहीं हो सकीं।

र.स. : लेकिन उसमें यह और जोड़िए कि ऐसी होनी चाहिए। मैं यह मानता नहीं कि आप निराशा को एक जीवन-दर्शन बनाकर कोई भी रचना कर सकते हैं या कोई भी ऐसा काम कर सकते हैं जो रचना के तुल्य हो। लेकिन आप संशय को और कर्म को अपना जीवन-दर्शन बनाकर चल सकते हैं, जो कि निराशा के ही जैसा दिखता है, लेकिन निराशा नहीं है।

दहशत तो एक ऐसी अनुभूति है जो कि आपको जरूर किसी वक्त जिन्दगी में समझनी पड़ेगी, लेकिन यह मानकर कि चीजें वह नहीं हैं जो कि होनी चाहिए, आप यह बात फैलाना शुरू करें कि वह दहशत ही असल जिन्दगी है तो यह गलत बात है। ऐसे बहुत से कवि हुए हैं हमारे यहाँ जिन्होंने कि यह लिखकर बहुत नाम कमाया, जिन्दगी जो है वह मिट चुकी है, लाश है, उसमें कुछ नहीं रहा। मुझे लगता है कि 1967 के आसपास ऐसे कवियों का उदय होना एक सामाजिक घटना है। उस वक्त संगठित राजनीति के दायरे में कुछ परिवर्तन होते दिखाई दे रहे थे। वे परिवर्तन अन्त में बेकार साबित हुए, वह अलग बात है। लेकिन दिखाई दे रहे थे। और उस वक्त किसी को नहीं मालूम था कि वे बेकार साबित होंगे। उस वक्त जो यथास्थितिवादी लोग थे, बहुत घबराए हुए थे। यद्यपि उनको बिल्कुल घबराने की जरूरत नहीं थी क्योंकि वास्तव में परिवर्तन उन्हीं के पक्ष में हुआ। लेकिन वे घबराए हुए थे। और यह जो तमाम अकवितावाला संसार है यह उसी यथास्थितिवादी मध्यवर्गीय बुद्धिजीवी का संसार है जो कि यह देखकर कि कहीं दलों के इस बने-बनाए राजनीतिक नेतृत्व को बदल देनेवाली शक्तियाँ सफल न हो जाएँ, बहुत परेशान था। उन्हीं को सारी दुनिया टूटती हुई, बिखरती हुई, जलती हुई लाश, धुआँ वगैरा दिखाई दे रही थी। हमारे आलोचकों ने इस तरह के साहित्य को क्रान्ति और परिवर्तन का साहित्य कहा, जबकि यह यथास्थितिवादियों का विलाप था और उस साहित्य ने यह कोशिश की कि निराशा और कुंठा को एक खास तरह की गरिमा दे—छायावाद ने उसको गरिमा दी थी—इसी परम्परा में एक नई गरिमा। लेकिन वह हुआ नहीं। इसलिए कि यों तो छायावाद हिन्दी साहित्य पर अब भी हावी है, लेकिन उसके वजन पर विश्व-साहित्य भी हावी है और वह हिन्दी

के लिए बहुत बड़ी एक देन है कि विश्व-साहित्य से हिन्दी का सम्बन्ध अन्य कई भारतीय भाषाओं की अपेक्षा कहीं ज्यादा अच्छा है।

अ.वा. : हाँ, अकविता का तो करुण क्या दयनीय अन्त हुआ। इस मानी में कि शायद भौतिक रूप से तो वह लिखी जाती रही, लेकिन एक आन्दोलन या एक प्रवाह के रूप में उस पर विचार बन्द हो गया। उसके बाद एक और दूसरी कविता आई जो मसलन उस तरह की दकियानूसी से अपने को मुक्त करती थी, सामाजिक एहसास, जिम्मेदारी वगैरह जिसमें थी। मसलन धूमिल, लीलाधर जगूड़ी और विनोदकुमार शुक्ल आदि की कविता, जो कि लगभग उसी दौर में लिख रहे थे।

र.स. : चाहे कुछ भी ये अपने बारे में कहें और चाहे कुछ भी हमारे आलोचक उनके बारे में कहें, असलियत यह है कि इन लोगों में एक-एक अंश में सच्चा कवि काम कर रहा था। और उसी अंश तक इनकी कविता महत्त्व रखती है। इसलिए यह कविता अकविता की कविता से बहुत भिन्न अगर है तो इस अर्थ में नहीं है कि यह आशावादी कविता है और वह निराशावादी कविता थी या कि यह समाज को बदलनेवाली कविता है और वह समाज को वैसा ही रखनेवाली, बल्कि इस अर्थ में कि यह ज्यादा अधिक—संख्या में ही नहीं गहराई में भी, काल में और देश में—दोनों प्रकार से अनुभवों का विस्तार करनेवाली कविता है। खेद की बात तो यही है कि इन कविताओं में अनुभवों का जो विस्तार हुआ है, उनको स्वयं कवि और आलोचक भी महत्त्व नहीं देता है। महत्त्व इस बात को देता है कि ये कविताएँ तत्काल उसके किस वक्तव्य के अनुकूल होती हैं या किस तरह से वह उनमें क्या देख सकता है।

अ.वा. : कविता के बारे में जो धारणा या कि जानकारी या प्रतिक्रिया हम लोगों में होती है वह जरूरी नहीं है कि सब वक्त आलोचक द्वारा दिए गए वक्तव्य के अनुसार होती है।

र.स. : यह सौभाग्य की बात है कि नहीं होती। पर आप एक बड़े क्षेत्र को लें जहाँ पर कविता पढ़नेवाली नई पीढ़ी आएगी आगे, उसके ऊपर तो सब आलोचक विश्वविद्यालयों के माध्यम से हावी हैं।

खैर, इसको छोड़िए। प्रश्न यह था कि धूमिल वगैरा की कविता में बहुत कुछ ऐसा है जो कविता के भीतर भाषा और अनुभव के संसार की वृद्धि करता है और वह रक्षणीय है और आगे भी वह बहुत-कुछ दूसरों को देगा और उसमें अकविता से निश्चित रूप से अन्तर है। यह तो नहीं कि ये लोग समाज में क्रान्ति और परिवर्तन के बड़े भारी पक्षधर हैं—मैं नहीं मानता। मुझे हमेशा सन्देह रहता है अपने सहित हर कवि की सामाजिक समझ पर। कवि की समाज की समझ के बारे में—कोई भी कवि हो—मैं यह बेहतर समझता हूँ कि आप एक सन्देह ही लेकर चलें। क्योंकि समाज कोई ऐसी बनी-बनाई और गढ़ी-गढ़ाई इमारत तो है नहीं कि जिसके नक्शे को कवि ने समझ लिया और देख आया, जाकर वहाँ रह आया छह दिन और उसको मालूम हो गया कि समाज इस तरह का है। समाज को समझने का मतलब यह है कि समाज के मनुष्य और मनुष्य

के बीच के जितने गैर-इंसानी रिश्ते हैं उनकी समझ और कहाँ से वे पैदा होते हैं उनकी समझ और उनकी जड़ों तक पहुँच, इतिहास की समझ। पर एक तो पक्षधरता रहे ही कि इन रिश्तों को ऐसे नहीं रहने देना है। नहीं तो आप कितना ही समाज को समझते रहिए, हमारी बला से। दिल्ली में इतना बड़ा इंस्टीट्यूट ऑव सोशल स्टडीज है, उसके बड़े भारी विद्वान ने बहुत देर तक मुझे बताया कि समाज में कितनी तरह के स्तर होते हैं। मैंने पूछा कि होना क्या चाहिए, तो उन्होंने कहा कि हमारा काम यह बताना नहीं है। तो अगर बताना आपका काम नहीं है तो आप यह जानकर करेंगे क्या कि समाज किस तरह का होता है। प्रश्न यह है कि समाज की समझ के बारे में सन्देह इसलिए रहना जरूरी है कि समाज को आप कभी पूरा और अन्तिम रूप से नहीं समझ सकते—बस इतना ही काफी है कि आपकी पक्षधरता साफ रहे। आप समाज को बदलना चाहते हैं, यह साफ रहे। और बदलना चाहते हैं उसको बराबरी के पक्ष में, यह भी साफ रहे। लेकिन बाकी बातें सन्दिग्ध हैं और बार-बार जानने की हैं।

धूमिल और अन्य कवियों की कविताओं में कहीं-कहीं लगता है कि इन्होंने बहुत गलत तरीके से समाज को समझा है और अपनी उस समझ को अनजाने छिपा लिया है—छिपाने की जरूरत उनको नहीं महसूस हुई, क्योंकि वे तो समझते हैं कि हमने सही तरह से समझा है—इस आवरण में कि उन्होंने एक ऐसी बात कह दी है कि जो सुनने और देखने में लगती है कि यह कोई बड़ी बदल देनेवाली बात है या गुस्सा दिलानेवाली बात है। ऐसे स्थलों को हम छोड़ दें तो कुल मिलाके यह पाएँगे कि इन कवियों ने अकविता के संसार की अपेक्षा, बल्कि उसके विपरीत, आधुनिक कविता में वृद्धि की है। अफसोस तो यह है कि इस वृद्धि का आलोचक लोग ठीक से मूल्यांकन नहीं कर पाए हैं।

अ.वा. : मुझे याद आता है कि सीधी में धूमिल ने एक बात कही थी अन्य कवियों के साथ आपका उल्लेख करते हुए कि ये लोग संसदीय भाषा के कवि हैं। इससे मुराद शायद यह थी कि जो एक दी हुई व्यवस्था है, सामाजिक और राजनीतिक, उसमें एक सुरक्षित किस्म की असहमति व्यक्त करनेवाले लोग हैं। व्यवस्था का प्रश्न उठानेवाले लोग हैं संसद में। इस बारे में आप क्या कहेंगे ?

र.स. : मैं उन लोगों के बारे में आश्वस्त नहीं हूँ जो कि कहते हैं कि आप असहमति इस धमाके से करिए कि आप मर जाएँ—बिना कोई बात कहे हुए और वही तमाशा सब देखें।

अ.वा. : कहा गया है कि ऐसी असहमति जो उसे व्यक्त करने या व्यवहार में लानेवाले व्यक्ति को किसी जोखिम में नहीं डालती, सच्ची या खरी नहीं हो सकती। तो कविता में जो असहमति व्यक्त होती है, अगर तर्क के लिए फिलहाल मान लिया जाए कि इस तरह की असहमति व्यक्त करना आज के कवि का एक चारित्रिक गुण है, तो वह किस तरह के जोखिम में उसको डालेगी ? किस तरह के जोखिम की कल्पना उसके दिमाग में है ?

र.स. : ऐतराज किस बात से है ? इस बात से है कि आप ऐसी असहमति प्रकट कर रहे हैं जानबूझकर कि जो आपको सुरक्षित रख सके और असहमति भी दिखाई दे और असहमति प्रकट करनेवालों में शामिल होने के जो फायदे होते हैं, वे भी आपको मिलें ?

मं. : इसके पीछे यह रहा शायद कि एक चालाक असहमति।

र.स. : 'आत्महत्या के विरुद्ध' नाम की कविता में इस तरह का एक प्रसंग है : 'नकली दरवाजे पीटते हैं हाथ / सर को आराम हाथों को काम मिलता है।' इसी तरह की चालाक असहमति व्यक्त करनेवालों पर। पर यह बड़ा आसान है हम सबके लिए एक-दूसरे पर यह आरोप लगा देना कि आप चालाक असहमति प्रकट कर रहे हैं। क्यों ? इसलिए भी आसान है कि वास्तव में हम सब लोग कभी-न-कभी किसी-न-किसी समय, थोड़े समय के लिए सही, यह करते भी हैं और इसलिए भी आसान है कि जब हम नहीं भी करते होते हैं तब भी हमारी असहमति की परिभाषा तो यही बनाई गई न कि उससे आपको कोई जोखिम नहीं है ? मैं समझता हूँ कि यह परिभाषा अपूर्ण है। इसलिए अपूर्ण है कि हम पर जोखिम न आना केवल हमारे हाथ में नहीं है। क्यों नहीं हम इस तरह से सोचते कि हर आदमी जो कि एक सच्चाई को कहता है (वह सच्चाई चाहे यह हो कि दरअसल कोई रंग कोई रंग नहीं बल्कि शरीर के रंग पर एक रंग है, और चाहे यह हो कि समाज में इंसानी रिश्ते दूषित, गैरबराबरी के आधार पर बने हुए हैं) तो उस अभिव्यक्ति की ईमानदारी सिर्फ इस कसौटी पर जाँची जा सकती है कि जो पारम्परिक इंसानी रिश्ते इसके द्वारा अन्त में पुष्ट होते हैं, वे वाकई बराबरी के, न्याय के, इज्जत के हैं या नहीं। सिर्फ इस आधार पर कि वर्तमान में इसने जो कहा है उससे इस पर जोखिम आया कि नहीं, किसी आदमी की ईमानदारी को नहीं जाँच सकते। जाँचेंगे तो वह जबर्दस्ती होगी। साथ ही अगर सचमुच असहमति करनी है तो मैं इस बात में बिल्कुल विश्वास करता हूँ कि असहमति प्रकट करके और खत्म हो जाने का कोई मतलब नहीं। सम्भव है कि ऐसा क्षण जिन्दगी में आए जहाँ पर लगे कि इसके आगे जीना बेकार है। वह क्षण वही हो सकता है जबकि आप पूरी तरह से पाएँ कि आप कोई भी रचना नहीं कर सकते। तब आप पाएँगे कि इसके आगे की आपकी सारी जिन्दगी सम्पूर्ण गुलामी की होगी, और हम सब हमेशा गुलामी के अनुभवों में आजादी के बहुत से अनुभवों की स्मृतियाँ या आशाएँ जो साथ रखते हैं, वे न रख पाएँगे। तो जोखिम उठाने या असहमति प्रकट करने के लिए सुरक्षित रहना जरूरी है और साथ में यह मानकर चलना भी जरूरी है कि किसी समय आपके पास असहमति प्रकट करने और सुरक्षित रहने का साधन बिल्कुल नहीं रह जाएगा।

मं. : अच्छा, 'सीढ़ियों पर धूप में' में जो एक मानवीय करुणा थी, जो ताकत और सुन्दरता होकर के थी उसको आप 'हँसो हँसो जल्दी हँसो' की एक जो आतंकित करुणा है उससे कैसे अलगा पाएँगे ? मसलन, 'निरखता रह उसे कवि / न हँस / न रो / कि वह अपनी व्यथा इस वर्ष भी नहीं जानती।' यहाँ एक ताकत के रूप में करुणा आई

है, जो 'हँसो हँसो जल्दी हँसो' में नहीं है।

र.स. : मैं अपनी वकालत तो नहीं कर सकता। लेकिन मुझे लगता है कि शायद यह बिल्कुल सही आरोप नहीं है कि मेरी कविताओं में वह करुणा जो कि किसी समय शक्ति दे सकती थी, 'हँसो हँसो' की कविताओं में शक्ति नहीं देती है। हालाँकि यह सही है शायद कि वह उसी तरह की शक्ति नहीं देती है जैसी कि तब देती थी। लेकिन अगर शक्ति नहीं देती है तो फिर क्या करती है ? क्या वह आपको हताश, कुंठित करती है ?

मं. : वह यह बताती है कि आखिरकार वह सब नहीं सुरक्षित रखा जा सका जो कि रखा जाना चाहिए था, जिसे आपकी कविता अपने लिए या दूसरों के लिए सुरक्षित रखती।

र.स. : तो ऐसा कहके क्या मैं उन कविताओं में मृत्यु की घोषणा कर रहा हूँ कि सब कुछ मर गया है ?

मं : एक विनाश की खबर तो उनमें है ही।

र.स. : विनाश की खबर है या क्षति की खबर है ? मैं दावा तो नहीं कर सकता पर शायद विनाश की नहीं है। 'मैंने कहा डपटकर ये सब दाग़ी हैं / नहीं नहीं साहब जी / उसने कहा होता / आप निश्चिंत रहें / तभी उसे खाँसी का दौरा पड़ गया / उसका सीना थामे खाँसी यही कहने लगी।' इस रिश्ते में, जो कि मैंने इस व्यक्ति से पाया, क्या मैं उसकी असमर्थता का ऐलान करके यह कह रहा हूँ कि वह व्यक्ति मर गया है या कि यह कह रहा हूँ कि मैंने उस पर जुल्म किया था और वह इस जुल्म से अपने को बचाना चाह रहा था। बचा नहीं पा रहा था, लेकिन बचा रहा था। या, 'देखो शाम घर जाते बाप के कंधे पर बच्चे की ऊब देखो / उसको तुम्हारी अंग्रेज़ी कह नहीं सकती / और मेरी हिंदी कह नहीं पाएगी अगले साल।' क्या मैं अपने को सचेत नहीं कर रहा हूँ कि मेरी हिंदी अगले साल कह नहीं पायेगी ? इन कविताओं को लिखते वक़्त यह अनुभव हुआ था कि सिर्फ़ एक बहुत हल्की-सी कहीं कोई चीज़ है जो कि इस वक़्त भाषा कर सकती है। पर कितनी भी हल्की हो अगर वह की जा सकती है और भाषा ने उसको किया है तो उसने विनाश का समर्थन नहीं किया है। आप यह कहें कि अब 'तोड़ो तोड़ो तोड़ो ये पत्थर ये चट्टानें' की तरह का उसमें आदेशात्मक आशावाद नहीं है तो माना जा सकता है।

मं. : नहीं, जैसे 'बड़ी हो रही है लड़की' यह 'बड़ा हो रहा है लड़का' या जो दो कविताएँ स्त्रियों को लेकर हैं कि 'वह हाथ रोककर देखती है हाथ' और दूसरी कविता है कि 'वह दिन भर जोड़कर रखती है वह सब जो महामंत्री ने दिन भर तोड़ा है देश में'—इस तरह की अनेक उसमें कविताएँ हैं।

र.स. : मैं खुद जानना चाहूँगा कि क्या इन कविताओं को पढ़कर पाठक एक तरह के पीड़ा के विलास में डूब जाते हैं जिसमें कि आत्म-पीड़न का या पर-पीड़न का सुख मिलने लगता है। या कि यह होता है कि उनमें जो भी चरित्र हैं उनकी खोज करना

चाहते हैं, उनके पास जाना चाहते हैं, उनको छूना-समझना-देखना चाहते हैं, ये उनके लिए वास्तविक हो जाते हैं।

अ.वा. : मुझे लगता है कि इस तरह के चरित्रों या पात्रों के बारे में इन कविताओं में पढ़कर एक ओर एक तरह की सामाजिक स्थिति के बारे में बोध होता है, दूसरी ओर भाषा की, कविता की एक नई सामर्थ्य का पता भी चलता है कि वह एक ऐसी नैतिक संवेदनशीलता जो कि शायद समाज में मर रही है, धीरे-धीरे ग़ायब या अंतःसलिल हो रही है, उसे कविता कम-से-कम उन लोगों के लिए, जो उससे प्रतिकृत होते हैं, उस नैतिक संवेदनशीलता को जैसे पुनर्प्राप्त करती है। कम-से-कम उनके लिए जिन्हें इन कविताओं के माध्यम से समाज में गायब होते हम देख पा रहे हैं। यह देख पाना कि ये नष्ट हो रही हैं, भाषा के माध्यम से उस संवेदना को फिर से प्राप्त करना है। और इसलिए उसे असमर्थ कहना ठीक नहीं है। वह आत्यंतिक रूप से न तो समर्थ है, न असमर्थ है, लेकिन वह जिन्हें प्रतिकृत करती है उन्हें उस नैतिक संवेदन के लिए समर्थ ज़रूर बनाती है।

र.स. : यह प्रतीति महत्त्वपूर्ण है कि वह आत्यंतिक रूप से समर्थ या असमर्थ नहीं है। अगर वह आत्यंतिक रूप से समर्थ होती या आत्यंतिक रूप से असमर्थ होती तो भी और संवेदनाओं की कोई ज़रूरत नहीं मानती। लेकिन आपको आधे रास्ते ला करके खड़ा कर देना और यह तय करने के लिए कि वापस लौटेंगे या आगे जाएँगे—इधर जाएँगे या उधर जाएँगे; आपको छोड़ देना, यह अगर कविता कर सकती है तो बहुत है। मैं नहीं जानता कि इन कविताओं में वह हुआ है या नहीं।

अ.वा. : एक बात यह है कि कवि जो कि एक इंसान है, एक माध्यम से जो कि भाषा है, इस क्षति को या कि इस घटाव और पतन को, नैतिक अवमूल्यन को देख पाता है और मैं उसे ऐसा करते देख पाता हूँ—मैं जो कवि नहीं हूँ। मैं जब यह देख पाता हूँ तो न केवल मैं यह पहचान पाता हूँ कि मेरे आसपास ऐसा हो रहा है, मैं यह भी पहचानता हूँ कि एक दूसरा व्यक्ति जो कवि है, इस देखे हुए को कहकर किसी हद तक मेरे लिए बचा रहा है। यानी इन कविताओं को पढ़ने के बाद मैं इसलिए अपने को एक अधिक नैतिक इंसान पाता हूँ कि मैं उस सामर्थ्य को देख पाता हूँ जो कवि की है। उसके करने की सामर्थ्य बदलकर, रूपांतरित होकर मुझमें एक नैतिक सामर्थ्य जगाती है।

र.स. : आपने वह कविता पढ़ी होगी : 'कई कोठरियाँ थीं क़तार में / उसमें किसी एक में एक औरत ले जाई गई / थोड़ी देर बाद उसका रोना सुनाई दिया / उसी रोने में हमें जाननी थी उसकी कथा / उसके बचपन से जवानी तक की उसकी कथा।' मैं बहुत आग्रहपूर्वक स्पष्ट कर देना चाहता हूँ कि यह कविता कोई प्रतीकात्मक कविता नहीं है। सचमुच एक कोठरी, एक औरत और उस पर हुए अत्याचार और उसके रोने की आवाज़ और उस आवाज़ से हमारा यह जानना कि हमें इसी रोने से उसकी पूरी कथा जाननी होगी, इस कविता में है। क्यों आख़िर ज़रूरत महसूस हुई कवि को कि

वह यह कहे कि हमें उसकी पूरी कथा जाननी होगी। अगर उसकी पूरी कथा जानने की इच्छा पैदा होती है तो क्या यह काफ़ी नहीं है ?

मं. : लेकिन जानने की ज़रूरत नहीं है, क्योंकि पूरी कथा तो उस कविता में ही है।

र.स. : मैंने यह नहीं कहा। मैं तो एक तर्क दे रहा हूँ कि जब कवि यह कहता है कि उसी रोने से हमें जाननी थी एक पूरी कथा, तो कवि एक पूरी कथा जानने की आवश्यकता पर ज़ोर दे रहा है। वह कैसे दे रहा है, यही बताता है कि इस कविता में जो करुणा जगी है उसकी दिशा क्या है।

मं. : एक जगह यह भी लगता है कि 'हँसो हँसो जल्दी हँसो' में आपकी कविता बहुत भावुकता-भरी है, हालाँकि इसका अर्थ यह नहीं है कि उसमें कोई गिरावट आई है। ऐसा बिल्कुल नहीं : वह एक दूसरी उच्चता हो सकती है और है। लेकिन उसमें काफ़ी सेंटिमेंट्लिज़्म है जो कि आपकी पिछली कविताओं में नहीं है। जैसे 'उसी रोने से हमें जाननी थी उसके बचपन से जवानी तक की उसकी कथा'—इसमें एक ख़ास तरह की 'फ़ाइनैलिटी' है कि जैसे उसके बाद आप उस औरत को जान जाते हैं सिर्फ, और जानने की कोई इच्छा आप में नहीं होती। क्योंकि आप जान चुकते हैं कि उसकी और कोई कथा नहीं हो सकती।

र.स. : 'जाननी थी' का मतलब यह है कि हमने सुना और वही हमारे पास एकमात्र डेटा था उसका। रोने की आवाज से आप उसकी जिन्दगी को देखने लगेंगे और साथ में यह भी सम्भव है—मैं मानता हूँ—कि आप बहुत भावुक हो जाएँगे। पर आप क्या हो जाएँगे इसको करके, यह प्रश्न नहीं है। प्रश्न यह है कि कवि ने जो कविता लिखी है उसमें उसका इंसान की तरफ भावात्मक रिश्ता क्या है। मैं जानता हूँ कि 'आत्महत्या के विरुद्ध' की कविताएँ लिखते समय बहुत बार मेरे सामने यह परेशानी आई थी कि मैं अति भावुकता में तो नहीं, पर आत्मदया में बहुत कुछ कह रहा हूँ और उसको मैंने सुधारने की कोशिश की। अब इन चीजों को आप शब्दकोश में से या मुहावरों में से या बोलियों में से शब्द लाके तो नहीं सुधारते। इनको तो आप अपने अन्दर सुधारते हैं। तो इसलिए बहुत सी उन कविताओं को मैंने फाड़ के फेंक दिया और दोबारा लिखा, सोचा और समझा और मेरी कोशिश बराबर यह रही कि उसमें आत्मदया जैसी चीज नहीं होनी चाहिए, क्योंकि वह हुई नहीं कि झट से आप वहाँ पहुँच जाएँगे—उस कविता के संसार में, जो बिल्कुल आपका नहीं है। जरा सी गलती से आप फिसलकर साँप-सीढ़ी के खेल की तरह एकदम उस प्रतिभा के खाने में पहुँच जाएँगे जो कि छायावाद की, वृथाभावुकता की है—उसकी एक खास शब्दावली है, एक खास आधुनिक दिखावा है, उसमें डर है ही नहीं, प्रेम ही प्रेम है और प्रेम भी ऐसा है कि उसमें आनन्द ही है केवल। जो हो, मैं इसके प्रति सचेत रहता हूँ। वृथाभावुकता के प्रति इतना सचेत नहीं रहा हूँ, इसी से शायद मुझे कभी उसका हमला होते हुए दिखाई नहीं दिया, जैसा कि 'आत्महत्या के विरुद्ध' में आत्मदया के बारे में दिखाई दिया था। हो सकता

है कि हुआ हो। लेकिन अगर हुआ है तो इसका मतलब यह है कि वह कविता जरूर कमजोर होगी। यह भी है कि एक किस्म का सादापन जिन्दगी में भ्रमवश कभी-कभी एक तरह की वृथाभावुकता का आभास पैदा कर सकता है। एक बहुत ज्यादा पेचीदा और उलझा हुआ इंसानी अनुभव जहाँ नहीं है वहाँ हमेशा वृथाभावुकता होगी, यह बात नहीं है, न इसका उलट ही सही है।

प्रश्न : 'हँसो हँसो जल्दी हँसो' की ज्यादातर कविताएँ औरतों और बच्चों पर हैं और उनमें औरतों-बच्चों का कोई-न-कोई उल्लेख है। आपको अपनी काव्य-यात्रा में यह कोई नया मोड़ लगता है ?

र.स. : मोड़ नहीं है, लेकिन यह जरूर है कि तजुर्बे आखिर कभी-कभी आदमी को वहाँ ले जाते हैं जहाँ पर कि किसी चीज का प्राधान्य होता है। तो कुछ ऐसा ही हो सकता है हुआ हो। क्योंकि मैं बहुत ज्यादा कामों और किस्म-किस्म के लोगों का साझेदार या उनका कर्ता नहीं रहा हूँ। कुल मिलाके तो सभी हिन्दी लेखकों की यह नियति है कि वे खाली लेखक हैं और कुछ नहीं। बहुत से लोग पत्रकार हो गए या अध्यापक हो गए, और नहीं तो अनुवादक हो गए। और कुछ नहीं। कोई विद्या नहीं जानते, कोई कर्म नहीं जानते, कोई कला नहीं जानते। तो उनके तजुर्बे बहुत सीमित होते हैं। उनकी नियति में मैं भी पड़ा हूँ एक मानी में, हालाँकि उससे भागना चाहिए। यह सम्भव है कि इन कविताओं में औरतें और बच्चे ज्यादा इसलिए आते हों कि ये मेरे सबसे नजदीक हैं। और इसलिए भी हो सकता है कि जिस तरह के मानसिक-आध्यात्मिक जुल्म का दर्द मैं देखता हूँ वह सबसे ज्यादा औरतों और बच्चों पर ही होता है; कम-से-कम उनके जीवन में प्रकट दिखाई देता है। तो इसलिए कोई सिद्धान्त बनाना कि औरतों और बच्चों को ढूँढ़ूँ और कविता लिखूँ—यह मैंने नहीं किया, लेकिन यह एक संयोग है कि इन दोनों कारणों से औरतें और बच्चे मेरी कविता में आए हैं।

प्रश्न : लोग आपकी कविताओं में जब भी आए हैं—मुसद्दी, मैकू, दिग्विजयनारायण सिंह, भोलारामदास, रामलाल आदि—वे समाज की बजाय व्यक्ति होकर आए हैं। आपकी कविता के शब्द लें तो 'स्वाधीन व्यक्ति'। लेकिन ये मामूली लोग उस समाज के सदस्य नहीं लगते जहाँ से कि उनका मामूलीपन आया है। यहाँ तक कि समाज आपकी कविताओं में कभी-कभी एक अमानवीकृत घटना है जिसमें अगर कहीं कोई आस्था है तो व्यक्ति की सम्भावित स्वाधीनता और मानवीयता पर है। इसके पीछे कोई निश्चित वैचारिकता रही होगी ?

र.स. : क्या आप मुझे अमानवीकृत घटना का मतलब समझाएँगे ?

अ.वा. : मतलब यह कि व्यक्ति की जो बुनियादी मानवीयता है, वह समाज में सुरक्षित नहीं है। एक तो यह बात, और दूसरी बात कि समाज उसके ऊपर लगातार

हमले करता चलता है। इस हालत में जो सम्भावना है वह यही है कि व्यक्ति स्वाधीन और अक्षत बना रहे, अपनी जिजीविषा और स्वाधीनता के साथ।

र.स. : समाज हमेशा हमले करता है, यह बात सही नहीं है। समाज में कुछ शक्तियाँ हैं जो यह कोशिश करती हैं कि यह हमला बना रहे या असन्तुलन बना रहे। किसी भी चीज का समान बँटवारा नहीं होने पाए। चाहे वह खुशी हो चाहे जिम्मेदारी हो। समाज आदमी को हमेशा आतंकित करता है, इसको ऐसा सरलीकृत नहीं किया जाना चाहिए। समाज तो आदमी को ताकत देता रहता है।

और, वे जो नाम हैं वे लोगों के नाम नहीं हैं। वे शब्द हैं। मुझे यह गलत या सही एहसास है कि शायद पहली बार मैंने नामों का शब्दों के रूप में इस्तेमाल किया है। मुझसे पहले या बाद और लोगों ने किया होगा जरूर, लेकिन पात्रों के रूप में, सुनिश्चित चरित्रों के रूप में किया है। मोचीराम किसी आदमी का नाम नहीं है, यह तो उपाधि है। लेकिन नाम, जिसके कि मायने हो जाते हैं, एक शब्द बन जाता है। थोड़ा-सा बन चुका था, उसकी ध्वनि से बन चुका था, मेरे दिमाग में बन चुका था या एक सामूहिक या पारिवारिक स्तर पर बन चुका था कहीं। तो उसे वहाँ से उठाकर भाषा में एक शब्द बनाकर रख दिया, क्योंकि एक शब्द की, मुसद्दीलाल शब्द की कमी थी—पहले मेरी कविता में, फिर हिन्दी में। वह शब्द व्यक्तियों के एक प्रकार का भी अर्थ देता है एक व्यक्ति विशेष का भी और साथ में मान्यताओं के एक पूरे संसार का भी। तो इस तरह का एक कैप्सूल कहिए बनाकर मैंने इस्तेमाल किया। कहीं-कहीं यह जरूर है कि दूसरे तरीकों से भी इस्तेमाल किया गया है नामों का—नेकराम नेहरू—यह तो खाली अनुप्रास के लिए है, और कहीं-कहीं किया है बिल्कुल एक ऐसे व्यक्ति के लिए, जो कि कोई भी व्यक्ति हो सकता है, यद्यपि इतना सार्वजनिक नहीं कि एक शब्द का महत्त्व प्राप्त कर ले। मुसद्दीलाल उदाहरण के लिए शब्द है। लेकिन 'गया वाजपेयीजी से पूछ आया देश का हाल' में वाजपेयीजी शब्द नहीं बन पाया। वह वाजपेयीजी बन के रह गए। एक सम्भ्रान्त, ऊँचे वर्ण के ताकतवर आदमी।

प्रश्न : 'आत्महत्या के विरुद्ध' में आपकी एक प्रसिद्ध कविता की पंक्तियाँ हैं : 'प्रिय पाठक ये मेरे बच्चे हैं / कोई प्रतीक नहीं / और यह मैं हूँ / कोई रूपक नहीं।' इसमें कविता समझने के पारम्परिक संस्कारों का जवाब भी एक तरह से है। लेकिन 'हँसो हँसो जल्दी हँसो' की 'गुलाम स्वप्न', 'काबुल स्वप्न' जैसी कविताएँ फैंटेसी के बहुत करीब हैं : उनमें प्रतीक और रूपक भी बाँधे गए लगते हैं। इस परिवर्तन का कोई अर्थ होगा ?

र. स. : अतिकल्पना और प्रतीक कहाँ से हो सकते हैं ? अतिकल्पना है, प्रतीक नहीं है। अतिकल्पना में तो एक यथार्थ होता है, अतिकाल्पनिक यथार्थ होता है। एक यथार्थ जो यथार्थ जीवन में यथार्थ नहीं है। प्रतीक तो वह चीज है जिसका कि यथार्थ जीवन में अस्तित्व है, जो आपके लिए अपने वस्तुगत रूप में अस्तित्व नहीं रखती। आपके लिए वह सिर्फ एक किसी दूसरे यथार्थ के प्रतीक के रूप में है। और फैंटेसी

में जो कुछ भी आता है सब यथार्थ होता है। 'काबुल स्वप्न' और 'गुलाम स्वप्न' दोनों स्वप्न कविताएँ हैं—इस अर्थ में कि बहुत से यथार्थ-खंड जो उन कविताओं में आते हैं, वे लगभग स्वप्न की ही अवस्था में लिखे गए हैं। ये कुल मिला करके अन्त में चाहे सचमुच नींद से जागृत होने पर चाहे सचमुच मन से जागृत होने पर कई असम्बद्ध और असम्भव रूप से असम्बद्ध यथार्थों के सम्बद्ध हो जाने का ज्ञान देते हैं। ये चीजें कैसे जुड़ गईं एक-दूसरे से ? 'काबुल स्वप्न' में उदाहरण के लिए जो कुछ है शुरू से आखिर तक, सब एक-दूसरे से तार्किक सम्बन्ध नहीं रखता। लेकिन कहीं पर तो कोई सम्बन्ध वह रखता है। मेरे अन्दर कहीं कोई एक बात है जिससे तमाम यथार्थ के खंडों का कोई रिश्ता जुड़ जाता है। वह चीज कहीं न कहीं उस कविता में मुझे पोह, बींध या गूँथ देनी पड़ती है, क्योंकि अगर मैं उन्हें ठीक-ठीक वैसा असम्बद्ध जैसा मैंने उन्हें देखा है, वैसा ही रखूँ तो वह एक खबर होगी। कविता नहीं होगी। कविता में मैं भी कुछ करता हूँ। मसलन मैं अन्त में जहाँ अपने मृत पुरखों को फिर जीवित देखता हूँ वहीं यह जोड़ देता हूँ कि वे चकित थे, शायद मैंने जब उनको देखा था अपनी कल्पना में या स्वप्न में, तो वे चकित नहीं थे।

'गुलाम स्वप्न' कविता में इसकी अपेक्षा अधिक बनावट है। उसे ज्यादा चीजों से जोड़ा गया है। उसमें छाता, मरता हुआ आदमी, गोलमेज, खंडहर, दो लड़कियाँ—ये सब यथार्थ हैं, प्रतीक नहीं हैं—बिल्कुल यही चीजें, लोग, वास्तविक लोग हैं। लेकिन एक-दूसरे से इतने असम्बद्ध हैं कि मैं सोचता हूँ कि कौन सी चीज इनको जोड़ रही है, क्यों ये मेरे मन में या मेरे स्वप्न में एक के बाद एक आए हैं, इनकी कविता क्यों बनती है ? इसलिए बनती है कि उन सबको एक के बाद दूसरे को देखने के बाद जानता हूँ कि कहीं से वह कोई सम्बन्ध इनमें ढूँढ़ना है जिससे ये रज कर एक रचनात्मक चीज बन जाएँ। उस सम्बन्ध में इस कविता में जरा ज्यादा जोर से, जरा अधिक हस्तक्षेप करके—जरूरत से ज्यादा नहीं—पाता हूँ। मैं पाता हूँ वह तस्वीर जो कि छोटी लड़की के खंडहर से भागने की है वही शायद सबको जोड़ने का साधन बन सकती है। इसलिए अन्त में आप पाते हैं कि मैं यह कह रहा हूँ कि मेरा कोई निर्णय नहीं हो सका। इससे कोई परेशान नहीं था, यद्यपि मैंने यह नहीं देखा था कि कोई परेशान है या नहीं है; मैंने केवल यह देखा था कि कोई निर्णय नहीं हुआ। और इससे तो मैं ही परेशान था, लेकिन मैंने उस अपनी तकलीफ को बयान नहीं किया। मैंने कहा कि किसी और को कोई चिन्ता नहीं थी कि मेरा कोई निर्णय नहीं हुआ और उसका कारण भी सोचकर बताया—वह आरोपित है—कि उन्होंने जब अमानत या रेहन के तौर पर मेरी दो सन्तानें कैद कर रखी थीं—और यह तो मैं जानता हूँ कि उसमें से एक भागकर मर चुकी है, पर एक व्यंग्य यह है कि वे नहीं जानते। दूसरा व्यंग्य यह है कि मुक्त होनेवाली लड़की को मरना पड़ा।

मं. : उसमें जो होता है वह किसी प्रतीकात्मक इस्तेमाल में लगता है।

र.स. : काहे का प्रतीक उसमें है ?

अ.वा. : यों तो कविता में जो भी आप देखें—यानी कोई भी चीज, अगर कवि उसको बहुत एकाग्र और रचनात्मक दृष्टि से देखता है तो उसका यह देखना ही उस चीज को किसी और चीज में बदलेगा, लेकिन वह चीज वही रहकर दूसरी चीज में बदलती है। यानी कविता का छाता पहले छाता होगा फिर हो सकता है कुछ और भी हो जाए, लेकिन बिना छाता हुए वह कुछ और नहीं हो सकता। तो इस अर्थ में हो सकता है छाता किसी और चीज का भी प्रतीक हो।

र.स. : नहीं। जब मैं यह कहता हूँ कि 'देखो वृक्ष को देखो वह कुछ कर रहा है', तो मैं दरअसल वृक्ष के ही बारे में कह रहा हूँ पर यह मैं जानता हूँ कि इस कविता को—खासतौर से इस वृक्षवाली कविता को, और यह इस कविता की कमजोरी है—पढ़कर आप बरबस यह सोचेंगे कि इसका अर्थ प्रतीकात्मक है। फिर अलग से आपकी भी यह कमजोरी है कि आप यह सोचें। हिन्दी कविता के सारे पाठक इस कमजोरी से पूरी तरह से ग्रस्त हैं। और आजिज आ करके—इस आजिजी का यह स्तर था कि कविता पर पहुँचा—मैंने उस कविता में यह कहा कि 'प्रिय पाठक ये मेरे बच्चे हैं कोई प्रतीक नहीं' और 'प्रिय पाठक' कहा तो आप समझ सकते हैं कि कुछ स्नेह से कहा, कुछ व्यंग्य से।

अ.वा. : जैसे वृक्षवाली कविता में—आप यह कह रहे हैं कि मैं यह सोचूँगा कि वह किसी का प्रतीक वगैरा है। मैं यह भी सोचता हूँ कि कवि जो है वह भी एक वृक्ष है—

र.स. : आप वृक्ष समझें कवि को या जड़ समझें—मेरी बला से। मेरी तो केवल इस बात में दिलचस्पी है कि क्या मैंने जान-बूझ करके किसी वस्तु को वस्तु रहने से वंचित किया है। अगर मैं करता हूँ तो मैं बहुत घटिया कवि हूँ। मैं नहीं मानता इस बात को। मैं भाषा के साथ यह बर्ताव चाहता हूँ कि बन्द हो, हमेशा के लिए बन्द हो। इसीलिए सपने में जब मैं देखता हूँ, एक छाता, एक कमरा, दरवाजा खुला, एक आदमी गिरा, मैं था वहाँ, मैं भागा वहाँ से घबराया हुआ, देखता हुआ, एक छाता भी मेरे हाथ में कहीं से आ गया। आपने देखा होगा कि ऐसा होता है जीवन में। कोई भी चीज आ जाती है कहीं से भी एकाएक, आके चली गई। आपने इसको जीवन में भी देखा होगा और फिल्म में भी देखा होगा, क्योंकि फिल्म का माध्यम यह बहुत आसानी से कर सकता है कि किसी भी चीज को लाए और फिर ले जाए। फिर थोड़ी देर के लिए लाए, फिर थोड़ी देर के लिए ले जाए। ये सब हमारी प्रतीतियाँ जो हैं, वे हमारे जीवन में जमा होती हैं। जीवन की भी, फिल्म की भी, किताब की भी आदि, और वे फिर हमारे अनुभवों में वास्तविकताओं की सृष्टि दोबारा से करती हैं। तो कहीं-कहीं मुझे इस तमाम दुनिया में, जहाँ फिल्म भी है और मांसवाला, जीवित आदमी भी है, इस सारी दुनिया में से कहीं-न-कहीं से एक छाता आकर के मेरी आँखों के सामने टँग गया थोड़ी देर के लिए। यह असम्भव तो नहीं है। क्या जरूरी है कि उस छाते की कोई प्रासंगिकता हो, कि पहले यह सिद्ध हो कि छाता कहाँ से आया, किसका था, क्यों आया और उसमें खून क्यों लगा हुआ था। यह तो बिल्कुल एक असम्भव स्थिति है कि दस आदमी यह

कह रहे हों कि छाता जो है उसी से सब सुराग मिलेगा और मैं समझ रहा हूँ कि अगर मैं यह कह दूँगा कि यह छाता मेरा है तो मैं बच जाऊँगा, लेकिन जैसे ही मैंने कहा कि यह मेरा है, उन्होंने कहा कि हाँ, बिल्कुल ठीक है, इसमें खून लगा हुआ है। तो, इस तरह की स्थितियाँ आती हैं, बिना कारण आती हैं। इसलिए छाता भी होता है, आदमी भी होता है, खंडहर भी होता है, कुछ भी हो सकता है उसमें बशर्ते कि वह आपने सचमुच देखा हो। अगर आपने उसको सोच-सोचकर, जोड़-जोड़कर रचा है तो मैं नहीं जानता उसके बारे में। मैं तो सचमुच देखी हुई बात की बात करता हूँ। और यह मैंने देखा है। कहाँ देखा है, यह छोड़ दीजिए। इसलिए मैं नहीं मानता कि ये प्रतीक हैं। प्रतीक का इस्तेमाल मैं नहीं करना चाहता हूँ। मैं सख्त खिलाफ हूँ उसके, क्योंकि वह मुझे बहुत दयनीय बना देता है।

मं. : कुछ लोग इसे अगर 'एब्सर्डिटी' का प्रतीक समझें, और उसकी एक संगति भी बैठती है कविता में।

र.स. : तो समझें न। इसमें क्या दिक्कत है कि आप एक कविता को जिस तरह से चाहें उस तरह से समझें। इसमें मैं कर क्या सकता हूँ ? पर चूँकि आप मुझसे पूछ रहे हैं इसलिए मैं कह सकता हूँ कि मेरे निकट तो किसी चीज का प्रतीक नहीं है वह। छाता छाता ही है। एक सज्जन ने मुझसे कुछ प्रश्न पूछे थे। उन्होंने कहा था कि उस घर में बीस औरतें थीं, उनमें से एक बुढ़िया; सिर्फ एक बुढ़िया क्यों थी ? और बुढ़िया क्यों थी वह ? तो मुझे इस प्रश्न से बहुत दुख हुआ। इसलिए हुआ कि क्या हमारे नौजवान साथियों की संवेदना इतनी कुंठित हो चुकी है कि वे बीस औरतोंवाला घर कभी देख नहीं सकते अपनी आँख से ? कल्पना नहीं कर सकते कि ऐसा होगा, और घर न सही, सिर्फ एक बनाई हुई स्थिति सही—मान लीजिए मैं मंच पर बीस औरतों को बिठा देता हूँ एक नाटक में। लेकिन इस तरह के प्रश्न के पीछे कि जब वे बीस औरतें कोई माने रखेंगी तभी एक साथ हो सकती हैं वरना बीस क्यों होनी चाहिए—और उसमें बुढ़िया एक क्यों है, दस-बारह क्यों नहीं हैं, एक असमर्थता या असहायता दिखाई देती है। यह यथार्थ के कितने नए रूप हो सकते हैं, इस बात से घबराने का प्रमाण है। क्योंकि जो आपका रोज का देखा हुआ नहीं है, उससे जरा भी कुछ अलग हो तो आप फौरन चाहते हैं कि आप प्रतीक की गुफा में शरण ले लें। आप कहते हैं यह जरूर प्रतीक होना चाहिए, यह यथार्थ कैसे हो गया। यह छायावाद ने किया है कि उसके पहले की कविता ने किया है, यह तो विद्वान लोग बताएँगे लेकिन मैं समझता हूँ कि जिसने भी किया हो आधुनिक कविता को इससे मुक्त होना चाहिए। आधुनिक पाठकों को—उनके साथ थोड़ी जबर्दस्ती करके—इससे मुक्त कराना चाहिए।

अ.वा. : अक्सर पिछले दिनों पीढ़ियों के बीच के अन्तर और तथाकथित संघर्ष को लेकर बहुत घमासान हुआ। आपने कल जो कविता सुनाई थी 'सीढ़ियों पर धूप में' से : 'शक्ति दो पिता', जिसमें पिता से यानी अपने से पहले की पीढ़ी के साथ एक बिल्कुल दूसरे सम्बन्ध की बात है। और जो सम्बन्ध हो सकता है आपकी पीढ़ी देख

पाती रही हो, कम-से-कम बाद की पीढ़ियों में वह सम्बन्ध समाप्त हो गया, कविता में उसका कोई साक्ष्य नहीं है कि ऐसा सम्बन्ध बचा रहा। तो एक तो यह कि अपने से पहले की पीढ़ी या कि पिछली पीढ़ियों से आपका सृजनात्मक सम्बन्ध क्या हो पाया था और दूसरा यह कि जो एक तरह का मानवीय प्रभाव पिछली पीढ़ी ने शायद आप पर डाला था, जैसा कि उस कविता से लगता है, यह क्यों हुआ कि आपकी पीढ़ी वैसा ही प्रभाव उससे आगे आनेवाली पीढ़ी पर नहीं डाल पाई।

र.स. : देखिए, इसमें एक बात पहले मुझे साफ करनी है। जब आप कहते हैं कि मुझसे पहले की पीढ़ी ने जो मानवीय प्रभाव हम लोगों पर डाला था, क्या आपका मतलब मुझसे पहले की पीढ़ी से है या मुझसे पहले की पीढ़ी के साहित्यकारों से है ? बहुत अन्तर है उसमें। मुझसे पिछली पीढ़ी के साहित्यकारों ने मुझ पर ऐसा प्रभाव उतना नहीं डाला जितना कि उनके कई पीढ़ी पहले के साहित्यकारों ने डाला होगा।

अगर आप मुझसे पिछली पीढ़ी के लोगों की बात लें तो उन्होंने जरूर मेरे ऊपर एक जबर्दस्त मानवीय प्रभाव डाला, क्योंकि वे सब लोग मिल करके एक बड़े मानवीय अभियान में लगे हुए थे, आजादी के पहले। वे जो कुछ भी करते थे, जितना कुछ भी मानवीय होता था, वह हमारी पीढ़ी पर असर डालता था। हम उसके लिए भूखे थे। लेकिन मुझसे ठीक पिछली पीढ़ी के कवियों या साहित्यकारों ने ऐसा कुछ मानवीय प्रभाव नहीं डाला। वह आया—साहित्य के द्वारा नहीं—तमाम और क्षेत्रों से। राजनीति के द्वारा, राजनीतिक कार्यों के द्वारा आया, समाजशास्त्रीय जनों के द्वारा आया।

अ.वा. : आपके कहने का अर्थ क्या यह है कि जिस पीढ़ी में मानवीय संस्कार था, वह उस पीढ़ी के साहित्यकारों में नहीं था ?

र.स. : नहीं, यह तो मैंने नहीं कहा। मैंने कहा कि प्रभाव नहीं डाला हमारे ऊपर। जो भी सहृदय प्रभाव रहा हो उन साहित्यकारों का, हम तक, पहुँच नहीं रहा था। कवियों को ले लीजिए—माखनलाल चतुर्वेदी, मैथिलीशरण गुप्त, बालकृष्ण शर्मा 'नवीन', सुभद्राकुमारी चौहान और पन्तजी और दो-चार औरों को भी ले लीजिए। इनकी रचनाओं के प्रभाव से ज्यादा असर हमारे ऊपर आचार्य नरेन्द्रदेव और लोहिया और नेहरू और गांधी का हुआ।

अ.वा. : हाँ, पर मसलन जो तार सप्तकवाली पीढ़ी थी।

र.स. : तारसप्तकवाली पीढ़ी से एक गुणात्मक परिवर्तन आरम्भ होता है। वह परिवर्तन कम-से-कम मेरे जैसे व्यक्ति के जीवन में, अनुभव के क्षेत्र में इसलिए गुणात्मक कहा जाएगा कि वह आजादी के बाद आया। वह उस वक्त आरम्भ होता है जब मुझे आजादी मिल गई। मैं यह बार-बार कहना चाहता हूँ कि बहुत बड़े-बड़े लेखकों और इतिहासकारों और समाजशास्त्रियों ने आजादी मिलने की घटना को हिन्दुस्तान के लोगों के जीवन में परिवर्तन की घटना कह करके वर्णन किया है। लेकिन उसकी तीव्रता ठीक-ठीक सिर्फ हम ही लोग समझ सकते हैं, जो कि उस वक्त अपने रचनात्मक जीवन में प्रवेश करनेवाले थे। जो ऊर्जा, जो आशा-निराशा-भरी मानसिक ताकत हमें मिली थी

उसका अन्दाजा न तो हमारे बाद की पीढ़ी को लग सकता है और न उन तटस्थ इतिहासकारों को जिन्होंने कुल जमा तौर पर बताया है कि हिन्दुस्तान में आजादी आ गई है। हम पर, जो इस लायक हो गए थे कि कुछ करें, लिखें, पढ़ें, सोचें, बोलें, तारसप्तकवाली पीढ़ी का बहुत गहरा असर पड़ा क्योंकि तारसप्तकवाली पीढ़ी में इन्होंने वे प्रयत्न पाए जो कि इसकी पिछली पीढ़ी में नहीं मिलते थे। उदाहरण के लिए, मैथिलीशरण के यहाँ। पर यदि इस पीढ़ी में भी इन्होंने सब कुछ नहीं पाया और एक प्रश्न जैसा रह गया मन में, तो उन्होंने यह भी पाया कि हमारे यहाँ भी प्रश्न रह गए हैं और दोनों में यह समानता बहुत बड़ी चीज थी। वात्स्यायन की पीढ़ी में और मेरी पीढ़ी में यद्यपि उम्र के लिहाज से अठारह बरस का अन्तर है लेकिन भारतभूषण में और मेरी उमर में दस बरस का ही है—बहुत बड़ा अन्तर नहीं, उस तरह का नहीं जैसा कि नवीनजी, माखनलालजी में और हम लोगों में था। जो हो, उम्र की बात इतनी महत्त्वपूर्ण नहीं है। लेकिन उन लोगों के साथ एक तरह का नाता बनता था—इसलिए कि उनके यहाँ भी सवाल हैं। पहलेवाले लोगों के यहाँ तो कोई सवाल ही नहीं थे, थे तो जो थे हमारे लिए अप्रासंगिक हो चुके थे।

अब अगर आप यह खोज करने चलें कि हमारा रिश्ता हमारे बाद की पीढ़ियों से कैसा बना तो आजादी और हिन्दी के राजभाषा पद-प्राप्ति की घटना से शुरू करना होगा। आजादी मिलने के बाद कृतित्व और रचनाशीलता के जो साधन देश में थे, उनका बड़ा हिस्सा हासिल करने में तारसप्तक की पीढ़ी के लोग नहीं, बल्कि वे लोग समर्थ हुए जिनके यहाँ कोई सवाल नहीं थे। और जब साधन बढ़े या हकदार लोगों के ताकतवरों का एकाधिकार बढ़ा तब तार-सप्तक की पीढ़ी को जरूर मिले। लेकिन लगभग उसी समय हमारी पीढ़ी के लोग भी साधन पाने लगे थे। बहुत थोड़ा सा अन्तर वहाँ भी था। बहुत दूर तक यह स्थिति चलती आई। लेकिन ऐसा रिश्ता हमारा और हमारे से बाद की पीढ़ी का नहीं बना। उसकी वजहें बहुत विविध होंगी पर इसके पीछे बहुत बड़ा कारण हमारी राष्ट्रभाषा हिन्दी है। हिन्दी के राष्ट्रभाषा घोषित होने के बाद भाषा से क्या काम हो रहा है, उस भाषा के लोग क्या कर रहे हैं, ये सब बातें गौण हो गईं और उस भाषा के जितने बोलनेवाले, लिखनेवाले हैं उनमें से कुछ लोगों को राष्ट्रभाषा के क्षेत्र के होने के लाभ मिलना प्रमुख हो गया। जबकि राष्ट्रभाषा होने का एकमात्र लाभ जो हो सकता था वह यह था कि हिन्दी बोलनेवाला प्रत्येक आदमी अपने सारे व्यवहार में भाषा का इस्तेमाल अधिक कामों के लिए करता। उससे सारी हिन्दी बदल जाती। पर इसकी जगह हिन्दी के कुछ विशेषज्ञों को, पंडितों को—चाहे वे साहित्यकार ही क्यों न रहे हों—लाभ देने की एक नीति बनाई गई। उसी नीति के अन्तर्गत यह तय हुआ कि हिन्दी का इस्तेमाल जल्दी नहीं करें। पहले हिन्दी का अनुवाद होगा अंग्रेजी से। और जिन लोगों को मौलिक कुछ नहीं करना था उन्होंने इस नीति का समर्थन किया। भाषा सम्बन्धी शोधकार्य विस्तृत होने लगे। लेकिन काम का विस्तार न हो तो एक समय ऐसा आता ही है, जब यह भाषा का विस्तार अनुत्पादक हो जाता

है। आप अगर दूसरे काम-धन्धे नहीं करेंगे तो भाषा के कामधन्धे बढ़ नहीं सकते। हिन्दी क्षेत्रों में काम कम था क्योंकि दूसरे विषयों में काम हुआ नहीं था। एक दुश्चक्र बना। उसका परिणाम नई पीढ़ी को यह भुगतना पड़ा कि एक तरह के उखड़ेपन का, धोखा खाने का अनुभव उसे हुआ। एक तरह की जिद भी उसके अन्दर पैदा हुई और उसके साथ बहुत सी ऐसी चीजें पैदा हुईं, जिनको बड़े-बूढ़ों के लिए ऐब कह के वर्णन करना आसान होता है। तो भी मैं नहीं मानता कि उसमें कतर-ब्योंत या तिकड़म मैथिलीशरणजी की पीढ़ी से ज्यादा हुई है। लेकिन यह मैं मानता हूँ कि परेशानी ज्यादा रही है, घबराहट ज्यादा रही है, हाथ-पैर मारने की जरूरत ज्यादा महसूस हुई है, और बहुत स्वाभाविक था कि उसका सबसे पहला जो टकराव या कि मनमुटाव होता वह हमारी पीढ़ी से होता। अब मैं समझता हूँ कि स्थिति थोड़ी बदल रही है। यानी हमारी पीढ़ी अब बूढ़ी हो गई है और अब सन्तुष्ट भी है और निश्चिन्त भी है। इसलिए उसने जवाबी हमला कम कर दिया है। एक हद तक चीजें इसलिए भी जरा मधुर हैं। लेकिन मुझे ऐसा लगता है कि बिल्कुल नए जो लेखक लोग हैं आ रहे हैं, वे शायद अपने ठीक पहले के लेखकों से और हम लोगों से–साहित्यिक, व्यक्तिगत और रचनात्मक रिश्ते की बात नहीं, रचना के रिश्ते की बात हो रही है–शायद ज्यादा ठोस रिश्ता रखते हैं। जो तमाम साहित्य लिखा जा रहा है उसमें बहुत कुछ ऐसा है जो दिखाता है कि उसके लिखनेवाले अगर लिखते रहे तो बहुत नया होगा।

अ.वा. : किस अर्थ में ? इसे थोड़ा और स्पष्ट करें। कुछ नाम या रचनाओं का उल्लेख–प्रवृत्ति के रूप में, चारित्रिक विशेषताओं के रूप में।

र.स. : यह तत्काल सम्भव नहीं है। सबसे बड़ी बात यह है कि इस दौर में जो लोग कविता लिख रहे हैं उन लोगों ने हमारी पीढ़ी और हमसे बाद की भी पीढ़ी की अपेक्षा छायावाद से सचमुच नाता तोड़ लिया है और असली तौर पर तोड़ा है। यह अपने में एक बड़ी भारी ऊर्जा देनेवाली शक्ति है। ये लोग शब्दों के इस्तेमाल में ज्यादा सीधा सामना करते हैं। काव्य-अनुभव की पकड़ जहाँ है बहुत सूक्ष्म है। इतनी सूक्ष्म पकड़ हमारी पीढ़ी में नहीं थी। हममें से तो जो सबसे अच्छे थे वे भी शुरू में अधिक-से-अधिक यही कर पा रहे थे कि छायावाद ने जिन तमाम शब्दों का अर्थ बिगाड़ रखा था, उनको फिर से जोड़-जोड़ करके कुछ हद तक तो खाली नए अभिप्राय बना रहे थे। कुल मिलाकर हमारी पीढ़ी ने अपना एक तिहाई समय तो इस खोज में बिताया, बाकी दो तिहाई में से एक तिहाई कुछ करने में बिताया और अन्तिम एक तिहाई उस किए के ऊपर बैठकर आराम करने में बिताया। कुल मिलाके साहित्य का योगदान कितना है ? शायद आप कहेंगे कि अगर काम थोड़ा है तो भी क्या ? अगर उसने कोई गुणात्मक परिवर्तन किया है तो उसे महत्त्व देना चाहिए। ठीक है। लेकिन मैं नहीं जानता कि हिन्दी साहित्य के किसी और दौर में इतना कम लिख करके इतना ज्यादा इतिहास का पात्र बना गया है जितना हमारे दौर में।

अ.वा. : यह हमें एक-दूसरे सवाल की ओर ले जाता है। बहुत अरसे से और

तरह-तरह की पीढ़ियों के कवियों-साहित्यकारों के द्वारा बहुत कुछ कहा जाता रहा है कि आलोचना ने उनके साथ न्याय नहीं किया या साथ नहीं दिया या कि वह कोई मददगार साबित नहीं हुई। आप इस बारे में क्या सोचते हैं ? एक तो व्यक्तिगत रूप से अपने बारे में और दूसरे, आमतौर पर आपकी पीढ़ी के सन्दर्भ में।

र.स. : मुझे कोई शिकायत नहीं, मैं बल्कि कृतज्ञ हूँ। इसलिए कि मेरी बहुत स्वल्प साहित्यिक सम्पत्ति–सम्पत्ति तो नहीं बल्कि कृति–है। उसको बहुत समझदार लोगों ने पढ़ा है और उस पर लिखा भी है। पर उन्होंने मेरे कृतिकार की गलतियाँ बताई नहीं। इसलिए मैं उतना ही आशंसा के बारे में सतर्क रह सकता हूँ जितना कि मैं अपने तईं खुद हमेशा रहना चाहता हूँ। यह तो मुझे जरूर एक कमी लगी जिसका असन्तोष रहा। लेकिन उन आलोचनाओं को पढ़ करके अक्सर बहुत बड़ी एक ताकत मिली।

आमतौर पर तो मुझे आलोचक से शिकायत है, वह यह है कि आलोचक अपने आपको जब कविता समझने का वक्त आता है तो एक साधारण पाठक की हैसियत से ऊपर नहीं उठाना चाहता। साधारण पाठक जब मैं कहता हूँ तो उसका मतलब होता है ऐसा पाठक जिसको कि इस बात की जरूरत नहीं महसूस हो रही है कि वह उसको समझकर फिर उसको समझने के आनन्द या अनुभव को बताए। हाँ, ऐसी किताबें जरूर मिलेंगी जिनमें धाराओं का मूल्यांकन किया गया है और कवि एक उदाहरण के रूप में रख दिया गया है या दस-बीस कवियों को एक साथ लपेटकर बता दिया गया है कि ये इस विभाग के हैं या इस काल के हैं, इस खंड के हैं।

अ.वा. : कविता के बारे में आपने जो लिखा है या कहा है–पढ़ने पर अक्सर लगता है कि जैसे ज्यादातर आपने अपनी ही कविता के बारे में लिखा है। वह आपकी कविता पर ज्यादा ठीक लागू भी होता है। और हालाँकि आपके जो बहुत सारे समकालीन हैं वे अपने समकालीनों या बादवाले लोगों पर लिखने का कुछ-न-कुछ यत्न करते रहे हैं, आपने ऐसा नहीं किया। यानी हममें से ज्यादातर को यह नहीं मालूम है कि आपकी अपने समकालीनों या बादवालों के बारे में क्या राय है। यह परिस्थितिवश हुआ या जान-बूझकर।

र.स. : नहीं, जान-बूझकर तो बिल्कुल ही नहीं हुआ। बल्कि जान-बूझकर तो मैं यह करना चाहता था। लेकिन यह कई कारणों से हो नहीं पाया। मैं लिखना चाहता था। मैंने कई बार यह योजना बनाई कि छह-सात कवियों को चुनूँ और उनकी सबसे अच्छी कविताएँ, जो मुझे पसन्द हैं, उनको एक संग्रह में रखूँ और प्रत्येक कवि पर अपनी एक टिप्पणी, और वे सब कवि मेरे समकालीन हों। यह मेरे लिए एक बहुत आन्तरिक ताकत देनेवाला काम होता। अभी भी मुझे एक तरह का शारीरिक और मानसिक अवकाश मिले–जैसा कि इस बातचीत के समय है–अगर मिले तो मैं यह करना चाहूँगा। आपको याद होगा, मौका मिलते ही मैंने यह किया है। शमशेरजी की एक कविता पर मैंने एक टिप्पणी लिखी। अगर मैं लिखूँगा तो उसी तरह। मैं कोई विद्वानों की तरह लिख नहीं सकता। पहले तो यह भी हिचक रही मन में कि अगर लिखा और

वह उस तरह का नहीं हुआ जो कि आलोचना के मैदान में ठहर सके, पर अन्त में साहस कर लिया कि लिखूँगा तो उसी तरह—कविता के आनन्द के स्तर पर लिखूँगा। हम लोगों को शायद यह भ्रम ही है कि हम कुछ ऐसा लिखेंगे तो उससे कोई गड़बड़ हो जाएगी।

अ.वा. : वह बड़ी लाभप्रद गड़बड़ होगी। उसी तरह की गड़बड़ होनी चाहिए।

र.स. : हमको सबसे पहले कवियों के शिल्प का अध्ययन करना चाहिए। इसलिए नहीं कि हम सिद्ध कर देंगे कि ऐसा शिल्प है, इसलिए यह ऐसा कवि है। सिर्फ इसलिए कि शिल्प है वह। कल मैंने शान्ति दवे से पूछा कि तेलों और रंगों के मेल का क्या तरीका है और रंग पकाए कैसे जाते हैं। बहुत-सी बातें उन्होंने बताईं। भाषा में भी इस तरह की बातें बहुत महत्त्वपूर्ण हैं, हालाँकि इसमें शब्दों को पकाने और जोड़ने-घटाने की प्रक्रिया नहीं है, अर्थों के मेल और बेमेल की प्रक्रिया है। उसको जानना हम लोग बिल्कुल भूले जा रहे हैं। शायद इस भ्रान्ति के कारण कि कुछ लोगों ने चला दिया था कि शिल्प कोई बहुत कुंठित मध्यवर्गीय प्रवृत्ति है और इसके न होने से कविता महान हो जाती है। बाद में पता चला कि उसके न होने से भी कविता तब तक महान नहीं हो जाती, जब तक कि हर कविता में एक नारा न हो। फिर उसके कुछ दिन बाद पता चला कि जिस कविता में नारा है वह बेकार है, असल कविता वह है जिसमें कि फूल और प्रेम और ऐसा कुछ आता हो। शिल्प से उदास रहकर आप भटकते ही रहेंगे। शिल्प को समझना बहुत जरूरी है और एक कवि अगर एक-दूसरे कवि के शिल्प की व्याख्या करे तो यह उस कवि के लिए भी सुखद अभ्यास होगा। मैं नहीं मानता हूँ कि उससे पाठकों को कोई लेना-देना होगा—शायद नहीं है, लेकिन आलोचना के संसार में एक नई चीज आएगी।

अ.वा. : जैसा माहौल है उसमें शिल्प पर विचार लगभग असम्भव हो गया है। आप ज्यादातर वक्त कविता को उसकी तथाकथित दृष्टि में 'रिड्यूस' कर देते हैं। और उस दृष्टि को जाँचते-परखते हैं। लेकिन वह दृष्टि कैसी है—अगर वह ठीक भी है और वह 'रिड्यूस' करना ठीक भी है—तो वह कैसे किसी कविता में रूप धरती है, चरितार्थ होती है, उसका रक्त-मांस क्या है, उसका आपस में सम्बन्ध क्या है, इस पर कोई विचार नहीं होता।

र.स. : यह विचार तो होना ही चाहिए। पर इससे पहले और विश्वविद्यालय से कम स्तर के विद्यार्थियों—मेरा मतलब जिज्ञासुओं—में भी यह बहस क्यों नहीं होनी चाहिए, जो हम लोग किया करते थे सन् 47-48 में। यूनिवर्सिटी में था मैं, और ऐसे दो-तीन मित्रों के साथ जो कि सीनियर थे, रिसर्च कर रहे थे, बैठकर हम लोग उदाहरण के लिए 'हरी घास पर क्षण-भर' (छपी ही थी उस जमाने में) की कविता को लेकर ...बहस का विषय यह था कि इसमें छन्द कैसे तोड़ा गया है बीच में, कहाँ पर इसमें इतना लम्बा पॉज़ है, क्यों है, कैसे पढ़ेंगे—मतलब कैसे समझेंगे, और क्यों है ऐसा और दो कविताओं में कितना अन्तर है—क्योंकि पारम्परिक कविता से तो बिल्कुल भिन्न है वह।

अ.वा. : यानी यह कि कविता एक बनाई हुई चीज भी है।

र.स. : बिल्कुल सही कहा आपने। मैं इसी बात की देर से उधेड़बुन कर रहा था—कह नहीं पा रहा था। कविता एक बनाई हुई चीज है, इस बात को बिल्कुल खुले दिल से और सारा गँवारपन छोड़ करके मानना चाहिए। क्योंकि हिन्दी में यह गँवारपन बहुत भरा हुआ है जहाँ ऊपर से माना जाता है कि कविता आधुनिक है, लेकिन भीतर से माना जाता है कि कविता कोई दैवी वस्तु है और वह शायद मतलब आपके ऊँची जात के होने के कारण आपके ऊपर फट पड़ी है। कविता एक बनाई हुई चीज है, इसलिए उसके बनाने की प्रक्रिया को भी समझना चाहिए—पहले तो इस स्तर पर कि वह बनाई कैसे जाती है, फिर इस स्तर पर कि उसको इस तरह से बनाने से उसके अर्थ का क्या होता है। यानी उसके सम्बन्ध का—फॉर्म और कटेंट जिसे आमतौर पर कहा जाता है उसके सम्बन्ध को समझना दूसरी स्टेज है, पहली स्टेज यह है कि आप फॉर्म को समझें।

प्रश्न : आपके गद्य का जिक्र किए बिना आपकी कविता पर पूरी बात शायद नहीं हो सकती—इसलिए भी कि आपकी कविता जहाँ सशक्त है वहाँ वह सशक्त गद्य का भी उदाहरण है। 'रास्ता इधर से है' में जितना जीवन्त और पारदर्शी गद्य है वैसा हिन्दी में शायद कम ही लिखा गया है। 'प्रेमिका' और 'कीर्तन' जैसी कहानियों या उससे पहले 'सीढ़ियों पर धूप में' की कुछ कहानियों में भाषा का एक अजब खेल—खिलवाड़ नहीं—मिलता है। जैसे कि वे यह बताने के लिए लिखी गई हों कि किस तरह भाषा ही समूचा यथार्थ हो सकती है। 'रास्ता इधर से है' की भूमिका में आपने यह भी लिखा है कि गद्य लिखना भाषा को सार्वजनिक करते जाना है। तो क्या आप कविता लिखने को भाषा को व्यक्तिगत करते जाना कहेंगे ? आपका गद्य पढ़ते हुए प्रायः गोगोल और चेख़ोव जैसे रूसी कथाकारों की याद भी आती है कि उनका गद्य आगे बढ़ता तो इस तरह बढ़ता। आप रूसी गद्यकारों से प्रभावित रहे होंगे ?

र.स. : जी हाँ, पर रूसी तो मैंने पढ़ी नहीं और रूसी गद्य का अनुवाद पढ़ा है पहले बचपन में हिन्दी और बाद में अंग्रेजी में। पर अनुवादों में भी एक चीज ने बहुत प्रभावित किया है शुरू से, जिसकी कि पुष्टि मेरे ही मन में थोड़ी-बहुत प्रेमचन्द को पढ़कर हुई। प्रेमचन्द को एक हद तक मैंने इसलिए पसन्द किया कि वह लम्बे-लम्बे वर्णन करते हैं, जो कि स्थानों के हैं। भावनाओं के वे जब वर्णन करते हैं तब अक्सर अच्छे नहीं लगते। रूसी लेखकों में दोनों विशेषताएँ हैं। इसके साथ-ही-साथ प्रेमचन्द में यह भी विशेषता है कि जब उन्होंने चाहा है—और ऐसा उनकी कहानियों में बहुत हुआ है—तो उन्होंने संक्षेप में, सूक्ष्मता में वही कमाल दिखाया है जो कि आज हम अपने लिए बड़ा महत्त्वपूर्ण मानते हैं। जब उन्होंने चाहा तब। तो इसलिए रूसी गद्य और प्रेमचन्द के प्रभाव को मैं साथ-साथ इसलिए रख रहा हूँ कि दोनों में समानताएँ हैं जो रूसी साहित्य में मिलती हैं—उन लेखकों में जिनके यहाँ बड़े विराट, फैलाव, विस्तार हैं परन्तु

उनमें भी आप पाएँगे कि एक जगह कहीं पर इतना सूक्ष्म वर्णन है।

गद्य लिखना भाषा को सार्वजनिक बनाते जाना है, यह तो मैंने इस सन्दर्भ में लिखा था कि गद्य के बहुत से इस्तेमाल हैं और उन इस्तेमालों में केवल कहानी या रचनात्मक साहित्य ही एक ऐसा इस्तेमाल है जिसमें आप अकेले सारी शर्तें तय करने की स्थिति में होते हैं। बाकी में बहुत बड़े-बड़े प्रतिष्ठान हैं, जो उनको तय करते हैं। वे सत्य को किस वक्त बताएँगे यह वे तय करते हैं, जबकि हम रचनात्मक साहित्य में सत्य को जिस वक्त देखते हैं उसी वक्त बताना जरूरी समझते हैं। वे देख लेते हैं उसको, लेकिन उसको रोक करके रखते हैं कि किस समय बताया जाएगा। राजनीति भी यही करती है। वाणिज्य भी यही करता है। विज्ञापन के जरिए उसका समय निश्चित करता है। इसलिए गद्य के इस्तेमाल साहित्य के अलावा और भी हैं। इसी अर्थ में मैंने कहा था कि गद्य लिखना भाषा को सार्वजनिक बनाते जाना है कि जब आप साहित्य में, गद्य में कुछ रच लेते हैं, तब वह जो कुछ आपने रचा है वह अन्त में जाकर पूरे गद्य के संसार में योग दे देता है। यह अलग बात है कि उसको वाणिज्य भी इस्तेमाल करता है। जब वह सार्वजनिक वस्तु हो गई तो व्यावसायिक प्रतिष्ठान ने उसका इस्तेमाल कर लिया, यह खतरा है। पर इसके बावजूद इस अर्थ में गद्य सार्वजनिक बनता जाता है, इस अर्थ में नहीं कि एक अनुभव था जिसको कि हमने गोपन या व्यक्तिगत न रहने देकर सार्वजनिक कर दिया। तो इसलिए मैं दोनों बातों को इस तरह से नहीं रखना चाहूँगा कि कविता व्यक्तिगत है और गद्य सार्वजनिक।

मं. : गद्य और पद्य के अन्तःसम्बन्ध को लेकर आप क्या सोचते हैं ? इधर की कविता में खासतौर से गद्य का प्रवेश हुआ है—आपके यहाँ तो वह और भी मिलता है। कवियों की कविता और गद्य में भी समानता मिल जाती है। आपकी कुछ कविताओं के वाक्य गद्य में, कहानियों में भी हैं। मुक्तिबोध में भी यह मिलता है।

र.स. : रचनात्मक लेखन के लिए दोनों में फर्क ही क्या है ? यह तो सिर्फ इसलिए कि गद्य का एक पैमाना बना हुआ है। तमाम तरह के इस्तेमालों में वह आता है इसलिए जब लेखक उसके सामने पड़ता है तब वह चुनने लगता है या उसका एक खास तरह का ही इस्तेमाल करना चाहता है—एक शैलीकृत इस्तेमाल करना। भाषा तो उसके सामने पहले भाषा की शक्ल में होती है। मेरे साथ तो कम-से-कम यही होता है। मुझे जब भी कुछ लिखने की जरूरत होती है तो मैं उस वक्त यह नहीं जताता हूँ कि यह गद्य है या पद्य है, और यह भी बहुत हुआ है कि मैंने कविता लिखनी शुरू की और साथ में एक कहानी लिखनी भी शुरू की। दोनों एक साथ। थोड़ी देर यह लिखा, थोड़ी देर वह लिखा। फिर एक फाड़कर फेंक दिया, दूसरा रह गया। दोनों शायद ही कभी पूरी हो पाई हों। यह भी बहुत हुआ है कि कहानी लिखना शुरू किया लेकिन वह अन्त में जा करके कविता लिखी।

असल में सही केवल एक चीज है। वह यह है कि आप लिखेंगे जब, तब आप खुद जान नहीं पाएँगे कि यह गद्य है कि पद्य है। वही आदर्श स्थिति है, जहाँ पर यह

निश्चय करना आपके लिए कठिन हो। जहाँ यह निश्चित करना बहुत आसान हो कि यह पथ है, वह कविता काफी घटिया होगी।

प्रश्न : शायद मुद्राराक्षस या किसी और लेखक ने 'आत्महत्या के विरुद्ध' की कविताओं को पत्रकारिता कहा था। शायद आपके पत्रकार होने की वजह से ऐसा कहा गया हो। फिर भी, पत्रकारिता का इस्तेमाल तो उनमें है। जिस पत्रकारिता में आप कई वर्ष से महत्त्वपूर्ण योगदान कर रहे हैं वह आपकी रचनात्मकता में किस तरह मददगार रही है ? पत्रकारिता और कविता में कोई रिश्ता आप देखते हैं ?

अ.वा. : देखिए, पत्रकारिता के बारे में यह एक भ्रान्ति फैली हुई है कि वह जान-बूझकर, नियोजित तरीके से रचनात्मकता को भ्रष्ट करने के लिए होती है। तमाम लोग मानते हैं—खासतौर से हिन्दी के लेखक। जिन लोगों ने 'आत्महत्या के विरुद्ध' की कविताएँ पढ़ करके कहा था कि यह सिर्फ पत्रकारिता है उनसे मैं पूछना चाहूँगा कि क्या असल में कविता में पत्रकारिता वह नहीं है जो तमाम 'प्रेम' की कविता है जो कवि सम्मेलनों के लिए या बम्बइया सिनेमा के लिए लिखी जाती है—या जो कि क्रान्ति के लिए लिखी जाती है। इस अर्थ में पत्रकारिता है वह कि उसमें आपका अपना जो अनुभव है वह किसी चीज से असहमति नहीं करता। यह एक प्रतिष्ठान की जरूरत है कि इसी तरह से सत्य को रखना होगा। इसी अर्थ में वह पत्रकारिता है—वह प्रेम का वर्णन। मैं इतना ही कह सकता हूँ कि कुछ लोगों को शायद इस बात से भ्रम हो रहा है कि मेरी कविता में बहुत सी ऐसी चीजों का जिक्र आया है कि जिनका आमतौर से कविता में जिक्र नहीं आता। शायद अखबारों में आता है—क्योंकि वे चीजें भी दुनिया में हैं।

पत्रकार और साहित्यकार में कोई अन्तर है क्या ? मैं मानता हूँ कि नहीं है। इसलिए नहीं कि साहित्यकार रोजी के लिए अखबार में नौकरी करते हैं, बल्कि इसलिए कि पत्रकार और साहित्यकार दोनों नए मानव-सम्बन्ध की तलाश करते हैं। दोनों ही दिखाना चाहते हैं कि दो मनुष्यों के बीच नया सम्बन्ध क्या बना। दोनों के उद्देश्य में पूर्ण समानता है। कृतित्व में समानता कमोबेश है। पत्रकार जिन तथ्यों को एकत्र करता है उनको क्रमबद्ध करते हुए उन्हें उसे उस परस्पर सम्बन्ध से विच्छिन्न नहीं करता जिससे कि वे जुड़े हुए और क्रमबद्ध हैं। उसके ऊपर तो यह लाजमी होता है कि वह आपको तर्क से विश्वस्त करे कि यह हुआ तो यह इसका कारण है, ये तथ्य हैं, और यह समय, देश, काल, परिस्थिति आदि जिनके कारण ये तथ्य पूरे होते हैं। साहित्यकार इससे भिन्न कुछ करता है। साहित्यकार के लिए तथ्यों की जानकारी उतनी ही अनिवार्य है जितनी पत्रकार के लिए है, परन्तु उन तथ्यों का गतानुगत क्रम उसके लिए अवध्य नहीं है, वह उसको उलट-पुलट सकता है। बल्कि तथ्यों के परस्पर सम्बन्ध को जान-बूझकर तोड़कर ही साहित्यकार उन्हें नए सिरे से क्रमबद्ध करता है और इस प्रकार से नए सम्पूर्ण सत्य की सृष्टि करता है, जो एक नया यथार्थ है। एक सम्भव यथार्थ है। पत्रकार के लिए यथार्थ वही है जो सम्भव हो चुका है। साहित्यकार के लिए वह

है जो सम्भव हो सकता है।

जहाँ तक पत्रकारिता का मेरे साहित्य से सम्बन्ध का प्रश्न है, एक बड़ा भौतिक सम्बन्ध तो यही रहा कि पेशे से इस काम को करते हुए मुझे बहुत मौके मिले हैं अपने घर से बाहर जाने के। इसके कारण मेरे लिए जो सबसे बड़ा भौतिक अन्तर हुआ है वह यह है कि शायद मैं बहुत कुछ उस घुटन से निकल सका जो कि सिर्फ घर में बन्द रहने से होती है। उससे बहुत कुछ मिला भी। नहीं मालूम वह कहाँ पर किस तरह से इस्तेमाल हुआ है। वह अलग कहानी है।

'सीमा के पार का आदमी' कहानी का उदाहरण लें। 1965 के भारत-पाक संघर्ष के बाद सियालकोट की सीमा पर लड़ाईबन्दी क्षेत्र में मैं गया था। वहाँ इस कहानी की एक-एक चीज देखी थी, सिवाय इसके कि उस तरह से नहीं देखी थी जैसी कि इसमें बताई गई है। उस क्रम से नहीं देखी थी। इस तरह से देखी थी कि जिस तरह से बूढ़े ने तब सिर झुकाया जब उससे पूछा गया कि क्या तुम इसी गाँव के रहनेवाले हो। उसने सिर नहीं झुकाया था। दरअसल वह बूढ़ा वहाँ छत पर था ही नहीं। वह गाँव में टहल रहा था। हम लोगों को सिर्फ बताया गया था कि वह वहीं बैठा है। उसको मैंने छत पर लाकर बिठा दिया, क्योंकि वह मेरे क्रम में वहीं पर होना चाहिए। अगर मैं उसे वहाँ न बिठाऊँ तो खाली रहेगी वह जगह। लेकिन अगर मैं रिपोर्ट लिखता और लिखता कि वहाँ बुड्ढा जो था वह छत पर बैठा था और उसने इस तरह सिर झुकाया, तो वह रिपोर्ट सही रिपोर्ट नहीं होती। उसमें यह मैं जरूर लिख सकता था कि वह टहल रहा था और टहलते हुए वह उदास था या उसका एक दाँत टूटा हुआ था या वह लँगड़ाकर चल रहा था, जो कि दूसरा रिपोर्टर शायद देखता ही नहीं। यह हो सकता था। लेकिन यह नहीं हो सकता था कि मैं उसको टहलने से उठा करके यहाँ बिठा देता। तो मैं यह बता रहा हूँ कि मुख्य चीज आपका अनुभव है और उस अनुभव में भी—अगर वह अनुभव रचनात्मक है साथ-साथ, तो फिर आप वहाँ रिपोर्ट करने गए हों तो आप रिपोर्ट भी करेंगे शायद, लेकिन आप कहानी भी लिखेंगे। क्योंकि अगर वह आपके साथ हो गया है जिसका कि मैंने शुरू में जिक्र किया था कि अनुभव करते वक्त अगर आपके साथ वह घटना घट गई है कि वह अनुभव निर्वैयक्तिक हो गया है तो निश्चित है कि वह किसी-न-किसी रूप में एक बार फिर अभिव्यक्ति माँगेगा—काव्य में या कहानी में। किसी कला-रूप में। एकाएक मैं देख भी रहा हूँ और मैं यहाँ हूँ भी नहीं। इस तरह का एक अनुशासन बड़ा चूर-चूर करनेवाला होता है लेकिन यह आपको चूर-चूर करता है, इसे आपकी रपट या कविता दोनों में से किसी विधा को चूर-चूर नहीं करना चाहिए। मगर यह थकाता बहुत है।

पत्रकारिता अपने में अनुभव के स्तर पर कोई घटिया काम नहीं है। हाँ, अगर आप दोनों के बीच में कहीं उभयसम्भव कर रहे हैं कि न आप उसको रचनात्मक अनुभव की तरह से देख रहे हैं और न आप तथ्यों को एकदम तटस्थ भाव से पकड़कर रह रहे हैं, तो आप बहुत ही घटिया रिपोर्ट लिखिएगा। फिर आप रोइएगा कि मेरा साहित्यकार

मर गया और मैं पत्रकार होकर रह गया। अगर आप एक अच्छे पत्रकार नहीं हैं तो आपको यह बहाना आसान लग सकता है कि मैं तो साहित्य में था और पत्रकार नहीं था। लेकिन अगर आप एक अच्छे साहित्यकार हैं और आप पत्रकारिता की शैली को नहीं चाहते या शिल्प को नहीं समझते, तो अधिक-से-अधिक यह होगा कि आप एक खराब रिपोर्ट लिखेंगे। लेकिन ये सम्भावनाएँ तो फिर भी रहेंगी कि आप एक अच्छे साहित्यकार बने रहें।

अ.वा. : बीस-तीस बरस साहित्य लिखने के बाद अब—जो आपकी पाँच किताबें निकली हैं—आपको हमारे समाज में साहित्य की स्थिति कैसी लगती है ? साहित्य की समाज में जो स्थिति आज से तीस वर्ष पहले थी, उसमें क्या आज कोई बुनियादी परिवर्तन आया है, जो आपको लेखक के रूप में दिखाई देता हो ?

र.स. : बुनियादी परिवर्तन आया है, लेकिन मैं ठीक-ठीक जानता नहीं हूँ कि वह परिवर्तन केवल साहित्य के मामले में आया है या आमतौर पर बुनियादी परिवर्तन है। उसका असर सभी पर पड़ा है। साहित्य पर भी पड़ा—पड़ना चाहिए। एक तो यह है कि तीस साल पहले के मुकाबले आज जीवन की सम्भावनाएँ बहुत ज्यादा हैं। हिस्सा लेनेवाले, काम करनेवाले लोग भी बहुत ज्यादा हैं, हालाँकि उतने ज्यादा नहीं हैं जितने कि होने चाहिए थे। पाठक ही बहुत ज्यादा हैं। यह बात कि लेखकों की संख्या आज बहुत बढ़ी है, संकेत देती है कि चाहे व्यवसाय का यह तन्त्र और भी बड़ा क्यों न हो जाए (और मैं तो मानता हूँ कि यह और बड़ा हो क्योंकि जब तक यह और बड़ा नहीं होगा तब तक इस तमाम लेखक समाज में साहित्य के लिए सही ढंग का ऑल्टरनेटिव पैदा नहीं होगा) तब भी लेखक-संख्या इतनी विपुल होती जाएगी कि उसमें से नई साहित्यिक सम्भावनाओं की बहुत गुंजाइशें होंगी। यह कहना बड़ा सरलीकरण होगा कि सब लेखक व्यवसायीकरण की गर्त में समा जाएँगे।

पिछले वक्त के मुकाबले आज साहित्य की जरूरत भी दूसरी तरह की हो गई है या हो जाएगी। वह जरूरत उस तरह सामाजिक प्रतिष्ठा के लिए कहीं नहीं होगी, जैसी कि तीस साल पहले थी। वह जरूर एक सामाजिक वैभव के लिए नहीं होगी, जैसी कि तब थी कि एक कवि है और उसका आदर करना है। लेकिन वह जरूरत एक विकल्प की होगी। उसका बीजरूप आज के साहित्य में है। साहित्य की जो जरूरत तीस बरस पहले के मुकाबले है वह एक विकल्प के रूप में है; भाषा का प्रयोग करनेवाली अन्य शक्तियों के विकल्प के रूप में है : यह स्थिति अभी तक बीच की है। धुरीकरण अभी तेज नहीं हुआ है, पर है तो जरूर।

(पूर्वग्रह, नवम्बर-दिसम्बर, 1976)

कोई एक और मतदाता

जब शाम हो जाती है तब खत्म होता है मेरा काम
जब काम खत्म होता है तब शाम खत्म होती है
रात तक दम तोड़ देता है परिवार
मेरा नहीं एक और मतदाता का संसार

रोज कम खाते-खाते ऊबकर
प्रेमी-प्रेमिका एक पत्र लिख दे गए सूचना विभाग को

दिन-रात साँस लेता है ट्रांजिस्टर लिये हुए खुशनसीब खुशीराम
फुर्सत में अन्याय सहते में मस्त
स्मृतियाँ खँखोलता हकलाता बतलाता सवेरे
अख़बार में उसके लिए खास करके एक पृष्ठ पर दुम
हिलाता सम्पादक एक पर गुरगुराता है
एक दिन आखिरकार दोपहर में छुरे से मारा गया खुशीराम
वह अशुभ दिन था; कोई राजनीति का मसला
देश में उस वक्त पेश नहीं था। खुशीराम बन नहीं
सका कत्ल का मसला, बदचलनी का बना, उसने
जैसा किया वैसा भरा

इतना दुख मैं देख नहीं सकता।

कितना अच्छा था छायावादी
एक दुख लेकर वह एक गान देता था
कितना कुशल था प्रगतिवादी
हर दुख का कारण वह पहचान लेता था
कितना महान था गीतकार
जो दुख के मारे अपनी जान लेता था

कितना अकेला हूँ मैं इस समाज में
जहाँ सदा मरता है एक और मतदाता।[1]

(आत्महत्या के विरुद्ध)

आज की कविता

कविता कविता कविता
कविता पर कविताएँ
मैं आदिकाल से लिखता आया हूँ दोनों :
जैसे-जैसे मैं और अरक्षित होता हूँ
रचना की यह प्रक्रिया बदलती जाती है।

तब, उसे बिना बतलाए कविता कैसे हो
जब भाषा कवि को लोगों से ही लेनी है।
वे लोग तो नहीं लिखते कविता भाषा में—
उनकी भाषा जो है, विचार दे जाती है।

मैं पूछ रहा हूँ इसीलिए यह बार-बार
वह दर्द कहाँ मर गया रोज जो होता था
जिससे वह एकाकी भी तड़पा करता था
वह बल, कविता ने पाठक से क्यों छीन लिया ?

यह दृष्टि सुन्दरापे की कैसे बनी कि हर वह
चीज जो खबर देती है हो गई गैर ?
क्यों कलाकार को नहीं दिखाई देती अब
गन्दगी, गरीबी और गुलामी से पैदा ?

आतंक कहाँ जा छिपा भागकर जीवन से

---

1. भवानीप्रसाद मिश्र की प्रसिद्ध कविता 'मैं गीत बेचता हूँ' में भी स्थापित वादों पर इसी तरह का व्यंग्य किया गया है। रघुवीर सहाय ने जीवन के अन्तिम वर्षों में एक युवा समूह को कविता के वाचन का प्रशिक्षण देकर भवानीप्रसाद मिश्र पर एक कार्यक्रम आयोजित किया था जिसमें 'मैं गीत बेचता हूँ' शामिल थी।

जो कविता की पीड़ा में अब दिख नहीं रहा ?
हत्यारों के क्या लेखक साझीदार हुए
जो कविता हम सबको लाचार बनाती है ?

(कुछ पते कुछ चिट्ठियाँ)

हमने यह देखा

यह क्या है जो इस जूते में गड़ता है
यह कील कहाँ से रोज निकल आती है
इस दुःख को रोज समझना क्यों पड़ता है

फिर कल की जैसी याद तुम्हारी आई
वैसी ही करुणा है वैसी ही तृष्णा
इस बार मगर कल से है कम दुखदायी

फिर खत्म हो गए अपने सारे पैसे
सब चला गया सुख-दुःख बट्टेखाते में
रह गए फकत हम तुम वैसे के वैसे

फिर अपना पिछला दर्द अचानक जागा
फिर हमने जी लेने की तैयारी की
उस वक्त तकाजा करने आया आग़ा

इस मुश्किल में हमने आखिर क्या सीखा
इस कष्ट उठाने का कोई मतलब है
या है यह केवल अत्याचार किसी का

'यह तो है ही', शुभचिन्तक यों कहते हैं,
'अपमान, अकेलापन, फ़ाका, बीमारी'
क्यों है ? औ वह सब हम ही क्यों सहते हैं ?

हम ही क्यों यह तकलीफ उठाते जाएँ
दुख देनेवाले दुख दें और हमारे
उस दुख के गौरव की कविताएँ गाएँ !

यह है अभिजात तरीके की मक्कारी
इसमें सब दुख हैं, केवल यही नहीं हैं
—अपमान, अकेलापन, फ़ाका, बीमारी

जो हैं, वे भी हो जाया करते हैं कम
है खास ढंग दुख से ऊपर उठने का
है खास तरह की उनकी अपनी तिकड़म

जीवन उन के खातिर है खाना-कपड़ा
वह मिल जाता है और उन्हें क्या चहिए
आखिर फिर किसका रह जाता है झगड़ा

हम सहते हैं इसलिए कि हम सच्चे हैं
हम जो करते हैं वह ले जाते हैं वे
वे झूठे हैं लेकिन सबसे अच्छे हैं

पर नहीं, हमें भी राह दीख पड़ती है
चलने की पीड़ा कम होती जाती है
जैसे-जैसे वह कील और गड़ती है

हमने यह देखा दर्द बहुत भारी है
आवश्यक भी है, जीवन भी देता है
—यह नहीं कि उससे कुछ अपनी यारी है

हमने यह देखा अपनी सब इच्छाएँ
रह ही जाती हैं थोड़ी बहुत अधूरी
—यह नहीं कि यह कहकर मन को समझाएँ

—यह नहीं कि जो जैसा है वैसा ही हो
यह नहीं कि सब कुछ हँसते-हँसते ले लें
देनेवाले का मतलब कैसा ही हो

रघुवीर सहाय की प्रमुख कृतियाँ

सीढ़ियों पर धूप में (कविताएँ, 1960)
आत्महत्या के विरुद्ध (कविताएँ, 1967)
रास्ता इधर से है (कहानियाँ, 1972)
हँसो हँसो जल्दी हँसो (कविताएँ, 1975)
लिखने का कारण (आलोचना, 1978)
वे और नहीं होंगे जो मारे जाएँगे (लेख, 1983)
ऊबे हुए सुखी (लेख, 1983)
लोग भूल गए हैं (कविताएँ, 1984)
कुछ पते कुछ चिट्ठियाँ (कविताएँ, 1989)

रघुवीर सहाय की सम्पूर्ण रचनावली राजकमल प्रकाशन से सुरेश शर्मा के सम्पादन में 2000 में प्रकाशित हो चुकी है। सभी कहानियाँ एक साथ *जो आदमी हम बना रहे हैं* शीर्षक से 1982 में प्रकाशित हुईं।

—यह नहीं कि हमको एक कष्ट है कोई
जो किसी तरह कम हो जाए, बस छुट्टी
कोई आकर कर दे अपनी दिलजोई

वह दर्द नहीं मेरे ही जीवन का है
वह दर्द नहीं है सिर्फ बिरह की पीड़ा
वह दर्द जिन्दगी के उखड़ेपन का है

वह दर्द अगर ये आँखें नम कर जाए
करुणा कर आप हमारे आँसू पोंछें
—वह प्यार कहीं यह दर्द न कम कर जाए

चिकने कपड़े, अच्छी औरत, ओहदा भी
फिलहाल सभी नाकाफी बहलावे हैं
ये तो पा सकता है कोई शोहदा भी

जब ठौर नहीं मिलता है कोई दिल को
हम जो पाते हैं उस पर लुट जाते हैं
क्या यही पहुँचना होता है मंजिल को ?

हमको तो अपने हक सब मिलने चहिए
हम तो सारा-का-सारा लेंगे जीवन
'कम-से-कम' वाली बात न हमसे कहिए।

(सीढ़ियों पर धूप में)

1952 के अगस्त में 'प्रतीक' बन्द होने के बाद बेरोजगार हुए युवा रघुवीर सहाय 1953 की मई में आकाशवाणी के समाचार विभाग में उपसम्पादक की नौकरी मिलने तक स्वतन्त्र लेखन करते रहे। यह इसी दौर की कविता है।